山顶视角

以创造性内容成就卓越领导者

权力 资本 与 商帮

〔全新修订版〕

王俞现 著

北京联合出版公司
Beijing United Publishing Co.,Ltd.

图书在版编目（CIP）数据

权力、资本与商帮：全新修订版 / 王俞现著. --
北京：北京联合出版公司，2023.11（2025.8重印）
　ISBN 978-7-5596-6901-8

　Ⅰ.①权… Ⅱ.①王… Ⅲ.①商业史—研究—中国
Ⅳ.①F729

中国国家版本馆CIP数据核字（2023）第075266号

Simplified Chinese edition copyright © 2023 by Beijing United Publishing Co., Ltd.
All rights reserved.
本作品中文简体字版权由北京联合出版有限责任公司所有

权力、资本与商帮：全新修订版

王俞现　著

出　品　人：赵红仕
出版监制：刘　凯　赵鑫玮
选题策划：北京山顶视角科技有限公司
策划编辑：王留全　李俊佩
责任编辑：蒴　鑫
封面设计：FAUN WONDERLAND
内文排版：聯合書莊

北京联合出版公司出版
（北京市西城区德外大街83号楼9层　100088）
北京联合天畅文化传播公司发行
北京美图印务有限公司印刷　新华书店经销
字数519千字　710毫米×1000毫米　1/16　39印张
2023年11月第1版　2025年8月第6次印刷
ISBN 978-7-5596-6901-8
定价：108.00元

版权所有，侵权必究
未经书面许可，不得以任何方式转载、复制、翻印本书部分或全部内容。
本书若有质量问题，请与本公司图书销售中心联系调换。电话：（010）64258472-800

自序

长期以来，中国商人给人一种宿命的印象：但凡大商，无不是政商，一旦涉及政治，他们又命运多舛。何故？没有一个政权不需要经济基础，政商需要协和，但边界在哪里？时至今日，中国甚少有百年商业家族，是外来侵略打乱了这一进程，还是中国社会本身的基因使然？

一部中国商帮史堪称一部政商关系史，如果不能够从政商关系的角度切入审视中国商帮乃至商人的历史命运，就难免失之偏颇，但历史业已形成的惯性会在多大程度上影响当下的政商关系演变，中国未来的政商关系会走向何方，能走向何方，这些问题，中国商帮史能给出怎样的启示？

但要真正参透中国商人的历史命运，如果仅仅关注政商关系，又难免有没有抓住要害之惑，怎样才更接近政商关系之本质？

种种问题，我们无法给出确切的答案，但基于对中国商帮起承转合历史的梳理，我们希冀通过对中国式政商关系的根源与逻辑的剖析，为当下中国新型政商关系的重构，以及探视中国商人的历史命运，提供一种思考路径、镜鉴抑或诠释的方向。

从时空看中国商脉走向

通读本书，古今对照，悉心揣摩，时空穿梭，你会对中国600余年的商业脉络及走向有一个整体印象。它赋予你的将是另一双眼睛，让你得以从更为广阔的视野去徜徉明清以来的中国商业史，而一旦你的时空观被打开，你对当下及未来的商业事件、走势，或许会生发并建立起属于自己的研判体系。

对中国商帮诞生的历史背景及其更替演变的内在逻辑的追寻，构成本书的主要脉络。为什么是明朝而非更早的朝代拉开了中国区域商人称之为"帮"的序幕，是本书首先涉及的命题。普遍的说法，明初的"开中"（一项重要的食盐专营制度）和军屯、商屯、民屯的存在，导致山西商帮的出现。问题是，宋元时期也实行了同样的政策，为什么没有催生商帮萌芽，而到了明朝，商帮为何就那么自然而然、不可阻挡地萌芽了？

历史总有其微妙之处，业已沉淀下来的林林总总的史料总是左右着人们的视线。哪些是表象的浮尘？哪些更接近于事实的内核？哪些是无关宏旨的具象？脉络与具象之间的逻辑又是如何构建起来的？

其实，中国商帮史的源起也是白银在明朝上升为本位货币的历史。这一过程折射的是中国与世界经济共振的全球化图景。白银到底如何改变了明朝历史，中国商帮的诞生与白银之间到底发生了什么？这也是本书要着力阐述的一个问题。

1424年，明仁宗做了一件改变整个明朝命运的事情：同意户部尚书夏原吉开放银禁交易的建议。尽管明仁宗在位仅一年，但他的这个决定影响了整个明朝。从之后的历史发展进程来看，此举成为整个明朝货币史的拐点，也是徽商取代晋商在盐业领域地位的时间拐点。当我们将一个个孤零零的节点通过商帮这一脉络串起来时，你会突然有一种恍惚感：历史的脉络竟然如此紧密地咬合在一起。

到了清朝，由四口通商到广州集万般宠爱于一身的一口通商，成就了广州十三行商人。为什么十三行商人中福建商人最为厉害？为什么第一次鸦片战争后北上上海滩，首先得势的是广东香山商人？为什么李鸿章主持洋务时最早对香山商人十分倚重？香山商人在中国近代史上扮演了重要角色，这一地位是如何形成的？

就浙商而言，为什么以甬商为代表的浙商稍后碾压粤商而在上海滩崛起？何以粤商又有卷土重来力压浙商之势？两地商人是如何角力的？

同是起义，为何太平天国运动将山西票号推向了巅峰，小刀会起义却风云际会地改变了整个福建人在上海的生存生态和命运？就这一脉络而言，为何近代海外侨商以福建、广东、浙江等地人居多？洞察了这段历史，你就可以明白为何邓小平主持改革开放时要率先在广东、福建两省创建四个经济特区，尔后又提出"把全世界的'宁波帮'都动员起来建设宁波"的口号。

为什么说山西商帮是中国商帮史上绵延历史最长甚至堪称最伟大的商帮？在张之洞将汉口打造成洋务重镇之前，汉口是晋商的大本营，晋商是在何种情况下弃汉投沪的？这段历史与香山买办有何交集？山西票号凭什么能够无以取代地与浙苏金融势力在上海滩相安无事？在向近代金融业转型中，山西票商占据先机又错失，这与晋商自身的特点有何内在关系？

为什么说江苏商人的根在苏州？苏商群体的角色包容度之大，做到极致的商人数量之多，何以是其他商帮无法比拟的？尽管浙商几将中国商帮推向顶峰，为什么却说苏商是中国最接近中正的商人群体？两大商帮各有哪些特点？历史留给我们太多疑问，这种追寻延展了本书的视野与容量，中国货币史、朝贡史、贸易史、社会经济史及明清不同身份商人的演变史等交织其中。我所尝试的，就是一一解开这些问题，为你还原一部真正完整的中国商帮史。

一部商帮史，半部开封史

中国商帮史是多维度的，一部商帮史也几乎是一部中国开放与封闭的历史。无论是以晋商为代表的陆路外贸商人，还是广州十三行里的闽粤商人，抑或上海开埠后逐鹿上海滩的以香山买办为代表的海路外贸商人，无不是外向型的商帮群体。尤其山西百年商业家族比比皆是，为数不少者与对外贸易有关联。当对外政策开明时，商帮群起；当对外政策晦暗或封闭时，海盗横行。一开一封之间所致他们命运之悬殊，对比强烈。

在明朝，中国海商绝大多数时候以海盗商人的身份活跃在海外贸易中。他们甚至武装走私，公然对抗政府。从粤籍的陈祖义到闽籍的金子老、许光头，从徽籍的许栋、王直到泉州籍的李旦、郑芝龙，莫不如此。

这些中国海上走私商人集团的存在，不经意间结成一张遍及东亚、东南亚的贸易网络。他们与葡萄牙、西班牙、荷兰、英国、法国等西方殖民者的角力，成为这些国家肢解中国朝贡体系前最后一道强有力的屏障，但寄希望于海外贸易的开放而不得的他们，最后一个个身首异处，书写了魔幻般的悲剧人生。

历史上的中国海商似乎走不出某种宿命，这种宿命背后其实站着两股强大的政治力量，其间的较量和碰撞对中国海商命运乃至整个朝代的政局都产生了深远影响。郑和下西洋的逻辑是什么？为何后来戛然而止，甚至连档案都遗失了？随后，在事关开放的问题上，为什么身处北方的山西盐商家族内处于朝堂的官员在面对弹劾时能够引发一场政治大地震，而远在东南的以福建人为主体的海商家族在主战主和问题上能够逼死一个主战的巡抚出身的副都御史，甚至连四任首辅老臣的主战派人物也最终掉了脑袋？

这是开与封力量的此消彼长，也是中国海商走不出宿命的根源所在。整个国家的格局与命运也与此共振。及至西方殖民者用枪炮逐步洞开中国门户，朝贡与私商走私体系崩溃，西方殖民体系取而代之，并伴随租界从沿海沿江向内地辐射、海关管理权被英国所攫取，中国主权尽损，关税权尽失。

开放，意味着对内改革，通过改革，不断加快开放的步伐。1571年，山西官员王崇古在张家口广招四方商贩；1617年，户部尚书李汝华和两淮盐政大臣袁世振在两淮盐场推出"纲运制"盐业新政；1686年春，广东巡抚李士祯颁布告示，商人每年缴纳一定银两，可以官商的名义包揽对外贸易，及至洋务运动时期的"官督商办"，都是这种传统的延续。

但开放并非没有限度，鸦片战争后，茶、丝等曾为中国带来贸易顺差的传统外贸强势产业，逐渐因订单掌握在西人手中而假手买办，操纵于西方国家之手。胡雪岩的传奇是清朝本土商人与西方国家一次彪炳史册的商业对垒，中外勾结加之中法战争的军事干扰令胡雪岩一败涂地，从此中国丝业再无对抗西方渗透的商业势力，中国茶商、茶农损失惨重。

伴随汉口的开埠，以及对俄国的大力度开放，晋商在北方陆路丝茶贸易中的地位一朝中断。晋商是中国最具战略眼光的商帮，在撒手外贸时，已经找好票号的备胎。面对外人对中国商业能力的批评，逃亡国外十余年的维新派梁启超常常无言以对。然而，他认为中国唯一拥有悠久历史和坚实基础，足以在世界人民面前自豪的，仅有山西的票号业。

山西票业是中国独立成长起来的草根金融业，在1904年之前几乎处于无政府管理状态之下，也是中国本土唯一可以与西方抗衡的产业。即便中国门户越发开放，西方银行业长驱直入，票号分布区域之广、数量之多，仍为国内外银行、各大钱庄所不及，这就是山西票商得以"汇通天下"的秘密。

及至辛亥革命，诸多票号因被抢劫导致存贷失衡而逐渐失去往日声势，日本侵华又进一步挤压票号发展空间，中国经济失去最后一道闸门。至此，中国完全沦为西方商品加资本的跑马圈地之区域。只是香山侨商在上海百货业的强势崛起，中国才借此在零售等产业挽回些许颜面。

以此，你可以一目了然中国之所以坚持改革和开放的历史逻辑。从特区、沿海到内陆、沿边，从自贸区、航空港经济综合实验区、内陆开放型经济试验区到中欧班列、国家跨境贸易电子商务服务试点城市，从以引资为主的开放到"一带一路"倡议下的"走出去"，中国昂首开放，成为世界发展的引擎。

士商勾连是中国的灾难

有关中国商人，最广为流传的一个观点是，商人的社会地位低。其明证是，在古籍里"士农工商"的排序中，"商"居于最后一位。众口一词的说法是，这是抑商的体现。

在笔者看来，抑商恰恰证明商人势力过于强大。士农工商，不可否认在古代存在这种排序，但很难讲是常态。为什么中国历史上往往是农民闹革命，而不是商人或地主，这里面没有宏大的道理。在整个社会中，处于社会最底层的，基本是农民而不尽可能是商人。

义与利、士与商，在传统中国向来格格不入、泾渭分明，但到明朝，给商人写墓志铭不再事关体面而成为务实的象征。曾任河南知府的萧元吉、心学大师兼官员的王阳明、官至南京礼部尚书兼太子太保的李维桢，要么为商人撰写碑记，要么写墓志铭，要么立传。以李维桢为其立传的李汝衡来说，李家世代经商，靠长途贩卖丝绸和四方珍奇而致富，几乎垄断了湖北一省的丝绸市场，拥有舟车百余。李汝衡拥资巨万，同时乐善好施，极为慷慨，这一点为李维桢所推崇。

如此局面也体现在晋徽商帮的县志中。明朝徽州《歙风俗礼教考》称，"商居四民之末，徽俗殊不然"。万历《徽志》称，明中叶商人在徽州"昔为末富，今为本富"。徽州、山西商业发达地区均在史志中出现有关商人在社会排序变化的描述。

王阳明靠批驳朱熹之说而自成一统，有半个圣人之说。作为浙江余姚人，他倡导"致良知"和"知行合一"，对后世影响较大。在王阳明眼中，士好利，比商贾有过之而无不及，只不过是异其名而已。[1]

在明朝，宦官专权及低薪制度让整个文官集团也有代言商人的倾向，而明末从精神上承袭了王阳明一脉的东林党，表面看是一个士绅集团，实际却是具有政治倾向的商人利益的传声筒。

到鸦片战争前，广州十三行商人甚至充当起连接清政府与外国贸易商人的中介角色。作为政府授权的商人——十三行行商尤其是公行总商

---

[1] 原文见《节庵方公墓表》："射时罔利有甚焉，特异其名耳。"（《王阳明全集·卷二十五》）

就有代表清政府行使集大清国外交、税务、治安、民政等诸多事务于一身的权力，这或是前无古人、后无来者的。

到洋务运动时期，与洋人打交道熟稔的商人吴健彰被各方推到了上海知县的位置上，以李鸿章等为首的洋务派大臣倾力招徕民间买办及其他来自船、丝、茶等行业的商人入股办理近代工商业，这些是千年未有之大变局下的风云际会。状元张謇被两江总督兼南洋大臣张之洞看中而奏派去做实业，"实业救国"也成为时代的最强音和风向标。

清末民初，士商边界模糊，在代表中国社会精英阶层的士绅逐渐瓦解之时，从士绅中孕育出了绅商。1904年，在旷世官商盛宣怀授意下，近代意义上第一家打破区域之限的商人组织——上海商务总会成立。以此为标志，中国商人第一次以一个阶层的方式出现。随后，各种商会组织如雨后春笋，并在辛亥革命中事实上扮演了清朝掘墓人的角色。

士商结合在特殊、少见的历史节点具有积极意义，但当士商合流掌权，将农工置于一边，特权横行，就意味着社会灾难。如果未能有效、及时地阻止，他们往往脱胎而成新的特殊利益集团。

山西八大商人，因在明末战争中暗中接济清军而在清初成为皇商，被"赐产张家口为世业"的范氏家族，因亏欠户部银两，最终没能逃脱被抄家的命运。盐业是明清时的主要税源，到清朝中期，两淮盐场越发成为特权者的游戏场，腐败滋生，盐价高企，百姓怨声载道，恶化为社会毒瘤，以致执掌此地的官僚及代表性商人被肃整。主导此地盐业的徽商兴于盐，也败于盐。

清朝洋务运动以"师夷长技以制夷"为宗旨，以自强为旗号，但综观这段历史，某种程度上主导了洋务进程的人却蜕变为不折不扣的既得利益者，与其商业代言人及西方势力上下其手，虽有中兴之名，却又何尝不是清朝的蛀虫？

最明显地体现在李鸿章和盛宣怀两人身上，时人讥讽李"宰相合肥天下瘦"，描述盛"一手官印，一手算盘"。两人身后留下的财富之多，都到了举世无匹的程度。与西方势力眉来眼去，与虎谋皮，策划并导演"东南互保"，让清廷颜面扫地，也让两人饱受争议。

盛宣怀隐忍持重，能屈能伸，游刃在旧氏沙船商人、买办商人以及官场的不同派系之间，以实干家的角色演绎了中国商业史上的传奇。但在商业伦理上，他又极尽能事，成为政商边界不清下的最大受益者。他亦官亦商，官商不分，以公营私，化公为私，亦公亦私，与胡雪岩一样大发国难财，酝酿而出的是整个商业体系乃至社会规则的大溃退，由此结出的恶之花将整个社会带向崩溃的边缘。户部尚书阎敬铭称，胡雪岩"最善交结官场，一身兼官商之名"，晚境凄凉，盛宣怀则背负着"误国首恶"的骂名留在《清史稿》中。

洋务派本代表着冲破传统的新兴势力，他们有志于打破一个旧世界，建设一个新世界，但他们一边打破，一边又沦为既得利益集团。从公的角度说，授予洋务企业以专利权，使洋务运动一开始就成为仅惠及少数人的"私家花园"，民间资本的投资渠道为之阻塞，洋务在短时间内难以普及，导致中国错失发展机遇，及至甲午中日战争打乱近代中国工业化进程。从私的角度说，洋务派将政策最大限度地利己化，披着官督商办的外衣，将洋务事业固化为效忠一个人、一个集团而非一个国家，这也是洋务派无力挽救清朝于水火的根本原因。

作为惯性的延续，北洋政府时期，中国的问题表面出在军阀割据，深层次则是整个社会运行规则的大混乱，一家或几家之私俨然凌驾于整个社会之上。国民政府没有自觉也无力遏制这种局面的发酵，四大家族顺水推舟，俨然明朝晋商政商家族、晚清席氏及盛氏等政商家族的放大版，由此所造成的社会失衡，最终由共产党出手团结工农、以公抑私而终结。士商势力过大，唯有工农结合，方可以与士商形成新的平衡。

在中国，公与私是平衡社会的两大经纬，谁能够把握这种平衡，谁将执掌江山。民国时，蒋经国在上海"打虎"，但投鼠忌器，最终因不敢拿自己人动手而不了了之。新中国成立之初，对商业抑制过甚，及至公私合营、消灭私有制，社会再度陷入失衡。公私合营是对晚清、北洋政府和国民政府时期积聚历史的反正，用力可能过猛，但与此前的积重难返或是对应的。或者说，公私合营及消灭私有制缓冲了公私不分在中国的弥漫。

如今，商人的社会地位空前提高，各地商人大会方兴未艾。要像尊重科学家一样尊重企业家，是中国当下对待企业家的基本格调。激发、保护和弘扬企业家精神，不断强化对企业家的爱护和尊重，成为时代的主旋律。但中国远不满足于此，正在以"亲""清"为核心，致力于把权力关进铁笼子，简政放权，重塑政府职能部门的职权、边界，建立高效、廉洁的执政监察队伍与体系，以建立新型的政商关系，为双方往来建立防火墙，这注定是开创性的。

无论中国社会阶层如何演化，士商或官商勾连历来都是中国潜在的最大社会风险。农民起义是显性的，官商勾连是隐性的，隐性的社会影响与恶果往往比显性的更甚。对个体商人的命运而言，士商勾连是中国商人的牢笼，历朝历代与权势走得过近的人，不出事则罢，一出事就是关系人命或声誉的大事。所以为商要远视，要以走远路的心态，不谋一时之利，自动远离权钱交易，不偷税漏税，行正路，方能长久。

大商要有"中"字思维

中国是一个讲究"中"和"度"的社会，凡事谋求平衡、和谐。尽管阿里巴巴创始人马云讲，地主被消灭，农民也富不起来，有其道理，但地主富起来，如何为富也仁，同样是一个宏大的历史命题。

一个能培植中气的社会，才能周身协和而接近理想状态。从这个角度而言，京东创始人刘强东2017年有关中国有几千万人生活在极端贫困的状态下，"这是整个中国人特别是已经富起来的人的耻辱"的一番话，虽然听起来刺耳，又何尝不是这个道理？当然，2021年2月中国宣布脱贫攻坚战取得全面胜利。

社会本是一项系统工程，每个人都是这个系统的一分子，如果贫富分化问题过于严重，一旦有所变故，损及的是整个系统，富人也不可能独善其身。中国最大限度地让更多人走出贫困线，就是对改革开放成果及富人的最好保全。

中国面临种种的共同问题，譬如环境污染、食品安全等，但重中之重还是贫富不均及社会失衡问题。有人指望于中国培育出一个中产阶层来，思路没错，但贫富分化并不会借此自然解决。解决贫富问题不应只是政府的工作，有大历史观的商人要有力所能及的担当。

李嘉诚讲，他追求的境界是要"建立自我，追求无我"。冯仑对此的理解是，在发展事业时要让自己强大，在做人时要让自己矮下来，矮到无我，让周边的人感觉不到自己存在的压力。在维系社会均衡发展的问题上，商人不能将自我矮化到人群中，要站起来有所担当，才能融入社会，真正消除贫者与富者之间彼此的压力感。

马云也有所进化，在恒大、碧桂园、万达等企业俯下身子参与到中国消灭贫困的社会战役之后，2017年12月，他宣布成立脱贫基金，准备用5年投入100亿元，组建一套组织保障体系，用公益的心态、商业的手法，全面参与到脱贫攻坚战中去，并将此确定为阿里巴巴的战略性业务和战略性目标。他说："没有邓小平就没有我们，但我们应该先富帮后富，我们的员工可能是中国最有钱的员工，所以我们不能为富不仁。"他还说："中国共产党是极具理想主义的，一是反腐，二是扶贫，都很有理想主义色彩。我们决定为2020年全面脱贫的目标贡献力量。"

一码归一码。马云的这番话是妥帖的，堪称表率，这是匹配他在中国商界地位的历史担当的。但凡大商都要有站在政治的立场考量商业的敏感和情怀。

前几年李嘉诚跑路传闻甚嚣尘上之时，社会上盛传他的一种观念，商人不要觊觎政治，"不要试图让商人去承担国家的政治责任，也不要试图用政治去影响商人的经营理念。上帝的归上帝，恺撒的归恺撒，商业的归商业，政治的归政治"。这种说法又未免将政治与经济的关系撇得太清。在相当长的一段时间内，李嘉诚曾稳居华人首富的宝座，这本身也是他审时度势、顺应国势的产物。如果没有对国势的顺应，没有政治加持，何来其在大陆囤地、坐收时代发展之红利的好事？

商业是有其政治道义的，不可能需要时为自己搽脂抹粉，不需要时就变脸。政治也是有其时代性和人性的，如果无从把握政治的时代性和人性，也就不可能精准把握蕴含其间的商业时代性和人性。政治的时代性不能过于突兀，不然可能会造成商势的顿挫与政商关系的紧张。无论政治还是商业的道义，都以顺应时代为要，都讲究艺术效果。

"中"字思维不仅体现在维系士、农、工、商四个阶层的平衡之中，也深刻烙印着把握公与私平衡的命题。只是在不同的历史时期，这种取舍有着与时俱进的审视维度。从全面脱贫走向共同富裕，是中国社会发展的全新里程碑。资本在国计民生领域横冲直撞与无序扩张，与这个时代的鲜明属性格格不入。要瞒天过海掀起资本的盛宴与狂欢，会显得格外唐突。蚂蚁金服、联想、滴滴都是活生生的例子。在改写未来商业甚至事关国运的竞赛中，中国有抱负、有能力的企业家、投资家们，即便野蛮一点也不为过。站在国家的立场，想国家之所想，将个人理想、企业发展与国家命运紧密联系在一起，当下是大好时机。

另外，做企业，要有关切国家经济、科技、数据等各个层面利害的自觉，不能有携大自重、携洋自重的侥幸。尾大不掉，于社会终是毒瘤，于人于企注定是一出悲剧。

把握行业之势是顺势而为，但最大的顺势是顺国之势，顺国势就要有国家和人民立场。没有国家和人民立场，将一部分人的利益凌驾其上，就难免摔跟斗，遭遇滑铁卢，轻则口碑尽失，遭遇顿挫，重则破产重组，物是人非。

这是一个资本与政治需要重新耦合、找准彼此尺度与火候的时代。真正的大商不可能伟大于一个孤掌难鸣的时代，他不仅是一个时代的商业代言人，更要是一个时代人性与风向的洞察大师。但凡大商，唯具有纵深的商业史观，才更容易知深浅、晓分寸地把自我安放在时空的某个坐标中，知道自己从哪里来，到哪里去，要前承何事，后启何向，进而才可能试着在商业史上为自我留下一席之地，对后世有一个交代。

使命与担当之考问

在新型政商关系之下，商人对社会的贡献不仅在于容纳就业、依法纳税，历史将铭记那些在大的历史时期具有标志性的产业奠基人、开拓人，如果他们再有商业思想、家国情怀，那更是难能可贵。

广东十三行里的伍家，尽管富贵，但在大是大非问题上没有把持力，从事鸦片贸易，于民于国，终不光彩。盛宣怀在洋务运动中举办诸多实业及慈善，但他以官商身份游刃于公私之间，影响殊恶，尤其是在袁世凯签订的《二十一条》中渗透个人利益，将国家利益捆绑到个人利益的战车上，怎么批判都不为过。

解放战争，让中国重新走上独立、自主之路。改革开放，让中国迈向复兴之路。这是中国走出鸦片战争以来被欺凌历史和洋务运动失败渊薮的奋斗结果。

如今，中国国有经济在卫星导航、量子计算机、量子通信、高铁、核工业等高精尖技术领域，民营经济在5G、新材料，以及移动互联网、AI+电商、支付、物流、共享单车、无人驾驶、无人机、医疗、智慧城市等领域，实现从一路跟随到逐渐领跑的历史演进，令全球为之瞩目。

在第四次工业革命的起点，最高层眼观六路，耳听八方，从善如流，不断将有关新经济及各隅发展的建议上升为国家战略。中国自鸦片战争以来，第一次真正与全球站在同一起跑线上，并有领跑之势。

中国崛起的速度，史无前例。美国露出狰狞面目，不惜鼓动西方盟友围堵中国以华为为代表的高科技企业，更反衬出中国进步之神速。残酷的现实教育了中国人屏气凝神，团结一心，同甘共苦，而不是做带路党。

在明清商帮史上，开放和局部战争的大和平环境孕育了以山西商人为代表的诸多百年商业家族，只是鸦片战争、中日甲午战争等打乱了这一进程。是时，中国盛极而衰，开始走下坡路。改革开放40年，中国重启升势，正有望迈上凌霄。

从商帮史的角度来看，中国或处于 600 多年来堪称发展局面最为平顺的历史时期。我们需要反省，不能允许屈辱的战争再次打乱中国的发展进程。惩治贪腐、捋清政商关系、消灭贫困等，都是深谋远虑的长治久安之举，这是与晚清、民国截然不同的气象。

未来，百年商业家族在中国群起，只是时间问题。当这一天来临时，或许以下四个问题仍将拷问着整个中国商人群体：

你们会有摒弃无原则趋近权势、利害而走远路的自省、执着吗？

你们会有为富也仁、以其无私成其私的大历史观和大担当吗？

你们会以政治家的眼光审视社会均衡发展，实现商业利润与国家利益双轮驱动吗？

如果向你们提出上述三个问题，你们会认为这是一厢情愿、一派胡言吗？

每个有抱负的中国商业领袖都要有身后意识，知道自己的所作所为、所传承或开创的商业商脉，对于定格自我在中国商业史上的地位的潜在意义。

谨以此书献给那些在中国商帮史上留名的工商业英雄，每一次温故和分享他们在不同节点的起承转合，就像与他们进行一次穿越时空的对话。同时，也将此书献给那些推动中国工商业文明进程的现代商人，他们正在创造当下，并将凝固成 50 年、100 年甚至更长时空背景下中国商业史的华章。

王俞现

2018 年 3 月 19 日初稿

2019 年 7 月 11 日再稿

2023 年 2 月 15 日修改

目 录

第一部分
晋徽盐商崛起
1370—1643 年（上）

第一章　作为试验田的山西盐政　003
屯军百万：一个古老的趋势　003
亲信的建议：一石三鸟　007
屯军百万，不费百姓一粒米　009
何以是明朝　013

第二章　白银货币化的徽商起点　015
1424 年，明朝货币史的拐点　015
白银帝国的货币化实践　020
叶淇变法：徇私的乡情　024

第三章　盐商豪势与官场地震　031
户部尚书辞职　031
盐商家族与政治大地震　035

第四章　徽州盐商翻盘　041
徽州盐商称雄两淮　041
盐业总商与江氏家族　045
特权与腐败之路　046

第二部分
海商至窘
1370—1643 年（下）

第五章　巅峰之争："夹心化"的海外贸易　053
朱元璋的创新：朝贡贸易一体化　053
海盗入贡：缺位的私人海商　056
角逐南洋：若隐若现的影响力　060
文官丑化下西洋：海权的尴尬　063
太监与文官之争：海外贸易"夹心化"　067

第六章　海盗交欢：开封之间　077
争贡事件与葡西商人闯入　078
双屿结盗：走私商的狂欢　081
朱纨之死：去衣冠之盗难　085
徽商王直：在对抗与招抚之间　090
四任首辅老臣之死　095

第七章　海上私商：最后的屏障　101
徐阶晋升与梁材罢官　102
四港成就的白银帝国　104
白银帝国是这样"炼"成的　108

飞来横祸：死里逃生马尼拉　　　112
一张单薄的华人贸易网　　　116
华商力量：不战而屈人之兵　　　122
最后的海商大佬　　　127
帝国央行搬到拉美矿山　　　129

第三部分
外贸商人的天下
1644—1842 年

第八章　晋商第一次转型　　　137
张家口：从八大皇商到普世商人　　　138
从张家口到恰克图的常家样本　　　142
泛山西化的北疆：山西贸易商人版图　　　150
山陕商人："术"字形的会馆见证　　　155
群商闪烁的百年商业家族　　　161

第九章　十三行商人：从边缘到中心　　　165
从塌房、官牙到十三行　　　165
广州外港：从澳门到黄埔　　　167
四口争胜　　　169
"中国通"改变的历史　　　174
1760 年，进入生产巨富时代　　　179
十三行里的福建人　　　183
国际投资家：灰色的财富人生　　　185

第十章　南太平洋大撤退：海商宿命　193
自生自灭的海外华商　194
被肢解的金刚　198
鸦片战争前夕的帝国行商　201
明清朝贡贸易体系的崩溃　206

第四部分
山西票商简史
1843—1948 年（上）

第十一章　晋商的第二次转型　211
从赌博房学徒到票号创始人　212
雷履泰对毛鸿翙：两个人的较量　215

第十二章　山西票业发迹史　223
一场突如其来的物价上涨　223
1862 年，国之倚重　226
汉口：被隐没的双中心　230
弃茶从票由汉及沪　234
1900 年，慈禧西行　244

第十三章　晋商：心性的尽头　249
集体呐喊：李宏龄的远见与执着　249
闭口结舌之痛：一个人的偏狭　255
银行与钱庄：夹缝之中　257
梁启超站台，一场华丽的公关　263
日升昌倒闭：覆巢之下，焉有完卵　270

	平介票号独领风骚	273
	品牌四线，谁主沉浮	275
	祁帮走到最后	280

第五部分

买办时刻

1843—1948 年（中）

第十四章	**最澎湃的迁徙**	287
	沪津政经地位的升格	288
	上海崛起：第三次商人大迁徙	291

第十五章	**买办上位**	297
	澳门成就的买办之乡	298
	沪港买办香山制造	304
	港沪的买办家族	307

第十六章	**新旧气象交织**	315
	政治气象：重商洋务派上位	316
	一场起义，一把大火	319
	闽粤商人的分水岭	323
	徽商走向下坡路	326
	"买办三剑客"转型	331

第十七章	**甬商站稳上海滩**	339
	慈镇商人活跃上海滩	340
	从"郁半天"到"李大王"	343

上海道台多浙籍	346
柏墅方家：执牛耳而立	347
做人当如叶澄衷	351
两次四明公所事件	362
拐点人物严信厚	365
三地买办，甬帮后来居上	371

第六部分
沪上王者的沉浮
1843—1948年（下）

第十八章　正统苏商　　381

钻天洞庭人走向上海滩	382
东山席氏：沪上第一买办世家	385
香山买办颠覆者	391
胡雪岩垮台	396
误国首恶	401
状元实业家张謇：形神张之洞	404
荣氏兄弟：君子天行健	409
由苏而锡	413
苏商三大气质	417

第十九章　沪津商人　　423

沪商的四个圈	424
津商：风起北洋	438

第二十章　沪上王者　451
钱业大商非甬即苏　452
钱业领导人的传承脉络　459
湖绍帮银行业力压粤常帮　466
本土银行经理人的源头家族　470
两位世界船王的宁波读本　481
中国电影业的甬商力量　487

第二十一章　粤帮逆袭　495
粤籍电影人全产业链开花　495
1917年、1918年的不约而同　502
缘何又见香山帮　507

第二十二章　巅峰对决与商帮没落　513
被撕裂的乡情：朱葆三坍塌　513
宋汉章与傅筱庵：甬绍对决　521
粤甬帮总商会之争　525
1935年，商帮孱弱　533
闽粤帮侨化：惊艳的存在　545
闽粤侨商：世界级富豪群体　550

结　　语　553
附　　录　557
后　　记　595

第一部分

晋徽盐商崛起：

1370—1643 年（上）

中国区域商人被称之为"帮"始于明朝，得益于明朝开国之初的盐业及屯田政策。中国北方安全问题比古长城的历史更为久远，这两个政策是明初北方屯军百万的结果，也承袭了面对同样语境的宋朝经验。

我们对中国商帮史的记录，始于1370年朱元璋当上皇帝的第三个年头。是年，名为"开中制"的盐业政策开始实行。

最早成"帮"的区域商人当数晋陕商人，但当盐政由开中制走向折色制时，酝酿了中国商帮史上第一次区域商人势力的更迭，徽州盐商后来居上。

明朝是白银超越纸币、铜钱演化为本位货币的朝代。盐政推助了这一进程，又反过来被倒逼转向。徽州盐商崛起的背后，既是白银货币化驱动的结果，也存在地缘人情运作的痕迹。

盐业的利害，充斥着政商博弈。山西盐商家族对明朝内政、外交政策及人事布局影响之深，在商帮史初期就达到一大高峰。

官商勾连所形成的权贵当道，孕育着破旧立新的气象。1617年，盐业新政"纲运制"从根本上动摇了山西盐商家族势力，徽商最终实现了在盐业领域对晋商影响的覆盖。

第一章

作为试验田的
山西盐政

流淌着杀伐和霸气血液的一代天骄成吉思汗，为元朝打下了基础，他的后裔却将江山葬送在中国历史上出身最为卑微的皇帝朱元璋手中。

如何建设一个新政权，承袭前制成为朱元璋的现实选项，尤其是在如何协调处理北部边区的盐业政策和屯田政策上。

由此所释放的政策红利，催生了近水楼台的晋陕商人的崛起。

屯军百万：一个古老的趋势

1368年，欧洲大陆和中国都笼罩在战争的硝烟中。英法两个冤家断续116年（1337—1453年）的战争，尚未进入中场，而在中国，农民揭竿而起，颠覆旧朝代，拥立朱元璋为新主人。

朱元璋眼看元朝残部盘踞在山西、陕西、甘肃、辽东等地，无一日不思而剿之。扩廓帖木儿的大本营尚设在太原，对明政权构成近在咫尺的威胁。1369年，明朝开国名将徐达大破扩廓帖木儿，折损其兵力4万，令其仓皇从太原逃向甘肃。再一年，甘肃与陕西一并被明朝收复。

尽管明朝对北元军队采取强击之势且有所胜利，但北部边区仍存在20万北元骑兵，时刻威胁着明朝安全。1372年的一场大战，明军大败，由此拉开明朝以修整长城为屏障的内敛守势的序幕。

明朝百废待兴，持续用兵，财政力有不逮。朱元璋自圆其说，"四方诸夷，皆限山隔海，僻在一隅。得其地不足以供给，得其民不足以使令。若其不自揣量来扰我边，则彼为不祥。彼既不为中国患，而我兴兵轻伐，亦不祥也。"[1]

他告诫后世子孙，不要"倚中国富强，贪一时战功，无故兴兵，杀伤人命"[2]，并特别嘱咐，要永不征伐朝鲜国、日本国、大琉球国（曾存在于琉球群岛的封建政权名，位于中国台湾岛和日本九州岛之间）、安南国（今越南）、暹罗国（今泰国）、爪哇国（古代东南亚古国，其境主要在今印度尼西亚爪哇岛一带）等15个国家。

从更长时空来看，中国北部边境的安防问题比长城的历史更为久远。从春秋时各国在形势险要之地筑城防御，到秦始皇为北御匈奴，西起临洮、东至辽东筑起绵延万余里的长城；从汉武帝重新修缮秦时边塞，到北魏为防御柔然，北齐、北周为防御突厥，隋代为防御突厥、契丹，都不约而同修筑长城，如影随形的都是同样的命题。

但长城千年的修筑、修缮史并没有成功破解华夏民族来自北边的安全问题。《剑桥中国史》至少在辽西夏金元史和明史中两次提到这一命题。

---

[1] 朱元璋：《皇明祖训》，见[明]陈建：《皇明通纪·皇明启运录卷之八》，钱茂伟点校，中华书局2008年版。

[2] 同上。

中国北部"从来就不存在一条连续不断的防御线或经过划定的边界。倒是有一连串设防的边疆州和县,战略要地筑有少量要塞,一些屯田、军马场、烽火台和警戒哨所散布各处"。这一东西走向的防御体系,"其中坚力量由灵州、太原、大同和北京等地强大的藩镇军队所组成"[1]。

"自从拓跋魏兴起以来,一个接一个的中央集权政权,都是以北部边疆的失控地区为根据地,由那些边疆军事大员们所创建"[2],这是一个古老趋势的延续。[3]

北宋初年,宋朝曾两度对辽用兵,企图把契丹势力驱逐到长城以北,结局是全然失败。1004年,在交战获胜的情况下,北宋拱手而与契丹签订"澶渊之盟"。

1044年,再签城下之盟。对此,黄仁宇评论道:"它(赵宋)的军旗从未在北方草原地带展开过,更用不着说向东北或西北角延伸到中亚的腹地里去了。"他的结论是,"全宋朝319年的记录,无非是军事的挫败和退却,所有的例外则是以'岁币'为名向北方少数民族购得的和平"。[4]

尽管告诫后世要与四邻择善从之,但朱元璋也不无警示地说,"必选将练兵,时谨备之"。1371年,朱元璋曾表明心迹,"日本、朝鲜和安南只是蚊虫而已,北方夷狄才是最危险的心腹之患"。[5]

---

[1] [德]傅海波、[英]崔瑞德编:《剑桥中国辽西夏金元史(907—1368年)》,史卫民等译,中国社会科学出版社2006年版。
[2] 同上。
[3] 拓跋氏本身就是在大同地区发展起来的,其后继者西魏和北周的统治者原是河西走廊地区的军事指挥官,隋王室也来自同一个集团,唐朝的建立者李渊就是在山西起家的。
[4] [美]黄仁宇:《中国大历史》,生活·读书·新知三联书店2007年版。
[5] [美]魏斐德:《洪业:清朝开国史》,陈苏镇、薄小莹译,新星出版社2017年版。

在中国社会科学院历史研究所研究员耿昇看来,"明王朝是东亚没有竞争对手的大国,其周围的许多小国,都需要向中国学习并向它纳贡。当时俄罗斯帝国还是一个政治侏儒,萨法威王朝的波斯与莫卧儿王朝的印度尚在襁褓中。没有任何一个国家可以胁迫中国,只有北部的蒙古人或瓦剌人对明王朝形成了一种真正的威胁。"[1]

长城与连绵的群山成为一道难以逾越的屏障,而长城北面,地域一马平川或微有波澜,虽有大量的山峦耸立其间,却并不具有连贯性,明王朝只在事实上管理着万里长城沿线和辽东柳条边以南的北疆区域。尽管奴儿干(今东北黑龙江下游东岸特林地方)、归化(今呼和浩特)、河套相继归属明朝,但这里是一望无际的草原或沙漠,"只是以一系列自永乐时期起已经熄灭的烽火台作为标志,仅仅由中国的骑兵巡逻"。[2]

以这些烽火台为依托,明朝相继在北边建起九边镇(九个关口),大同镇(治所在今山西大同)、宣府镇(治所在今河北宣化)和山西镇(也称太原镇,治所在今山西宁武),承东启西,位于中枢地段,隶属山西行省管辖。当时山西行省远较现在山西省广阔,包括今河北张家口、承德,内蒙古多伦、正蓝旗、赤峰、奈曼旗等地,居于明朝北部边界线的位置。

明朝叛将赵全曾对蒙古鞑靼部首领俺答汗说:明朝官兵主要保卫宣府、大同,蓟州一带防御甚固,兵多将广;山西一带兵弱,亭障稀疏,备御薄弱。大同的防御设施远不如宣府可靠。尽管此处骑兵较强,但难改其一直是山西边境危险地段的局面。

---

[1] 耿昇:《法国汉学界有关郑和下西洋的研究》,载《中华文化研究》2006年第2期。
[2] [美]牟复礼、[英]崔瑞德编:《剑桥中国明代史(1368—1644年)(上卷)》,张书生、杨品泉等译,中国社会科学出版社2006年版。

最极端的例子发生在 1449 年，蒙古瓦剌部大肆赴边而来，23 岁的明英宗朱祁镇亲自出征，结果被蒙古人生擒，酿成"土木堡之变"。

为防御，朱元璋曾在北边布置 100 万军人，这几乎是明初军队的总和。朱棣在位时，九边重镇集结 86 万士兵，配备 34 万多马匹（部分边镇内含驴、骡、驼、牛等）。[1] 如此规模的军人驻扎在北边，如何提供后勤保障是一个棘手的问题。

亲信的建议：一石三鸟

山西行省在九边中的地位，及其拱卫北京的战略意义，使国家政策从一开始就对山西倾斜有加。

太原人杨宪，在朱元璋攻克南京时投奔他并做了他的幕府，随后被委派回乡当了行省参政。1370 年 6 月，他向朱元璋提出在大同实行"开中制"的建议。

这时，大同的粮储供应需从陵县（今山东德州市陵城区）运送到太和岭（在今山西省朔州市），路途遥远，费用不菲。杨宪认为，与其这样，不如调动商人转运，在大同仓缴纳一石（百余斤）米，或在太原仓缴纳一石三斗（1 斗约合 15 斤，约 200 斤）米，政府给予凭证，让商人到相应盐场领取盐引（200 斤），同意其在划定区域内贩卖。在这一过程中，盐价折抵米价，转运费代纳盐引税。

这是一个整合资源、优化配置，国家、商人和农民各得其所的建议，直面各方痛点。如果所有边储粮草的转运由政府操作，需要置备车

---

[1] 黄鉴晖：《明清山西商人研究》，山西经济出版社 2002 年版。

马乃至打造官船从南往北调粮，需要建立兵站，招募人力，但这种局面对于刚刚开始运转的明朝来说，并不现实。如果粮储交由普通百姓运输办理，一则运费高，民运粮一石，运输费用甚至达到所运粮食价值的六七倍；二则运输周期长，民运粮任务过重，将直接影响到农民耕种和休养生息。

在征民运与商运之间，社会底层出身的朱元璋思忖得最为透彻。建国当年，他就迫不及待地下旨：允许百姓垦荒为业，徭役和赋税免征三年，并下谕中书省大臣：善政在于养民，养民在于宽赋。1371年，在任命首任户部尚书时，朱元璋语重心长地说，"善理财者，不病民以利官，必生财以阜民"。既能解决边区粮饷问题，又不劳民，也不让官府破费，一石三鸟，朱元璋采纳了杨宪的建议。

从历史上看，每一次围绕盐业的新政几乎都与军饷供应、边区政策或国家征税有关，也因此奠定了山西、陕西、徽州等与盐业关系密切的区域商帮的萌芽与兴起。

盐引就是盐的专卖权，在古代，盐是国家专控物品，盐就是钱，贩之获利极高。把盐引给粮商，那就等于给予他们生财之道。对国家来说，这意味着以盐税做抵押，换取民间对防御和战争的投资。北京大学教授韩毓海认为，明帝国的这种做法与19世纪欧洲国家以国家税收作抵押，来换取私人银行家对于战争的借款和投资，具有一定的相似性。[1]

盐在国家财政体系中所处的地位决定了这种逻辑可以形成闭环。在古代，田赋和税收是政府财政收入的主要来源，盐税在财政收入中占据半壁江山。至少从宋元开始，到清朝中期的嘉庆年间，这种状况一直没

---

[1] 韩毓海：《五百年来谁著史：1500年以后的中国与世界》，九州出版社2009年版。

有改变。"山海天地之藏，其有关于国计民生者，盐课居赋税之半。"[1]

盐业产业链条包括生产、批销、运输、销售，其中，生产是官督民产，批销大权紧握在官方手中。开中制下的商人等于用向边区转运粮食的辛劳，换取了对盐的转运权和区域销售权。换句话说，官方通过盐业运输、销售的民营化，实现了政府财政和民间收入由盐做介质的空间转移。

开中制率先实行于大同，尔后又在更大区域的山西、河南、陕西实施，1371年在全国推广。[2]大同，俨然具有先行先试的味道。尽管开中制时断时续，大同纳粮中盐未曾中断。1371—1412年，宣府五个卫所因为没有设立边仓，官军每年的俸粮靠大同供给。到1413年，宣府才设置粮仓，山西商民被官方授命到顺天府中纳盐粮，这也是晋商最早去宣府纳粮的证明。[3]

根据边区的实际需要，后来还延伸出纳麦、粟、豆、草、铁、茶、棉花、衣物等换取盐引的做法。1436年，北方受鞑靼和瓦剌族人侵扰，大同、辽东、延绥、甘州等重镇的边防军缺少战马，时属山西的太仆寺（今内蒙古境内）以及北平、陕西、甘肃、辽东苑马寺所属的各个官方牧场又不景气，明政府还曾推行过纳马中盐制度。

屯军百万，不费百姓一粒米

明政府一度将各种生产资料、货币工具运用到了炉火纯青的地步。

---

[1] 清《嘉庆两淮盐法志》。
[2] 黄鉴晖：《明清山西商人研究》。
[3] 黄鉴晖：《明清山西商人研究》。

朱元璋曾不无自豪地说：养兵百万，要不费百姓一粒米。这种局面的实现，除与盐政有关外，实现军粮军饷在边区就近解决的屯田制，也发挥了重要作用。

屯田制分为军屯[1]、民屯和商屯。1385 年，明政府规定，50% 的卫所都卫和王府护卫的军士都要屯田，后来这一比例增加到 70%。军屯的重点是九边，这里吸纳屯种的官兵人数最多，垦殖范围最广。其中，山西大同镇有 4 万多军士，垦种 200 多万亩土地；甘肃西宁卫 1 万多名军士，垦种 27 万亩土地；辽东镇 4.5 万名军人，屯田 253 万亩。时至今日，新疆生产建设兵团的性质与此相仿。

因对山西边塞屯务的重视，1395 年，明政府又命令山西省内 2.6 万多名马兵和步兵撤出营地，开往塞北，垦耕自给。甚至山西的晋王和代王两藩府也受命实行军事屯田。

无地少地的贫民也被明政府鼓励迁往人稀地广的地方去屯种。最初从四丁以上的农家抽一人，免其徭役，调往塞外大同等地，编入军屯卫所垦种。仅太原、平阳（今山西省临汾市）两地就被征调 10 万多人赴边。除强制手段外，许多晋中、晋北缺少土地的农民也积极响应明政府号召，越过长城，进入军政建制的山西行都司的地域垦种。

山西中南部的被迁之人都会集到洪洞县大槐树下待命。树旁的广济寺里驻扎着钦命官员，负责给移民登记造册，办理迁移手续，发放勘合（凭照）和盘费。由户部委派的官员将所迁之民编入目的地的里甲，然后

---

1 军屯就是明朝卫所制度的自给自足。卫所制度是明朝的兵制，大的兵区叫"卫"，小的叫"所"。大约以 5600 人为一卫，1128 人为一所，112 人为百户所，外统于都司，内统于五军都督府。遇出兵打仗，由朝廷派一个将军，即"总兵官"，予以统率。战事结束，总兵官交出兵权，军队回归卫所，这一制度类同于唐代的府兵制。见钱穆：《中国历代政治得失》，生活・读书・新知三联书店 2001 年版。

由后军都督府派军士押解上路，一直送到接收地，予以安置。[1]史载，张其明、冯冕、袁嘉盛等原来生活在洪洞县的居民，就在迁出的过程中走上从商之路。

作为军屯、民屯的重要组成部分，商屯让"耕者趋利，边地尽垦"得以实现（桂萼语），也逐渐成为永乐以后九边军饷供应一支不可忽视的力量。[2]商屯的来源分为被迁徙的大户和自觉商人两大块。其中，从外省迁徙而来的商人融入了晋商的历史洪流之中。

朝廷迁徙大户实边在朱棣时达到一个高潮。实边在古代并不鲜见，秦始皇统一六国时，曾把各国12万户富豪迁徙到咸阳和巴蜀等地。[3]在明朝实边中，山东寿光人冯盛被迁往山西代州，他的孙子冯天禄生于1516年，曾"从祖父贸迁秦梁间"，后"商淮浙间"，成为巨商。

冯天禄生有四个儿子，长子冯忠、三子冯惠继续从事盐业生意，二子冯恩、四子冯愈以儒学为业，发展成儒商家族。冯忠的商业才能曾得到大司马吴翁的赏识，令他驰骋齐鲁、淮浙盐场十余年。[4]另外，平阳首富亢氏，以及后来出任国民党要员的孔祥熙的先辈，都是被迁往山西的山东人。

不失敏感的商人也加入这一队伍。他们自筹资金，在长期固定开中的地点，就地雇人种粮以换盐引。[5]许多山西富商大贾出没于辽东、延绥（今陕西省榆林市）等各边镇，一些新的村落在屯边中形成。

---

1 宿小妹、李三谋：《明代山西边垦与边军饷银》，载《古今农业》2008年第4期。

2 同上。

3 柳思维编著：《远古至秦汉的商业思想》，经济科学出版社2009年版。

4 侯文正：《晋中商帮兴衰史略》，载《文史月刊》2006年。

5 田冰：《明成化至正德时期北方边粮供应的变化及其影响》，载《郑州大学学报（哲学社会科学版）》2007年第5期。

除大同、宣府外，山西商人也是最早进入山西偏头关（今山西省忻州市偏关县境内）、雁门关（今山西省忻州市代县境内）、倒马关（今河北省保定市唐县境内）等处进行商屯的商人。史载，在边关"凡戮力于南亩者，皆山右（山西）之佣，秋去春来，如北塞之雁"。这样，雁门关外，屯堡相望，塞上田禾广袤无际，而东北官员向朝廷上奏称："辽东千里，晋人商屯其间，各为城堡……商人争出财力……边储大裕"。

1429年，开中纳粮扩展到宁夏。为路途遥远而能吸引客商到来，政府对陕西、山西商人予以政策优惠，他们每引盐仅须纳米麦四斗，当地人则须五斗五升。

秦晋之好，早在春秋时就已传为佳话。明清以来，官府文书和社会舆论都习惯把山西和陕西商人合称"山陕商人"。从明中后期到清朝，山陕商人迈着共同的节拍，在共同到达的地域，建起象征两省商人友谊和协作的会馆：山陕会馆，彰显了地缘好合的两省商人抱团打天下的意识。

以盐做介质的纳粮中盐、移民以及商屯，对山西人的牵引不仅仅在于生存或者销盐有利可图。在这个过程中，山西人四海为家的情怀被触动乃至激发，让山西人见识多、视野广、信息灵，便于在长途贩运中发现不同区域之间，除了盐利的种种商业机会。

随着山陕商人的到来，"缎绢、绫绸、纱罗、梭布、花绵、巾帕、履袜、南货及诸铜铁木竹器、纸劄"[1]等，也都贩运到了宁夏，并成为政府纳税商品。山西人范世逵就是这一时期的代表，他祖上三辈以农商为业，少年时即走四方。对于政府的输粮换引政策，他认为"奇货可居"，就亲

---

[1] 黄鉴晖：《明清山西商人研究》。

赴关陇（今函谷关以西、陇山以东一带），至皋兰（今甘肃省兰州市），往来张掖、酒泉、姑臧（今甘肃省武威市）等地，了解地理交通。此后，他便在这一带专门经营粮、草生意，数年内大获其利。河西都御史和边防将校都愿意与他交往，并对他礼敬有加。

何以是明朝

中国早期商帮史的发展，最为明显地体现在山西盐商的崛起上。诸多专家学者将开中制、屯田制作为山西商帮崛起的重要原因加以阐述，这自有其道理，但不应忽略的事实是，明初的盐业及屯田政策并非明朝的原创，开中制实是对北宋钞盐法、盐引制及元初折中制的沿袭。如果盐政、屯田制能让山西商帮萌芽，早在宋元时期就已存在这样的语境，为何商帮未萌芽于彼时？

我们不得不面临这样的现实，那就是有一种超越宋元之外的牵引之力或者说变量，最终促使商帮兴起于明朝。

明朝在经济领域有四大突出特点，一是以交通便利和长途贸易为支撑的国内统一大市场在明朝业已形成；二是中国手工业私有化完成于明朝；三是白银在明朝上升为本位货币；四是以白银为纽带，全球大航海时代的来临和晚明的一口通商对贸易及经济发展的推动。

明初，朱元璋命全国府、州、县修桥治路，京师到各行省建立陆路交通干道。水运较之前也有很大改善，尤其是朱棣在位时浚通临清至济宁北段的会通河，嘉靖时又修复通惠河，大运河由此从杭州至北京全线贯通，成为商人南北贩运商品的首选交通要道。

明朝初年，盐业政策一如既往地推动了国内长途贩运贸易，这与宋元盐、粮一直是长途贸易的主角没有太大差别。到明朝中后期，长途贸易的内容变成以粮食为主、棉布次之。江南、华南、华中、华北和西北五大经贸区域在大宗商品的远距离贸易中形成，它们之间的频繁贸易意味着中国国内大市场的最终形成。

如果说中国农业的私有化出现于战国时期，中国手工业的完全私有化则迟至明朝。明朝在较短时间内完成手工业从官营到私营的演变，至明朝后期，除盐业等少数几个行业还在实行以商人为主体的盐引制外，大多数手工业摆脱官方控制而成为民间手工业。

明朝的私营工商业，无论是冶铁、造船、建筑等重工业，还是丝绸、纺织、瓷器、印刷等轻工业，都在世界上遥遥领先，工业产品产量占据全世界的三分之二以上。官方用令周边国家朝贡的方式垄断对外贸易，但所需的手工业品多来自民间手工业作坊。

与此形成映衬的是官营工业不断萎缩。官方冶铁业在正德年间以后迅速衰落，万历时最大的官营矿冶——遵化铁厂濒临破产。虽说民间禁止开采金银矿，但这只是法令规定而已。在景德镇的陶瓷业中，一般民窑的窑身和每窑产量要比官窑大三四倍。明后期，京郊门头沟的煤窑很多，官窑只有一两座，其余都是民窑。

尽管开中制和屯田制是山西盐商崛起的基础条件，但真正将明朝与宋元两个朝代区隔开来的是白银在明朝上升成为本位货币，这也是观察商帮兴起于明朝的一个核心判断。

白银在推动中国商帮形成中所发挥的作用，最初淋漓尽致地体现在山西盐商被徽州盐商超越之中，尔后体现于以漳州商人为主体的闽商崛起中。

第二章 白银货币化的徽商起点

1492年,当叶淇在徽商建言下发动盐法变革时,中国商帮历史掀开新的一页。这次变法无意间拉开了晋徽盐商上百年历史命运演变的序幕。

这一序幕的源头,要从1424年朱棣病逝说起。

1424年,明朝货币史的拐点

夏原吉是明史上有名的五朝老臣,以犯颜直谏著称,因在用兵一事上冒犯朱棣,遭遇牢狱之灾。

朱棣设置内阁、迁都北京、派郑和下西洋、疏浚大运河,其治下的明朝有"永乐盛世"之称。他也是明朝历史上最具血性的皇帝,为"防止出现有雄才大略的蒙古领袖重新控制整个蒙古民族"[1]，他将父亲朱元璋的训诫置于脑后，在十余年间先后五次发起对蒙古的战争。

朱棣是亲征蒙古的，虽然征讨取得胜利，但远没有达到扫除边患的程度。在最后一次班师回朝途中，他身心疲惫，不禁惦念起夏原吉的好来。他不无内疚地说"原吉爱我"，却没能再看上一眼北京城，便撒手而去。

朱棣之后，明朝撤去长城一线之北的守军，把防御体系集中在北京周围。北京北部的防御体系是以山西北部的两大卫戍城市宣府和大同为基础的。大同、宣府规模最大、驻军最多、耗费军饷最巨。宣府是主要的卫戍中心，配备的士兵、骑兵数量和手操纵火箭、重臼炮、轻型的手雷和信号炮等，基本量上要达到可以作为一个挡住从西北向北京进逼的固定要塞。尽管如此，唯一值得信赖的保卫北京的坚固"城墙"就是北京城自身的砖面墙，而非边关的所谓屏障。[2]

人们多看到夏原吉敢于直谏的一面，却鲜有人看到他在明朝白银本位化进程中所发挥的源头作用。朱棣去世当年，夏原吉官复户部尚书，他向新上任的仁宗皇帝朱高炽提出了放开银禁交易的建议。

明朝前期，纸钞的价值稳定，金银、铜钱、纸钞三种货币都可以在市场上流通。中国市场存在两种货币系统，一种是作为日常买卖使用的铜钱和白银，另一种是作为缴税使用的纸钞。在银铜没有上升到缴纳税赋功能之前，纸钞的作用就是缴税，还包括应付关卡和作为政府的官俸。[3]

---

1 [美]牟复礼、[英]崔瑞德编：《剑桥中国明代史（1368—1644年）(上卷)》，张书生、杨品泉等译，中国社会科学出版社2006年版。
2 [美]牟复礼、[英]崔瑞德编：《剑桥中国明代史（1368—1644年）(上卷)》。
3 张瑞威：《劣币与良币：论明宪宗一朝的货币政策》，载《全球化下明史研究之新视野论文集（二）》。

元代是全世界首个建立纸币本位制度的国家。大明宝钞成为继元代至元宝钞之后居于本位货币之位的货币，并在使用领域上有所扩展。大明宝钞始印于1375年，一开始价值稳定，但随着投放过多，民间开始用脚投票，重钱轻钞。为避免这种情况，也为减少有冒头迹象的通胀，朱元璋在1395年下令禁用铜钱，限令军民、商人在半月之内，将所有铜钱收官，依数换钞，并对"敢有私自行使及埋藏弃毁者，罪之"[1]。

1398年，因杭州诸郡不论货物贵贱，一概以金银定价，"钞法阻滞，公私病之"[2]，明政府再次颁布禁止以金银交易的命令。为增加纸钞的政府信用和减少官方对粮食的需求，1402年，明朝最高级官员的官俸六成为粮食，最低级的官员只收到两成，其他官俸则发放纸钞。后来，在都督府和都指挥使司、各省和诸王的封地完全领取稻米作为薪俸的官员也部分接受纸钞。

1405年7月，郑和第一次率队下西洋。在下西洋之初，明政府大量使用纸钞作为交换货币，但伴随着纸钞的贬值，外国使团不再收取纸币作为官方交换物，明政府不得不在1408年开铸永乐通宝，且做工精良。1403年，明政府曾以强硬的姿态再次申明严禁金银交易，"犯者准奸恶论"[3]，即处以死刑。1411年，明政府又"令差官于浙江、江西、广东、福建四布政司铸永乐通宝钱"[4]。

在之后相当长的一段时间内，明政府对铜钱的政策泾渭分明：在对外贸易中可以使用，但在国内禁止。铜钱与兵器、丝绸、陶瓷、皇历以

---

1 《明太祖实录·卷二百三十四》，《明实录》。
2 《明太祖实录·卷二百五十一》，《明实录》。
3 《明太宗实录·卷十九》，《明实录》。
4 [明]罗汝芳：《大明通宝义》，载《四库全书存目丛书》史部第二七四册，齐鲁书社1996年版。

及儒家伦理经典、六经、诗词传记、医学针灸等著作一道，被郑和船队带到西洋广加赠赏，交换贡品。

当国内收藏界还惊诧于永乐通宝钱币在国内出土为数不多，甚至在许多明清时期的窖藏钱币中也不见一枚时，在南海和海外却有大宗的发现。从日后印度尼西亚、日本、越南等国及南海出土了大批永乐通宝钱币的情形来看，郑和下西洋的历史堪称中国货币在亚非大陆的推广史。

明朝在当时世界上的地位决定了明朝铜钱与其前代的铜钱一样，在600年前是亚非贸易尤其是东南亚贸易的硬通货。也可以说，郑和下西洋客观上是近现代中国货币走向亚非的最后一次大规模官方推广。

明政府纸钞购买信用力的下降加速了铜钱的铸造和外流。作为纸钞、铜钱强劲对立物的白银，最终伴随纸钞的贬值、铜钱在郑和下西洋中的透支和在国内市场的缺位，逐渐占据合法主币的地位。

对此，明仁宗朱高炽似乎心如明镜，一上任就与户部尚书夏原吉探讨货币紧缩之策。之后，两条政策被执行：一是在一些道路、关津处设立关卡，对来往商人征收纸钞，以强令纸钞流通和增加日益困乏的国家财政之收入；二是允许有钞之家用钞中盐，将旧钞根据情况折收，烂钞全部焚毁。

与此同时，明仁宗做了一件改变整个明朝命运的事情，那就是同意夏原吉开放银禁交易的建议。尽管明仁宗在位仅一年，但他做出的这一决策对整个明朝都具有深远的影响。从历史发展进程来看，此举成为整个明朝货币史的拐点，也成为叶淇变法的一大背景。

明朝是一个缺金少银的朝代，在不少国内外专家看来，将白银作为本位货币等于将明朝的央行搬到了拉美矿山[1]，正是白银货币化及本位化，最终导致了明朝灭亡。如果这种观点站得住脚的话，那么1644年明朝的灭亡，早在明仁宗放开银禁之时就已经埋下伏笔。

之后，用银做载体纳税充役的现象一发不可收。郑和下西洋所采办的物品，除珍珠、珊瑚、麒麟、狮子、斑马、金钱豹、鸵鸟等奇珍异宝外，末期也出现铂金的影子。

耿昇认为，中国以其威望和典型朝贡贸易的外交特征，会以非常低廉的价格获得某些财宝。在1433年之前，中国收到各国进贡的白银与黄金数量不菲，譬如从朝鲜获得1600两黄金和1万两白银，从安南获得千余两黄金和2万两白银。所以有一种说法，后期郑和下西洋肩负了寻找金银的使命。[2]

1433年，郑和最后一次下西洋，并在同年逝世。根据沙朝振的说法，1435—1503年，明政府在近70年间没有铸造铜钱投放国内市场。日本则用在中国社会经济中地位日益上升的白银来换取中国铜钱，这对明政府多少有些投桃报李的味道。[3]

在1432—1547年中日第二期勘合贸易的第四次遣明使中，室町幕府第八代将军足利义政在领赐物品以外，还要求特赐铜钱和书籍，并公然令人在一附件中记载称，"书籍、铜钱仰之上国，其来久矣。今求二物，伏希奏达，以满所欲。书目见于左方。永乐年间多给铜钱，近无此举，故公库索然，何以利民，钦侍周急。"[4]

---

1 韩毓海：《五百年来谁著史》。
2 耿昇：《法国汉学界有关郑和下西洋的研究》。
3 沙朝振：《明朝钱币的铸行》，2018-10-14，http://www.jibi.net/News/gbzs/8_35_35_970_5.html。
4 周爱萍：《宋明时期中国铜钱大量流入日本的原因初探》，载《中州学刊》1996年第3期。

明政府答应了足利义政的这项要求，但不幸的是，这批铜钱在归国途中遭到日本大内氏的袭击而被夺去。所以在第五次遣明使时，足利义政又申述"公库索然"，在领取赐物以外，另外要求 5 万文铜钱。

铜钱不准在国内流通，并非说国内没有铜钱流通。明政府曾屡次试图通过禁止事实上的铜钱交易来保证纸钞的通行，明朝第六位皇帝朱祁镇就曾下令，阻止宝钞者，追罚一万贯，并罚全家戍边。

1448 年，监察御史蔡愈济上奏，虽然朝廷以钞票作为合法货币，但是北京市场仍有以铜钱交易，且每贯钞仅折铜钱二文。朱祁镇就下令"锦衣卫五城兵马司巡视，有以铜钱交易者，擒治其罪，十倍罚之"。[1] 即使在这种雷厉风行的政策下，民间依然使用铜钱如故。

到 1449 年，一贯钞仅值钱一文或银四十分之一两。也就是说，至正统末，钞与钱相比，宝钞贬值 1000 倍；钞与银相比，宝钞贬值 400 倍。

1465 年，在银禁解除 41 年之后，明朝才解除用铜钱交易之禁，这种情况无意间加速了一个过程：白银货币化。

白银帝国的货币化实践

从事后看，明时的中国是全球不折不扣的白银帝国。放开银禁之后，陕西首开明朝一系列以折征白银为主线的赋役改革大幕。这一实践的背后是 15 世纪中期明朝纸币体系的崩溃。

宣德二年（1427 年），陕西巡抚张信等言："陕西西安、凤翔诸府，岁输粮草于宁夏、甘肃洮河、岷州镇卫，道路险阻，运致为艰。民往往

---

1 《明英宗实录·卷一百六十六》，《明实录》。

赍金帛，就彼市纳。"[1]

1430年下半年，财赋重地江南行省拖欠租税的问题比较严重，仅苏州一府拖欠的租税就达800万石。百姓往北京运粮是租用船只的，往返需要一年，耽误农事。不仅如此，运粮会有杂耗，百姓每缴纳三石粮食，大约要多加一石的损耗。豪富大户不肯加缴耗米，就全部摊到了小民身上，小民因为贫困就一逃了之，导致税额愈缺。周忱以工部右侍郎兼江南巡抚的身份被派往江南总督税粮。

周忱创造平米法，下令均摊缴纳耗米，并将纳粮要用的铁斛定出标准样式发给各县，防止有人用此作弊，一举解决了拖欠问题。同时，周忱发现，民间每年把马草运到两京（北京和南京），劳费难以估算。于是，他就将每束马草折成白银三分，在南京则将所折的银两就地买纳。北京百官都要持帖到南京领取月俸。米贱的时候，俸帖七八石换得白银一两。周忱又检查出税重的官田和极贫的农户，准许其两税折成金花银缴纳，每两抵米四石，解送往北京用来兑换俸禄。这样百姓杂耗很少，而官俸常足。

明朝赋役折收货币则是由折钞起，当时宝钞是国家的法定货币。周忱改革之时，赋役折征还处于钞、布、绢、银等并列时期，赋役折银只是个别现象。不过，之后白银货币化的进程逐渐加速，并为"一条鞭法"的出台和推广到全国奠定了基础。

朱祁镇在位时，用银之禁已经松弛。《明史·食货志》中提及：正统初年，纳税不用金银，"唯坑冶税有金银"。所谓坑冶税，就是开采铜矿者要向官府缴纳的税种。"朝野率皆用银，其小者乃用（铜）钱"，纸钞

---

[1]《明宣宗实录·卷三十三》，《明实录》。

被搁置在一边。

1436 年，明政府将江南的赋税一概以折银征收，第二年下令两广、福建将输送南京的税粮折纳白银，有愿纳布绢者亦可。1438 年，山西布政司衙门试行农田货币税，将山西各府州县运往大同镇和宣府镇的 40 多万石税粮改征为税银。税银由百姓统一缴纳，政府统一征解，尔后输往边关，由军方就地购买所需的粮食。

在此前后，已有一些较有资本的商户采用变通的手段这样做了，他们带上棉、布等轻便之物去边区贸易，然后用换来的银钱就近购买米粮，上纳国仓。山西试行几年后，官民一时称便，1443 年，用银纳税遂成定例：省内中部和南部的常项输边税粮改征为税银，而只在雁北地区保留旧例，仍实行实物税——上纳本色米麦，输入军仓。

1465 年，户部尚书马昂乘宪宗即位之初，就上书钞法不通，建议将天下户口、食盐等项，铜钱和纸钞各半征收，这个建议随即得到刚继位两年的宪宗皇帝的批准。同时，政府也承认了事实上的纸钞贬值，放弃了一贯宝钞兑 1000 文铜钱的官价，下令"每钞一贯，收钱肆文"[1]，尽管如此，这一纸钞价格仍比市场偏高。

这一政策让铜钱有了后发制人之势，但好景不长，民间对铜钱的觊觎私铸再次置铜钱于尴尬之地。私铸铜钱的利润可达 100%~200%，足以让人们以身试法。私铸的铜钱成色品相千差万别，搅乱了市场，导致铜钱贬值和物价上涨。香港中文大学历史系教授张瑞威讲过这样一个故事：

1480 年，北京的物价突然上升到一个难以接受的地步。一方面，本年河北多个地方，包括顺天、河间、保定、永平等府出现天灾，农产品

---

[1] 张瑞威：《劣币与良币：论明宪宗一朝的货币政策》。

收成下降，米价随之腾贵。推动粮价升高的原因，除天灾外，还有劣币的泛滥。当时，顺天府大兴县民何通上书，指出铜钱的贬值，最令小民受苦："看得先年每银一两，准使铜钱八百文，以此钱贵米贱，军民安业。近年以来，不料外处伪造铜钱与贩来京，在卫货买行使，每银一钱，准使一百三十文……近于十二月以来，街市选拣，铜钱阻滞不行，米价愈加增贵。"[1]

从每银 1 两值 800 文铜钱到值 1300 文，铜钱币值大跌。不仅老百姓深受影响，明政府也为库房中由折税赋缴纳上来的大量积存的铜钱发愁，政府甚至将这些铜钱折发给成化十一年（1475 年）未领到俸米的官员。银矿较之铜矿少，私铸的可能性较小，白银保值度一贯不错。在这个过程中，白银成为最大赢家。

1474 年，两淮、两浙盐场灶户（对盐业生产者的称呼，又称盐户、灶丁、卤丁）上缴的课税也以银计。1477 年，周忱巡抚江南的继任者——河南襄城人李敏，以右副都御史的身份巡抚大同。他见山东、河南的输边之饷道远耗费，便悉令输银。1484 年，李敏改督漕运，"寻召拜户部尚书"[2]。他大刀阔斧地进行税制改革，主持将北畿（河北）、山西、陕西等省的运边物资，不论夏税、秋粮，凡是运道稍远者，都用银折征粮税。《明史》载："自是北方二税皆折银，由敏始也。"[3]

1488 年，政府公认每钞一贯折银 0.003 两，只相当于原来价值的 1/333。由于库藏空虚，明政府下令"除崇文门、上新河、张家湾及天下

---

[1] 张瑞威：《劣币与良币：论明宪宗一朝的货币政策》。
[2] [清]张廷玉等：《列传第七十三》，《明史·卷一百八十五》，中华书局 1974 年版。
[3] 同上。

税课司局"[1]照旧钱钞兼收外,其河西务等处钞关"并临清、淮安、扬州、苏州、杭州、刘家隔、正阳镇税课司局"[2],都折收银两,由此,各钞关税收大多改征银两。纸钞在民间失去信用,已经贬值到无可挽回的地步。1489年之后,政府不再进行任何努力以使宝钞获得普遍接受。

最早注意到明初民间实际使用通货状况的是历史学家傅衣凌。他指出,明朝前期的100多年间所使用的通货是很复杂的,洪武、永乐年间以钞为主,宣德、正统年间则钞、稻谷、布、银兼用,成化、弘治年间以银为主。

李敏任户部尚书的时间,跨越成化和弘治两朝,直到1490年。他因病乞休,在帝"复力请"仍不从的情况下,"乃以叶淇代"[3]。叶淇不仅在李敏之后做过大同巡抚,而且是李敏在户部尚书一职上的继任者。

叶淇变法:徇私的乡情

1492年,哥伦布携带西班牙国王致中国皇帝的书信,率领一支小型船队驶向遥远的未知世界。从那一刻开始,中国与欧洲在世界上的地位开始发生变化。

同年,在徽州商人建言下,淮安籍户部尚书叶淇进行盐法变革,史称"叶淇变法"。从此,山西盐商失去开中制带给他们的地域之便,并在日后平添了一个强劲的竞争对手:徽商。

徽商并非安徽商人的简称。"安徽"一词到康熙六年(1667年)才出

---

1 《明孝宗实录·卷十一》,《明实录》。

2 同上。

3 [清]张廷玉等:《列传第七十三》,《明史·卷一百八十五》。

现，取安庆和徽州二府之名组合而成。当时安庆府是政治中心，徽州府则以商业和文化著称。古徽商指的是明清时期从徽州府走出来经商的商人，又称新安商人。古徽州下辖歙县、黟县、休宁、绩溪、婺源、祁门六县。其中，婺源现属江西，绩溪现属安徽省宣城市，其他均在现安徽省黄山市内。

徽州，在历史上与江南的关系非同寻常。西周以前，天下分为九州，徽州属扬州，那时还是"蛮夷"之地。南朝陈文帝时，徽州仍隶属东扬州。在明朝的行政区划中，无论淮安、徽州、南京、濠州、定远都隶属南直隶。从这种意义上说，叶淇是徽商的老乡，而那位祖辈生活在南京、从小在安徽濠州长大的朱元璋，也是徽商的老乡。为营建事后告吹的中都，朱元璋将濠州府更名隐喻"丹凤朝阳"的凤阳府，定远也是凤阳府下辖区域。作为开创新王朝的核心成员，朝廷的主要顾问及文官武将李善长、胡惟庸、徐达、常遇春，都是南直隶人。前两者是濠州人，后两者是定远人。

在开中制下，山陕商人就边开辟商屯，徽商路远、人生、地疏，习俗相差很远，垦辟既难，屯种非易。无论是输粟边塞还是就近屯种，徽州阀阅之家一般都不屑于经商，寻常百姓又拿不出经营盐业所需要的雄厚资本，所以到成化、弘治以前，徽州仅有少数商人来到两淮。

最早到达两淮业盐的徽商是歙县人，大约在朱元璋、朱棣年间。朱元璋入皖缺饷时，歙人江元就一次助饷银10万两。在徽商中，盐商主要来自歙县，他们在关于明清盐商或者徽州商人的大多数论著中占据了核心位置。从朱元璋时代到成化年间，徽商子弟的登科比例，出身歙县商人家庭的高达90%以上。其他徽商，典当商主要来自休宁，祁门商人以茶商为主，婺源商人以从事茶叶和木材生意而著称。

叶淇变法前，开中制已经被破坏到有名无实的地步。其一，明政府增加每引盐的纳粮数量，使商人望而生畏，不愿纳米开中。其二，权贵上奏讨取盐引，垄断开中，贩卖私盐，使开中商人受到排挤。其三，灶户不堪剥削，纷纷逃亡，盐产量大减。其四，明政府基于财政的需要，始终对盐商采取提前敛取的政策，任意增发盐引，造成商人手中持有的盐引过多，甚至到孙子那辈都得不到兑现，严重挫伤了他们开中的积极性。

甚至直到1429年，还有商人手中持有27年前颁发的盐引无法兑现。以松江为例，英宗正统年间，有待政府支盐的盐引就多达60多万引。成化十四年（1478年），发生了大同各城草豆不足，开中长芦、河东盐引而无人上纳的局面。弘治二年（1489年），因无盐可支，明政府就允许盐商购买灶户正课之外的余盐以补正盐之缺，结果引起私盐泛滥，全国陷入"民日贫，财日匮"[1]的窘困局面，于是才有了叶淇变法。

从另一个层面说，徽商第一次成批到达两淮就是在弘治到万历年间。这一时间起点及其所产生的潜在影响，与叶淇变法似有某种呼应关系。1492年，叶淇在其上任的第二年就着手进行盐法变革，将原来的开中制变为开中折色制。变法的主要内容就是将原来到边区纳粮变成直接缴钱，以换取盐引。换句话说，折色制与开中制的不同之处在于筹集边饷的方式不同，前者以白银为中心，后者以实物为中心。

明朝是一个低税负的国家，政府可控制的财政收入有限。叶淇变法等于将盐税揽在国家手中，也就是让盐商直接缴纳白银到中央政府，然后由中央政府组织运力，以保障边防军饷。此制的确立，标志着边饷筹

---

1 [清]谷应泰：《弘治君臣》，《明史纪事本末·卷四十二》，中华书局1977年版。

集体制由物物交换过渡到银物交换的新时代。

叶淇变法是一件颇具争议之事。明初国空民虚，米贵银贱，商屯的出现使得米的供应充裕，于是出现米贱银贵的情形。在叶淇变法之下，商人每引盐向军仓输米2.5斗，过去值银3钱（1钱等于10分），现在仅值银5分。若将纳米改为缴银，每引征其盐税银3.5~4.2钱，则获利有8倍之多，国库为此每年增银100多万两。

诟病者则认为，叶淇变法是与民争利。它虽然在短时间内增加了政府的财政收入，但到正德元年（1506年）时，屯田纳粮也开始折银，山陕富民都迁往淮浙，使商屯完全退出了边粮供应体系，边防粮食生产量下降，导致银贱米贵。结果是，政府因叶淇变法增加的财政收入，远远不能满足后来因粮价上涨形成的亏空，粮食不能就边而仍要从其他地方转运，边粮运输问题又回到开中制实行之初的情形。

延绥、甘肃、宁夏、宣府、大同五镇的饷额，最初屯粮占154万石，民运粮114万石，到嘉靖初年，屯粮下降到57万石，下降53%；民运粮上升到207万石，增长近一倍。

当朝及后世对叶淇变法以负面评价居多，"自叶淇变法，边储多缺"[1]，"赴边开中之法废，商屯撤业，菽粟翔贵，边储日虚矣"[2]，"诸淮商悉撤业归，西北商亦多徙家于淮，边地为墟，米石值银五两，而边储枵然矣"[3]。

叶淇变法的弊病，让为数不少的史家迁怒于叶淇和身居首辅大臣之位的徐溥徇私乡情、偏袒同乡。有中国近代清史学科杰出奠基人之称的孟森也直言不讳地表示，"当时近淮之豪民怂恿变法，不任饷边之劳，而

---

1 [清]张廷玉等：《志第五十六·食货四》，《明史·卷八十》。
2 同上。
3 [清]张廷玉等：《志第五十三·食货一》，《明史·卷七十七》。

欲占行盐之利，以增课之说动叶淇，淇以乡情而中其说。"[1]

被引用较多的文献是《续文献通考》，其中《盐铁》一节这样记载了叶淇变法出笼的背景："盐商皆其亲识，因与淇言：'商人赴边纳粮，价少而有远涉之虞；在运司纳银，价多而得易办之利。'淇然之。"叶淇又将商人的这一建议请示首辅大臣徐溥，徐溥与淇"同年最厚"，故亦同意，于是叶淇"请召商纳银运司，类解太仓，分给各边"[2]。

该文献未指出建议叶淇变盐法的盐商是何地商人，但普遍的分析称，可以肯定是徽商无疑。因为在两淮经营盐业的主要是山陕商人和徽商[3]，原来的开中纳粮政策利于山陕商人，于徽商不便。山陕商人在边储纳粮，地近而费力少，只有徽商才有远涉之劳。纳银于两淮之后，徽商地近两淮，才能"得易办之利"。

《明史考证》中记载："部臣叶淇，见贾人输薄而获利厚，遂奏令纳银运司解部，部分输各边，于是商各归散。""淇淮人，盐商多淇婚媾，故为奏改输银运司，司以解部，部以饷边，以为年例云。"[4]

一处言"亲识"，一处言"婚媾"，叶淇与盐商的关系非同一般。而此后有关徽商参与变更盐法的事情，也多有记载。徽商黄崇德是一位通经研史的商人，嘉靖年间，他先"商于齐东"，后转徙两淮经营盐业。他博览古今，从《春秋》《管子》之书到东汉盐铁之论，从唐宋食货之志到明朝的《大明会典》，均有涉猎。在盐法修订中，盐运司所以愿意采纳他的意见，因为他熟谙历代盐法，而山陕商人好"唾奇画策"（夸夸其谈），

---

1 孟森：《明开国以后之制度》，载《文史杂志》第3卷，1994年第7、第8期。
2 [明]王圻：《续文献通考》，现代出版社1986年版。
3 张海鹏：《徽商在两淮盐业经营中的优势——"明清徽商与两淮盐业"研究之二》，载《明史研究》，1994年第4辑。
4 黄云眉：《明史卷七十七（志第五十三）考证》，《明史考证》第二册，中华书局1980年版。

言论不及徽商。[1]

与黄崇德同时代的盐商程正奎，1564年卒，享年88岁，历成化、弘治、嘉靖三朝，也在两淮经营盐业。他不仅参与盐法改革，而且能从理论上讲述其独到的见解。以往的盐法对灶户逃亡、盐课大减的情况没有兼顾，他就提出通融之见，但有人以高皇帝成法，已数十百年，胆敢变更？

程正奎应对说："法穷矣。穷则变，变则通，庶可为长久。故变，则法在；不变，则法亡。"结果，"有司以便宜请，诏从之"，他变更成法的建议，既利于国家，也有利于灶户，所以得到皇帝的认可。[2]

在南京大学历史系教授范金民看来，徽州盐商之所以能够称雄淮扬，根本原因并不能归之于实行并不久长的叶淇变法，也很难归之于之后突然实行的纲盐法，而应该归之于明朝中后期两淮盐业的运作形态和徽商的所作所为。由边商到内商，到内商之有力者，到囤户，到纲商，徽商是在盐商的不断分化过程中占据先机而逐渐称雄的。[3]

暂且不论徽商雄起是否因盐商分化所致，从明皇帝、叶淇、徐溥与徽商之间的微妙关系来看，要完全撇清徽商兴起与乡情执掌下的盐业新政之间的关系，并不现实。而如果一味拿叶淇变法与开中制相比，无视折色制实施前开中制业已存在的问题，无视明朝从西部、沿海再到北部边区的白银货币化现实，以及世界贸易大趋势对明朝潜在的驱动影响，任何对叶淇变法的评价，都失之偏颇。

---

1 张海鹏、王廷元主编：《明故金竺黄公崇德公形状》，载《明清徽商资料选编》，黄山书社1985年版。
2 [明]汪道昆：《明故处士程长公孺人方氏合葬墓志铭》，《太函集·卷四十七》，明万历刻本。
3 范金民：《明代徽州盐商盛于两淮的时间与原因》，载《安徽史学》2004年第3期。

第三章 盐商豪势与官场地震

叶淇变法并未改变山西盐商累积的势头，山西盐商作为国内盐商老大的地位并没有发生变化。从明朝中期开始，山西经商之风渐已形成，经营各种商品的巨商大贾都涌现出来。这时，山西平阳、泽潞有"豪商大贾甲天下，非数十万不称富"[1]之说。

山西盐商家族所率先达到的权势在盐商敢于参奏户部尚书以及户部尚书辞职等事件中表露无遗。尤其是因开市所引发的政治大地震，更是让明朝盐商特权家族势力之大露出庐山真面目。

户部尚书辞职

1518年，一场商官之间的较量显示了山西盐商作为一个群体的分量。

---

1 [明]沈思孝：《晋录》，《四库全书存目丛书》史部第二四七册，齐鲁书社1996年版。

这场较量发生在吕铃等山西盐商和户部尚书石玠之间。如果说开中制和折色制是政府盐业运输、销售环节商业化的表现，吕铃等盐商就试图在盐业生产民营化上打开一个缺口。

叶淇变法的着眼点是增加政府的财政收入，并没有考虑到、事实上也没有配套解决政府拖欠商人的盐引问题。尽管1489年明朝政府出台政策，允许食盐生产者私自卖盐给商人，但由此加剧的私盐泛滥，让拖欠商人盐引问题的解决更加复杂化。弘治年间，河东盐一年半的盐课才42万引，到1509年，拖欠往年的正额盐[1]就达46万多引。

嘉靖以来，政府一直努力采取增加引目、提高引斤等措施增加官盐销量，以期提高盐税收入。可是人口相对固定，食盐市场有限，加之官盐税负重、成本高，价廉质优的私盐在市场竞争中胜过价昂质次的官盐，政府的种种努力终归失败。

16世纪20年代、60年代和17世纪初期发生过三次严重的盐务危机。在大部分的时间里，官盐在远离产盐地的省份供应不足，大量积压在盐场，最直观的后果是国家失去盐课收入而私盐泛滥。[2]

正统年间以前，河南的河南（今洛阳）、汝宁（今汝南）、南阳（今南阳）三府及陈州（今周口）本是两淮盐的行销区，但之后改销河东盐。在宋代，河东盐年生产最高8000多斤，1604年时已达到2.8万多斤。河东盐产量的增加也推动了其行销区域的扩大，但私盐泛滥直到1609年也没有得到有效解决。

全国食盐需求量大约有18亿斤，官盐固定行销量只有5亿斤左右，

---

[1] 当时，灶户是国家盐业的生产者，以服徭役的形式由国家招募，所生产的盐要全部上缴官仓。政府对他们规定的盐业生产量叫正额盐，正额盐之外所产的盐叫余盐。

[2] 彭峰：《失败的盐政》，载《新世纪周刊》2009年第6期。

食盐市场的三分之二为私盐独占，严重影响盐税收入。基于对灶户的鼓励，明朝规定灶户生产出的余盐可获得高于正额盐一倍的工本费，但问题是朝廷无力向灶户支付余盐的工本费。

在这种情况下，1518年，商人吕铃等上奏说，在河东盐池的东场、西场和中场盐池中，仅中池一区的生产量已经足够作为正额盐缴纳，其他盐池的盐产都被闲弃。他们恳请每一盐引定价一钱二分，"召商中纳，令其自雇夫役捞办关支，庶官民两便"[1]。

对于商人的说法，户部尚书石玠不仅不承认，还认为是奸商玩法，所以欲治其罪，但因吕铃等有权贵支持，最终作罢。石玠是今河北藁城人，与父亲、弟弟三人同为进士，父亲曾担任山东按察使。石玠因敢于直言，名列明代三大名宦之一。

这次较量没有明晰胜负。之后，对于是否允许商人自备工本雇人参加盐池生产，官方没有明确表态，但在正德、嘉靖后的隆庆年间，河东巡盐御史郜永春说过一番话，大意是，盐丁把盐业生产视为官事，贫民则把它视作家事，由此而产生的卖力程度也迥异：盐丁出力"十不得一二"，募夫则"一可以当十百"[2]。

来自民间的商业实践看来还是得到了官方的默许。明初废除中书省后，以六部分理天下庶务。六部之中，吏部的职位最尊，户部的权势最重。即便如此，石玠的不得不罢手似乎说明，晋商势力及政治靠山已经不容小觑。

这期间，大同镇积欠山西商人周全等粮草价银10万余两。因长期讨要不给，周全等屡奏户部催要，最后户部用拨付盐引及其他款项的办法

---

1 《明武宗实录·卷一百六十四》，《明实录》。
2 [清]蒋兆奎：《奏疏门》，《河东盐法备览·卷十一》，北京出版社2000年版。

予以融通补偿。另一个山西商人郭弼到河东盐场取盐却无盐可支，后奏准其改支淮盐22万引，折银四五万两。

甚至还有记载，1527年，官至户部尚书的秦金，因反对商人逯俊等奏要30万两淮盐引，遭到权贵打击，被迫辞职，这是山西盐商势力的预演。[1]

叶淇变法之初，山陕富民也应时而变，纷纷内徙淮、浙，以与徽商"分庭抗礼"。仅在扬州经营盐业的山西太原府代州籍商人，就有阎瑶楚、杨继美、冯天棣等人。阎瑶楚以太原望族的身份在两淮从事盐业贸易，他的祖父和父亲纳粮报中于北方边镇。叶淇变法后，阎瑶楚由边商转为内商，"举家迁居扬州"。到清初，阎家出了个大学者阎若璩。

盐在古代是战略物资，在国家财税体系中占据举足轻重的地位。淮、浙盐场又在国内盐业市场中占据举足轻重的地位。作为全国最大的盐场，两淮盐场的额征盐课占到全国盐课总量的一半以上。可以说，淮、浙盐区的税收收入牵动着明清政府的神经。

淮、扬一带，山陕商民的势力很大。1558年前后，倭寇侵扰沿海，世居扬州的山陕盐商家属曾选送500名善射骁勇的精壮子弟组成商兵，驰骋于抗倭疆场。这种商兵组织比20世纪初国内商团组织的出现早了350年左右。

从开中制到折色制，山西商人一直积累着资本积淀背后的某种效应，那就是为改善生存和生活条件所表现出的闯劲、开拓意识和那股子执著劲，以及对商业机会与大趋势判断的敏感。当这些积累所形成的势能以政商结合的方式体现在某个商业领域时，晋商捷足先登的先天优势被发

---

[1] 李洵：《明史食货志校注》，中华书局1982年版。

挥到极致。

嘉靖时,内阁大学士严嵩的儿子严世蕃曾以"积资满五十万以上,方居首等",来描述他眼中的"天下富家"。他以此将全国 17 家富商列入"首等",晋商占三家,徽商占两家[1]。

盐商家族与政治大地震

明代山西商人靠贩粮贩盐发家致富的事迹,散见于各类史籍。蒲州范世逵、洪洞李映林、临猗阎天杰、大同薛氏和李氏等都是代表人物或家族,但最为闻名者,当数蒲州的官商家族张四维家族和王崇古家族。

在明朝,盐业是反腐败的重点领域。明政府禁止监察官员、权势之家,公、侯、伯及四品以上文武百官及其家人、奴仆从事盐商业务。但在宣德、正统年间,这项禁令成为一纸空文。成化年间,原来在禁止之列的达官显贵居然直接奏请皇帝取得巨额盐引,然后转卖给商人以获取暴利。到弘治年间,盐业已被这些官员垄断,要想获得盐引,必须依靠官家。[2]

1571 年 4 月,河东巡盐御史郜永春发起对王崇古和张四维的弹劾。他说,盐法之坏,在大商专利,势要横行,并称王的弟弟、张的父亲是大商,言下之意王张家族为势要,请皇帝"治罪崇古,而罢四维"[3]。

王崇古,今山西运城永济市人;张四维,今山西运城芮县人。在明

---

1 [明]王世贞:《弇州史料后集》卷三十六,《四库禁毁书丛刊》史部第 50 册,北京出版社 1997 年版。
2 梁小民:《在历史与经济之间》,中国社会科学出版社 2008 年版。
3 《明穆宗实录·卷五十六》,《明实录》。

时，两地均属平阳府的蒲州。前者时任宣大总督[1]，后者为吏部侍郎。两家都有盐商背景：王崇古之父王瑶、伯父王现、长兄王崇义、从弟王崇勋、舅父沈廷珍、姐夫沈江等都是商人；张四维的父亲张允龄、叔父张遐龄、弟张四教、岳父王恩等也都是晋商。

张家是元朝避乱永济的张思诚的后代。到张父一辈时，张允龄远游从商，西到兰州，贩货张掖、酒泉，数年后又南至淮、泗，往来楚、蜀之间。虽身在商界，但他视财利甚轻，笃信重义，南北所至，为众商所敬服。在遇到事情时，他往往判断正确无误，外人甚至怀疑他有异术。虽然张允龄足迹遍天下，但也拮据20年。[2] 他的弟弟张遐龄也到过吴越、广州、南昌等地，但资本耗尽，穷困而归，并未成功。

王家第一代商人是王现、王瑶兄弟，他们的父亲官至主管教育的邓州学正。叔叔王珂曾中进士，任中书舍人，但早逝。哥哥王现为士不成，就外出经商，到过洮陇、张掖、敦煌及巴蜀、吴越等地，最后客死郑家口。弟弟王瑶也辗转多地，西到陕西、张掖、酒泉，东到淮浙和苏（州）湖（州）之间。王氏兄弟俩一生奔波在外，辛苦劳顿自不待说。"生财而有道，行货而敦义"[3]，是时人对这对兄弟的评价。

王崇古是王瑶的三子，在嘉靖二十年（1541年）中进士，历任刑部主事、陕西按察、河南布政史、右副都御史、兵部右侍郎、宣大总督。

郜永春弹劾的要害之处在于，王、张两家是姻亲，张四维之母是王崇古的二姐。也就是说，王崇古是张四维的舅舅。

---

1 正式官衔为总督宣大山西等处军务兼理粮饷，是明清时期重要的封疆大臣之一，总管宣府巡抚、大同巡抚、山西巡抚的军民政务。
2 张正明、张舒：《晋商兴衰史》，山西古籍出版社1995年版。
3 [明]韩邦奇：《苑洛集》卷五，四库全书本。

不仅如此，王崇古的大姐嫁给了乔居蒲州的盐商沈廷珍的长子沈江。张四维的三个弟媳妇分别来自山西巨商王氏、李氏和范氏家族。张四维的一个儿媳妇是兵部尚书杨溥的孙女，张四维的女儿嫁给了内阁大臣马自强之子马淳，马自强之弟马自修是著名陕商。[1]

北京工商大学教授梁小民认为，张、王两家经商第二代能够远远超过第一代的根本原因，就在于政商合一。[2]

姻亲关系将两个家族豪势上升到前所未有的程度，如此政商家族产生的影响，在中国商帮史上可谓后无来者。

从时间上看，在郜永春弹劾王张两人的前一个月，即1571年3月，一场持续了三年、对蒙古是战是和、是否对蒙古开放马市的争论，刚以议和派占据上风而告终。

这场争论，源于俺答汗与他的孙子把汉那吉的紧张关系。把汉那吉与俺答指娶的胥比吉之女，"不相能"而自聘兔扯金之女，但俺答夺孙妇与人。把汉那吉一气之下于隆庆四年（1570年）九月到大同镇败胡堡，投降明军。

接受还是拒绝把汉那吉的归附，事关明朝与蒙古族最强大的鞑靼部落的关系。此时俺答已经调兵向明朝索要把汉那吉，明蒙关系处于千钧一发之际。过去近30年间（1542—1570年），俺答多次提出通贡互市要求，遭到明朝拒绝，明朝甚至斩杀蒙古来使，传首九边。明蒙关系紧张到鞑靼部频年入犯，明朝北部边境"华夷交困，兵连祸结"[3]。

此时大同的最高军事首领就是宣大总督王崇古，王崇古认为，"此乃

---

[1] [明]韩邦奇：《苑洛集》卷五。
[2] 梁小民：《走马看商帮》，上海书店出版社2011年版。
[3] [明]陈子龙等辑：《皇明经世文编》卷三百十七。

奇货可居"[1]！他深知此事可以游刃有余之处，就与时任大同巡抚的方逢时联名上疏，提出解决把汉那吉归附事件的上、中、下三策，并把封赏把汉那吉作为上策。

御史饶仁侃、武尚贤、叶梦熊，礼部尚书兼文渊阁大学士赵贞吉等坚决反对接受把汉那吉归附，主张对蒙古采取强硬军事手段。王崇古、张四维、张居正（湖北人）等则主张议和、开马市，两派观点针锋相对，以至于兵部尚书郭乾不知所措。

最终，隆庆皇帝采纳了议和派的建议。俺答换回孙子，将明朝叛臣赵全等送还明朝，并上书愿世代服从明政府。王崇古再次上奏朝廷，希望加封俺答爵位，将其作为属国，与俺答订盟通贡，开放马市。

隆庆皇帝从其议，与蒙古议和，封俺答为顺义王，其幕下皆授衔，是为"隆庆议和"。议和内容还包括允许与蒙古通商贸易，每年在大同、宣府、山西（偏关）三镇的长城以外开设马市一次，蒙古用马匹换取需要的布帛、皮货、服装、针、线等物品和杂货。[2]

明政府以每年付出马价银10万两和抚赏鞑靼部银22 000两的代价，获得该部每年上贡500匹马和在马市交易14 500匹的承诺。此后，俺答汗四代世袭封贡至明末。

这是明蒙关系史上极具转折意义的一幕。在主和派看来，双方的敌对状态是因为明政府的闭关政策。如果双方各取所需，边区安宁足以维

---

1 [明]方逢时撰，李勤璞校注：《与王军门论降夷书》，《大隐楼集·卷之十一》，辽宁人民出版社。
2 1571年马市恢复后，以宣府、大同、山西三处互市成交的马匹数为例，1572年共6850匹，1573年共7845匹，1574年为19 703匹，1575年达27 000多匹，四年之中马匹成交数量增加了三倍。见萧国亮：《明代后期蒙汉互市及其社会影响》，载《中国社会科学院研究生院学报》1987年第2期。

持。主战派更多从雪耻报国的角度来看待与蒙古的关系，主和派则更多从顺应经济发展的趋势出发。

王崇古是议和的主要推动者，《明史》记载，"贡市之议崇古独成之"。王崇古的外甥张四维也是议和的积极推动者。为实现议和及开马市，张四维曾设法联络内阁大臣高拱。《明史》载："俺答封贡议起，朝右持不决。四维为交关于拱，款事遂成。"

时任内阁大学士的张居正也是议和派的主要人物。当年司马相如曾为西南夷事上书汉武帝，其中有句话意味深长："盖世必有非常之人，然后有非常之事；有非常之事，然后有非常之功。非常者，固常人之所异也。"就隆庆议和而言，张居正曾借用这番话，用知己的口吻给王崇古写信说："此所谓非常之事，非公孰能了之？"[1]

虽然郜永春弹劾王崇古、张四维之事并不直接涉及隆庆议和问题，但从弹劾时间来看，显然是对议和派的不满。两派的分歧可谓牵一发而动全身，斗争错综复杂，随后引发了明朝历史上一场政治大地震：兵部尚书郭乾辞职，内阁大学士首辅李春芳辞职，高拱（河南新郑人，祖籍山西洪洞）、张居正先后出任内阁首辅，与张家有姻戚关系的杨博出任吏部尚书，反对议和的户部尚书张守直辞职，由山西籍官僚王国光就任户部尚书。

高（拱）张（居正）内阁继承了王张家族的执政理念，他们对内励精图治，整顿政府机构，督促公务，考核官吏，在与俺答议和通贡的同时，对外切实加强边地防务，不仅调用抗倭名将戚继光镇守蓟州镇，还重用各镇督抚总兵王崇古、方逢时、刘汉、马芳等著名将领，切实加强

---

[1] ［明］陈子龙等辑：《皇明经世文编》卷三百二十六。

了沿长城各镇的防御。

王崇古、张四维等在议和、开市问题上发挥了重要作用，但背后影响和推动这一政策的是以晋商为代表的商人。在山西，靠盐业起家的很多商人，譬如号称天下首富的平阳亢氏、李因笃、王玺，代州的冯忠等，都依靠官府势力而成为晋商第一代富商。

第四章 徽州盐商翻盘

如果说徽州盐商兴起于叶淇变法,那么1617年纲盐制的实施则是徽州盐商发达的开始。如果说叶淇变法让徽州人第一次大批到达两淮流域,那么纲盐制则掀起了徽商成批到达两淮的序幕。

1415年,京杭大运河全线开通。到明朝中后期,徽州到扬州的标准路途大约在700里,水路成为徽州到达扬州最为便捷的选择。当山西商人把大同、张家口等地逐渐变成边区商贸重镇时,叶淇变法、纲盐制让扬州在明朝的区位优势蹿升。

徽州盐商称雄两淮

与晋商不同,徽州人大多结伴、结姓而行,即晚清民国人陈去病所说的"汪、程、江、洪、潘、郑、黄、许"徽州大姓。其中,来自徽州歙县江村外村的江氏家族,是徽商崛起两淮的历史标本。

到万历年间，徽州在两淮的大商人超过山陕商人，江国茂就是那时来扬州的徽州人。他与四方名士结社论文，从游甚众，及至放弃晚明秀才的学业，来到扬州从事盐业。

对此，万历《歙志》记载：原来所谓大商人都是燕、齐、秦、晋之人，而今"莫有甚于吾邑"，"虽秦晋间有来贾淮扬者，亦若朋比而无多"。

同一时期的《扬州府志》也记载：扬州的盐商，"新都（徽商）最，关以西（陕商）、山右（晋商）次之"。对此，明人谢肇淛（福建人，明朝万历年间进士，官至广西左布政使，大概相当于今天的副省长）写道："富室之称雄者，江南则推新安，江北则推山右。"[1]

真正奠定江氏家族在两淮盐业地位的是江国茂的儿子江演。江演的历史机遇就在于他碰上了一个对于徽商来说近水楼台的盐业新政，这就是1617年由户部尚书李汝华（河南睢县人）和两淮盐政大臣袁世振（湖北蕲春人）等倡导并推行于两淮盐场的改革：纲盐制。

纲盐是食盐专商制度的开始，它的内涵是盐由老百姓生产，由商人收购、运输和销售。唐代中叶，刘晏创立了民制、官收、官卖、商运、商销的就场专卖制，在历经855年之后，至此被食盐专商制度所取代。

有一种说法，就场专卖归利于国，纲盐制利归于商[2]，但纲盐制的本质在于把官商的利益捆绑起来。官方拖欠盐商积引过多，盐商购买新引的积极性不高，盐税和财政就难以为继。官方把盐引分成十纲，商人要兑现官方拖欠的每单位积引，就要重新购买九单位新引。官方以10年为期，要把旧引完全疏清。

---

1 [明]谢肇淛：《五杂组》，上海古籍出版社2012年版。
2 张荣生：《中国历代盐政概说》，载《盐业史研究》2007年第4期。

纲盐制意味着每个盐纲是一个管理单元，需要担负一定盐引的销售任务。为数不少的徽商举家迁往两淮盐区就等于组建了一个管理单元。较之山陕商人，徽州距离两淮近，举家或举族迁徙不仅便利，而且徽州具有这样的家族传统。

尽管在前一阶段的盐业竞争中，徽商还显势弱，但在新一轮的竞争中，徽商凭借地利，后发优势显著。1617年的盐业新政，让中国区域商帮的名次更迭，第一次有了翻牌的可能。

与晋商相比，徽商的崛起也夹杂着权势的行使和政商结合的因素。不同的是，徽商最讲究宗族联系。结族成纲，用族法宗规来凝聚和节制纲法，成为徽州盐商后来居上超越捷足先登的山陕商人的"撒手锏"。

事实上，明代以后，山西、陕西两省就已经成为中国人口迁移的主要迁出地，但举族迁徙的现象在山西商人家族中并不普遍，比较突出的集中迁徙发生在明中期叶淇变法以后，但之后山西商人更加强化了"安土重迁"的习俗。

山西商号早有明文规定，伙计无论职位高低，不准带眷，不准在外娶妻等。慢慢地，这种商规成为山西人约定俗成的一个传统：不娶外妇，不入外籍，不置外之不动产；业成之后，筑室买田，养亲娶妇，必在故乡。入清以后，晋商举族迁移的现象更少，这也与山西盐商被徽州盐商超越的时间节点比较吻合。

明朝万历年间，政府已经为到两淮的山陕商人设立"商籍"，以解决他们的子弟异地参加科举考试的困难，这是政府优待山西商人和山西商人政治影响力的表现。[1]尽管此时在两淮的徽州大商人已经开始超过山陕

1　余英时：《中国近世宗教伦理与商人精神》，载《知识分子》1986年。

商人，但两淮徽商直到清康熙年间才取得商籍。

康熙、乾隆年间，两淮徽州盐商盛极一时，并超越晋商而执盐业之牛耳。以歙县的盐商而论，"两淮八总商，邑人恒占其四"[1]。从此，徽商以两淮盐商为主体，崛起于中国商界，并把在盐业领域的领袖地位捍卫得固若金汤。"钻天洞庭遍地徽""无徽不成镇，无镇不成街"，一时成为民间谚语。徽州盐商光彩四射，成为这一阶段中国盐业发展史上最具权势的商人，以至于史学家陈去病认为，"扬州之盛，实徽商开之"，扬州就是"徽商殖民地也"[2]。

纲盐制对盐业组织方式提出了较高要求，徽商族居的传统更加匹配这种组织方式，这让徽州盐商一步步夺得国内盐商的头把交椅。反过来，纲盐制又推动了徽商对自我宗族的认同，以及宗族制度的发展。

纲盐制的推行有其进步作用，但当行盐成为盐商专利的家族事业时，又开启了绵延200余年的专商独擅盐利的盐政弊端。[3]当时徽商在两淮盐场持有的旧引最多，在纲册上占据绝对的优势，于是就把徽商把持两淮盐场的特权固定下来。

所以，当一个徽商家族几代人都成为总商，或许某一代从事总商四五十年，也就不足为怪了。江演成为江氏家族的第一位总商，任职34年。之后，他的三子江承喻从30位总商中脱颖而出成为四大总商，一干就是28年。江承喻的儿子江春又继承父业，成为总商之首，一干就是52年。

---

[1]《民国歙县志·卷一》，《中国地方志集成：安徽府县志辑51》，江苏古籍出版社1998年版。

[2] 陈去病：《五石脂》，江苏古籍出版社1999年版。

[3] 张荣生：《中国历代盐政概说》。

盐业总商与江氏家族

江演家族所掌握的盐引数占两淮盐引总数的十分之一。他的老家，居住在扬州从事盐业生产的人，刨去江演家所经营的盐引量，也占到两淮盐引总量的十分之一。从江国茂到江春这一代，江家堂兄弟 10 人为盐商。江承喻的族兄承炳、承丰、瑞茜也都是扬州大盐商，瑞茜之子江进又为两淮四大总商之下的十二总商之一。

江承喻去世时，江春才 18 岁，母亲田氏继承丈夫遗志。明末以来，歙县盐商已经形成实力极为雄厚的乡邦集团，控制了淮盐生产、转运和销售的特权。家族的凝聚力有效保证了结族成纲的组织稳定性和组织效率，而同族之间的相互照应，对盐纲之权的传承同样意义重大。

所以，当江氏家族不得已由夫人继任丈夫的总商职位时，也在情理之中，家族力量发挥了重要作用，但田氏弱肩荷重，并不能支撑这一家业。当时江春正在准备参加科举考试。在族亲的帮扶下，他白天抽出部分时间外出应付盐务，晚上苦读，竟也没有耽误盐事，在此过程中，逐步成长为这一时代最为杰出的两淮盐业总商。

乾隆帝一生 6 次南巡扬州，每次都由江春负责操办接驾，这便是江春政商两栖地位和影响力的注脚。江春"以布衣上交天子"[1]，深得乾隆褒奖嘉许。江春三次入京为太后祝寿，极徽商之盛，而他为国家和社会捐输的银两也在两淮盐商中居首，多达白银 1100 多万两。徽商讲究对皇家的报效，与这个群体在扬州的崛起和皇权对于盐的垄断紧密相连。

因皇帝南巡，徽商出资修建了大量行宫。每次南巡，都促使扬州的

---

1 《民国歙县志·卷九》，《中国地方志集成：安徽府县志辑 51》，江苏古籍出版社 1998 年版。

市容市貌、城市道路、环境绿化等得到较大改善，扬州的城市格局也因此改写，形成以这些行宫为中心，以大盐商住宅、盐商书院、商业区、民宅逐渐扩散的城市空间。[1]

在官本位的传统社会，晋商也讲究官商结合，但是他们公关手段的灵活性、主动性远不如徽商。徽班是清朝中期兴起于安徽、江苏等地的戏曲班社，以唱"二黄"声腔为主，兼唱昆曲、梆子等，以扬州一带为盛，因艺人多来自安庆府而得名。江春就是一个乐于征聘四方名旦入戏班的徽商。因徽腔声腔及剧目丰富，逐渐压倒了盛行于北京的秦腔与昆剧。许多秦腔和昆剧演员转入徽班，形成徽秦两腔融合的局面。

1790年，也就是江春去世的第二年，乾隆帝80大寿，由江春出资组建的春台班和其他三个同样出自歙商家族的三庆、四喜、和春班合称"四大徽班"，一起从扬州进京演出。四大徽班进京，被视为京剧诞生的前奏。

特权与腐败之路

虽然徽商在盐业领域碾压晋商后来居上，但晋商逢山开路，遇水搭桥，在北边陆路贸易中实现二次转型，徽商却仍沉浸在盐业的窠臼里，动弹不得。政商体制所赋予两淮盐场的至高无上的特权，让腐败滋生，政商勾连，也进而成为徽州盐商的葬身之地。

早在1704年，江南总督阿山就对两淮盐场的各种浮费进行调查，发现多达13项应该禁收的浮费，譬如赏差役银、远送近别敬银、馈送官员

---

[1] 雷晓宇：《扬州盐商传奇》，载《中国企业家》2006年。

及过往程仪杂费、盐院书差解带盐收银等项。以两浙盐场为例，1726年户部调查发现，两浙应纳盐课不到29万两，但每年收取的浮费却高达42万多两。在三年半的时间内，三任盐臣先后收取的浮费就高达71.2万两。其中，34.2万两落入三人的腰包。盐政官阿克当阿受贿100余万两，被称作"阿财神"。

1768年，两淮再发盐引案，两淮盐政高恒、普福，因受贿被判处死刑。前盐运使卢见曾死刑缓期执行，不期死在狱中。翰林院侍读学士纪昀（字晓岚）与卢见曾是亲家，因私通信息，被革职发配乌鲁木齐。此案中，一批两淮盐商也被整肃。显赫一时的盐商家族成员黄源德、徐尚志、黄殿春、程谦德、江启源等被夺去职衔。[1]

高等三人先后收受近百万银两的贿赂，在过去20多年时间里，对商人的越轨行为睁一只眼闭一只眼，致使两淮盐商销售私盐，偷漏盐课多达1000多万两，而定额官盐，无商问津，无民愿购，出现滞销。

平时，徽州盐商对于朝廷用兵、接驾、赈灾等颇为舍得花钱，可以说大手大脚，一掷千金。仅就军需报效来说，在乾隆、嘉庆两朝，淮商就先后7次捐银2100万两，浙商捐银数额才540万两，但这些银两并非完全出自盐商腰包，而是通过摊高盐价或者将官盐以私盐渠道流入市场等方式，由两淮盐务总商在盐务实践中转嫁了这笔费用，以至于乾隆晚年也总结教训承认，早年6次南巡是"劳民伤财"[2]。

尽管江春被赦免，但也被抄家，晚年连基本生活也难以为继，乾隆念及旧恩，从库银中借了30万两，"令其作本生息，以为养赡之计"[3]。

---

1 [清]方濬师，《蕉轩随录》卷八。

2 乾隆《御制南巡记》。

3 嘉庆《两淮盐法志》卷十七。

1789年，江春病死。他没有亲生儿子，唯一过继之子江振鸿生计窘迫。

乾隆去世的1799年，淮北盐务已难以为继，积压盐引多达30多万，而到1802年，商人主动请领的盐量才为400引，淮北盐场基本被盐商抛弃。

1804年，两淮盐市发生了一起歙县商人"抗旨误税"案。故事的主角是刚刚去世三年的两淮总商鲍志道的弟弟鲍芳陶。他一直在淮南业盐，1803年被两淮巡盐御史佶山强制派往淮北办理盐务。鲍芳陶并不看好淮北盐务，称病不愿听命。

史佶山大怒，就拿鲍开刀，上奏告发。此事惊动嘉庆帝，他责成两江总督、总理盐法大臣、新授兵部尚书陈尚文到扬州查办案情，并在一个多月内连下三道上谕。[1]

很多淮南盐商出面为鲍求情，情愿摊付盐课，风波才算平息。也有人说，鲍家朝中有人为官[2]，此事才不了了之。无论如何，经历此事之后，鲍氏子弟基本绝迹两淮。

盐业领域的摊派等浮费太多，且淮南运费较高，增加了业盐的成本和销售价格。而私盐泛滥，价格低廉，对被摊高的官盐冲击很大。加上盐场售盐区划，并未斟酌得尽善尽美，像江南的镇江府，规定必吃浙盐，但两淮的盐就近可得，价亦甚优，却不准买淮盐，对淮商销售产生重大

---

1 张海鹏、王廷元：《徽商研究》，安徽人民出版社2005年版。
2 鲍志道的次子鲍勋茂这时官至内阁中书，后又为军机处学习行走。同是歙县盐商家族出身的曹振镛这时正任工部、吏部侍郎。曹振镛的父亲曹文埴，1760年时25岁，以传胪的优异成绩入仕，后官至户部尚书。乾隆帝6次南巡，多落脚扬州，曹文埴承办差务，深得乾隆帝信任。曹振镛曾任工部尚书、户部尚书、吏部尚书，与另一位徽州人四部尚书毕锵的为官经历不相上下。毕锵1544年中进士，因与首辅张居正政见不合，辞官返乡。张居正去世后，毕锵东山再起，晚年曾在吏部、工部、户部四次出任尚书。

影响。一些淮商趁机钻空子，走私私盐到镇江府，致使市场混乱。盐商无利可图，自然不想干。1832年，两江总督陶澍再次改革盐政，将纲盐制改为票盐制，徽商已经风光不再。票盐制的实施，等于剥夺了两淮盐商的盐务垄断特权，盐商手中掌握的专卖凭证顿成一堆废纸。

陶澍变法之前，先以私书征求徽州盐商家族出身的重臣曹振镛的意见。曹点头后，改革才得以实行。曹振镛一生历经乾隆、嘉庆、道光三朝，为官长达52年，清代官宦几无人能及。当时，曹家亲属也反对变法，纷纷反馈至曹处，曹以"焉有饿死之宰相家"[1]，把亲属的声音挡了回去。

之后，清政府为追缴盐商历年所欠旧额盐课，采用抄家没产的办法，使得许多大盐商遭到前所未有的打击，或破产，或变贫户。过去的高堂曲榭，宅第庄园，"改票后不及十年，高台倾，曲池平，（盐商）子孙流落，有不忍言者，旧日繁华，剩有寒菜一畦，垂杨几树而已"[2]。

乾隆中叶，两淮盐商已见衰落，嘉庆年间，扬州"楼台倾毁，花木凋零"，道光年间"荒芜更甚"[3]。道光时屡次抄没各大盐商资财，以抵积欠税课，盐商更难立足，加上陶澍变革盐法，盐商无利可图，一蹶不振。

扬州因盐商而出名，扬州的繁华也因盐商衰落而成过眼烟云。乾隆末年后，有关扬州徽商的记载减少。1843年上海开埠后，相当多的徽州人移居以江浙为中心的各客商地。[4]

---

1 赵尔巽等：《清史稿》卷三百六十三，中华书局1998年版。
2 [清]黄钧宰：《纲盐改票》，《金壶浪墨》卷一。
3 [清]阮元：《研经室续集》卷三，上海古籍书店2002年版。
4 王振忠在《徽州社会文化史探微：新发现的16—20世纪民间档案文书研究》中借用臼井佐知子的说法。

第二部分

海商至窘：

1370—1643 年（下）

当国内白银货币化如火如荼之时，朝贡及海外贸易所提供的白银，解了明帝国的眼前之渴。在因山西盐商家族而起的朝堂斗争导致政治大地震之前，以福建为主体的海商家族已经逼死了一个巡抚出身的副都御史朱纨，甚至连四任首辅的老臣夏言这样的主战派人物也掉了脑袋。

整个明朝，海商绝大多数时候以非法的角色活跃在海外贸易中。他们甚至嚣张到以武装走私的方式，公然对抗政府。从粤籍的陈祖义到闽籍的金子老、许光头，从徽籍的许栋、王直到泉州籍的李旦、郑芝龙，都是如此。

这些中国海上走私集团的存在无意间结成了一张遍及东亚、东南亚的网络，并不经意间成为葡萄牙、西班牙、荷兰、英国等国家肢解中国朝贡体系前最后一道强有力的屏障，但他们仍走不出宿命，寄希望于海外贸易开放而不得，最终一个个身首异处。

第五章

巅峰之争：「夹心化」的海外贸易

唐时，官府鼓励外国和外族商人到大唐经商，给予种种优惠条件，却对本土商业的发展有诸多抑制，譬如禁止商人入仕，甚至禁止商人乘马，对出国经商者实行严格的审查制度，还明确禁止锦、绫、绢、丝、金、银、铁等出口。

明朝沿袭了唐代对内开放弱于对外开放的格局。不仅如此，朱元璋还对朝贡体系进行创新，赋予朝贡、贸易一体化地位，并均由官方垄断的新内涵。郑和下西洋（1405 — 1433 年）成为明朝试图以官方垄断方式统筹外贸的象征，而明朝海商的命运也尽系于此。

朱元璋的创新：朝贡贸易一体化

最早向明朝朝贡的国家是高丽，甚至朝鲜的名字都是朱元璋亲自改的。

所谓朝贡制度，就是中国周边地区的小国或政权对中国强大王朝的依附关系，中国王朝对这些小国或政权拥有宗主权，它们通过"朝贡"关系来维护天朝上国的尊严和"宗主"地位，但只是政治上的确认，朝贡国在经济和外交上依然独立。当它们面临灭亡或遭受入侵的危险时，中国王朝有义务加以保护。

朝贡体系由来已久。周礼是用亲戚关系治天下，周天子和各个诸侯是亲戚关系。后来，中国人把这套亲戚关系用于处理对外关系，从而形成了一套朝贡体系。在汉朝力量衰落以后，"朝贡"一词即已被确认。隋唐时，朝贡制度进一步发展，中国王朝"光被四表"，"王者无外"。宋朝时，王朝版图虽有缩小，但对大理等小国仍负有保护义务。明朝时，日本等国也成为中国的朝贡国，安南在1406—1427年还一度成为明朝版图的一部分。在清军入关以前，经两次征战，李氏朝鲜王国也成为清朝的藩属国。

作为朝贡体系的一部分，明代四夷馆是中国历史上真正意义上的翻译机构。四夷馆初设之时隶属翰林院，选国子监生学习翻译之事。明代著名学者、大学士邱浚的名著《大学衍义补》，可以看作中国朝贡理论发展的一个高峰。他阐述了一个道理："国家富有万国，固无待于海岛之利。然中国之物自足于用，而外国不可无中国之物。"[1]大清皇帝由此衍生出一句口头禅："天朝上国，无所不有。"

在明朝，中国通过串亲戚为名的朝贡贸易，以白银为交易工具，最终推动世界从实物经济时代过渡到具有现代色彩的货币经济时代。在鸦片战

---

[1] [明]王圻：《续文献通考》卷二十六，引《大学衍义补》。

争之前，中国的对外事务由礼部执掌，这本质上反映了一种礼仪关系。[1]

明初，非入贡不许互市，朝廷赋予朝贡唯一合法对外贸易的地位，这种贸易体系由市舶司负责管理。市舶司负责查验来华贡使身份、安排贡使食宿、管理口岸互市及抽分征税。

第一个市舶司设立于朱元璋建元称帝之前的1367年，地点在之后郑和第一次下西洋的出发点——长江口的太仓。洪武三年（1370年），因离南京过近，该市舶司被废弃，另于浙江宁波、福建泉州及广东广州三处传统口岸设置市舶司。其中，宁波通日本，泉州通琉球，广州通占城（今越南南部）、暹罗及后来的西洋诸国。

海盗骚扰的程度是明朝开关对外口岸的重要参考。因沿海屡遭倭患，又有番商假冒贡使入贡，加上张士诚、方国珍等流亡势力的存在，1374年，朱元璋关闭所有对外贸易口岸，实行海禁。[2]

从此，明朝渐有锁国迹象，但这并非说明朝没有对外贸易的发展，只不过对外贸易完全被朝贡贸易所取代。朱元璋对朝贡体系的一大发挥，就是将贸易与朝贡捆绑在一起。对此，一段简洁、清晰的阐述是这样的：

明太祖改变了历来朝贡与贸易分开的做法，让中外贸易只能由外邦的使节团来中国朝贡时在特定的时间和地点，在"礼部"官员或港口的市舶司官员的监督下，公开进行；或者由朝廷派遣到海外的中国使节团，在外国顺便做点买卖。这个中外贸易完全变成政府的垄断事业，完全封闭民间贸易管道的朝贡贸易制度，是史无前例的。为了实现这个制度，明太祖颁行严格的"海禁令"，禁止中国民众私自渡航到海外，也禁止外国朝贡使节

1　[美]徐中约：《中国近代史》，计秋枫、朱庆葆译，世界图书出版公司2008年版。
2　市舶司在1403年复设，到1523年再罢，到1531年再设，之后再罢，1599年再设。

团以外的任何船只到中国来,有时甚至禁止民众在沿海的捕鱼活动。[1]

早在20世纪50年代,史学大家李剑农就指出,"明初海上之商业关系,已呈变态"[2],具体表现在:以市舶附于贡舶,优于贡直而免市税;有贡则许市,非贡则否;宋元时的市舶商人持有的公凭公据,到明朝变成了贡使的勘合。凡定期入贡者,都提前颁发勘合,勘合不符者不被认可。

海盗入贡:缺位的私人海商

在实施朝贡贸易一体化过程中,明政府三番五次对私人海外贸易做出限制,仅在洪武十四年到三十年(1381—1397年),就下达了至少6次与海禁有关的法令或命令:从1381年"禁濒海民私通海外诸国"到1384年"禁民入海捕鱼",从1390年"禁外藩交通令"到1394年一律禁止民间使用及买卖舶来的香料、货物,及至禁止中国人下海通番,甚至废弃舟山群岛上的昌国县,责令舟山岛及其他46岛(山)居民内迁,口气一次比一次严厉。

朱元璋时代颁布的《大明律·兵律》中有这样的律令:"凡将马、牛、军需、铁货、铜钱、缎匹、细绢、丝绵私出外境货卖及下海者,杖一百。物货船车并入官。若将人口、军器出境及下海者,绞。因而走泄事情者,斩。"[3]到弘治十三年(1500年),擅造二桅以上违式大船,带违禁货物夫外国买卖,"潜通海贼、同谋结聚、及为向导、劫掠良民者,正

---

1 张彬村:《从经济发展的角度看郑和下西洋》,载《中国经济社会史研究》2006年第2期。
2 李剑农:《宋元明经济史稿》,生活·读书·新知三联书店1957年版。
3 《中华传世法典:大明律》,怀效锋点校,法律出版社1999年版。

犯处以极刑，全家发边卫充军"[1]。

尽管有关海外贸易的限制政策不绝如缕，也渐有对民生的兼顾，百姓撑使小船在近海捕取鱼虾、采打柴木者，官兵不许扰害。海禁的初衷并非不发展外贸，而是要由官方以朝贡体系来统筹外贸。这种安排至少体现了设计者朱元璋的两重意图：一是避免民间海外贸易引发的倭患，二是将海外贸易权控制在官方手中，坐收丰厚利润。

明朝对私买贩卖苏木、胡椒等香料的数量都有特别限制，1500年时，私买贩卖苏木、胡椒至1000斤以上者，就会被发边卫充军。为什么要对苏木、胡椒等香料做出特别规定？以胡椒为例，结果显示，朱元璋年间，明廷对海外各国朝贡附进的货物胡椒一项的给价，是原产地的20倍。[2]

1405年7月11日，郑和第一次下西洋。之后，每斤胡椒在中国的市价是原产地的10倍，比先前有大幅下降。甚至在1422—1424年，苏木、胡椒还作为文武官员的折支俸禄出现。明政府规定春夏折钞，秋冬支苏木、胡椒，五品以上的官员折支占70%，五品以下折支占60%，这也是纸钞贬值之际减少流动货币量的途径之一。

到宣德九年（1434年），明政府又具体规定，京师文武官员的俸禄以胡椒（每斤100贯）、苏木（每斤50贯）折钞。到正统元年（1436年），折钞的人群又扩大到北直隶卫所官军，这种情形到成化七年（1471年）才终止。

如果发展民间贸易，势必扰乱朝贡贸易的价格体系。当这种情形发生之时，也是香料作为宫廷奢侈品的角色向民间日用品转化之日，明政府不愿看到这种情形发生。

---

1 《大明会典》卷一百三十二。
2 万明：《郑和下西洋终止相关史实考辨》，载《暨南学报（哲学社会科学版）》2005年第6期。

郑和为什么下西洋，在国内外一直是一个见仁见智的话题。在政治上，有寻找下落不明的建文帝之说。在对外关系上，有人认为是为远播大明王朝的威望，威慑周边国家。在经济上，有人认为是为维护明政府对朝贡贸易的垄断，甚至有人认为后期是为了去寻找黄金白银。各种说法没有定论。

郑和第一次下西洋比哥伦布发现美洲大陆早87年、比达·伽马发现印度早92年、比麦哲伦首次横渡太平洋发现菲律宾的航行早114年。郑和劳其心智，领导着一支载有2.7万多人的庞大船队，先后7次下西洋。在过去1000年世界上最有影响力的探险家梳理中，郑和成为唯一入选的东方人。[1]

郑和船队规模前无古人，后无来者。与之相比，15世纪末由西欧人主导而展开的全球性大航海时代，船队规模虽然都很小，却代表一个海洋发展时代的到来。

郑和下西洋比哥伦布、达·伽马等早，并不是说西欧国家没有更早的大规模的航海活动。在郑和第一次下西洋后的第十年，由葡萄牙国王率队带领的一支远征队从里斯本出发，开始了一系列对外扩张和海上探险活动。这支远征队由19 000名陆军、1700名水兵、近200艘战船组成，当年便占领了非洲北部重要的港口城市休达，它是扼守直布罗陀海峡及地中海与大西洋之间的海上咽喉要道。

1492年，哥伦布发现美洲。回国后，西班牙女王伊莎贝拉一世与之签署了一项协议。协议规定，任命哥伦布为他所发现或取得的所有岛屿和大陆的元帅，他和他的继承人永远享有这个职衔及相应的一切权利和

---

[1] 1998年美国《国家地理》杂志的评选。

特权。同时，哥伦布保有这些领地所出产、交换而得和开采出来的一切黄金、白银、珍珠、宝石、香料和其他财物的十分之一，完全免税。每当开辟出一个海区，后继的民间海商要缴纳"执照"税，方可进入规定的海域经营。

这是一个由航海和突破精神做先导而将王权、贵族、商人乃至海盗意志上升为国家意志的时代，而在郑和下西洋中，中国私人海商是缺位的。明朝的朝贡贸易体制容不下与大明皇帝平起平坐的海商，因此海商落下海盗商人的骂名。

朝贡贸易体系无疑是明政府对外采购的重要平台。对于朝贡使者来说，能纳入明政府的官方采购渠道无疑意味着财富。尤其像香料这类东西，绝对是说一不二的畅销货。所以，对私人海上贸易活动的限制，也让那些侨居国外的华人千方百计想挤进这一渠道。

当时，日本、琉球、暹罗、爪哇、高丽、占城、苏门答腊和榜葛剌（今孟加拉）等国都有海外华人充当朝贡使团成员的情况发生。明朝曾多次遣使前往各国宣谕他们回国，但效果并不明显。

以使者的身份出现，作为文化与贸易交流的桥梁，海外华人用变通的方式纳入明朝的朝贡贸易体系，但一些流离于这一体系之外的原粤闽籍海商却以海盗的角色而被明朝官方视为眼中钉。来自广东潮州的陈祖义是一个代表。

朱元璋时代，陈祖义全家逃到南洋，入海为生。明朝官方盯上他时，他已然成为盘踞在马六甲的中国海盗王。陈祖义曾在三佛齐（今印度尼西亚的巨港一带）的渤林邦国王手下当大将，国王死后，他自立为王。他曾想朝贡明朝皇帝，但很多贡品是一路抢来的。

陈氏集团成员最多时超万人，战船近百艘，活动范围包括日本、中国台湾地区、中国南海以及印尼旧港（今巨港）等印度洋地区，总计有超过万艘以上的过往船只遭其掠夺，50多座明朝沿海城镇被他攻陷过，南洋一些国家甚至向其纳贡。他的举动是对明朝贸易体系的冲击和挑战。为此，朱元璋曾悬赏50万两白银要陈祖义的首级。朱棣年间，赏金更是高达750万两。

日本海盗隔三岔五的骚扰尽管扰乱了日本对中国的苏木贸易，但并不成气候；蒙古在明朝初年中兴之时，尚找不到寻衅对抗的时机。陈祖义的出现，让明朝意识到对付他是个迫在眉睫的任务。

似乎彼此早有准备，当陈祖义开始实施他对郑和船队的非分之想时，这一举措直接导致他在郑和第一次下西洋时被俘。最后，朱棣下令，当着各国使者的面将他杀死。

角逐南洋：若隐若现的影响力

马六甲很快恢复了往日的平静，贸易继续兴盛。

郑和下西洋前两年（1403年），朱棣再次设置浙江、福建、广东三市舶司，并建造专门接待外国商人、使节的驿馆，分别取名为安远、来远和怀远。

贡使团到达京师后，除朝见皇帝、进行"贡"与"赐"的礼品交换外，也被允许在隶属礼部的会同馆与中国商人进行一定规模的互市。

贡使沿途往返的车、船、食宿，均由官府供给。朱棣要求各级官员对"远人来归者，悉抚绥之，俾各遂所欲"[1]。尽管一些贡使有恃无恐，横行霸道，骚扰不可胜言，但明朝官民将此视为对远道而来朝贡者的怀柔，

---

1 《明太宗实录·卷二十四》，《明实录》。

"无敢与较"。朱棣说,"朝廷取四夷,当怀之以恩。今后朝贡者,悉以品级赐赉,更加厚不为过也。"[1]

在第六次下西洋后一年,有16国遣使臣1200人同时随郑和来朝。整个永乐期间,各国前来的贡使团多达318次。除一些王子、王妃外,还有四个国家的国王8次来华访问,这也是前朝不曾出现的景象。

随贡使团前来贸易的商货被明朝特旨免税,但照例有抽分,大部分由政府出高价收买。朱棣年间,朝贡不看重花销,不拘商税,尽在礼数与威严,郑和下西洋注定是中国朝贡史上最为辉煌与璀璨的篇章。

明朝具有文治武功的皇帝寥若晨星,但维持频繁的朝贡贸易并不仅仅取决于其继任者的执政素质和政治影响。郑和下西洋以和平的方式展开,仅满足于非常规的外交联络,并未在南洋留下驻军及基地。尽管如此,明帝国仍换来100多年间甚至更长时间在南洋若隐若现的政治影响力,直到葡萄牙和西班牙商人的闯入。

马六甲是这种政治影响力的一个缩影,犹如一面多棱镜,折射着次第出现在这里的暹罗商人、明朝海盗商人、郑和下西洋船队、印度古吉拉特商人以及后来的葡萄牙商人的身影,他们构成了马六甲的古代政经史。

这些接踵而至马六甲的商人不约而同冲着一种商品而来——香料。它与中国的丝绸、瓷器及之后的茶叶一样,曾经左右和改变着世界贸易的格局。战略位置让马六甲成为世界上最大的香料市场,香料从这里产出和运往中国,也通过地中海转口到欧洲。

马六甲又叫满剌加国,其最初的主人是暹罗商人,1405年,马六甲脱离暹罗宣告独立,并于同年与明朝通好纳贡而寻求到明朝的庇佑。永

---

[1] 《明太宗实录·卷二十四》,《明实录》。

乐九年至宣德八年（1411—1433 年），满剌加国的使臣来华朝贡 15 次。其中，国王亲自前来就有 5 次，规模最大的一次在 1411 年，拜里米苏拉亲率妻子、陪臣 540 多人到南京面见明成祖朱棣。

郑和七下西洋，至少 5 次靠岸马六甲，并倚之为中转站，设立仓库。法国史学家布罗代尔认为，中国在马六甲兴起及其在维护亚太—印度洋贸易网中发挥了作用：如果马六甲不是向中国输诚纳贡，"暹罗和爪哇无疑会一口吞掉这个因地方政治的偶然机遇而诞生的小城市"[1]。但中国在此地的影响力不比印度，满剌加的外国商人中以古杰拉特（现巴基斯坦东北部旁遮普省城市）和卡利卡特（现印度南部城市）的穆斯林商人居多。

古杰拉特是当时属于印度坎贝的另一名称，这是 1406 年明朝郑和与 1489 年葡萄牙达·伽马两位东西方航海家共同登陆过及去世的地方。古杰拉特商人的优势在于，他们在苏门答腊、爪哇与马六甲同样站稳了脚跟，控制了销往地中海的大部分香料和胡椒。"印度就这样再次显示它潜在的优势，它在对外关系方面远比中国开放，并与伊斯兰和濒临地中海的近东地区的商业网连成一片。"[2]

作为马六甲香料最大的消费国，明朝以马六甲为中枢，保持与南洋、印度洋的畅通符合国家利益[3]，中国的兴趣也在于限制暹罗去侵犯马六甲，

1　张文德：《15 世纪后期撒马儿罕使臣海路来华与明廷的反应》，载《西域研究》2003 年第 4 期，转引自费尔南·布罗代尔：《15 至 18 世纪的物质文明、经济和资本主义》第 3 卷，生活·读书·新知三联书店 1993 年版。

2　同上。

3　对目前的中国而言，马六甲海峡也是中国海上石油生命线。1993 年，中国成为石油净进口国。10 年来的发展使中国一跃成为世界最大的石油进口国之一。中国的石油进口来自中东、非洲、东南亚地区，进口原油的五分之四左右是通过马六甲海峡运输的。据测算，每天通过马六甲海峡的船只近六成是中国船只。马六甲海峡已经与中国经济安全息息相关。这个由新加坡、马来西亚和印度尼西亚三国共管的海峡，直接扼住东亚国家的能源咽喉。来源于 2004 年 6 月 15 日中国日报网《中国的"马六甲困局"》。

以及爪哇向马六甲的扩张。暹罗朝廷也注意到了来自中国的压力，几乎每年派纳贡使团到中国并从中得益。1408年、1419年、1436年起码三个可知的年份，明朝在协调暹罗与占城、苏门答腊、马六甲王国间的纠纷中发挥了积极作用。

但此间，暹罗曾对马六甲动武，要求马六甲成为藩属国失败。这标志着暹罗出现漠视宗主国中国的权力和明朝朝贡贸易体系的离心行为。马六甲国王只认明朝为其宗主国，就遣使向明朝皇帝控告，明朝的保护到这时尚有效果。古杰拉特商人黄雀在后，也分享了中国的存在带给马六甲地区的政治平衡下的潜在利益。

文官丑化下西洋：海权的尴尬

面对出手阔绰的明朝，朝贡国及其商人都看得精明透亮：毕恭毕敬是获取更多利益的最好办法，所以都竭尽所能地多拿朝贡物品，甚至多于正常量的几十倍。明政府最初规定日本进贡刀不超过3000把，但之后日本进贡数量增加到9900多把，最多的一次达到37 000多把。之所以会发生这种事情，原因就在于利润丰厚，比如第三次的9900余把日本刀，明朝出价每把5000文，而在日本的售价不过每把800~1000文。

在朝贡贸易制度下，外国使团带来的商品分为"进贡品"和"附搭物"两类。前者与皇廷交易，朝廷对应有赐物；后者与中国官方交易，因讨价还价的余地较大，使得永乐以后的官僚可以为着减轻明朝的财政负担而在减少附搭物数量和压低价格上尽职。

增加本朝与外番感情及联络贸易是郑和下西洋的应有初衷，但来华朝贡的繁杂及逾越规制又让明朝在财力上和精力上不胜其烦。胡椒和苏木利润惊人，但其在朝贡贸易中所占的比例和分量并不清楚，这似乎也并不能说明官方在其中有利可图，否则车驾郎中刘大夏就不会上奏说，"三保下西洋费钱粮数十万，军民死且万计，纵得奇宝而回，于国家何益？"[1]

明朝官员对朝贡贸易并不乐见其成。在这种情况下，郑和下西洋的初衷显然并不能用简单算经济账的方式来理解。朱棣时国家还有底子，在1412—1424年建造的1800艘海船中，有1700多艘是在前6年间造成的。造一艘大船的代价是近1000担（近60吨）大米。这对于同时代每年有3000万担大米收入的明朝来说，尚可接受。在6年间制造1700艘船，即每年平均耗费28.3万担大米，也就是不足国家全年大米收入的1%。[2]

当有官僚提出要对搭附物征税时，朱棣回答说，"商税者，国家以抑逐末之民，岂以为利？今夷人慕义远来，乃侵其利，所得几何，而亏辱大体万万矣"[3]，征税之想遂作罢。

南宋初，政府财政总收入不满1000万贯，市舶收入达150万贯左右，占财政总收入中的15%；到元朝至元二十六年（1289年），市舶收入中仅黄金一项收入就达3400两，占岁入之数中黄金的六分之一以上。

为什么朱棣不把征税看在眼里呢？是因为民间海外贸易在朱棣看来是鸡肋：

商人们借助官僚势力逃税漏税的现象非常严重。《泾林续记》曾记载，商人们从事海上贸易，"其报官纳税者，不过十之一二"……根据达维南特的计算，17世纪的英国，政府每年收入的330万英镑中，仅来自海外

---

1 [明]严从简：《殊域周咨录》，中华书局1993年版。
2 耿昇：《法国汉学界有关郑和下西洋的研究》，载《中华文化研究》2006年第2期。
3 《明太宗实录·卷二十四》，《明实录》。

贸易的进口税就大约有 130 万镑，约占 39.4%。光荣革命后，政府得自贸易和国内制造业的收入每年可达 200 万英镑，占政府总收入的相当比例。荷兰公民在战时缴纳给政府的赋税占年收入的比例超过三分之一，和平时期的赋税约为年收入的四分之一，其中大部分由商人承担。同时代的中国情形却不然。黄仁宇估计明末全中国每年总收入为 3700 万两白银，其中田赋收入在并入许多杂项税目后，总计约白银 2100 万两；役银 1000 多万两；盐课价值 200 万两，杂色项目 400 万两。向长途贩运的大商人和海商主要征收钞关税和番舶抽分（列入杂色项目之内），分别为 34 万两和 7 万两，两项总和仅占全国总收入的 1.1% 左右，约为帝国来自土地收入的九十分之一。[1]

这一结论是，国家无法从商人集团的发迹中获得更多经济上的好处，因此出面支持对外扩张和贸易掠夺的决心和意志明显不足，像欧洲国家当时出现的重商主义风潮无法在中国形成气候，而这一环节曾在西方兴起的进程中起着重要的作用。[2] 英国学者崔瑞德对永乐帝的文治武功评价颇高：

永乐帝留给明代后来的君主们一项复杂的遗产。他们继承了一个对远方诸国负有义务的帝国，一条沿着北方边境的漫长的防线，一个具有许多非常规形式的复杂的文官官僚机构和军事组织，一个需要大规模的

---

1 张宇燕、高程：《海外白银、初始制度条件与东方世界的停滞：关于晚明中国何以"错过"经济起飞历史机遇的猜想》，载《经济学（季刊）》2005 年第 1 期。
2 西欧特别是英国的重商主义，在国外表现为国家势力介入，通过武力帮助本国商人扩张殖民地和掠夺包括金银在内的各种财富，在世界格局中维护不平等贸易；在国内，则通过圈地运动、狩猎法、乞丐法等把那些与生产资料分离的无产者集中起来，解决劳动力的供给和降低劳动力的成本。这些政策引起了财富的进一步集中和一个逐渐脱离对王权政府依赖的新兴阶级的壮大，最终导致资产阶级革命和制度创新。张宇燕、高程：《海外白银、初始制度条件与东方世界的停滞：关于晚明中国何以"错过"经济起飞历史机遇的猜想》，载《经济学（季刊）》2005 年第 1 期。

漕运体制以供它生存的宏伟的北京。这只有在一个被建立帝国的理想所推动的朝气蓬勃的领袖领导下才能够维持，这个领袖能够不惜一切代价，并愿意把权力交给文官，以保持政府的日常职能。[1]

但他认为，尽管继任者仍然坚持朱棣关于帝国的远见和他所奠定的国家政策和制度基础，但永乐帝的直接继承者却不具备把控这种政制基础的英勇品质。

最关键的是，每况愈下的经济已经不足以支撑讲究排场的朝贡贸易。据明人王士性记载：郑和下西洋大致耗费了近600万两白银。[2]这还不包括建造、维修船只，给官兵的嘉赏、抚恤，以及外来使臣的赏赐等各项支出。在某种程度上，郑和下西洋是永乐皇帝推动朝贡贸易最昂贵的投资。

郑和下西洋之后，明朝接待的贡使增多，有应接不暇之嫌。明朝对朝贡间隔期、贡船数目、随船人数、进境路线及停泊口岸等也都做出较多限制性规定。譬如，限定占城、真腊（今柬埔寨境内）、暹罗及西洋诸国3年才可以到广州港一贡；日本定例10年一贡，入宁波港，人数不得超过300人，船不得超过3艘；琉球入泉州港，2年一贡，人数不得超过100人等。[3]外国贡使团前来的动机也就跟着消退了。

这种措施外宽内紧，很快见到成效，而在朱棣死后，明朝文官们发动舆论攻势，竭力贬低、丑化郑和航海下西洋活动，甚至极富戏剧性的是，郑和下西洋的档案都找不到了。对此，史上有刘大夏藏匿和焚毁两

---

1 [美]牟复礼、[英]崔瑞德编：《剑桥中国明代史（1368—1644）（上卷）》。
2 原文为：国初，府库充溢，三宝郑太监下西洋，赏银七百余万，费十载，尚剩百万余归。见[明]王士性：《广志绎》卷一，中华书局1981年版。
3 史志宏：《明及清前期保守主义的海外贸易政策》，载《中国经济史研究》2004年第2期。

说。但无论如何，为数不少的文官集团成员与盐商或海商家族有着千丝万缕的联系，对制止这种并不经济的怀远之策和国家贸易垄断发挥了关键作用。

但凡事都有两面性，有些事情注定有隔世的深远影响。黄仁宇就提供了一个"没有确切的解答"的视角，那就是：

不过百多年后，中国东南沿海即要受日本来犯的倭寇蹂躏，澳门且落入葡萄牙之手……中国从此之后，迄至19世纪无海军之可言。而19世纪向外购办之铁甲船，也在1895年的中日战争被日本海军或击沉或拖去。[1]

太监与文官之争：海外贸易"夹心化"

明朝对太监的重用是从朱棣开始的。

作为朱元璋的四子，朱棣是在与侄儿建文帝的夺权斗争中登基的。在这一过程中，宦官发挥了重要作用。马和，浓眉大眼，体态健美，且聪明伶俐，才智过人，忠于职守，出入战阵，屡建奇功，就在河南郑家坝战斗后，因战功赫赫，被赐予"郑"姓，他就是领衔下西洋的郑和。

朱元璋曾有对太监任用的限令，但朱棣突破其父禁令，将郑和晋升为四品内官监太监，这是宦官中最高的级别。明初，市舶司由市舶提举司负责管理，但朱棣初年，市舶宦官取代市舶提举司，从而改变了明初贸易管理体制。

在唐朝，向海外贸易商人征收市舶税，也由宦官主管。就这样，市

---

[1] [美]黄仁宇：《中国大历史》，生活·读书·新知三联书店2007年版。

舶宦官与市舶所在的三省镇守、巡抚、三司等官员，无形中构成了朝贡贸易事实上的多头领导。市舶宦官以皇帝钦差常驻地方，来历不凡，口衔天宪，权势煊赫。

宣宗1435年驾崩后，英宗的大权实际掌握在张氏皇太后手中，又由三杨（杨士奇、杨荣、杨溥）辅政。此后宦官们的权力增大，特别是王振专政，触犯众怒，再派太监出洋，已无可能。[1]

明朝明令禁止王公及其后裔由科举入仕或经商[2]，他们即便破落，宁可做文人、艺人，甚至为匪做盗，也不肯经商。[3]骨子深处的观念还是商人的身份、地位远难与文人相提并论。于是，他们的生活来源，也就是俸禄的筹集工作，就落在了宦官身上。

宦官在明朝成为缓冲经商与儒家伦理冲突乃至皇帝与大臣体制裂痕的一道奇妙隔板。15世纪初，皇室成员数量增长，国库不胜重负，不得不将亲王的禄米由5万石降到1万石[4]，宦官地位提高也就发生在这一时期。

英宗在位的正统年间后期，宦官势力膨胀，市舶宦官经常兼任或转迁提督地方军务、海道、盐政、珠池等职，插手地方事务，凌驾于地方当局之上，在贸易管理中具有统领全局的权势。到16世纪，供养皇室男性成员的开支超过了全部官吏俸禄的总和。不久，仅此一项开支便超过

---

1 耿昇：《法国汉学界有关郑和下西洋的研究》，载《中华文化研究》2006年第2期。
2 [美]魏斐德：《洪业：清朝开国史》。
3 史志宏：《明及清前期保守主义的海外贸易政策》，载《中国经济史研究》2004年第2期。
4 耿昇：《法国汉学界有关郑和下西洋的研究》，载《中华文化研究》2006年第2期。

了政府税收的总额。[1] 由文蓝主编的《宦官的历史》一书详述了宦官之在明代政治经济中的分量：

  明代宦官出任与经济相关的职务，更是数不胜数，主要有市舶司、盐税司、采办、织造、烧造。明初，设置广东、浙江、福建三口对外通商，设市舶司管辖，由宦官出任。永乐以后，市舶司由宦官出任成为定制，除了管理对外贸易事务，市舶司太监还能请旨节制、提督沿海军队，应对突发事变。明代皇庄，设有观仓太监。草场，亦由宦官管理。不仅如此，明代中央政府直辖的漕仓，初归户部，后亦加派宦官监督。明代初年，即委派宦官监督、核查各地税务。……明永乐年间，还曾派宦官核查矿物。景泰年间，开采浙江、福建银矿，命宦官提督管理。

  "礼仪性的礼物交换以外的各种贸易和交换，至少在名义上是为了取得供皇室使用和享受的物品而进行的。这样，一切对外贸易都掌握在宦官手中，以皇帝私人利害关系的名义来经营，一般不受制于朝廷所制定的政策。"[2] 所以，由太监领衔的下西洋所代表的是由皇室统领和垄断的海外贸易，这与文官所代表的民生利益有着不可避免的冲突。

  其实，像盐矿等税收早在汉时就已经由负责皇室私用的官员来掌握。那时，田赋是大宗收入，由负责国家财政收支的大司农掌管。皇室收入的来源由少府来掌管，少府与大司农一样，位列三公九卿中的"九

---

1 关于皇廷的开支，1502 年，王鏊曾记天下财赋与皇室岁用的关系：今天下税粮 3632.1 万多石，内 320.9 万石折银 81.4 万多两，户口商税除折米外，并船钞料折银可得 43.9 万多两，各矿银课岁办 150.1 万多两，但两淮浙盐场岁买折盐银却不下数万两。在这种情况下每年的用度还说不够，何也？王鏊认为，祖宗时岁用颇省，以黄蜡一事计之，岁用不过 3 万斤，正统末 4 万斤，景泰、天顺间加至 8.5 万斤，成化十一年后，遂加至 12 万斤，其余可推也。参见 [明] 王鏊：《守溪笔记》。

2 [美] 牟复礼、[英] 崔瑞德编：《剑桥中国明代史（1368—1644 年）（上卷）》。

卿"之职。两者的职权划分是，大司农管理政府经济，少府管理皇室经济。那时收入很少的工商业税收，譬如海边的盐税和山里的矿山收入，由少府来管辖。[1]到了明朝，掌管皇室经济的人由汉时的少府变成了司礼监太监。

司礼监是明朝在伺奉皇帝及其家族的内廷中所设置的前朝未有的建制。明代的宦官体制由内务府十二监、四司和八局所组成的二十四衙门构成。其中，司礼监位居十二监之首，主要负责一些礼仪事务。每当边疆不安宁或者需要外交之时，负责与内外礼仪有关的官员似乎拥有更多的晋级机会。明朝与边疆蒙古游牧部落关系的不稳定让六部之中礼部的官员职位也相对较高，这种现象在明朝嘉靖年间最为明显。礼部尚书职位之显赫让其往往成为内阁大学士的人选，夏言、严嵩、徐阶、高拱、李春芳等首辅大臣概莫能外。这点也反映在清朝负责对外通商事宜的李鸿章等人身上。

礼部的显赫其实也是传统的延续。在古代，宰相与九卿之首的奉常（或称太常）都是与祭祀有关的官职。所谓宰，就是替天子诸侯乃至贵族公卿管家的人，当时最重要的家事就是祭祀。秦汉以后，封建贵族或诸侯的领地，逐渐为郡县所取代。宰相，就由家宰升格为国家的政治领袖。而奉常的"常"，与"偿"谐音，所谓奉常，就是依四时奉献时物，以供祖先鬼神尝新之职。[2]

最让司礼监出名的是，其获得了一项叫作"批红"的权力。在明宣宗时，最高层面的决策流程中设置了"票拟""批红"两个部分。前者是

---

[1] 钱穆：《中国历代政治得失》。

[2] 钱穆：《中国历代政治得失》。

内阁阁员拟定对事情的处理意见，然后由皇帝御批，因皇帝用红笔批示，所以又叫"批红"。

在明朝中后期，皇帝大都懒于政事，像嘉靖、隆庆和万历三朝，甚至一二十年不上朝，于是批红的大权尽收在太监手中。司礼监的秉笔太监负责用红笔批示处理意见是否可以执行，而掌印太监是负责复审、盖章的太监，有太监中的"一号人物"之说。像刘瑾、冯保、魏忠贤等人就是司礼监中的佼佼者，他们权倾天下，用明末思想家黄宗羲的话说，"有宰相之实"[1]。

就这样，司礼监实际成为皇帝与外廷、内阁之间的政务枢纽。1449年，明英宗朱祁镇受亲信太监王振的怂恿，御驾亲征。在王振的盲目指挥下，明军全军覆没，23岁的明英宗被生擒，酿成"土木堡之变"。

2001年，《亚洲华尔街日报》将明朝太监刘瑾列入过去1000年来全球最富有的50人名单。至于他的财产，据清赵翼记载，刘瑾被抄家时有黄金250万两、白银5000余万两，其他珍宝细软无法统计。仅银子一项，就相当于明朝60年的国税收入。

有关刘瑾的资产总量，说法不一，但作为明朝传说中最富有的宫廷太监，刘瑾成为道德范本中贪权揽财的反面典型，这是太监权力在明朝政治、经济领域膨胀的结果。明朝是中国历史上皇权与士大夫冲突最激烈的朝代，皇权与六部之间的冲突可用僵持来描述。[2] 朱元璋在位第十三年时，废除了自秦以来辅佐天子处理国政的宰相之位。这是中国政治制度的极大变动，从此天子直接面对六部，六部有建议权而天子独揽决策

---

1 [明]黄宗羲：《明夷待访录》，中华书局2011年版。
2 韩毓海：《五百年来谁著史》，九州出版社2009年版。

权。为弥补无宰之职所形成的空缺，皇帝另设内阁大学士，为天子襄理文墨。

作为皇帝代言人的内阁大学士和司礼监与士大夫的代言人六部之间的冲突进而加剧，明代政治一个最核心的特点就是舆论控制权和政治权力的分离独立。由司礼监太监掌握的锦衣卫和东厂的出现弥补了皇权的萎缩。

尽管锦衣卫并不是宦官，但宦官掌握的东厂所用的小特务都是从锦衣卫中挑选出来的，二者在组织上互相渗透。同时，锦衣卫和东厂的宦官首领都私交很深，而且锦衣卫中的高级官员都是宦官子弟，在人事上也有着千丝万缕的联系。明代宦官渗透到了司法的各个领域，但其对军事的渗透力不如唐代宦官。

锦衣卫和东厂的存在加剧了宦官与文官集团的矛盾。对于两者之间的斗争，《剑桥中国明代史》这样写道：

在明代的大部分时期，控制政府决策权的主要斗争是在皇帝的两套顾问班子之间进行的。一套班子来自士大夫集团。他们的组织基础是翰林院及它对内阁职务任命的垄断。这个集团容易产生派系活动和正当的政策分歧，但是在大部分士大夫心目中，这类分歧不过是伦理和思想价值观念总的一致下的一个枝节部分。与之竞争的一个集团是皇帝的私人的官僚机器——宦官，连同他们管理皇宫的以司礼监为首的24个宦官机构。[1]

在宦官权炽之时，文官集团也显现出了与前朝不一样的气象。隋代首开了以文字水准代替血统作为选拔依据的考试，是为科举制度。之后，平民出身的进士在数量上开始压倒世族。在之前的九品中正制下，"上品

---

[1] [美]牟复礼、[英]崔瑞德编：《剑桥中国明代史（1368—1644年）（上卷）》。

无寒门，下品无势族"，重要官位几乎为门阀贵族所独享，但在隋唐，政府并不曾允许商人入仕。尽管执行并不一定到位，但隋文帝开皇十六年（596年）下诏，工商不得进仕，唐制也规定工商杂类不得预于仕伍。[1]

之后的朝代取消了这一规定，下层平民出身的官僚日益增多。有商人背景的家族开始重点投资培养子弟读书，让他们通过科举考试进入仕途。因为他们深知，要与官僚阶层结合的途径多种多样，最可靠的莫过于让有直接血缘关系的家族成员成为官僚阶层的一分子。

晚明时期，中国商人后裔占到进士和举人总数的四分之三以上。明清两代共考取进士51 000人，其中商业最为兴旺的江南地区有7800余人，约占六分之一，他们绝大部分都是商业富户的子弟。明代两淮共取进士137名，大商人云集的徽、陕、晋籍占到106名；共取举人286名，徽、陕、晋籍有213名；均占总数的70%以上，而他们基本都是商人的子弟。[2]

中国士农工商的社会秩序中的士商界限逐渐模糊，最早在宋以后，之后历时长达几百年。特别是到明朝以后，士商界限已经模糊到身具理学大师和官员双重身份的王阳明为商人写墓志铭的程度。1525年，当王阳明为商人方麟做这件事时，这无疑是一个破天荒之举。之后，晚明名士、曾经官至南京礼部尚书兼太子太保的湖北人李维桢也为浙江衢州府龙游商人李汝衡立传，以表彰这个世代经商的家族乐善好施的品性。士商彼此渗透的历程一直持续到晚清。1905年，科举制度被取消，以汉族为首的官僚与商人的合流打破社会平衡，最终导致清朝覆亡，这是后话。

---

1 张宇燕、高程：《海外白银、初始制度条件与东方世界的停滞：关于晚明中国何以"错过"经济起飞历史机遇的猜想》，载《经济学（季刊）》2005年第1期。

2 张宇燕、高程：《海外白银、初始制度条件与东方世界的停滞：关于晚明中国何以"错过"经济起飞历史机遇的猜想》，载《经济学（季刊）》2005年第1期。

在科举制度之下，宋明时的平民知识分子力量急剧上升，但与宋代依靠高俸禄笼络文官不同，明代政府对文官实行的是低俸禄：他（朱元璋）的文官组织充其量也不过8000人，薪给之低，即依中国的标准看来，也算特殊，因为朱元璋自己以农民而为天子，在他的心目中，官僚之为人民公仆，就必定要照字义上成为公仆。在类似情形之下所有称为"吏"者，也另成一系统，尚且是官僚组织之下层。多数的吏员系奉召服务，一般不给酬，如果他们有薪给的话，最多亦不过维持家室的食米而已。[1]

宋代对文官的优厚待遇，让相当一部分文官脱离出身阶层而形成另一个相对独立的官僚阶层。这个官僚阶层即便仅仅从自身利益的角度来说，也会赞同国家加强对工商业的控制，增加财政收入来源。但明朝的低俸禄、苛刻的待遇，以及舆论控制权分散在民间和众多知识分子手中，又让文官本身不得不依旧依附在原来的阶层上，才能获得舆论的好评和长远地站稳脚跟。这样，文官在更大程度上被推向了民间利益阶层尤其是商人阶层。[2]

太监凌权及晚明的增税问题无疑让文官集团的不满达到高峰。铜钱的历史命运也与太监有关，万历末年，"万历三大征"（宁夏之役、播州之役和朝鲜之役）的爆发让铜钱的铸造达到了登峰造极的程度。1593年以前，全国铸钱局只有60座钱炉，到1593年时增加到100座炉。1603年时，户部等机构新开250座钱炉，应天府也添100炉，一年便增加350炉。本来户部只管纸钞，工部管铸钱，此时宝钞已停，户部改铸钱。

---

[1] [美]黄仁宇：《中国大历史》，生活·读书·新知三联书店2007年版。黄仁宇也认为，文官组织在后来一再扩大，到后来被一个叫作"缙绅"的阶层所替代。
[2] 杜车别：《大明王朝是被谁干掉的》，世界知识出版社2017年版。

此事一开，全国各地纷纷效仿，一时全国有多少钱炉竟无法统计。[1]

即便如此，也没有解决朝廷供给紧张的局面，大批矿监和税监被派往各地，他们横征暴敛，一时又激起民愤。到1618年，太仓储银只剩下12万两，也就是在这年，明军被后金大败，抚顺失守，万历皇帝不得不解开私囊，来填补兵部50万两的赤字。当时东御府储银仍有300多万两，矿监和税监功不可没。

1621年，天启帝下令招录3000多名宦官，竟有2万阉人前来申请。[2]同年，由税监监铸过一种天启小钱。初铸的时候，每文有一钱三分重，以五十五文折银一钱；天启二年秋天，每文就减为七分许。以后，由于铸局人员的舞弊，铸钱更加轻小，铜的成色也由铜七铅三降为铜铅各半。有些地方铸的钱只有两三成铜，其余尽是铅砂，掷到地上就会碎掉。

为抗议税监杀人，苏州市民发起了席卷苏南各州县的拒用天启钱运动，持续10个月之久。这时，市场上充满了币值相同、金属含量不等的金属货币，而金属含量高的铜钱被人们私藏在家中，劣币驱逐良币的现象出现。

到1629年，朝廷每年向在朝的官僚、贵族发入的俸禄只有15万两，不到国家财政预算的1%。按每年固定俸银的平均数计算，文官的俸银平均每人10两，武官不到5两，士兵不到2两。[3]明朝离灭亡已经不远了。

1　沙朝振：《明朝钱币的铸行》。
2　[美]魏斐德：《洪业：清朝开国史》。
3　同上。

第六章
海盗交欢：开封之间

郑和下西洋，见仁见智。有人说，郑和船队是国家从事统制贸易的体现，是永乐开创的对外交和贸易严加控制的时代的缩影。但有一个事实却少人持有疑义，即郑和下西洋之后，西方以开放的姿态在全球化之路上越走越远，中国却自我萎缩，显赫的海军失去辉煌，整个王朝先进的技术和工艺如同白雪一般在阳光下消弭。

由于缺乏持续性和传承性，郑和的英雄史诗难以为继。之后相当长的一段时间内，明朝的海外贸易进入海盗群起的无政府状态。在明清，相当长的一段时间内的海禁政策让中国海商一直处于非法、非主流的边缘商人角色。明朝舆论控制的民间化和文官集团的亲商化又让朝堂对于禁海的态度较为分明，由此酿成一批主战派官员的悲惨人生。

争贡事件与葡西商人闯入

1433年郑和航海活动中止后，马六甲继续兴旺昌盛，古吉拉特商人越来越多地来到马六甲。作为东南亚和东亚贸易中心，马六甲成为世界上最大的香料市场，其中大部分香料销往中国。[1]

继海盗商人之后，葡西商人也试图挤进明朝的朝贡贸易圈。葡萄牙1143年从阿拉伯人领土上独立出来，13—14世纪，葡萄牙里斯本和西班牙波尔图的商人垄断了从直布罗陀至北海的香料贸易。但这是整个香料贸易链条的最末端，葡西商人尚没有势力与控制前端地中海贸易的威尼斯和热那亚商人相抗衡。

马可·波罗所处的时代是威尼斯商人由盛而衰的时代。他出身于威尼斯商人家庭，父亲和叔叔曾在元代通过中国古代"丝绸之路"到达中国，见过中国皇帝。他在狱中的口述史《马可·波罗游记》在欧洲广为传阅，激发着欧洲人对东方的狂热向往。当威尼斯商人日渐势弱时，葡萄牙人接过了欧洲人对东方热情的接力棒。

随着蒙古帝国的崩溃，蒙古各部封锁了从欧洲由陆路通往中国的道路。

1390年，埃及马木路克王朝建立，开罗成为中心。

马木路克王朝扼红海之口，垄断香料贸易，阻断了欧亚商人从西汉张骞通西域之后所形成的"丝绸之路"，于是葡西商人对打通亚洲新线路，包括海上香料贸易航线，态度积极。1396年，西班牙人入侵东欧，

---

1 张文德：《15世纪后期撒马儿罕使臣海路来华与明廷的反应》，转引自[德]贡德·弗兰克：《白银资本：重视经济全球化中的东方》，中央编译出版社2000年版。

16世纪初，先后打败伊朗沙法维王朝、埃及马木路克王朝，占领叙利亚、巴勒斯坦（1516年）和埃及（1517年）等阿拉伯地区，成为地跨亚欧非三洲的世界大帝国。

1509年，葡萄牙人环大西洋航行一圈进入印度洋，击溃阿拉伯舰队，确立了在印度洋上的历史地位。同年，葡萄牙的船队驶抵马六甲，并与在当地经商的华人展开交往。华人运往马六甲的主要货物为麝香、丝绸、樟脑、大黄等，以换取胡椒和丁香。葡萄牙人千方百计向华人打探中国的情况，但因舰队在马六甲逗留数月无法补养而撤退。

1510年，葡萄牙人强占印度西海岸的果阿，第二年攻陷马六甲，此举等于扼住威尼斯的咽喉，也意味着明朝朝贡贸易圈被撕开一道口子。就这样，欧洲早期殖民者的商业扩张一步步蚕食和肢解大明帝国建造的朝贡贸易体系，同时将这种体系嫁接到更为广阔的世界贸易体系之中。

葡萄牙人托梅·皮雷斯在其《东方诸国记》中写道："如果它们要十分富裕繁荣的话，那么，马六甲没有坎贝（位于印度西部）就不行，同样，坎贝没有了马六甲也不行。"[1]

尽管此时坎贝与马六甲的经贸关系更为亲昵，但马六甲王国还是派遣使节向明朝皇帝控诉了葡萄牙人的侵入。1520年，当托梅·皮雷斯以葡萄牙大使和葡属马六甲总督大使的身份从广州前往北京时，明朝御史义正词严，要求其归还马六甲国王领土，否则驱逐在澳门的葡萄牙人。托梅·皮雷斯不仅没有见到明朝皇帝，还被礼部下层官员一顿训斥，悻悻而归。

---

[1] 张文德：《15世纪后期撒马儿罕使臣海路来华与明廷的反应》，转引自[英]霍尔：《东南亚史》上册，中山大学东南亚历史研究所译，商务印书馆1982年版。

1523年，明朝发生了两件颇有喻义的事件：一件是发生在浙江宁波的"争贡事件"，另一件是发生在广东新会（今东莞）的"茜草湾之役"。

所谓"争贡事件"是两个日本贸易使团争相来明朝贡，后来一方暗中行贿太监赖恩，得以先进港验货。在欢庆贸易团宴会上，双方因先来后到和席位安排，激起武斗。在日本国内，这就是相互敌对的两派，结果先来一方将后来一方正使杀死，而后来一方的副使、宁波人宋素卿逃走。

先来一方纵火焚毁嘉宾堂和宋素卿船，并追杀宋至绍兴城下，在折回宁波时，沿途杀抢，大掠市区，然后夺船逃走。备倭都指挥刘锦、千户张捏率军追赶，不幸战死。

在此事件中，先来一方来使先后扮演外交使者、商人和海盗的角色。朱元璋曾定下祖制，日本朝贡以10年为期，每次200人和两艘船。尽管日本使团多次交涉，明朝也没有松口。在"争贡事件"发生时，明朝废除与日本的勘合贸易达17年。此时正值日本战国时代（1467—1600年或1615年），部分大名、土豪、寺院乃至部分失去藩主的日本浪人实质不为将军和天皇控制，之后流落为倭寇。

1511年占据马六甲之后，葡萄牙人一直想在中国近海找到一个落脚点以开展贸易，"茜草湾之役"就在这种背景下发生。结果，葡萄牙人对广东新会的入侵被中国水师击败，托梅·皮雷斯被俘，这是中国与西方在近代史前期所发生的第一次武装冲突。

一南一北两个事件，成为明朝对外贸易转向的标志性事件。1523年，给事中[1]夏言上奏"倭患起于市舶"，另一给事中张冲也有类似建言。这直

---

1 给事中是监察六部九卿的官职，与监察十三行省、两都的御使一样，都是言官。

接导致浙江、福建两市舶司被停罢，只留广州市舶司到1566年。

当时浙江市舶司负责管理对日贸易，如此一来，官方对日贸易停滞，但处于地下状态的中日民间贸易由于中外官商的勾结而更趋活跃，也变得更为纠结。

凡日本货至，皆委托商家，商家负其债，故不付，多者至数万金，少者亦数千，索急则避去。日商无奈，转委托贵官家，而贵官之奸，尤甚于商。日人于近岛坐索欠债，日久不得，乏食，乃出没抄掠，贵官诬之为"倭寇"，命官府发兵驱之，复先泄于日商以示惠。他日货至，又复如此，日商大愤，乃据近岛不去，海民及衣冠之士多与之通。[1]

1524年，托梅·皮雷斯被处死，标志着葡萄牙人想在广州海域寻找的努力暂时画上了一个句号。在与明朝正面交锋受挫后，葡人逐渐放弃武力攻华之野心，并慢慢学会与明朝打交道。

16世纪初，明政府规定，凡造二桅以上帆船者处死。1525年，明政府命令海防官吏立即查处、拆毁所有这类船舶，并逮捕任何继续使用这种船只的海员。到1551年，在内外勾结海盗猖獗之时，任何乘一桅以上船出海者都会被视为间谍，但对于摆脱大西洋羁绊而进入印度洋、进而闯入这个体系的葡西商人来说，明帝国的钳制之力逐渐变成强弩之末。

双屿结盗：走私商的狂欢

"茜草湾之役"后，葡萄牙人销声匿迹于广海，却出现在舟山群岛隶属于浙江宁波的双屿岛上（今为舟山市的六横岛和佛渡岛）。

---

[1] 柏杨：《中国历史年表》，南海出版社2006年版。

舟山群岛位于对日实行朝贡贸易的宁波港外围，由千余岛屿组成，岛与岛之间的海湾错综复杂。双屿在舟山群岛东南百里，悬居海洋之中，为倭夷贡寇必由之路，扼南北航线和中日航线之要冲，是海洋天险。

最初，双屿不过是中外私商的一个季节性贸易场所，他们每岁夏季而来，望春而去。在1524年前，这里还是一个不太为人关注的地方，但之后，海盗、倭寇、殖民者搅和在一起，让这里逐渐不再平静。

葡萄牙人能在东亚和东南亚撕开朝贡体系的裂口，与明朝走私商人的外在推动也不无关系。从某种程度上说，葡萄牙人通过明朝走私贸易网络完善和延展了他们日后所需要的网络。对此，葡萄牙人加斯帕·达·克路士在《中国志》中曾这样叙述：

因被朝廷禁止回到中国，而不得不居住在马六甲、北大年[1]等南洋群岛的海外中国人，与葡萄牙互相勾结，私下和中国进行走私贸易，最终造成了在广东进行贸易的葡萄牙人也失去了做合法贸易的资格。为了能将贸易继续下去，进行走私贸易的海外中国人又将葡萄牙人带去了他们的亲戚朋友所居住的浙江双屿岛。[2]

当时，浙闽海上通番之人从宁波双屿出洋多到日本，从漳州月港出海多到南洋。1517年，葡萄牙人就来到漳州互市。较早来双屿从事走私贸易的主要是福建漳州、泉州商人，他们所坐的海上商船被宁波人称为"漳船"，漳船进入宁波海域的时间大概也在这前后。

1526年，越狱的福建人郑獠下海经商，鼓动葡萄牙商人来到双屿港，与宁波商人卢黄四等私下开展交易，这成为葡萄牙商人到宁波经商的开始。

---

[1] 15—18世纪马来半岛一个古国。
[2] [英]C.R.博克舍编注：《十六世纪中国南部行纪》，何高济译，中华书局1990年版。

久而久之，葡萄牙商人就在双屿定居下来。到1541年，据日本小叶田淳的研究，漳州海面商船往来不绝，留居漳州的葡萄牙商人达500多人。

舟山群岛走私贸易的发达是以漳州龙溪地方为主的福建人所带动的，其他各股福建海盗也是这样。譬如，1548年的漳州海寇阮其实，1562年贼首洪獠、林獠、郭獠、魏獠等。

参加沿海走私贸易的宁波人主要是盐场的"灶丁"。灶丁生活在沿海地区，负责采办渔课，可以借采办之名，私下制造大船下海，帮双屿港走私分子搞物资运输，有的则直接参与交易。到了1532年左右，海上私人贸易公开化。"十数年来，富商大贾，牟利交通，番船满海间"[1]。

海商势起并非一朝一夕。原来浙东海上无寇，"渔民也遵纪守法，不敢越雷池半步"[2]，后来冒出一两位胆大的海商，在福建、广东的近海干起了海上渔盐的买卖。他们贿求地方官或托乡官，得以以小船早晚进货，祖宗之法尚未破坏。到嘉靖时，这些人勾引番船，海上寇盗纷纷而来。

1541年之前是海上私人贸易自由发展阶段。起初，大多数海商自买自卖，承揽货物，尚未成群，后由于"强弱相凌"的竞争，慢慢形成了"或五只，或十只，或十数只，成群分党，纷泊各港"的海上贸易集团。他们不但雇用本地的舵工、水手，又哄带日本贫穷的倭奴，借其强悍以为护翼，有的还与富实倭奴合伙做买卖，行迹遍布日本、暹罗、南洋等地，又兼在沿海伺机劫掠。[3]

1538年，福建海商金子老以番舶主身份，"据宁波之双屿"，这里才渐成气候。金子老招来同乡李光头和徽州人许栋、王直等人共同经营双

1　[明]万表：《海寇议》。

2　[明]万表：《玩鹿亭稿》。

3　林仁川：《评荷兰在台湾海峡的商战策略》，载《中国社会经济史研究》2004年第4期。

屿,并相继引来日本私商和葡萄牙商人,双屿才逐步发展成为东亚海域最大的海上贸易中心和中外私商、海寇最大的据点。[1]

所以,德国学者弗兰克对明朝自郑和下西洋之后实行"闭关锁国"的看法表示质疑,"东南部的海上贸易活动从来没有停止过。非法贸易很快就与'日本人'(其实更多的是中国人)的海盗活动交织在一起,发展得十分兴旺,其交易量远远超过官方的'朝贡'贸易"[2]。

当"番舶以禁严而不至",而"私舶以禁弛而转多"之时,政府控制的朝贡贸易慢慢让位于海上私人走私贸易。之后,许氏兄弟、李光头两大海商集团逐渐形成,成为双屿港发展史上的转折点。

1544年,王直与同乡徐惟学、叶宗满等人一同投靠在许栋门下。他"少落魄,有任侠气。及壮,多智略,善施与,以故人宗信之"[3],成年后,先与徐惟学等人贩盐,后和叶宗满等人南下广东,收带硝黄、丝绵等违禁之物到达日本、暹罗等国,往来互市。1542年,他首航日本成功,并在次年为日本商人效力。在许氏集团内,他先由"管库"而至"管哨",成为手握军权的实力派人物。

1540年,葡萄牙人就在双屿(今浙江舟山市双屿港)和浯屿(今福建龙海市东南浯屿岛)建立了比较固定的"临时居留地",搭棚交易、存货,并建有堡垒房屋。当时在双屿驻有1200多葡萄牙人,浯屿则有500多人,直到1549年被逐出。[4]除葡萄牙人、华人外,双屿港居住的至少还有日本人、马来人、琉球人与暹罗人,甚至还有远至东非、印度的人。

---

[1] 李远江:《提督之死》,载《先锋国家历史》2009年6月。
[2] [德]贡德·弗兰克:《白银资本:重视经济全球化中的东方》,刘北成译,中央编译出版社2000年版。
[3] [明]郑若曾:《筹海图编》卷九,《中国兵书集成》(第15—16册),解放军出版社1990年版。
[4] [葡]费尔南·门德斯·平托著,金国平译:《远游记》,东方葡萄牙学会,1999年。

1543年，葡萄牙人到达日本九州，尔后开辟了对日直接贸易。在马六甲与日本之间，双屿成为他们理想的临时停驻和补给点，从而形成日本、闽浙、马六甲之间的一个三角贸易区。在这个链条中，他们从马六甲等地购买胡椒、香料等东南亚商品，在双屿或者月港与当地商人交换丝绸、棉布，然后运往日本销售，换回白银，再到中国贩丝或布，卖到马六甲。葡萄牙人甚至通过果阿交流到了欧洲，这成为澳葡获利最丰的黄金航线。1636年，澳葡与日贸易仍处于历史的最高点，达到314万日本银两。

　　日本白银的大量开采和出口是在16世纪40年代以后，也就是晚明嘉靖年间。经过陕西、江南、山西等地以周忱、李敏、叶淇为代表的纳粮、租税、盐税、开中折银之后，中国白银货币化进程已经由税赋纳银演变到徭役纳银阶段，市场迫切需要更多白银以支付流通。因此，日本银矿出产的突然急剧增长应该说不是孤立存在的，日本对中国丝与丝织品的巨大需求构成了日本银产量激增的动力。

　　就这样，在供求关系的作用下，日本成为以中国为轴心的世界白银贸易中的重要一翼，处于海盗身份背景下的海商与澳葡商人一起搭起了这一黄金通道。

朱纨之死：去衣冠之盗难

　　葡萄牙人是1542年在漳州人领航下，从澳门转泊漳州，沿闽南经琉球到达日本的。同年，宁波知府曹浩以"通番船招致海寇"为名，逮捕了一些通番商人。

　　地方士绅因获利丰厚，为之说情解脱；豪门权贵因贪恋海外奢侈之物，为之庇护；狡吏黠史也奔走引线，以至于曹浩说："今日也说通番，明日也说通番，通得血流满地方止。"[1]

因为惧怕倭番，官兵前去剿灭，反为所败。即便如此，在明朝朝野也无甚波澜。反倒在1547年，海商内部一次带有黑恶性质的杀人放火被县令以"倭贼入寇"为名仓促上报，震惊朝野，引发连锁反应。

故事的主角并非倭贼，而是宁波参与走私贸易的望族"余姚谢氏某者"和明朝走私商。对此，《嘉靖实录》记载，"余姚谢氏"某者与王直、徐海等走私商有着合作，习惯拖欠货款，遭到走私商的逼催，就恐吓对方"吾将首汝于官"。走私商不甘受到要挟，一不做二不休，就纠集一干人马和"番客"，夜攻谢家，杀人放火，掠财而去。[2]

这一事件直接成为嘉靖皇帝决意抗倭的导火索。随后，副都御史朱纨被授予"巡抚浙江兼制福（州）、兴（化）、漳（州）、泉（州）、建（宁）五府军事"的身份，前去抗倭。

朱纨，苏州人，在嘉靖帝登基的当年中了进士，此时被赋予两省抗倭之职，旨在"通摄"各处，以对付"出没无常"的海寇。且他握有"王命旗牌"，具有因地制宜的行事大权，文官五品以下，武官四品以下，可以自裁军法从事，从此到1566年近20年间，海盗商人遭遇灭顶之灾。

换句话说，1548年朱纨平定舟山双屿港以前的26年间，是舟山海域基本无寇乱的时期，但这时的双屿被抗倭派称作"根抵窟穴"。在朱纨看来，抗倭至少可以剿除通倭的内鬼。当朱纨暗中调兵遣将之时，在双屿岛上的海盗商人们尚不知覆巢之危将至。

---

[1] [明]郑舜功：《穷河话海》，《日本一鉴》卷六。
[2] 《明世宗实录·卷三百五十》，《明实录》。

因为海盗具有武装，双方在九山洋发生激战，许栋被擒杀，武装走私商人及葡萄牙人在双屿的据点被拔掉。朱纨下令，以木石筑填通往双屿港的南北各水口，使所有船只无法进入内港，中外私商苦心经营多年的双屿岛遂成废墟。

之后，经过大小数十战，这些私商被赶出浙江海域，部分残余逃往福建浯屿。没有死心的葡萄牙人纠集大量中国海盗南下福建，进犯漳州、月港、招安、走马溪，浙江最早的军事长官卢镗与巡海副使林乔率领明朝官军迎击葡萄牙人的进犯。

在走马溪之役中，明军生擒葡萄牙人16名，并便宜行事将96名明朝海盗就地问斩，拔除了倭寇在福建的侵略据点。朱纨在报捷奏折中写下了"全闽海防，千里肃清"八字，宣告福建抗倭斗争取得胜利。但在北京政坛，主张通番与反对通番上升为一场政治斗争。

1547年，伴随抗倭还发生一件事情，日本以周良为代表的使团提前近一年前来朝贡，所来人数和贡船数量都超过限制，即便据理力争，仍被阻隔在舟山群岛停泊10个月，直至次年春天贡期到后，始准入贡。在处置日本贡使问题上，朱纨与专门掌宾礼及接待外宾事务的主客司、福建籍的林懋和发生矛盾，招致闽籍官僚的系列弹劾。

1548年，福建籍御史周亮及负责监察六部诸司、弹劾百官的给事中叶镗率先发声。吏部根据他们的上奏建议，将朱纨由巡抚改为巡视，以弱其权。

1549年初，另一名福建籍御史陈九德对于96名涉嫌走私的福建百姓未经朝廷批准便被杀死，上奏朝廷，弹劾朱纨擅杀。兵部侍郎詹荣、兵部尚书翁万达等，相继如此。

对于众人的指责，朱纨先后上章辩解："臣看得闽中衣食父母尽在此中,一时奸宄切齿,稍迟必贻后悔"[1]"浙闽大姓素为倭内主者,因失利而怨声四起"[2]。尤为要害的,朱纨公开上奏通倭的官宦之家,点名批评林希元等地方官绅,"不惜名检,招亡纳叛,广布爪牙,武断乡曲,把持官府。下海通番之人借其赀本,籍其人船,动称某府,出入无忌,船货回还,先除原借本利,相对其余赃物平分"[3]。

在市舶司废除之后,对于海盗的管理、缉拿之松紧全在地方官绅的把握,当地官僚睁一只眼闭一只眼也是实情。当地绅商望族交结官僚,向海商借本或者转用船只,利益共享,这种情况也并非无中生有。

林希元比朱纨长11岁,是早在1542年就已经被黜归家的一介闲人。他在1530年升任南京大理寺丞,次年辽东兵变,他上书说"兵变起于姑息政策",与权臣夏言意见相左,被贬为钦州知州,之后他仍屡次上疏,对主抚派大加抨击,直到被夏言罢官而返乡精研理学。1558年倭寇进犯同安时,他以78岁高龄之身仍上书提出抗倭保境之策。

对于朱纨的批评,林希元申述说:"佛郎机[4]之来,皆以其地胡椒、苏木、象牙、苏油、沉、束、檀、乳诸香,与边民交易,其价尤平,其日用饮食之资于吾民者,如米、面、猪、鸡之属,其价皆倍于常,故边民乐于为市,未尝侵累我边疆,杀戮我人民,劫掠我财物。"[5]

林希元不是一般的主战派,他坚决反对外敌入侵和官方的绥靖政策,

---

1 [明]朱纨:《奉行军令军法以安地方事》,《甓余杂集·卷六》,《四库全书存目丛书》集部,第78册,齐鲁书社1999年版。
2 [清]张廷玉等:《列传第二百十》,《明史·卷三百二十二》。
3 [明]朱纨:《阅视海防事》,《甓余杂集·卷二》,《四库全书存目丛书》集部,第78册,齐鲁书社1999年版。
4 佛郎机,中国古代指葡萄牙。
5 [明]林希元:《与翁见愚别驾书》,载《林次崖先生文集》,厦门大学出版社2015年版。

但对子民被杀，他同样怀有同仇敌忾之愤。他虽主张用兵，但在海禁与通商政策的选择上又是积极的通商主义者。他的观点也并非没有局限，甚至为佛郎机辩解，说他们初来时也曾担心海盗掠夺自己，为此也曾驱逐横行海上、连官府也不能治的强盗林剪。

据此，林希元认为，"佛郎机未尝为盗，且为御盗，未尝害吾民，且有利于吾民也。"他也坦承，佛郎机收买华人子女有罪，但在他看来，"罪未至于强盗。边民略诱卖与，尤为可恶，其罪不专在彼"[1]。

对于朱纨和林希元，曾有文章这样评论：

与朱纨只管埋头做官不同，林希元十分关注国计民生。他自幼生长在福建海滨，对家乡百姓泛海求生的艰辛深有体会，因而对求食海上的走私贸易有着深切的理解与同情。在他看来，保护和资助当地百姓下海通番，甚至从中获利虽不合于天朝法度，但绝不是什么伤天害理的事情。[2]

面对福建官僚的群起弹劾，朱纨被暂行解职，回原籍听候处理，同时朝廷派两位非闽浙籍官僚杜汝祯（兵部给事中）和陈宗夔（福建巡按御史）调查事情真相。勘查的结论是：所谓葡萄牙人其实是马六甲国商人，每年私招沿海无赖之徒，往来海中贩卖外国货物，未尝有僭号流劫之事。之后，被俘虏的葡萄牙人都被认为是满剌加夷来市者，而非佛郎机行劫者，被流放到广西桂林。

嘉靖皇帝遂下诏，要拘捕朱纨到北京询问。朱纨得讯，悲愤交加，上书说："纵天子不欲死我，闽浙人必杀我"[3]"去外夷之盗易，去中国之盗

---

1 [明]林希元：《与翁见愚别驾书》，载《林次崖先生文集》，厦门大学出版社2015年版。
2 李远江：《提督之死》，载《先锋·国家历史》2009年6月。
3 [清]张廷玉等：《列传第二百十》，《明史·卷三百二十二》。

难；去中国之盗易，去中国衣冠之盗难"[1]。

1549年1月底，他写好《都察院右副都御史秋厓朱公纨圹志》，服药而死，终年57岁。明末著名史学家谈迁在《国榷》中写到朱纨，说他作为十年中丞，"田不亩辟，家徒壁立"。

朱纨死得刚烈、死得傲气，他在《圹志》中发明心迹说，一不负天子，二不负君子。"命如之何？丹心青史。"朱纨用服药自杀的方式了结自己，对皇廷的忠诚天地可鉴，但他没有兼顾到朝廷上下闽浙官僚及其身后以海洋为生的居民情绪。

在宦官集团和文官集团之间，那些既能把握皇廷（在某种程度上是宦官）意图，又能号准民间舆情脉搏的文官，才能博得民间好评而在官位上行之既远。明朝的舆论氛围有参政群体扩大化和舆论控制民间化之势。从这种意义上看，与其说朱纨是被闽浙人逼死，不如说他是逆了一种趋势而死。

在葡萄牙人克路士的笔下，企图私吞船上货物的抗倭将领卢镗以及朱的另一位副手柯乔也被定死罪，关在按察司狱里，直到另一位苏州人王忬就任浙闽巡抚后，才得赦出。而此时，浙闽巡抚一职已经空闲四年。

徽商王直：在对抗与招抚之间

卢镗出狱后，随后亮相的戚继光、俞大猷等所面对的对手，就是在上述战役中侥幸逃过的王直。

王直是安徽歙县人，生于富有家族，因与人合伙业盐触犯政府禁令，

---

[1] 《嘉靖东南平倭通录》。

逐渐走上违法贩运禁物之路,并从广东转战到浙江沿海。在双屿战役后,他率余部北上定海的烈港,也就是烈表山,距舟山县城30公里。1549年,因官方遣散剿杀双屿港的福清捕盗船时,不支粮饷,导致大半兵船投奔王直麾下,使王直集团成为舟山海域独一无二的大势力,名声大噪,并逐步成为继李光头、许栋之后独霸江湖的走私商人集团首领。

1550年,卢七集团抢劫战船,攻击杭州江头西兴坝堰,劫掠妇女、财货。浙江的海道副使丁湛以"拿贼投献,始容海市"[1]为条件,要王直前去剿灭卢七集团,王直遂打垮卢七、沈九等海盗,缴获船只十余艘,消灭千余人。

1551年,海道副使李文进命令负责宁波府监察之职的通判唐时雍、把总张四维(此四维非彼四维)前去和王直商议,希望合力消灭陈思盼海盗集团。陈思盼曾将带船前来投奔他的海商王丹杀死,吞并其船队,王直就与原来属于王丹的陈部取得联系,以海道官兵以及宁波慈溪县柴美德家丁数百人为外援,里应外合,斩杀陈思盼,并将其侄子陈四及属下400多人押送海道。[2]

此数役后,王直确立了自己的海上霸主地位。他自号"五峰船主",海上船只只有插上"五峰旗"方能进退。在实力最为鼎盛时,他拥众20万人,巨舰百余艘,并将船只让毛海峰、徐碧溪等分领,往来日本、暹罗诸国,自称徽王。

朱纨捣毁国际走私基地双屿港后,舟山的走私海商分裂成互市派与寇掠派。王直便是主张通商的互市派,尽管海上快意纵横,但他始终没

---

1 [明]郑舜功:《海市》,《日本一鉴》卷六。
2 碧血汗青:《明朝海禁以及倭患、汪直和海商》,载起点中文网,2005年8月10日。

有放弃"开放海禁"的要求，以谋取"合法经商"的地位。在捕杀陈思盼时，他以此为功，再次向朝廷提出开放海禁的要求，但只得到百石米的馈赠，互市之求被搁置一旁。1552年，王直公然在舟山开市贸易。王直曾言："倭国缺丝棉，必须开市，海患乃平"[1]，但这仅是王直的一厢情愿。1552年，王忬抵达浙东之时，标志着王直与官府"合作"的短暂"蜜月期"的结束，一场新的血雨腥风马上到来。

之后，王忬派遣俞大猷等人率兵夜袭烈港。王直猝不及防，于慌乱中乘船突围而出。有人说王直在日本一避就是四年，有人说王直勾结日本浪人，派部属回来进行了极端报复，导致1553年的"壬子之变"。史书称海寇"蔽海而至。浙东、西，江南、北，滨海数千里，同时告警"[2]。

海盗来势汹汹，势不可当，往来闽浙海道，由暗中走私恶化为公开武装对抗，并另行开辟了日本—台湾—澎湖—福建大金、浯屿和粤东南澳的海上通道。在明朝官方眼中，他们的做法已经不是一般的出格。

相反，学得乖巧的葡萄牙人在1553年取得在澳门的居住权，这也是明朝官方化解倭乱的一大举措。四年后，葡萄牙人以租借澳门的方式，独享了之后百余年间作为广州外港的独特优势。在倭乱期间，葡萄牙人通过澳门和日本平户等港口直接贸易，这条航线在东海海域唯一不受海禁影响。

在荷兰霸占马六甲的1641年以前，澳门逐渐发展成为世界贸易体系中的重要一环。葡萄牙史学家徐萨斯记载了这种贸易的链条：

欧洲与东洋的贸易，全行至里斯本，满载毛织物、绯衣、玻璃精

---

1 傅衣凌：《明代徽州商人》，《明清时代商人及商业资本／明代江南市民经济初探》，中华书局2007年版。
2 [清]张廷玉等：《列传第二百十》，《明史·卷三百二十二》。

制品、英国及富朗德儿出的钟表以及葡萄牙的葡萄酒而到各地的海港换取其他的物品。船从哥亚航行至爱琴得到香料与宝石，又从爱琴至嘛喇甲更得香料与宋大岛的白檀。其次，再把此等物品，在澳门换取绢加入为船货。最后，又把以上的货物到日本换取金银块，可得到投下资本的二三倍利润。然后，再在澳门滞留数月，则又可满载金、绢、麝香、珍珠、象牙精制品、细工木归我国（葡萄牙）独占。我们每年以大帆船与圆形船结成舰队而航器、漆器以及陶器而返回欧洲。[1]

从王忬到继任者徐州兵备副使李天宠、杨宜，数名封疆大吏先后在浙江剿倭战事中被调离。即便如此，浙江倭患还是没有任何得以被收拾的迹象。闽浙总督张经、浙江巡抚李天宠、苏松副总兵汤克宽等人先后因不服领导、贻误战机等存在争议的原因被处决，参将汤克宽坐牢。兵部员外郎杨继盛因弹劾严嵩"五奸十大罪"，惨遭毒手。

徽州人胡宗宪接替任职不过半年，同是徽人的杨宜出任浙江、南直隶总督。经过陶宅之败，胡宗宪及权臣赵文华认识到，单靠明军脆弱的武力难以剿灭飘忽不定的倭寇。在这种判断下，1555 年，赵文华与胡宗宪在"当事诸君与之筹划不敢出一语"的情况下，派辩士蒋州、陈可愿等前往日本招抚倭首王直。[2] 此时，胡宗宪已经将王直的母亲与妻儿接到杭州作为人质。

王直让其养子毛海峰答复说，"愿意听从胡公的命令，但要开放海禁。"胡宗宪一口答应。1556 年，王直将胡宗宪手下的指挥夏正扣下，部队交给毛海峰，自己孤身一人于嘉靖三十五年（1556 年）11 月入胡宗宪

---

[1] ［葡］徐萨斯著，黄鸿钊、李保平译：《历史上的澳门》，澳门基金会，2000。
[2] 谢禾生：《严嵩与明代嘉靖年间的抗倭战争：兼与朱声敏先生商榷》，载《新余高专学报》2007年第 4 期。

府邸。

胡对王直有收归己用之心，请皇帝饶其死罪，令其戍守海上，但浙江巡按御史王本固（河北邢台人）坚持要杀王直，双方争执不下。不久，朝廷有人怀疑胡宗宪收受了贿赂，群情激愤。胡宗宪为替自己辩白，将王直交给王本固，王直遂入狱。王直在死前于狱中以带罪犯人的口气曾有这样一份上疏：

连年倭贼犯边……劫掠满载，致使来贼闻风仿效，纷至沓来，致成中国大患。……此臣拊心刻骨，欲插翅上达愚衷，请为说客游说诸国，自相禁治。日本虽统于一君，……其国尚有六十六国，互相雄长。其犯中国之贼，大致出于沿海九州，其他十有二岛，臣已遍历，劝自约束，……经臣抚谕，必不敢仍请攻犯。臣当自五岛征兵剿灭，以夷攻夷，此臣之素志，事犹反掌也。如皇上慈仁恩宥，赦臣之罪，得效犬马之微劳驰驱，浙江定海外港，仍如粤中事例，通关纳税，又使不失贡期；宣谕诸岛，其主各为禁制，倭奴不得复为跛扈，所谓不战而屈人兵者也。敢不捐躯报效，赎万死之罪。[1]

在迟疑两年多后，明政府在1559年下达诏命，斩首王直，等于宣判王直死刑，缓期两年执行。

那天，王直被一顶小轿抬到杭州官巷口法场。临刑前，他提出要求：与儿子见最后一面。王直把束发金簪交给儿子，父子相拥而泣。然后，他拭去眼泪，不发一言，伸颈受刀，就此毙命。[2]

海盗或走私商多出自沿海，王直之死代表着地处内陆的徽州商人试

---

[1] 碧血汗青：《明朝海禁以及倭患、汪直和海商》。
[2] 熊军主编：《歙县——徽商之源》，安徽人民出版社2003年版。

图用跨越地缘关系的方式打通海上贸易通道的失败。进入清朝后，以晋商为代表的北部外贸商人在陆路以恰克图为中心，以福建商人为核心的广州十三行商人在南部海路以广州为枢纽，建立起了一南一北两大贸易黄金大通道，并大展宏图。不应忘记的，是徽商曾经做出的这次悲壮的尝试。

四任首辅老臣之死

在整个抗倭斗争中，朱纨不是唯一的死难者。同时代的主战派官员，譬如提携朱纨的首辅大臣夏言，以及王忬、曾铣等，被杀的杀，被免的免，好不惨烈。

夏言是江西人，尽管他是先后四次出任首辅的老臣，也没能逃脱被诬杀的命运。夏言在1538年首次出任首辅，在之后到1548年间，明朝换过7次首辅，夏言得任4次。

16世纪40年代，夏言是主战蒙古、收复河套和抗倭的灵魂人物。1547年，夏言最后一次任首辅的第三年，在他的组织下，中国南北同时兴兵。

在北方，明朝发动了驱逐蒙古、收复河套的战役，这场战役由三边总督曾铣上书而提上日程，他一度将蒙古人赶出河套。在南方，夏言推荐朱纨前去闽浙平倭，主张要像对待"北虏"那样以强硬手段加以剿灭。朱纨不负众望，以强悍之态，肃清了盘踞在浙闽多处的中外私商乃至海盗。

但随后发生的事情扭转了全局。1548年，北边鞑靼首领阿勒坦汗又入境侵扰。对此,魏斐德写道:"人们对夏言的进攻之策丧失了信心。"[1]嘉靖帝的态度也发生了很大转变,他下诏对驱逐蒙古提出质疑,"今逐套贼,师果有名乎?兵食果有余,成功可必否?一铣何足言,如生民荼毒何?"[2]

或许是夏言也认识到战争并不能解决北部边疆的安宁问题,湖北专业作家熊召政曾在演讲中指出,在晚年,夏言也曾提出和蒙古人改善边关贸易,但被严嵩借题发挥说破坏了祖制,并污夏言收受了蒙古王的贿赂,要里通外国。

夏言与严嵩是同乡,且对严嵩有引荐之恩,但两人关系处得很僵。夏言对严嵩傲慢无礼,以门客视之,是两人关系恶化的重要原因。夏言不近女色,不贪不占,不畏权贵,早在入阁前就参过弘治皇帝的小舅子张延龄。

得势的时间一长,夏言也多少有些骄横气盛。他答应了严嵩的宴请,却刻意不到,借此羞辱严嵩。他视太监为奴才,严嵩看到太监甚至会让座,走前必给红包,见者有份。

因拒服道冠法服等事,夏言招致嘉靖不满,严嵩则以谦恭之姿维持着嘉靖的恩宠。皇帝不满、做人傲慢、与蒙古关系紧张,让夏言在1548年被严嵩置于死地,妻子被流放。之后,严嵩第二次出任首辅,受宠22年不衰。

在夏言被斩的第二年(1549年),朱纨失去庇护,以"擅杀罪"被群起弹劾,最终没等到对其的追究就自杀而去。1559年,王忬在与蒙古作战中失利,次年被严嵩构言杀害。1449年,土木堡之变后,于谦掀起北

---

1 [美]魏斐德:《洪业:清朝开国史》。
2 [清]张廷玉等:《列传第九十二》,《明史·卷二百四》。

京保卫战。100年后的1550年，蒙古再次兵临北京城下，王忬就是在这时临危受命，调任大同巡抚，后加兵部右侍郎，来到抗击蒙古侵扰第一线的。此前，王忬在抗倭中任用俞大猷、汤克宽等人，战功卓著。

王忬有两个做官的儿子，在王忬被杀前，他的大儿子王世贞解官赶到京师，与其弟王世懋每天在严嵩门外自罚，请求宽免，但没有如愿。后王世贞累官至刑部尚书，王世懋则担任南京太常寺少卿。1567年，王氏兄弟终为父平反。

魏斐德说，嘉靖朝臭名昭著的大臣严嵩在置夏言于死地后改取守势。[1] 与夏言不同，严嵩对攻守并没有鲜明的直接态度，他更多通过他的代理人赵文华以体现其意图。赵文华是宁波慈溪人，是严嵩的学生兼义子，他生活作风奢靡，为人诟病，但也颇有些才干。

早在朱纨全权总督闽浙军务时，赵文华就建议朱纨应审时度势，不要危害海外贸易。1554年，赵文华请开市舶，因户部阻挠而未果。到达江南后，赵文华又结合实地考察的情况，向朝廷上奏《陈海防事宜六事》，明确提出"弛海禁"的主张，"宜令督抚等官，止禁通番大船，其余各听海盗官编成排甲稽检出入，照旧捕采"[2]。

历史上严嵩、赵文华的形象是"权奸"，只知贪权纳贿、陷害忠良，而严嵩当政多年，政绩并不突出，其作为主要体现在对待"南倭北虏"的民族政策上。赵文华主张弛海禁、开市舶、轻民赋，他与严嵩在对倭寇的起因、成分的认识及其对策上是基本一致的。[3]

对于倭寇，严嵩有较为清醒的认识，他认为，"倭寇之起，因闽浙人

---

1 [美]魏斐德：《洪业：清朝开国史》。
2 谢禾生：《严嵩与明代嘉靖年间的抗倭战争：兼与朱声敏先生商榷》。
3 同上。

下海通番得利，聚徒众盛，遂起狂谋。去岁只在沿海侵犯，今则各地深入。据报，真倭数不满千，皆系漳温近海贼徒结伙导引，一如北房我逆之导也。"[1]

在赵文华保荐下，胡宗宪当上直浙（南直隶、浙江）总督，招抚开市之事就是胡宗宪的主意。在胡的幕僚郑若曾执笔的《筹海图编》中，他曾提到嘉靖时的主事唐枢对商寇的认识："寇与商同是人也，市通则寇转而为商，市禁则商转而为寇；始之禁禁商，后之禁禁寇。"

显然，胡、赵等人对唐的话深表认同。严嵩不主战的思想背后，已经初步具有推动通商互市的倾向，只是这种思想更多以赵文华出面来主张。严嵩在文官中的名声不佳，似乎让这种倾向缺少落地生根的外在环境，赵文华虽是其代言人，但其本身的分量不足。

王直在临刑前的公开遗言中曾长叹："吾何罪，吾何罪，死吾一人，恐苦两浙百姓！"[2]死后，他的话很快得到应验。倭寇的活动并没有如明政府一些官吏们所想象的那样，因为王直这个"倭寇"头目的被杀而消弭下去，而是在王直死后达到高峰。

1562年冬天，倭寇猖獗达到极点。以前倭寇充其量攻陷一座县城，这次动静大到直接攻陷了兴化府。曾被胡宗宪陷害入狱的俞大猷，这时升任浙江总兵，戚继光副之。早些时候，俞大猷有赖陆炳贿赂严世蕃并取得大学士徐阶的担保才得以脱身。

此时，徐阶已取代严嵩而位居首辅之位。当年，张璁为斗倒夏言，开启了明代党争时代。这时，没有太多资历的翰林徐阶在他27岁那年违

---

[1] 严嵩：《历官表奏》卷十二《计处倭件（二）》。
[2] 碧血汗青：《明朝海禁以及倭患、汪直和海商》。

逆张璁，说其出身不正，被张璁扬言要将其正法。逃过一劫的徐阶最终被发配福建为官。夏言斗倒张璁之后，举荐、提携了徐阶。有"明代第一奸臣"之称的严嵩把夏言整死后，徐阶又将严嵩扳倒。后来，三起三落的高拱又将曾有举荐之恩的徐阶斗了下去，但没承想，高拱又被徐阶提拔的张居正给赶下了台。

在俞大猷被委以重任的同年，胡宗宪以"严党"之流被捕下狱，其被弹劾至少有两处：一是倭乱，二是阿谀严嵩。胡宗宪曾多次写信乞求罗小华在严世蕃面前为自己说好话，而这罗小华（又称龙文）可不是一般人，否则犯不着胡宗宪来求他。

罗的身份是徽州墨商，他善用桐油烟制造上品墨，早在年轻时就取得了在制墨业的执牛耳地位。但他拜严嵩做干爹，还是王直的亲戚，与严嵩的儿子严世蕃关系紧密。

在惩处"严党"时，严世蕃先是发戍，后以通倭罪被杀。因为一连串的关系，罗小华以同样的罪名被抄家。明代小说《金瓶梅》中的"西门庆"，据说就是以严世蕃为原型，而胡宗宪在强大的政治压力之下万念俱灰，于1565年横刀在狱中自杀。1572年，他的死得到昭雪，并被国史录入平倭功勋名单中。

1566年，勾结倭寇多年的大海盗吴平从海路窜逃安南途中被闽、粤官军全歼。至此，中国沿海倭寇巢穴被全部荡平，大股倭寇基本肃清。

但舟山民间走私或海盗贸易对于明朝对外贸易政策转向的作用，也不容忽视：

纠番与诱倭私市贸易是明代中叶民间海外贸易活动发展的两大进程。……在纠番私市贸易活动中有以许氏兄弟为首的双屿港私市贸易活动，在诱倭私市贸易中则有以王直为首的烈港私市贸易活动，并进而发展到以日本平户为根据地的海外贸易集团，从而把舟山海商的海外贸易活动推进到一个前所未有的鼎盛阶段，这在中国民间海外贸易史上有其重要的一席之位。值得一提的是，以王直为首的诱倭私市贸易活动的开发，加速了明代中日官方贸易向民间贸易的演变。自王直以后，日本的平户港一直是明末清初中国民间海商往来日本的一个主要据点。

同年，新任皇帝隆庆上任，日本战国时代结束。之后，真正在政府的战略及执行层面具有毫无掩盖的通商互市倾向的，是高拱、张居正内阁。

整个明朝，把政治权威与民意传达拿捏得最为到位的年代，当数高张内阁时代。1570年，张居正以封王和开放边市贸易为手段，重新恢复了对北方边疆游牧民族的和谈绥靖政策，并在1571年削减了三分之二以上的军队，从此基本结束了明朝与蒙古鞑靼各部近200年兵戈相见的局面。而之前，每次俺答长驱直入，都让晋中汾阳、介休、太原、祁县、太谷等地生灵涂炭，蒙受很大生命财产损失。也是在这期间，明蒙边境出现了很多明朝在塞外的固定村落"板升城"，最大的"板升城"呼和浩特就在1566年修成。

与夏言、朱纨等主战官员因被弹劾而死不同，1571年前后就明蒙关系及官商关系交织引发的对张四维、王崇古家族的弹劾，触动的是被弹劾一方的政治大地震。两次弹劾，胜利的一方延续和凸显了一种影响的存在，那就是主张通商开市。

高张内阁时期，南方海疆祥和，海商获得合法身份，与大明社稷、舆论两相无事，迎来了一段难得的发展机会，中国海商获得史无前例的发展。

第七章 海上私商：最后的屏障

明朝的海禁史与海盗史、白银货币化的历史是交织在一起的。海盗最猖獗之日，也是白银货币化演变提速，及至最为关键之时。

而明朝终成白银帝国，有一个总被置于幕后的港口，那就是漳州月港。尽管朝野上下对开放港口分歧较大，但月港还是在1567年开放了。作为一个不到1公里长和拥有七座码头的月港，与厦门及葡萄牙人租居的澳门等一道，承载了明朝最后近100年间贸易的繁盛，以及对白银病态般依赖的历史。

其间，身在日本长户的李旦、长崎的张敬泉、福建厦门的许心素、鼓浪屿的漳州诏安人黄明佐、巴达维亚（今印尼雅加达）的苏鸣岗等，他们共同结成了一张华人贸易关系网。

到晚明清初，郑芝龙家族成为中国最成功，也是最后的海商大佬。以他为代表的明清走私海商集团的存在，不经意间成为抵御葡萄牙、西班牙、荷兰等国家肢解中国朝贡体系的最后一道强有力屏障。

徐阶晋升与梁材罢官

韩毓海认为，1530年以后，自葡萄牙和西班牙在美洲大规模开采白银，并通过菲律宾马尼拉出口中国以来，中国的对外贸易方式为之一变：出口和贸易造成货币流失的担忧不再是主要威胁，且物物交换也不必再是中国对外贸易的主要方式，代替这一切的，是以商品和物资的大规模出口来换取美洲白银货币的时代潮流。[1]

也是在1530年，福建延平县令徐阶因为成功处理一起当地盗窃国家银矿的案件而声名大噪，由此开始他光辉的前程，最终一路升到首辅。而另一位权臣、户部尚书梁材却因拒绝增派修建工程的人数，在1540年被解职。当时为政府修建工程的人数多达4万以上，用于修建宫殿、祭坛和庙宇的全部费用已经超过600万两白银，应付未付的物料、劳务金额达27万两白银，但梁材仅有6万两白银可供支配。

明朝财政的白银化包括田赋、课、役三个方面。课的白银化，首先是盐，其次是茶、矿等。役的主体是遍布乡镇的里甲、均徭、杂泛，城市之役主要是铺行和火甲。因支付特殊的修建工程，国库的银锭储备往往被耗费一空。由于政府没有更多银两去购买货物和支付劳务，1540年以后将实物税和徭役折银的现象变得普遍，以致续任的户部尚书先后在1544年和1550年建议，每年运往北京的漕粮30%折银缴纳，部分徭役折成白银。这项建议被批准，但由此得到的白银补充量仍不能满足皇帝对银锭的需求。

明朝海外走私贸易也是在这前后达到一个高潮。16世纪初，日本在

---

[1] 韩毓海：《五百年来谁著史》。

德川幕府统治以前，中日关系紧张。1542 年，居住在澳门的葡萄牙人开始与日本开展贸易，澳门—长崎—广州航线迅速发展成为澳葡获利最巨的黄金海道。从 1557 年葡萄牙租借澳门，贸易于中日两国，到 1567 年明政府开放福建月港作为贸易口岸，葡萄牙商人逐渐垄断了中国澳门—长崎—中国月港的贸易。当时西班牙商人则将马尼拉设为据点，并掌握了秘鲁—马尼拉—中国月港等多条航线。在葡西商人逐利贸易的推动之下，白银源源不断地输入大明帝国。

也是在这前后，美洲和日本都发现大量银矿。16 世纪 40 年代，西属美洲发现蕴藏量丰富的银矿。1554 年，一种使用水银和盐以提炼低含银量矿石的简易炼银法——汞齐化法诞生，自此，西属美洲的白银产量大大增加。

因白银提纯技术的提高，在此之后，秘鲁波托西银矿的白银产量猛增到原来的 3 倍，随后又增至 5 倍。1560 年以后，日本成为一个重要的白银乃至铜的出产国，并向中国与东南亚出口白银和铜。至 16 世纪末，日本发现大量银矿，"灰吹法"的白银冶炼方法也由中国传入日本。

到嘉靖年间，江南行省以法令的形式规定田赋用白银缴纳。1530 年，大臣桂萼提出赋役新构想：将杂役、正役和两税（夏粮和秋粮）合而为一，通计一省丁粮，均派一省徭役，这一设想被后人概括为"一条鞭法"。嘉靖后期至隆庆年间，明朝名臣南海人庞尚鹏在广东、福建、浙江等地，琼山人海瑞在南直隶地区先后推行"一条鞭法"，东南沿海遂为全国较早实施新赋役法的地区。

隆庆元年（1567 年），明穆宗朱载垕颁令："凡买卖货物，值银一钱以上者，银钱兼使；一钱以下只许用钱"[1]，铜钱在与白银的较量中已经完全处于下风。货币税收的份额越来越大，最终导致税制从1465年的户口、食盐等钱钞各半兼收的局面，进而演变成1581年完全用白银缴纳的张居正"一条鞭法"。

一条鞭法能得到推行，就是因为经过多年经营，晋北边疆防区各类屯田——军屯、民屯、商屯皆有增长。首辅大臣张居正将大部分田赋、徭役和其他杂税折成银两缴纳，取代陈旧而复杂的赋税制度，并向全国推广，最终使得白银成为明朝的税收和贮备货币。一条鞭法标志着我国税法由税人向税物、由实物税向货币税的转化。白银最终不以统治者意志为转移而逐渐占据了合法主币的地位。

明朝白银的货币化充分显示出社会过渡和转型的特征。整个推进过程由自下而上的趋势转为自上而下的全面铺开，是成化、弘治以后民间促进的结果，而非国家法令推行的结果。[2]

四港成就的白银帝国

1567年，漳州月港所在地设置为海澄县，在福建巡抚都御史涂泽民建议下，准许民间私人远航到除日本以外的国家通海，日本以外国家的商船也被允许随时进入中国口岸贸易，史称"隆庆开关"。

早在1564年，福建前巡抚谭纶也曾建言通海。他在《条陈善后未尽事宜以备远略以图治安疏》中诙谐地指出："弊源如鼠穴，也须留一个，

---

1 《明会典》，中华书局1989年版。
2 万明：《白银货币化的趋势：并非国家法令的结果》，载《晚明社会变迁问题与研究》，商务印书馆2005年版。

若还都塞了，处处俱穿破。"

明政府内部关于开港贸易的呼声也一直不断，最终决定开放一个港口，一如谭纶描述中的留下一个"鼠穴"。对于选择哪里作为开禁出海口比较合适，政府经过一番谨慎的思量，最初确定的地点在梅岭，但稍后改成月港，别有一番深意。

南澳、诏安梅岭一带的海港更适合商人出海活动。月港属于内河港，港道不深，大型船舶不能靠岸，"必用数小舟弋之，舶乃得行"[1]，它满足的是边海居民下海谋生的需要，而非鼓励居民远洋。作为开放海禁之地，月港便于明朝官吏的设卡盘验和管理，其最终期望达到"有汉之威远而师饷不内耗，有唐宋之通货而情形不外泄"[2]的目的。

月港开放是妥协的产物，此举也是明朝政府对原来月港海上走私贸易的被动承认。从1530年月港首有海防机构安边馆的管理，到1551年在月港建立靖海馆，再到1563年谭纶将靖海馆改为海防馆，尽管海防机构不断升级，海防力量逐渐增强，但月港的走私活动并未减弱。[3]

1567年，明朝用开放和置县两手，加强对月港走私的防治。从此时到明朝灭亡，月港都是明朝唯一存在的合法民间出海通商港口。但这也并非说，这个出海港口之后没有被叫停过，此一；第二，明朝只有月港这一处对外贸易口岸；第三，只要商民申请，就可以从月港出港贸易。以上为对月港开放的三个误解。

月港受时势影响较大，以至于时开时闭。1593年，因日朝战争，明朝实行过一年海禁。1622年，因荷兰殖民者侵占澎湖岛，拦劫商船，杀

---

[1] [明]张燮：《东西洋考》卷九，中华书局1997年版。
[2] [明]张燮：《东西洋考》序。
[3] 李金明：《十六世纪中国海外贸易的发展与漳州月港的崛起》，载《南洋问题研究》1999年4第期。

人越货，明朝又实行过一次海禁，直至1624年，福建巡抚南居益打败荷兰殖民者，收复澎湖才开禁。1628年，因海寇猖獗，明朝再次禁船出海，直到1631年才开禁，此后似乎又实行过海禁，否则给事中傅元初不会在1639年仍上疏请开洋禁。如此频繁的海禁使月港几乎成为死港，"引船百余只，货物亿万计，生路阻塞，商者倾家荡产，佣者束手断餐，阖地呻嗟，坐以待毙"[1]。

作为明朝钦定的唯一出海口，并不意味着没有其他允许外商前来贸易的进海口。月港是明末最大的商港，但在受林凤海盗冲击后，西班牙人因祸得福，在明朝追踪林凤海盗一事上配合到位，在1576年不费吹灰之力，意外获得明政府特准在厦门通商的权利，直到1603年马尼拉大屠杀。

伴随月港的开放，明政府对澳门的政策也基本定型。1569年，澳门开始成为广州外港。为管理澳门，1573年，明朝在澳门北面咽喉之地莲花茎设关建闸，置官防守，定期开启集市贸易。1578年，明朝规定在广州定期举行贸易集市，葡人可以一年两次到广州进行直接交易。1582年，两广总督陈瑞在居澳葡人答应"服从中国官员的管辖"的前提下，在葡人居澳问题上公开表态，允许葡萄牙人租居澳门。[2]

在这个过程中，月港舶税收入直线上升。到1576年，已经从初时的3000多两达到万金，1583年"累增至二万有余"，1594年"骤溢至二万九千有奇"。到1613年，福建税银近6万两，月港舶税贡献3.5万多两，占全省税银的大半。[3]

为了这笔税银，泉州府和福建地方先后与漳州府多次发生归属权争

---

1 李金明：《十六世纪中国海外贸易的发展与漳州月港的崛起》，载《南洋问题研究》1999年第4期。
2 万明：《晚明社会变迁问题与研究》，商务印书馆2005年版。
3 黄涛：《从月港兴衰看明代海外贸易》，载《福建史志》2006年第2期。

夺。这种争夺在 1599 年万历皇帝向各地大派税监时画上了一个句号，月港的税银征收权被牢牢捏在太监税使手中，月港遂变成"天子之南库"。

同年，明政府恢复广州、宁波二市舶司，但仍禁止对日贸易。明朝因日本统率丰臣秀吉从 1592 年侵朝而引发中日敌视对抗，但伴随丰臣秀吉 1598 年 8 月的病逝而告一段落。而这时，市舶制度已经演变成市舶太监和地方官吏通过抽分恣意勒索、掠夺的手段，纲纪荡然，漫无法度，中外商人和正常贸易都深受其害。[1]

月港是明朝海商的出海口，厦门、广州等是明朝允许外商前来贸易的进海口，四个港口共同成全了明朝作为白银吸泵者[2]的角色，但月港独独成全了福建泉漳两府的商人。因为非两府商民不得参与海上贸易，这是明政府规定的硬杠杠，所以当你看到这一时期大量漳州府商民外移和最为活跃的海上商民似乎只是以李旦、郑芝龙等为代表的泉州府商民时，也就不用大惊小怪了。

福建三面环山，几与他省隔绝，仅有东面面对太平洋，加之可耕地少，闽人自古就以出海为生，行走东亚、南洋是自然而然的事情。16、17 世纪之交，到东南亚、东亚贸易的华商以漳州河两岸的海澄、龙溪，以及同安、厦门为主。进入这一领域的葡萄牙、西班牙、荷兰等国商人所遇到的第一批汉人，就是这些地区出身的福佬人。

另外，能否出海取决于是否能从官方申请到执照，这种执照的数量最初只有 50 份，即便后来增加到 100 多份也满足不了需求。更要紧的是，从出海船只到贸易路程，从出海时间到贸易货物，明朝对商民都有严格限制。

---

[1] 史志宏:《明及清前期保守主义的海外贸易政策》。
[2] 葡萄牙学者马加良斯·戈迪尼奥将晚明时的中国形容为一个"吸泵"，意指中国商品源源不断地输出，而全球白银源源不断地输入。

从一开始，明朝海商在与西方商人的角逐中就处于十分被动的局面。[1]

月港地处闽南，位置偏僻，与内陆商品货源地有重山相隔，尽管其是唯一的出海口，但其对内地的影响被降到了最小，对全国经济的意义也大打折扣。这是明政府的如意算盘，寓收于放之中。

尽管如此，早期蓄积的能量一朝释放，加之世界也正在发生奇妙的变化，两者谐和共振，明朝仍将迎来一个短暂但蔚为壮观的开放局面。

白银帝国是这样"炼"成的

月港开港是闽浙官僚、民众以及到此地就任的官员共同呼吁推动的结果，此外还有一个重要因素，那就是海外白银的牵引。

当时银荒之象已经显现，银贵物贱得即便织女"终岁勤动，弗获少休"，以数石之粟、数匹之帛，也不能换得一金（谭纶语）。

官方及民间对白银的巨大需求，造成了白银求大于供的局面。破落的财政也彰显着对白银的渴求。就在1567年底，户部尚书马森奏称，太仓见存银1 304 652两，而岁支官俸银要135万多两。[2]

开港前后，明朝正处于白银本位化就要定型的最后阶段，也是银与钱的较量达到白炽化之时。对此，权臣高拱建言，特降圣旨，"行钱只听从民便"[3]。在争议之中，明朝小心翼翼地开港，将目光投向海外。

这时的世界云蒸霞蔚，一派新的气象。西属美洲白银产量大增，从

---

[1] 史志宏：《明及清前期保守主义的海外贸易政策》。
[2] 《明穆宗实录·卷一十五》，《明实录》。
[3] 《明穆宗实录·卷四十四》，《明实录》。

16—18世纪，其白银产量约占全球的80%[1]，并且很多被中国收入囊中。

为打通与以明朝为代表的东南亚大市场，1565年，西班牙海军从墨西哥远征菲律宾，墨西哥—菲律宾—中国的白银通道从此一度畅通无阻。

日本生产的白银绝大部分也输入了中国。从1543年首次抵达日本，到1570—1600年间，葡萄牙人几乎垄断中、日贸易，并通过日本—澳门—广州贸易将白银源源不断地输入明朝。这样就逐渐形成了三个主要的白银输入渠道：以马尼拉为中心的海上丝绸之路与美洲白银的涌入；以长崎为中心的中日贸易与日本白银的入华；以澳门为中心的西洋贸易与外银的内流。[2]

1571年，西班牙在菲律宾马尼拉建立殖民首府，两艘马尼拉大商船满载中国丝绸、棉布、瓷器等货物驶向墨西哥阿卡普尔科，闻名于世的马尼拉大帆船贸易开始。[3] 丹尼斯·弗莱恩和阿拉图罗·热拉尔德兹认为，世界贸易从这年诞生。[4]

万明还认为，虽然宋代商业发展繁盛，但与晚明的发展不能同日而语。重要的是，货币化这一社会内部自发产生的动力促使晚明发生从传统社会向近代社会的根本性转变。万明写道：

作为当时世界上最大的经济体，中国以白银为主币，采取银本位制，促使白银成为世界货币，跨越了巨大的空间，形成了世界范围的货币流

---

1 李隆生：《明末白银存量的估计》载《中国钱币》，2005年第1期。16世纪时，秘鲁的银产量占全世界银产量的61.1%、墨西哥占12.1%，合计73.2%；17世纪时，秘鲁占63%、墨西哥占24.1%，合计占87.1%；18世纪时，秘鲁占32.5%、墨西哥占57%，合计89.5%

2 后智钢：《外国白银内流中国问题探讨》，复旦大学2014年博士学位论文。

3 马尼拉-阿卡普尔科贸易线活跃到1813年10月费尔南多七世签署命令中止大帆船贸易，历时240年之久。1810年墨西哥人民争取民族独立的大起义，使建立在殖民地基础上的大帆船贸易根基不存。参见：《转折：以早期中英关系和〈南京条约〉为考察中心》，河北人民出版社2003年版。

4 万明：《晚明社会变迁问题与研究》，商务印务馆2005年版。

动形态，从中国开始，几乎绕地球一周的贸易结构，以白银为轴心建立了起来，围绕白银，形成了一个世界贸易网络，或称世界市场体系。于是，在世界历史形成一个整体的过程中，第一个全球经济体系出现了。[1]

1571年，明朝的银库收入从75 000~86 000公斤增加到116 250公斤，进口白银的作用显现。[2]

1580年，西葡两国合并。同年，两艘澳门商船抵达马尼拉，澳门—马尼拉航线投入运营。随同葡船一同到达马尼拉的货物，以明朝货为主，其次为日本、印度产品，返程时装运的绝大多数是白银。

随着明朝货物在欧洲销路日广，葡萄牙人再无有销路的货物可供出口，就改用现金采购明朝货物，1582年后基本用白银结算，明朝港口向葡商征税也均以白银计值。菲律宾吕宋岛也有地无他产，明朝商船返回时，除了银钱，几无其他货可以捎带。白银成为西葡商人平衡中西贸易的唯一有效方法。

所以出现这种情况，学界也有套利之说。16世纪80年代，中国的金银兑换比率是1∶4，欧洲是1∶12；到1650年，欧洲的比率升为1∶15[3]。仅在各国间倒卖，就可以赚得盆满钵满。

---

[1] 万明：《晚明社会变迁问题与研究》。
[2] 韩琦：《美洲白银与早期中国经济的发展》，载《历史教学问题》，2005年第2期。到1577年银库收入达到163 478公斤，是1560年的两倍，此后直到明亡，政府每年的白银收入从来没有低于100 000公斤。
[3] [美]魏斐德：《洪业：清朝开国史》。另外，韩琦在《美洲白银与早期中国经济的发展》中提到，据弗林和吉拉尔德斯研究，美洲殖民地时期曾发生过两个套利周期，第一阶段是16世纪40年代至17世纪40年代的波多西周期。这一时期，中国的白银价值甚至两倍于世界其他地方。第二阶段是1700—1750年的墨西哥白银周期。18世纪，由于美洲新作物的引进，促使中国的耕种面积扩大了二分之一，人口增长了3倍，这样的人口爆炸也就意味着中国对白银需求的巨大增加，由此致使中国白银价格比世界其他地方高出50%。

于是，中国以吸泵者的形象，左右着世界贸易的流向。中国凭借在丝绸、瓷器等方面无与匹敌的制造业和出口，与任何国家进行贸易都是顺差，以至于学者弗兰克得出结论说，1500—1800年，经济全球化中的东方是世界经济的中心。[1] 换句话说，在欧洲工业革命之前，世界的经济中心不在欧洲，而在亚洲，特别是中国。

那么，到底有多少白银流入明朝？这是一个诸多国内外专家热议的话题。阿特韦尔对日本白银输出量的估计低于其他多数经济史学者，他估计在1560—1600年，日本白银的输出量在平均每年33~48吨。肖努估计在近两个世纪间，日本和美洲提供的白银总量在4000~5000吨。[2] 根据多位外国学者推断，万明做了粗估，1570-1644年美洲白银总共大约有12620吨流入中国。[3] 在1540—1644年的一百年间，以平均每年75吨计算，从日本流入中国的白银有7500吨左右。凤凰网的一篇文章则认为，从1572年到1644年明朝灭亡，全世界生产的白银总量的三分之一涌入中国，保守估计共计约17 700吨，并且全球三分之二的贸易与中国有关。[4]

李隆生估计整个明朝从国外输入约14 750吨白银，尽管这一数量在他看来，只有唐、宋、元、明四朝自产白银总量的六成左右，但考虑到这是在明亡前100年的流入量，近十倍于同一时期明朝国内白银产量，这就不难理解它对中国所产生的重大影响了。[5]

---

[1] [德]贡德·弗兰克：《白银资本：重视经济全球化中的东方》。
[2] [美]魏斐德：《洪业：清朝开国史》。
[3] 万明，《明代白银货币化：中国与世界连接的新视角》，《河北学刊》2004年5月第24卷第3期。
[4] 《不可思议：99%的人不了解的真实中国历史》，载凤凰网历史综合，2008年12月19日。
[5] 李隆生：《明末白银存量的估计》。此时白银的购买力已相当于宋、元时期的两倍。参见梅新育：《略论明代对外贸易与银本位、货币财政制度》，载《学术研究》1999年第2期，转引自全汉升：《宋明间白银购买力的变动及其原因》，载《中国经济史研究》，新亚出版社1991年版。

飞来横祸：死里逃生马尼拉

月港开放，改变了许多漳泉人的生活。

因明朝棉布、生丝、丝绸等受到葡西商人及海外市场的普遍认可，很多漳泉人移居菲律宾从事这一中介贸易。16、17世纪，吕宋一地的移民，福建海澄人占了绝大多数。明人高克正在《折吕宋采金议》中说，"澄民习夷，什家而七"。

福建人一贯的做法是，与西班牙人约定价格，然后回国代为采办。1591年，西班牙的菲律宾总督发现，当地土著因为使用明朝衣料，不再种棉织布，明朝棉布很快成为土著居民的生活必需品。1592年，马尼拉总督向西班牙国王报告说，中国商人收购菲律宾的棉花，转眼就从中国运来棉布。[1] 棉布已成为中国货在菲律宾销路最大的商品。

但回国采办也有硬伤，那就是商品运输不便，成本增加。部分福建人索性将部分生产环节转到菲律宾，于是在菲出现了大批由华人经营的围绕棉布、丝织业的作坊商店。[2] 这是中国移民史上值得回味的一幕，也是400多年前国际分工合作下明朝向周边国家的一次产业转移。

作为菲律宾的首府，马尼拉是一座带有西方深厚殖民印迹的城市。从1571年西班牙人占领之后300年间，这座城市接踵而来了荷兰人、英国人、美国人，更多的是福建商民被吸引到这里。

在马尼拉贸易之初，有150多名华人生活在这里，除许多明朝水手外，建造者主要是明朝技术人员和工人。1582年，马尼拉出现华人区。

---

1 樊树志：《晚明史（1573—1644）》，复旦大学出版社2003年版。
2 同上。

再稍晚，也就20多年的光景，马尼拉华人就达到2万多人，华商日益成为一股力量。

就是这个时候，因与西班牙人做生意成为佼佼者，华商李旦跃升为马尼拉华人社会的领袖。李旦大约1560年出生于泉州府同安（1958年后隶属厦门），是一位百货业大王，从印尼泗水到日本长崎，如果要买针线或其他小的生活必需品，都能在李旦集团经营的百货店里找到。

当菲律宾总督气急败坏地下令禁止土著衣着中国衣料（丝绸、棉布）时，在西属美洲市场上，西班牙货也相继被明朝棉布、丝绸所代替。明朝棉丝在世界市场有所向披靡之势，这得益于它们的价廉物美。

18世纪末，中国丝绸等商品占据墨西哥进口总值的63%。其间，墨西哥市场上明朝丝织品价格是西班牙同类产品的三分之一，秘鲁的九分之一；在东南亚是荷兰同类产品的三分之一，在欧洲是欧洲产品的四分之一至三分之一。甚至，明朝铁钉在菲律宾市场价格只是西班牙产品的四分之一，致使秘鲁总督卡涅特于1590年专门派人赴菲律宾购买明朝铜、铁制品。[1]

大量棉丝织品涌入西属殖民地，这种建立在棉丝与白银之间的交易，在西班牙国内引起了格拉那达和安达卢西亚的纺织业及商运集团的强烈反对。在王室看来，这种贸易关乎西班牙的国际战略，"最好是购买中国货，不购买欧洲货，因为中国永远不会构成对欧洲的威胁；而欧洲一旦以西班牙的白银养肥了自己，就会用武力来对付西班牙"[2]。王室也做了某些妥协，那就是只允许马尼拉的西班牙商人与墨西哥进行贸易，而不得

---

[1] 梅新育：《略论明代对外贸易与银本位、货币财政制度》。
[2] 郭卫东：《转折：以早期中英关系和〈南京条约〉为考察中心》，河北人民出版社2003年版。

进入其他西属美洲殖民地（1582年），甚至在1585年禁止墨西哥进口中国商品。此后到1727年，西班牙国王又至少18次下令禁止中国丝织品在美洲的转销。

这些禁令也遭到大帆船货运集团、马尼拉的西班牙商人集团以及菲律宾和墨西哥等殖民当局不约而同的抵制，故难以奏效。1594年，西班牙国王再次发布命令，禁止菲律宾、墨西哥直接对华贸易，将此项贸易特权留与澳门葡萄牙人独享，其他人不得染指。

17世纪初，墨西哥人穿丝绸多于穿棉布。1602年，秘鲁总督报告说：

"身居利马的西班牙人都穿用价格昂贵的绸缎，其妇女衣着之华丽举世难寻。"不仅利马如此，稍后，"从智利到巴拿马，到处都售卖和穿着中国丝绸"。[1]

1586—1590年，马尼拉从明朝商品所征收的进口税才只占全部进口税的36%，到17世纪初就上升到80%，最高年份达92.06%，贸易额超过100万比索。这一时期的中国商船牢牢控制了马尼拉贸易。

这些资料立体构成了1603年马尼拉大屠杀背景的宏观影像，而导火索多被称与一个谣传有关。为迎合万历对金银的需求，具有海归背景的泉州同安人张嶷妄称，菲律宾吕宋岛上有一个叫机易山的地方，每年出产10万两黄金和30万两白银。福建矿税听说后，就满怀憧憬地上报万历皇帝。

尽管科道官员强烈抗议，但万历皇帝仍奏准前去查证，于是海澄县

---

[1] 郭卫东：《转折：以早期中英关系和〈南京条约〉为考察中心》。1611年，墨西哥总督呼吁禁止从中国进口生丝。到1637年，情况越发严重，墨西哥的丝织业都以中国丝为原料，本土蚕丝基本上被消灭。墨西哥主要城镇中以中国生丝为原料的丝织工已有14 000人。

丞王时和与百户于一成抵菲勘探。1597年，明朝官方前脚刚走，西菲殖民当局便下令大量驱逐华人出境。西班牙当局揣测，明朝官员前来求证是假，联络华人里应外合是真。西班牙当局弥漫着些许恐慌，并为此采取了预防措施，搜查中国居民的武器甚至铁器。

恐慌随之在华人中蔓延，华人村社马上开始设法自卫，接着演变成为一场西班牙军队和中国人村社之间名副其实的战争。追击从马尼拉开始，战败的中国人被赶到八打雁，在那里被掀动的土著菲律宾人也袭击了他们。

死亡数字版本较多，从15 000人到30 000人不等，而当时马尼拉西班牙人才有2000名（包括军队在内）左右。这一事件被拖了一年，才上报给万历皇帝，张嶷遂被处死，马尼拉与福建月港及厦门的贸易往来一度中断。

对于这次事件发生的起因还有其他一些蛛丝马迹。2007年3月25日的菲律宾《世界日报》刊文指出，1603年西班牙人大屠杀与李旦有一定关系。李旦是庞大的厦门海上贸易网络的首领，任职时间跨度达30年。很多西班牙人欠他钱，因为怨恨他拥有的财富，西班牙人就挑起一场争吵，逮捕了他并没收了其财产，包括超过4万块金条——传说这只是他隐藏的大量金锭和银锭的一小部分，但西班牙人的行径激起了马尼拉华人社会的愤怒。[1]

与被屠杀人数有多个版本一样，生还者人数也是一个糊涂数字。当

---

[1] 这种观点是《世界日报》2007年3月25日文章《十七世纪初菲律宾的一位传奇性华人——李旦》的作者转述英文作家斯特林·西格雷夫于1995年出版的关于海外华人著作中的说法。这位英文作家是一位调查性记者作家，出版有《宋家王朝》《大和王朝》等多部畅销著作，但李旦一文作者并没有证实西格雷夫的上述说法。转引自朱彩云：《文史专家：南澳一号可能是泉州人李旦的商船》，载《东南早报》，2010年5月12日。

时吕宋华侨首领黄康就不幸被杀，他创办于泉州的黄合兴商号的控制权就此落入掌柜黄明佐手中。尽管西班牙殖民者为安抚和继续招揽华侨采取了一定措施，但是大屠杀造成的影响短时间难以在泉漳等地抹去。1604年，仅有13艘中国船抵菲律宾贸易，不到以往的三分之一。[1]

在这次屠杀中，无论生者还是死者，华人的财产和货物均被西班牙人没收。从事后拍卖看，3.6万多比索被西班牙拨为军用，3万多比索缴入皇家金库，这中间也包括李旦的财物。不过，他还是捡了一条性命。

作为大屠杀的幸存者，李旦被西班牙人罚在一艘叫"galeyen"的船上做了多年苦役，他在1607年逃走，后移居日本长崎平户，并娶日本女子为妻。

一张单薄的华人贸易网

1603年，马尼拉大屠杀之年，也是一直敌视明朝的日本丰臣秀吉政府垮台之年。李旦到达日本时，新上任的德川幕府（1603—1867年）正有意改善与明朝的关系。

当时旅居日本的明朝侨民多达两三万人。旅日华人主要集中在长崎和平户，甚至在今平户岛户木引町一带还形成了"唐人町"。就连南居益也听到风声，说，"闻闽越三吴之人，住于倭岛者，不知几千百家，与倭婚媾，长子孙，名曰唐市。"[2]

尽管明朝禁止商民去日本贸易，但出海商民行踪难控，他们往往先

---

[1]《明代大员宣慰司研究》，载天涯网，2010年4月26日。
[2]《明熹宗实录·卷五十八》，《明实录》。

南行，然后再掉头东去日本。为什么要争着往日本去？1564年，时任福建巡抚的谭纶一语中的，"御之愈严，则其值愈厚，而趋之愈众"[1]。稍后，万历年间担任过福建巡抚的陈子贞也认为："贩日本之利，倍于吕宋。"[2]

因获得不了福建当局颁发的正式贸易许可证，以有限的开放来应对全国绝大部分沿海地区的海禁，这就让事实上的走私变成一层未捅破的窗户纸。

对明朝来日走私贸易，德川幕府持鼓励态度。1615年，德川幕府给赴日的明朝商船授以"朱印状"。对于官控贸易的德川幕府来说，这就是盖有官印的贸易通行特许证，获得特许的商船就是"御朱印船"。

李旦善于结交长崎、平户两地的权贵，与长崎奉行（掌管幕府直辖要地之政务长官）长谷川权六藤正、平户岛主法印镇信一家关系都很好，慢慢成为当地头面人物，是继王直之后，又一位在日本的华人传奇人物。王直是最早到日本平户定居的华人，他的到来受到当时岛主道可隆信的礼遇厚待，而法印镇信是道可隆信的长子。

善于交际的李旦就是"朱印船主"之一，他逐渐成为在日本的中国人所选出的"甲必丹"。"甲必丹"是日本人对葡萄牙语"Capito"的音译，具有船长、司令官或首领之意。

1613年，第一批英国人到达平户时，李旦已是华人社区的首领，在当地有相当大的影响，他的商船来往于中国台湾、厦门、澳门与柬埔寨之间，被外国人称为"非常富有的中国人"。他与当地权势松浦大名有互相关照得益的私人友情。英国人约翰·萨利斯奉命在日本建立商馆时，

---

1 《条陈善后未尽事宜以备远略以图治安疏》。
2 《明神宗实录·卷四百七十六》，《明实录》。

得到允许，租了李旦的房舍作为英国东印度公司在日本的总部。1613年，李旦在家养病，约翰·萨利斯和松浦法印的女婿前往问候。

在这一过程中，身在日本平户的李旦与同在日本长崎的张敬泉（漳州龙溪人）和欧华宇、福建厦门的许心素（漳州人）等，以及先后在泰国大泥（今北大年）和印尼的李锦、菲律宾的黄明佐（漳州诏安人）、巴达维亚的苏鸣岗（泉州府同安人）等人，结成了一张华人关系网和亚洲贸易网。

其中，在东线贸易圈中，李旦、欧华宇、许心素不但是生意上的合作伙伴，还是结拜兄弟，而欧华宇与张敬泉关系亲密。[1] 两人都是日本德川幕府承认到越南等地贸易的"朱印船主"，并在1600年前后共创悟真寺，参加策划建立唐人墓地，都为17世纪初期颇具分量的长崎华商领袖。

在东南亚航线中，苏鸣岗与Ingie Watting（巴城汉人甲必丹的寡妇）、Jan Con与茂哥、林六哥等人有姻亲关系。[2] 作为长崎华人社会的福建帮领袖，张敬泉于1636年逝世。比他更早，欧华宇在1619年前后就去世了。也就是在1619年，荷兰人占据巴达维亚，苏鸣岗被荷兰东印度公司总督特命为首任华侨甲必丹，作为"华人之领袖，管理一切民事诉讼"。

苏鸣岗少时念过私塾，能文善武，15岁就赴印尼谋生，初经商于西爪哇苏丹国王所在地万丹，后迁居巴达维亚，通晓马来语和葡萄牙语，1644年去世。他的陵墓巍峨华美，一条特筑小道被命名为苏鸣岗巷，就是今天印尼雅加达达亲王大街。

许心素身份特殊，他一方面是总兵俞咨皋（抗倭名将俞大猷之子）

---

1 翁佳音：《十七世纪的福佬海商》，载《中国海洋发展史论文集》第七辑上册，"中研院"中山人文社科所，1999年第3期。

2 同上。

的心腹,在厦门担任中级军职的把总,仅次守备;另一方面是李旦在厦门生意的实际代理人。事后李旦能不战而屈人之兵,与许心素的牵线搭桥关系很大。

为与西葡商人打交道,李旦、李锦、郑芝龙等都成为天主教徒。李旦到达日本时,日本反天主教运动正在深入,对西葡商人的限制也日益增多。

1600年,英国成立东印度公司。这年,日本的天主教徒达70多万人,连德川幕府的帐下亲信都入了教,引起德川幕府的惊恐与警觉。同年,安汶(今印尼港口城市)的统治者允许荷兰人在安汶修筑城堡,给予荷兰人丁香经营专利权,排挤了葡萄牙人。

荷兰原为西班牙属邦,从1566年尼德兰[1]爆发反抗斗争开始,荷兰人酝酿的就不仅仅是挣脱束缚。

16世纪末,各种意外的事件合力驱使荷兰人公开向葡萄牙在东方的霸权挑战。弗朗西斯·德雷克爵士在著名的环球航行(1577—1580年)的一个意外发现,加速了这一进程。在他看来,葡萄牙人树敌甚多,商船航线和据点漫长而分散,其在东印度群岛的势力并非无懈可击,葡人也远非东方主人。

尼德兰的反抗运动妨碍了殖民地商品在北欧的运销,荷兰人不再能从伊比利亚各港口得到货物。以往有一段时间,英国人一直在地中海东部诸港口获得东方产品,但这一贸易也因西班牙和葡萄牙军舰封锁穿越直布罗陀海峡的航道而被抑制。在这些压力下,荷兰人和英国人决定,

---

[1] 尼德兰包括今天的荷兰、比利时、卢森堡三国和法国北部的一小部分。14—16世纪中期,通过中世纪的王朝婚姻关系和王位继承,尼德兰成为西班牙的一部分。

既然不能从里斯本和亚历山大得到香料，那就直接到东印度群岛去取。他们越是侵入，越是发现对方出乎意料的虚弱。[1]一开始在西属美洲露面的英国闯入者试图以和平、商业的方式进入，但当时，同西班牙殖民地通商对外国人来说是非法的，并遭到西班牙的抗议乃至伏击，船队五艘船中有三艘被击沉或捕获。这次厄运发生于1567年，是英西两国关系的一个转折点，熄灭了英国与西班牙殖民地和平、合法通商的希望，于是他们以海盗和劫掠的方式驶往西属西印度群岛。

最早向西班牙发起致命挑战的是英国人，1588年西班牙无敌舰队在侵犯英国时遭遇灭顶之灾，百年的海上霸权开始走向衰落。1594年，当西葡国王下令荷兰人不准与东方发生商业关系时，荷兰人开始了自己的东方冒险。

1598年，荷兰船队抵达东南亚。尽管葡萄牙人已在此称霸80年，但从未能有效垄断这里的贸易。

以香料来说，其主要源于德那地、蒂多雷、安汶和班达等群岛。德那地和蒂多雷盛产丁香，安汶与班达群岛是肉桂、肉豆蔻的主要出产地，胡椒则遍布马来群岛。1511年以前，本地的物产大都由爪哇商人运至马六甲集中转口，但是这种商业秩序却因葡萄牙人占据马六甲而瓦解。[2]从某种程度上说，葡萄牙人占领马六甲之后，马六甲在东南亚贸易中的地位就出现了下降的尴尬。

英西关系史上的转折一幕很快就降临在荷兰人身上。1601年9月，荷兰人首次抵达澳门，尽管被驳回了通市要求，但得到广州当局的善待。

---

1 [美]斯塔夫里阿诺斯：《全球通史：1500年以后的世界》，吴象婴、梁赤民译，上海社会科学院出版社1999年版。
2 郑永常：《晚明（1600—1644）荷船叩关与中国之应变》，载《成功大学历史学报》1999年。

驻澳门的葡萄牙人认为这是荷兰不可饶恕的冒犯，就用残忍方式杀害了部分荷兰船员。这激怒了荷兰人，马六甲海峡遂出现了集结的荷兰战船，专门截击从澳门驶往果阿等地的葡萄牙船只。

1603年2月，荷兰人在柔佛附近海域对葡萄牙进行了一次劫掠。这艘船满载中国丝绸、漆器、陶瓷等物品，当运抵阿姆斯特丹被拍卖时，一共获得350万荷盾，引起轰动。荷兰人对与中国的直接贸易充满期待。

同年，荷兰人将永久商站设在爪哇万丹。在东南亚，贯通东西两边的航道最理想的港口，一处是马六甲，另一处就是万丹。英国在之前一年将商馆开到了这里，直到1682年这里都是英国在东南亚的贸易总部。英国人似乎总比荷兰人快半步，1600年英国东印度公司建立，两年后荷兰国王、高级官员和大富商才合资组成荷兰东印度公司，准其拥有从非洲好望角到南美洲之间的贸易垄断权，以及建立军队、设置法庭、签订条约、宣战媾和等特权。

尽管这时荷兰人有多达五倍于英国的船只，但荷兰人容忍了英国人在东印度群岛的竞争，他们仍在为摆脱西班牙统治而战斗，无力再树敌。两者在很多地方相安无事，一直到1609年荷西缔结安特卫普休战协定，荷兰人转身开始对付英国人。[1] 与朝贡贸易圈是一种非侵略性的亲疏关系不同，18、19世纪，荷兰、英国吞并了很多由其保护的联盟国家。

西葡商人在安汶被直接排挤的境遇很快就在日本等地发生。1604年，德川幕府实行生丝特许制，统管生丝贸易，生丝贸易由葡西商人操纵的局面一去不复返。1612年，日本发出禁止天主教令，同时宣布不再对西班牙实行生丝特许制，却给予分别在1609年和1613年才到日本贸易的

---

1 [美]斯塔夫里阿诺斯：《全球通史：1500年以后的世界》。

荷兰、英国商船以内地贸易的自由，尽管它们带给日本的是与西葡大致相同的贸易商品——枪炮、火药、铅等军需品和豪商需要的呢绒、生丝、绸缎及棉纱棉布等。

17世纪初，荷兰一派如日中天之象。[1] 其旷日持久的反西独立战争，也是打破西葡对东方垄断的过程。明朝朝贡贸易网早已没有了当年的风光，取而代之的华人私人贸易网络正面临着荷兰人的闯入。

华商力量：不战而屈人之兵

1602年，荷兰人在暹罗南部的北大年建立了商馆。荷兰驻官发现中国人数目远远超过当地居民。

"若欲通商，无如漳州，漳州之南有澎湖，南北交通之要地也，诚能踞而守之，则互市不难。"当被问及中国事时，久居北大年的漳州海澄商人李锦给荷兰人出主意。

荷兰人问："如果守将不允许，怎么办？"李锦就授之以贿赂之说。[2]

春汛之后，冬汛之前，澎湖没有明兵驻守，荷兰人乘机登上马公岛，一面"伐木筑舍，为久居计"，一面向福建当局要求与漳州"通商"互市。

按照明朝"非朝贡国不与之通商"的法律规定，徐学聚（福建巡

---

1 世界上第一家规律性营业的邮政局和第一份传播商业信息、市井所闻的报纸，第一家海上保险公司和银行都问世在荷兰，阿姆斯特丹不仅是船舶进出的中心，也是国际银行与保险业的中心。荷兰的造船业水平在世界首屈一指，往来澳门—马尼拉—秘鲁的西班牙大帆船，以及英国内河的平底船、运煤船、渔船均为荷兰所造，造价仅及英国的一半。17世纪初，荷兰商船的吨数占欧洲总吨位的四分之三，贩运俄国的粮食、德国的酒类、法国的手工艺品、西班牙的水果和英国的呢绒。1601年，进入伦敦的各国船只共714艘，英船为207艘，荷船为360艘。

2 连横：《台湾通史》，商务印书馆2010年版。

抚)、施德政(总兵)予以了拒绝。在明兵威慑下,荷兰人短暂占据澎湖到1604年撤出。李锦后仍在大泥从事贸易,1612年举家迁徙到安汶,1614年死于当地。

1604年,东南沿海发生了有记载以来最大的一次地震,震级8级,泉州发生大涝,民饥,上下无策。《明代大员宣慰司研究》记载说,福建名士陈第向徐学聚建议,把数万饥民迁到台湾,给三金一牛,以垦荒岛,得到官府默认,这就出现有组织地向台湾移民的一幕。

这次移民也能看到商人的影子,黄合兴商号就是重要的组织者。在《东番闻见录》中,时任黄合兴商号的账房程子嘉详细记载了这次移民所用的船只和物件,1604年初首次移居台湾的明人有3342人。在中国海商史上,作为在政府点头情况下对台湾较早进行商务开发的商号之一,黄合兴商号是一个仍未被充分认识的商号。

先前葡萄牙船航东海,路过台湾之北,到达澎湖,这是欧洲人发现台湾之始。1613年,日本平户荷兰商馆馆长建议占据台湾作为贸易基地,但并没有下文。因为对日本平户—马尼拉、平户—澳门的贸易前景不太乐观,从1614年或1615年左右开始,李旦派人前往澎湖等地从事贸易活动。也有一种说法,荷兰人需要得力的中国人帮助他们打开对华贸易,李旦成为他们主要借助的力量。而在1617 — 1618年,李国助得过德川幕府的"朱印状",从事台湾贸易,并利用台湾进行对福建的转口贸易。

不知道其中是否存在内在联系,1615年,德川家康向长崎代官(相当于现在的市长)村山等安发出"朱印状",令其组队远到台湾。1616年,村山等安的次子率船13艘,动员3000人进犯台湾鸡笼(现基隆)。这一消息为琉球国王获悉,他立即派人向明朝廷通报,于是出现了1617年晚明的一次重大抗倭战役"东沙之役"。最后村山等安一家被德川幕府以"远征违背国策"的罪名,满门抄斩。

1614—1625年,李旦共发船18艘,欧华宇发船5艘,目的地包括东京、交趾、吕宋、高砂(台湾)四地。其中前往台湾的船数就占了一半,达11艘之多,外销日本的工艺品和金属,交易中国的丝绸、瓷器、茶叶,并收购台湾的鹿皮。一船的货物通常价值大约10万两白银,以现今白银价值来算,相当于100万美元,李旦生意规模之大可想而知。[1] 1617—1624年,到台湾贸易的都是李旦的船只,共有18艘之多。[2]

当谋求通商不得的情况下,1617年,荷兰人对明朝南下商船的劫掠变本加厉。仅这一年,就有11艘明朝商船遭到荷兰人抢劫。根据荷兰船长威廉·庞德的记述,1622—1623年,荷兰人又劫掠了12艘中国商船,并在漳州港烧毁中国商船60多艘。

在与以国家力量为后盾的西方武装商船的竞争中,中国海商基本上以个体或群体面目出现,很多时候处在被排挤和杀戮的劣势地位。[3]

1621年,李旦派颜思齐带队在笨港南岸(今云林县北港镇)登陆,伐木筑寨,建立10个营寨,移民前来,并提供生产工具(船、牛、耕具)和武力保护。各部落头目订约划界,向移民抽税、收租。为支援台湾的移民基地,这年李旦共派三艘"朱印船"到台湾,为历年来最多。1622年,李旦的儿子李国助也来到台湾。李旦船队的货物主要有来自日本的工艺品、金属和从澎湖收购的鹿皮,在和许心素派来的船会合后,交换明朝的丝绸、瓷器、茶叶等物。

---

[1] 《华商李旦》,因特虎,http://www.interhoo.com/content/4674.aspx,2009。

[2] 岩生成一:《在台湾的日本人》第二节《朱印船的台湾贸易》的统计。转引自《文史专家:南澳一号可能是泉州人李旦的商船》,http://news.sina.com.cn/c/2010-05-13/110817505580s.shtml,2010年5月13日。

[3] 张丽、骆昭东:《从全球经济发展看明清商帮兴衰》,载《中国经济史研究》2009年第4期。

在荷兰人侵占中国台湾以前，李旦、颜思齐、郑芝龙共同以日本的平户、长崎和中国台湾的云林、嘉义一带为基地，从事对日贸易和海上武装打劫活动。

1622年4月，荷兰人从巴达维亚港出发，分乘8艘战船进攻，在澳门的葡萄牙人受挫，占据澎湖列岛，明朝官方遂严海禁，不准中国商船出洋兴贩。同年，日本发生屠杀外籍及日本教士事件，1623年驱逐葡人出境。

1624年，日本禁止西班牙人来日通商，并强行将天主教徒集中到长崎，结果引起教徒的强烈反抗。荷兰人趁机向德川幕府说，这是葡人暗中策划扇动的暴乱。德川幕府将军大为震怒，平息暴乱。

长崎于1571年开港，由信奉天主教的大村纯忠所开，从此长崎就作为对外贸易及传播天主教的据点而急速发展。但当新的西欧势力崛起时，长崎更多受到荷兰文化的影响。

由漳州人颜思齐出面组织的28人拜盟兄弟团，包括泉州南安人郑芝龙、漳州海澄人陈衷纪、福建莆田人洪升、泉州惠安人张弘、泉州同安人林福等，欲起事，不幸事泄，遭到搜捕，就仓皇逃往台湾。

颜思齐原是一介成衣匠，1612年遭官家欺凌，逃往日本。郑芝龙先祖世居河南固始县，唐时入闽，从小习海事，被舅舅黄程领上商道，并结识李旦，慢慢成就人生拐点。

在日本待不下去之时，郑芝龙奉李旦之命，搭乘荷兰船"好望号"由平户启程赴澎湖，担任荷兰人的翻译。1624年8月，李旦也从日本平户抵达澎湖。到这时，中国人各类渔船被荷兰人抢走600多艘，修筑工事、炮台和城寨成为被强迫之事，以致1300名中国人饿死累死，270多人被掠往爪哇做苦役。

在荷兰人侵占澎湖期间，中荷双方打打谈谈，一直没有结果，结果商周祚（福建巡抚）遭到撤换。1623年8月，主战派官员南居益出任福建巡抚，他在1624年2月下旬开始筹划进攻澎湖。因为双方实力差距较大，荷兰方面提出交涉。

南居益听从总兵俞咨皋的建议，通过许心素找到李旦出面调解。当年王直在死前的上奏中说，如赦其死罪，"倭奴不得复为跋扈""不战而屈人兵者"。这样的一幕在李旦身上实现了。对此，南居益记载说：

今镇臣俞咨皋言：泉州人李旦，久在倭用事。旦所亲许心素，今在系，诚质心素子，使心素往谕旦，立功赎罪，旦为我用，夷势孤可图也……而倭船果稍引去，寇盗皆鸟兽散……[1]

台湾历史学家曹永和记载：在李旦的斡旋下，俞咨皋"保证"，若荷人移往台湾，则将获准与中国贸易，在此条件下，荷兰人不得不在1624年8月下旬撤出澎湖。[2]

撤出澎湖的荷兰人迁往中国台湾，这里成为荷兰人新的行政中心和在东亚海域唯一控制的贸易港。之后，郑芝龙抵达台湾和颜思齐会合，领船加入荷兰人的船队，但俞咨皋并没有兑现他的承诺。

李旦以荷兰谈判代表身份前往中国交涉，争取福建当局发给荷兰人正式贸易许可证，未果。1624年11月，李旦回到台湾转交给台湾荷兰长官孙克的私人信函中说，关于贸易的事情还要上报。荷兰人大失所望，指责李旦是个有害的人物[3]，但许心素在此间获得了都督的执照和贸易代理权。

月港体制不允许外国人前往漳州贸易，荷兰人只能以台湾为基地，

---

[1]《明熹宗实录·卷五十八》，《明实录》。
[2] 曹永和：《台湾早期历史研究续集》，联经出版社2000年版。
[3] 郑永常：《晚明（1600—1644）荷船叩关与中国之应变》，载《成功大学历史学报》1999年。

以福建商人为中介，采用预付资金、按样加工、期货贸易等方式开展贸易。荷兰东印度公司事务报告多次提到，许心素等以承包形式独揽福建公司的全部贸易，返还订货非常迟缓，有时甚至比商定的一个月或六个礼拜拖后三个月。结果使得公司无法估计资金支付后何时能够得到供货，这样使荷兰东印度公司运往日本的丝绸比原计划减少200～300担。不仅如此，福建商人往往临时提高商品价格，有些商品的购入价甚至高出一般价格的50%，造成经营成本增高。[1]

1625年初，李旦托荷兰船带了一封信给巴达维亚的苏鸣岗，7月便染病在身，他匆忙从台湾返回日本治疗，但病情并未好转，8月12日，李旦在平户去世，没多久37岁的颜思齐也在台湾去世，临终前，他召众人告之："不佞与公等共事二载，本期创建功业，扬中国声名。今壮志未遂，中道夭折，公等其继起。"[2]

最后的海商大佬

从1604年短暂占据澎湖开始，到1622年占据澎湖，再到1624年占据台湾，荷兰人一直在明朝官方与私人交织的贸易体制之外打转。

当葡萄牙人学会以乖巧的方式取得合法贸易地位而与明朝官方周旋时，荷兰人强硬有余，耐性不足，取代西葡商人成为与中国东南沿海走私或海盗商人互为表里的外来商人。

宁波双屿的盛极而衰，是福建人李光头、林剪以及徽州人许栋、王

---

[1] 李庆新：《17世纪广东与荷兰关系述论》，载《九州学林》2005年春季3卷第1期。

[2] 连横：《台湾通史》。

直等与葡萄牙人里外应合的结果。荷兰人又与层出不穷的刘香、李魁奇、杨六杨七、褚彩老等海盗集团，结成这种关系。但不同的是，明末最具实力的李旦及之后的郑芝龙海商集团都选择了比月港更具优势的厦门作为开展海外走私贸易的港口，厦门港[1]逐渐取代明朝时漳州月港，延续了汉唐时福州甘棠港、宋元时泉州后渚所承载的福建海商的历史命脉。

崇祯皇帝上台后，福建巡抚熊文灿为对付荷兰人和其他海盗商人，与明朝官方假手王直如出一辙，招抚海盗。为长远考虑，郑芝龙接受招抚归附明朝，从此拥有了在大陆的牢固基地，免去背后遭受官兵的威胁与攻击，使其能集中力量对付荷兰舰队，并将中国南海上的海盗集团一一消灭。

1640年，朝廷擢升郑芝龙为福建总兵官，署都督同知。从此，郑芝龙集团确立了海上霸主地位，发展成为拥有3000多艘海洋贸易船只的庞大海上贸易集团。几乎整个远东水域澳门、马尼拉、厦门、日本各港口之间所有的商船都是悬挂郑氏令旗的中国商船，郑芝龙成为明朝最巅峰时期亦商亦盗的海商代表。

17世纪中叶的远东水域完全变成了由中国海商一家说了算的天下，尽管荷兰人被称为"全世界的海上马车夫"，但在郑芝龙海上集团面前，他们不得不每年向郑芝龙的船队缴纳12万法郎的进贡，才可以保证荷兰东印度公司在远东水域的安全。

作为逆势而起的海商，徽州人王直雄起不过10年左右，郑芝龙家族则达30多年。王直被招安不成还成为刀下鬼，郑芝龙有过一次成功被招

---

[1] 1684年，厦门被辟为四口通商之一。1727年，清王朝规定，所有福建出洋之船均须由厦门港出入，厦门港为福建省出洋总口。1842年中英《南京条约》签订后，厦门辟为5个通商口岸之一。与汉唐时的福州甘棠港、宋元时的泉州后渚港、明朝时的月港，一起并称福建"四大商港"。

安的经历，但这个叱咤风云的人物在明清交替之际，最终因为儿子郑成功不愿接受招安及其他一些辱没感情的事情而身首异处。不过，他的出现让荷兰人放弃了垄断中国海上贸易的野心，转而承认郑芝龙的海上霸权秩序，直至1661年被赶出台湾。

从某种程度上来说，中国海上走私商人集团的存在不经意间成为英国、法国、美国等国最终用鸦片肢解中国朝贡体系之前，其最后一道不可逾越的屏障。也正是因为他们的存在，葡萄牙、西班牙、荷兰等国殖民商人虽左突右奔几十年试图主导中国的贸易，终无所获。

当清朝再度开放国门时，荷兰、英国等国欧洲商人势力已经渗透、填补和控制了后郑氏家族时代的中国海上商人贸易航线。从此，明朝海上商人不再是海上强者，郑氏家族成为我们观察几百年前海商最后、最辉煌的剪影。东南沿海民间海上贸易的兴盛，最终昙花一现。这种处在政策不连贯和殖民者夹击环境中成长的机会，对于中国海商来说，如果说是一个春天，也只是一个支零破碎的春天。明末的海外贸易就是中国海商从南洋、东南亚，到印度洋全面萎缩的历史。

从这个角度讲，与西欧人小规模航海事业在全世界具有不同凡响的意义不同，明朝航海事业尽管捷足先登却无足轻重，还在于它对私人海上贸易的拦截及与王权的势不两立。

帝国央行搬到拉美矿山

将明清与世界连在一起的载体是丝绸、布、丝纺织品以及稍后的茶叶和白银，首先将明朝与世界连在一起的国家是偏居在欧洲西南一隅的两个面积不大的国家——葡萄牙和西班牙。

德国专家弗兰克在《白银资本：重视经济全球化中的东方》一书中估计：16世纪中期到17世纪中期的百年间，由欧亚贸易流入中国的白银为7000~10 000吨左右，约占当时世界白银总产量的三分之一，这是前朝从来没有过的气象。

月港等公私贸易港口的存在，有如神助般地让明朝白银确立货币本位地位，这种局面创造了1550—1680年以意大利和中国为中枢的白银统治期和全球经济体系。[1]

一个缺银少铜的国家选择白银做货币，竟然还持续了500多年，在日本学者滨下武志看来，这很荒谬。他的结论是，在国家发行信用（宝钞纸币）的努力失败之后，将货币出路委之于从海外白银进口，从此彻底丧失了国家货币主权，这是明清两朝败亡一个长期被忽视的重要原因。

与郭沫若齐名的历史学家陶希圣早在20世纪40年代就系统地指出，"中国的闭关政策，基本动因乃是货币的保存。外藩进口的货物大多是珠宝香料，中国付出的代价乃是货币，货币乃是商人资本特殊发达的社会财富最高形式，于朝贡中流失，于中国乃最不偿失之事"。

在韩毓海看来，明清两朝经济最为致命的软肋就是白银问题。据魏斐德估计，在17世纪的前30多年中，每年流入中国的白银总量约为25万~26.5万公斤。

与西班牙国内就白银贸易产生分歧一样，面对外国白银的大量涌入，明朝朝野上下也掀起了一场跨世纪的争论。以王象乾、侯恂、吕维祺等为代表的官员主张抵制外银，强化中央财政，认为只有通过国家的安排与调配，才能应对因此带来的社会问题。

---

1 [美]魏斐德：《洪业：清朝开国史》。

但以张溥、宋应星、顾炎武、黄宗羲、陆世仪等为代表的一方，显然占据了上风。他们认为，应以外银济钱，以顺应商品经济发展。他们肯定国家在经济发展中的角色与地位，同时强调民间经济力量的重要性，大量用银以弥补铜钱的不足。这也是除月港外晚明还能对葡西在通商上大开绿灯的缘由。

冯梦龙、陈子龙等则折中，认为国家与民间力量同样重要，两者相互为用才能解决银贵钱贱所带来的种种问题。[1]

但在 1620—1660 年间，欧洲市场爆发贸易危机，以西班牙的塞维利亚为中心的世界贸易体系遭到沉重打击。而在 17 世纪 20 年代衰退的欧洲贸易来临之前，停泊在马尼拉的中国商船每年多达 41 艘，到 1629 年降为 6 艘。[2]

在中国长江中下游地区高度商品化的经济急需更多白银以应对通货膨胀之时，1638 年，西班牙国王腓力四世采取措施限制船只从阿卡普尔科出口。"毫无争议的证据表明，1635 年后明朝与西班牙的贸易急剧下降，并不是因为中国的丝绸、瓷器和其他商品不畅销，而是因为马尼拉的商人得不到足够的来自新世界的白银来支付货款。"[3]

博莱尔和罗伯特森转述一位在菲律宾的西班牙官员在 1638 年的话说：

"最近从中国来了一小批杂货商品，但对马尼拉的商人来说已经是最大的安慰了。在过去的两年里几乎没有货船来过。墨西哥运来的白银很少，这又使得他们担心今年中国人又不会来进行贸易。"

---

1 有关三派的争议内容参见后智钢：《外国白银内流中国问题探讨（16—19 世纪中叶）》。
2 [美] 魏斐德：《洪业：清朝开国史》。
3 [美] 艾维泗著，袁飞译：《1635—1644 年间白银输入中国的再考察》，载《清史译丛（第 11 辑）》，商务印书馆 2013 年版。

几年后，西班牙国王腓力四世对这段时期内西班牙在菲律宾的经济形势进行评价时说："必须注意到，自从贸易仅靠赊欠进行后，马尼拉人所熟悉的贸易中有四分之三被中国商人控制了。在1636—1637年这两年里，运到墨西哥阿卡普尔科的商品并没有给菲律宾人带来钱财，这些商品都是中国商人赊卖出去的，而在马尼拉的西班牙商人和官员又不能满足中国商人这些要求。因为这个原因，中国人已经不再来进行贸易，他们已经损失了，不愿意再损失更多。"[1]

肖努认为，这一时期的中国，"对马尼拉遥相呼应的支配达到了这样一种程度，使得中国贸易和世界贸易的长期周期性波动出现了一致性；甚至还达到了这样的程度，使中国贸易的波动幅度比世界贸易的波动幅度大得多。"

1630—1640年或1636年左右，亚当·斯密也发现，"美洲银矿发现对降低白银价值的效果似乎已经完结。白银价值相对于谷价价值的降低，从来没有达到过这种地步"。[2]

这一现象也出现在明朝，到明崇祯年间，金银比价与欧洲拉平，达到了1∶13。不仅如此，由于国际丝绸贸易萎缩，浙江北部的湖州等丝绸产地迅速衰落。1626—1640年，罕见的自然灾害席卷中国大地，严重的干旱和洪涝接踵而至。接连不断的饥荒，伴随着蝗灾与天花，导致人口大量死亡。有的学者提出，1585—1645年，中国人口可能减少40%。[3]

这一切又导致通货危机和银贱物贵，与以往比较，同样数量的小麦

---

1 [美]艾维泗著，袁飞译：《1635—1644年间白银输入中国的再考察》，载《清史译丛（第11辑）》，商务印书馆2013年版。
2 [英]亚当·斯密：《国富论》，杨敬年译，陕西人民出版社2006年版。
3 [美]魏斐德：《洪业：清朝开国史》。

和劳务必须支付更多的白银才能取得。在这个过程中，明朝犹如患上慢性哮喘，白银就是那个氧气罐，一旦离开它，哮喘症状就会出现。总之，这是一个让大明帝国有气无力的病灶，偏偏这一病灶遭遇了"连阴雨"。

无论国内还是世界，白银生产和流通都在缩减，而此时正值长江下游地区高度商品化的经济急需更多白银以应对通货膨胀之时。1635年，一位英商的船停靠在澳门。这位英商注意到，所遇到的中国人获取白银的急切程度"成为他们生命的一部分"，并对他们"获取白银的那种无止境的欲望"表示难以置信。[1]

但来自国际市场的坏消息一个接着一个：1639年8月，两艘从阿卡普尔科驶往马尼拉的船在途中失事沉没，损失惨重。三个月后，西班牙和中国几年来政治经济间的紧张关系终于在菲律宾发展成公开的武力对抗。从1638年11月到1640年3月，据说武装精良的西班牙人在全岛屠杀2万中国人，毫无疑问这也导致1640年和1641年马尼拉贸易的严重瓦解。[2] 无独有偶，1640年，日本断绝与葡萄牙租住的澳门的所有贸易往来；1641年，马六甲落入荷兰人之手，葡萄牙占领的果阿与澳门间的联系也被切断。中国的白银进口量骤然跌落。

16世纪80年代，地方每年向太仓纳银，白银储备通常能保持在600万两。

1618年辽东战争发生之时，除东御府储银还有300多万两，太仓储银只剩下12万两。五个月后，明官方议决，除贵州外，全国亩加征田赋三厘五毫，后又加征三厘五毫。1620年，再增二厘。三年内先后三次增

---

1 [美]艾维泗：《1635—1644年间白银输入中国的再考察》。
2 同上。

赋，合计九厘，共得银520万两。¹ 这宗以"辽饷"名目加征的田赋被朝廷固定下来，成为常赋，之后加征的还有剿饷、练饷，合称三饷。对于这段历史，有御史称，"一年而括二千万以输京师，又括京师二千万以输边"²，是亘古未有之事。

到了崇祯年间，则是内外库俱空，不得不依靠一宗又一宗的加派，最终明朝走到终点。对此，魏斐德写道：

> 1644年明朝的灭亡和清朝的勃兴，是中国历史上所有改朝换代事件中最富戏剧性的一幕。虽然明朝皇帝于北京皇宫后的煤山自杀仅六个星期后，清军便占领了紫禁城，但明清两朝的嬗替，绝非一次突如其来的事变。³

韩毓海的结论则是，明朝货币信用问题最终得以解决，靠的不是造就一个可以为自己经济发展"供血"的心脏，而是不断通过外部的货币"输血"来实现的。大量西班牙美洲货币的引进使本来已经混乱的币制变得更加混乱。如果看不到这一点，就难以解释，为什么17世纪30年代的美洲白银供应短缺，以及1830年后开始的世界货币体系由银本位制向金本位制转变之时，明清这两个帝国会突然间垮台，或走向衰弱。⁴

---

1 [美]魏斐德：《洪业：清朝开国史》。
2 [清]张廷玉等：《志第五十四》，《明史·卷七十八》。
3 同上。
4 韩毓海：《五百年来谁著史》。

第三部分

外贸商人的天下：

1644—1842 年

清代山西处于中国两大通商动脉的交汇处，交通四通八达，地位无人能及。这一区位也决定了处在十字路口的张家口在中国商业史上的范本意义。一部张家口的发展史也是晋商兴衰史的映衬。

从八大皇商到普世晋商的参与，再到1727年以后恰克图贸易的兴盛，晋商从盐商时代迈入外贸商人时代。当陕商、徽商因盐政变法先后元气大伤时，转型的晋商得以延续其在国内商帮的地位，并较过去有过之而无不及。

1684年，清朝开放海禁，用海关代替市舶司管理对外贸易。从最初的四口通商到广州事实上的一口通商，福建籍商人崛起广州港。1760年，十三行公行复设，十三行进入产生巨富的时代，以潘启、伍秉鉴为代表的福建泉州海商相继成为广州和世界首富。

珠江和泰晤士，一头连着清帝国的广州十三行，一头连着英帝国的东印度公司。这两个各有优越感的官方外贸垄断团体，构成18—19世纪中西关系的商业中枢。在鸦片的熏燎下，英国东印度公司最终被一群叫港脚商的小鬼们瓦解了，与此同时，作为清朝对外贸易的垄断者十三行，也就离毁灭不远了。

第八章 晋商第一次转型

如果说山西商帮史是一首交响曲，盐商便仅仅是它的第一乐章。这段曲子沉闷舒缓，从明初商帮萌芽，用了整整一个朝代兴衰的时间，才逐渐过渡到第二乐章。第二乐章讲述了晋中商人登上历史舞台的故事，以他们为主体的外贸商人，人才辈出。如果用曲风来描述这一乐章，那就是音域广阔，韵味悠长，精彩纷呈。

如果说山西商民走西口、走东口（西口指杀虎口，东口指张家口）"花开两朵"的话，那么一朵开在了明朝，以盐商的崛起为标志；一朵始开于明末清初，以外贸商人的崛起为标志。

在清朝前200年，作为内陆城市张家口的历史地位，少有城市能够撼动。清代山西的辖域比明代更大，与山西北部万里长城接壤的归绥六厅（今呼和浩特和包头），以及"八旗"中的六旗地盘（包括多伦），都是山西的管辖范围。原陆路东西丝绸之路向东的延长线：西安—潼关—太原—北京，也通过山西。

更重要的，山西处于两条东西通道和一条南北通道的交叉口。[1]这一东西南北的枢纽就是张家口，它一方面扮演着京津连接塞北的商业中心，另一方面它也是中国对俄进出口贸易的前哨。

大同在山西边防中的地位，决定其一度是辐射张家口、包头、归化城的一个区域中心。从走西口、出东口的商民流动来说，大同也是一个分流中心，但这是在明代。清王朝统一内外蒙古后，大同的军事功能荒废，张家口马市对于清王朝崛起的历史地位及其连接张（家口）库（伦）大道（库伦即蒙古国首都乌兰巴托）贸易的传统经济定位，让其很快成为一个区域经济中心。中俄恰克图协议更是让张家口作为中国北方贸易中心的地位呼之欲出。

张家口在中国城市版图中的地位改变，始于1861年武汉开埠和次年《中俄陆路通商章程》的签订。依此章程，俄商取得了直接在中国茶区采购、加工茶叶，并经水路转道天津运往俄国的权利。这背后是畅行长江及北部沿海地区的蒸汽驱动轮船，与早期中俄跨境铁路——中东铁路的运输组合，对传统内河运输通道加骆驼等畜力运输方式的取代。一定程度上，山西外贸商人的衰败，也可以从张家口贸易地位的衰落中一窥端倪。

张家口：从八大皇商到普世商人

1429年，明政府在长城边塞设置了一个城堡，取名张家堡。这是一处荒凉之地，不仅风沙四起、烽烟弥漫、号角长鸣，而且诸物不产，商

---

[1] 两条东西通道是乌鲁木齐—归化—张家口—北京—齐齐哈尔（时称卜魁）、乌里雅苏台/科布多—归化—张家口—北京，一条南北通道是莫斯科—恰克图—张家口—武汉—广州。参见刘秀生：《清代内河商业交通考略》，载《清史研究》1992年第4期。

贾舟车，"足迹罕至"。

1529 年，张家堡扩建，开筑了一个小北门，取名张家口（今张家口市堡子里街），基本形成了作为边塞城市的雏形。1571 年，在以王崇古、张四维为代表的晋商家族三年的努力下，蒙汉议和，放弃敌对，张家口与新开堡、独石口堡、巴图、台吉成为宣化府设立的五处马市。[1] 张家口的蒙古语名字是 Kalgan，最早则叫 ChuulaltHaalga，意思是"聚集之门"，至今内蒙古的蒙古族人仍然这么称呼。这里是昔日匈奴人、契丹人、女真人、蒙古人进入中原的马踏之地。

蒙汉设立马市几经反复。明初，中原物品限制流向草原，史称"禁边"，但仍有人私下做此生意。1405 年 3 月，明政府在辽东的广宁、开原最早开放马市，并允许东蒙古部落每卫每年朝贡两次，每次 100 人，政府试图将民间私下贸易变成有所监督、规范的交易。

之后，明政府在抚顺、清河、瑷阳、宽甸等处设立马市。1438 年 4 月，大同设立马市。

明正统年间，蒙古部落的朝贡使团动辄数千人，对使臣的大量回赐给明政府带来了极大的财政压力，因此使团人数被屡屡限制。这引起以异姓贵族篡夺汗位的也先部落的不满，导致 1449 年的"土木堡之变"，明英宗被俘。

也有一种说法，土木堡之变让蒙古瓦剌部领袖也先控制包头南部的鄂尔多斯，这等于封锁汉人与河西走廊的通道，而从宋朝起，中国骑兵所需的马匹主要就由河西走廊提供。1074 年，朝廷设立"茶马司"以垄

---

[1] 大同也设了镇羌堡、杀胡堡、得胜堡、弘赐堡、新平堡五处马市。九关重镇中的陕西、宁夏二镇，也每月一次在长城的各关口开设小市场。马市就是以物易物的交易场所，蒙民以马、牛、羊、驼、皮等畜牧产品，换取汉民的绸、布、米、茶、锅等生活必需品。

断四川的茶叶生产，然后通过回鹘中间商，在甘肃和青海湖周边市场以茶换马。明代的前线军队拥有大约39.5万匹马，马匹的补给多从河西走廊地区购买。

土木堡之变后，马市皆停，直到1478年在辽东和1551年在大同、宣府、延绥再开马市，此后又停，要到1571年，双方才修好。

马市从设立之初，就带有官营性质。张家口开市之初，前来入市的蒙古各部落非常踊跃，但明政府可供互换的钱粮有限，不能满足交易的需要。于是，王崇古就广招四方商贩前来，在他的影响和号召下，山西人就不断来到张家口。到明万历年间，张家口的"茶马互市"已成规模。仅1579年，张家口年易马就超过35 000匹。

在相当长的一段时间内，铁器不在与蒙古互换物品之列。明政府容许铁锅入市也是从辽东开始的。之后，王崇古也奏请铁锅入市，并建议陕西各市仿行。

1572年后，山西潞州铁锅流入马市。但在明朝高层，还存在另外一种思想：用铁器换马匹，是只顾眼前利益而不顾日后无穷之患的灾祸之举。王崇古用互市的办法了结蒙汉结怨，曾有人用"化干戈为玉帛，具有远见卓识"来评价，但从事后的历史进展来看，互市也是一把双刃剑，尤其在乱世时更是如此。如果说从中原流出的铁器武装了女真人的部队，那么当女真人用铁器铸造的利器架在大明王朝的脖子上时，加速了明朝的灭亡。

张家口与辽东互为唇齿，张家口商人既去辽东参与马市，辽东满族人也到张家口贸易。其实，作为开放时间最早、最长的边地市场，辽东马市活跃着很多山西商人。嘉靖进士葛守礼就说："辽东商人，山西居多,而汾州过半。"[1]与原来不同,马市已不再是临时摊点,临街商铺鳞次栉比,不仅有来自本省的潞州绸铺和泽州帕铺,而且有来自南京、苏杭的罗缎铺和山东临清的布帛铺等。

明朝末年,辽东战事频仍,两地的马市贸易重心转移到张家口,使其成为内地对东北的贸易中心。满族人所需的铁器及其他物品,就在张家口通过与山西商人互市中取得。换句话说,山西商人充当了清军入关前的武器原材料乃至物质的供应商。

清军入关后,努尔哈赤的孙子顺治帝没有忘记为满族人入主中原而立下赫赫功劳的山西商人,于是有了在紫禁城设宴召见范永斗、王登库、靳良玉、王大宇、梁嘉宾、田生兰、翟堂、黄云发八家商人的故事。对于明朝来说,这是一些走私卖国的商人,但在攫权成功的清朝看来,他们成为清代内务府的第一代皇商,并享有特权,实至名归。范永斗被任命主持贸易事务,并"赐产张家口……为世业"[2]。其余七家,也各有封赏。

1644年,也就是顺治元年,清朝官方还在张家口修筑了大境门,这在张家口历史上是极为重要的一页。清政府对晋商的器重奠定了张家口在北部边贸发展中所处的地位,张库大道的兴盛从此开始,直到1929年中俄(苏)断交、商贸停止,整整运行了285年。

张库大道全长1400多公里,这条商道作为贸易之途,大约在汉唐时代已经开始。出现茶的贸易大约不晚于宋元时代。元代定都北京后,张库大道被辟为官马大道,用以"通达边情,布宣号令",沿途分布着诸多驿站。只不过,当时远没有清朝时那样显赫。

---

1 [明]葛守礼:《葛端肃公家训》卷上。
2 徐珂编撰:《农商类》,《清稗类钞》第五册,中华书局1984年版。

之后，八大皇商曾形式上垄断了对蒙俄的商贸往来。除经营河东、长芦盐业外，范永斗还垄断了东北乌苏里、绥芬河等地人参等贵重药材的市场，由此又被民间称为"参商"。

从乾隆三年（1738年）开始，因国产铜不堪铸钱需要，清朝官方就派商人去日本贩铜。铜商有官商和民商之分，官商所贩之铜全部上缴国家铸钱。民贩之铜，五分之三上缴国家，五分之二可由民商在市场上销售。

当时国内有两个红铜市场，一是汉口的滇铜市场，二是苏杭的进口铜市场。范氏后代范毓馪及另一位晋商刘光晟等就是在这期间成为铜商。大致在1764年以前，全国共有贩铜船15只，作为官商的范氏家族占3只。1766年以后，范氏的船增加到7只，年贩铜140万斤。

1721—1748年，范毓馪多次为乾隆西征准噶尔承运军粮。在此过程中，因多种原因，范氏家族拖欠了户部很多钱两，贩铜是清朝官方提供给范家抵折欠款的赚钱机会，但终因难以弥补负债而在1783年被抄家。

直到1691年，在蒙古众多贵族、王公和上层喇嘛们的请求下，康熙帝才允许更多汉商进入草原，从而结束了八大皇商一统天下的局面，于是有了榆次车辋村常氏来到这里开铺。

从张家口到恰克图的常家样本

常威是榆次常家家业的开创者。他的家族上溯七辈都以务农为生。

清康熙年间，常威拿着从家乡带来的"榆次大布"，打开了张家口市场。盐、布是那个时代发家的两大商品。这种布纱支较粗，密实耐用，且幅面较宽，深受欢迎。1711年左右，常威拿出自己的积蓄，开设了第一家商号——常布铺。雍正年间，常家的分号开始向张家口周边地区扩展。

这样一组数据显示了张家口未来的前景：清初张家口商户80家，道光年间260家，同治年间1027家。到民国初年，仅大境门外的店铺就达1500多家，上下两堡专做旅蒙买卖的多达700余家。最高时年贸易额达1.5亿两白银，仅一处标准铺面，月租金就高达50两白银。

不过，张家口日后的兴旺与一个叫恰克图的村落兴起息息相关。作为个体，常家的生意真正发达是在1727年以后。

1727年，中国一南一北各发生了一件事情。在南方，一艘名叫"奥古斯塔斯王子号"的商船来到珠江口。这艘商船由多国公司联合派遣而来，只希望得到较为公平的贸易机会，但没有如愿。在北方，中俄两国政府郑重签署《恰克图条约》，确定祖鲁海尔、恰克图、尼布楚三地为两国边境贸易通商地点，允许两国商民在上述地方建造房屋、商店，免除关税，自由贸易。

类似这种按平等原则从事中俄私人贸易的市场，是英国和其他西方列强在19世纪40年代以前想要在中国沿海取得而未能如愿以偿的。[1] 直到30年后的1757年，广州才在清政府的诏谕中确定了海上一口通商的地位。从这一点上来说，山西内陆外贸商人比以福建人为主体的广州十三行海陆外贸商人起步时间略早。

尼布楚是1689年7月中俄两国政府签订《尼布楚条约》中钦定的贸易城市，之前的1685年，清朝确定广州、漳州、宁波、云台（今连云港）

---

[1] [美]费正清、刘广京：《剑桥中国晚清史（1800—1911年）（上卷）》，中国社会科学院历史研究所编译室译，中国社会科学出版社1985年版。

为对外通商口岸。但与祖鲁海尔一样，尼布楚地理位置较偏，到北京的路途要比恰克图到北京的路途至少远 1000 多公里。这样，中俄贸易重心就转向了中俄边界上的恰克图。

1728 年，俄国政府在色楞格斯克附近开始建立恰克图城，常氏家族将"常布铺"改称"大德玉"。1730 年，清政府批准中国人在恰克图的中方边境建买卖城。这是一座由贸易商民建成的木城，由松木桩围建，城中设有衙门，城东建有规模宏大的关帝庙一座，西边设有电报局，北边设有邮政局。北门上悬一匾，上题"北方雄镇"四个大字。买卖城具有纯正中国风格，街道直线延展，两侧分布着院落。最为要紧的，"中俄恰克图通商后，张家口成为晋商从事进出口贸易的重要枢纽。出口贸易要先在张家口完税，然后运往库伦，经办事大臣检验部票，发放护照，方可运到恰克图出口。"[1]

这等于清政府将出塞贸易的管理机构设在了张家口，张家口遂成为内地通往外蒙和俄罗斯的贸易中心。自 1754 年起，俄国取消国内关卡，清政府也决定停止允许俄商每三年一次来京直接贸易，而将对俄贸易全部放到恰克图办理。恰克图贸易由 1737 年左右的不超过 1 万卢布，激增到 83 万卢布。

1755 年之前，常万达就来到了恰克图，他将恰克图贸易的前景看在眼里，但更多商人因贸易的不明朗而持观望态度。这一点也并不难理解，在 1762—1792 年的 30 年间，因俄国守边官员屡次违约恣行，中俄贸易曾 4 次中断，总计时间在 15 年之久。也是在这期间，俄国放开了对毛皮

---

[1] 邵继勇：《明清时代边地贸易与对外贸易中的晋商》，载《南开学报（哲学社会科学版）》1999 年第 3 期。

的国家垄断，允许私商经营皮毛，而屡开屡禁也并没有阻挡贸易的不断升温。1770年的恰克图中国买卖城已经是一个拥有400多常住人口的小镇，而1800年的贸易额由1757年的113万卢布增加到623万卢布。

1768年，常威主持分家，将"大德常"和"大德玉"分别交给他的两个儿子常万玘和常万达。此时的常万达果断先行一步，将在张家口经营的"大德玉"布号改为茶庄，并将主要精力和大部分资金放在了对俄的茶叶贸易上，这是常氏家族从榆次大布起家后的一次经营方向重大转变。

常万达及其他商人经营的茶叶量在1755—1762年间仅占到对俄进出口总额的6%~7%。当时中方对俄出口的主要商品是棉织品和丝绸，其中土布占据80%以上的份额，但茶叶在进口贸易中的比重日益增加，显示了常万达的眼光和判断。

英国人对中国绿茶格外垂青，素食腥膻的俄国人则酷爱浓烈砖茶。在英国通过海路往广州进口中国茶叶之前，与中国相邻的俄国就开始进口中国茶叶。1640年，俄使瓦西里·斯达尔科夫回国时带回华茶200袋奉献沙皇，俄国饮茶之风由此开始，尤其是西伯利亚一带以肉食为主的游牧民族，饮茶最甚。[1]

常万达在张家口先后建了大升玉、大泉玉、独慎玉三座茶庄，并在恰克图设立分庄，独慎玉茶庄还前往莫斯科从事贸易。内蒙古多伦、归化（今呼和浩特）、奉天（今沈阳）、没沟营口岸（今营口）、北京等地也出现了其家庭商号。不仅如此，常万达又直接将目光投向了中国南部的茶山，与之后的晋商一道，开辟了南起福建武夷、湖南安化、浙江建德等产茶之地，中转到张家口，再送往恰克图的绵延数千公里的"茶叶之路"。

---

1 刘建生、刘鹏生、李东：《回望晋商》，山西经济出版社2007年版。

在经济学者郎咸平眼中，原来的晋商还只是卖盐巴的小商人而已，这个时期就不一样了，他们开创了全世界独一无二的产业链经营。[1]他举例说，今天中国的工厂生产一个芭比娃娃，出厂价1美元，卖到美国的价格接近10美元。10美元减掉1美元的9美元是谁创造的？是除了制造业以外的所有大物流环节创造的，包括运输、包装、物流、仓储、批发、零售，整条大物流产业链创造了9美元的价值。

对于晋商而言，他们已经比现世的绝大多数企业家更睿智地发现，你要做一个成功的商人，必须掌控整条产业链，而不仅是制造。晋商从南方贩茶叶，从制造到包装，从加工到运输，从批发到零售，完全掌控整条产业链。郎咸平相信这是全世界第一条产业链的高效整合。[2]

南贩的茶叶一般在湖北中转，汉口是一个大的集散地。1683年，山陕商人已经将会馆设在这里，这是武汉规模最大的会馆。比较有意思的是，这一时期武汉周边及其向北的必经之路河南沿线的山陕会馆，如雨后春笋般地建立起来。仅以武汉周边的分布来看，就有随州、孝感安陆、荆门钟祥、宜昌当阳、十堰市郧西、襄樊老河口光化。仅今荆州一地就存在四所山陕会馆，分布在荆州、公安、江陵、石首。

与湖北交界的河南南阳的淅川县紫荆关镇、邓州、社旗（1756年）、唐河和驻马店泌阳、正阳也建起了山陕会馆。向北沿线的平顶山郏县（1693年），伊川、洛宁县老城街、洛阳，漯河舞阳北舞渡，许昌八里桥及靠近安徽的周口等地，也是如此。除此之外，山西商人还单独在河南安阳水冶镇、开封朱仙镇、洛阳（称为潞泽会馆，1744年）、许昌禹州等

---

[1] 郎咸平：《昔日晋商和美国人一样的成功》，载环球网，https://china.huanqiu.com/article/9CaKrnJl23B，2008年10月8日。

[2] 同上。

地建立了山西会馆。

之后，山西商队经洛阳、过黄河、入太行，再经晋城、长治，北进太原，再出雁门关至大同。从此，一路从杀虎口西行包头，至甘肃安西，进入新疆哈密、伊犁等地。另一路到张家口或归化，换成骆驼，运至库伦、恰克图交易后，运至伊尔库茨克、莫斯科。

这条联通欧亚大陆的南北茶叶之路，全程近5000公里，水陆转运需要3个月，足以同唐宋元明的"丝绸之路"相媲美。这一路下来利润可观，但其中的艰辛非常人所能体会。去库伦，一年里最多走两趟；到恰克图，一年就只能走一趟，大部分时间在路上。当时有一首民谣《提起个拉骆驼》唱道：

提起个拉骆驼，三星照路坡，蓝天当被盖，沙地作被窝，吃的是莜面沾盐水啊，提起个拉骆驼。

提起个拉骆驼，几辈受饥饿，冬天冻个死，夏天热个慌，受不完的罪过吃不完的苦啊，提起个拉骆驼。

清政府规定恰克图买卖城不许妇女居留，故在买卖城定居的都是一些单身商人和由他们从内地带来的12~14岁的男孩，这就是当时晋商长途贸易生活的写照。

1785年，常万达由商界推荐出席了乾隆皇帝的"千叟宴"。1796年，常万达去世，其子常怀等继承父业，继续拓展。到18世纪下半叶，恰克图贸易在俄国与亚洲各国贸易中居第一位，占贸易总额的68%。俄国从恰克图贸易中所征关税占俄国总税额的20%~36%。到嘉庆年间，像常家一样到恰克图设立商号的晋商达60多家，占在此经商商号总数的三分之一。常万达没有等到茶叶占据中俄贸易首位的那一日，但他的家族从他奠定的家业以及对贸易形势的研判和提前布局中受益。

与常家的发展路径一样，很多在张家口、包头、呼和浩特、辽阳等地发家的晋商此时已经有了家业上的积累。当他们的第一代退居幕后而第二代被推向前台时，他们看到了恰克图存在的贸易机会和茶叶的上升势头，乘势把家业推上了另一个高峰。

祁县渠家先祖渠济早在明代洪武年间，就带领渠忠义、渠忠信两个儿子，往返于潞州府长子县和祁县之间，贩卖土特产，用潞麻、黄梨交换红枣、粗布。不过时运未济，一直未能发迹。渠家后代渠同海走西口，在包头发家，其后代继承父业，先后开设长源川、长顺川、长裕川多家茶庄。最盛时，渠家的资产曾高达四五百万两白银，成为清代显赫的外贸世家。

起家乌里雅苏台（今蒙古扎布罕省扎布哈朗特，时为清朝设立的管理外蒙和新疆阿勒泰的军政机构所在地）的大盛魁商号，后来将总部迁至呼和浩特，也成为到恰克图贸易的一大商号。在辽东起家的太谷曹家是经营绸缎、布匹的巨贾，也在这时来到张家口设立锦泰亨商号，并在恰克图、库伦、莫斯科、伊尔库茨克设立分庄。

道光年间，中俄贸易处于空前繁荣阶段，中国每 5 元的贸易出口就有 1 元多来自通过恰克图的对俄贸易，贸易货值比乾隆前期增长 10 倍以上，而这一切来自茶叶出口的迅猛增长。

到 19 世纪 40 年代，茶叶已经居于恰克图输入俄罗斯的贸易商品的首位，棉布和绸缎退居次要地位，俄国已成为大清国仅次于英国的第二大贸易伙伴。到 1851 年，茶叶已占中国全部出口的 93%，从俄国进口的商品主要有毛皮、毛呢哔叽、金属和牲口等。[1] 茶叶贸易不仅使俄英等国

---

[1] 张正明、张舒：《晋商兴衰史》。

税收陡增，而且也为山西茶商带来了丰厚的利润。

可以说，中国沿北疆一线都活跃着晋商的身影。这些散落在各地的山西人，在明初中盐纳粮和九边屯军的政策下，大规模走向四方。他们以张家口为东口、以杀虎口为西口，进而串起了山西人走东贩西的一条贸易大动脉，而对俄罗斯贸易的晋商由东西口商人演化而来。山西两口沿线商人不约而同会集到事实上的一口通商之处——恰克图。从此，他们多了一重身份——外贸商人，并在这种跨越国境的市场竞争中成为佼佼者。

由此拓展而来的商道从苏杭、福建武夷山、武汉向北经过张家口—库伦—恰克图—伊尔库茨克—西伯利亚，一直延伸到莫斯科和彼得堡。沿张库商道及其辐射范围迅速崛起了张北、庙滩、多伦、贝子庙（今锡林浩特市）、归化、乌里雅苏台、科布多、二连、闹狗庙、嘉卜寺（今化德）等十几处商业城镇。

明嘉靖、万历年间，欧洲人开辟了拉丁美洲—菲律宾—广东贸易航线，这一航线横跨太平洋，且主要进行中国丝货贸易，故称"太平洋丝路"。张库大道则是世界上最长的草原丝茶之路，它是继阿拉伯人主导的海、陆丝绸之路和西欧人开辟的太平洋丝路之后的另一条欧亚贸易大通道。

初期晋商是晋南人多、晋北人少。明代山西盐商虽以平阳商人为最，但在明晚期的边贸市场上，晋中商人已经占据重要地位。如果说开中制和屯田制让山西南部平阳、泽潞商人成为当时山西商人的主体商帮和发展最高峰的代表，那么山西北部以汾州、太原两府的商人，在明末清初逐步崭露头角，并形成自己的优势，为清后跃居晋商首位迈出了重要一步。

平阳、泽潞商人以隶属平阳府蒲州的张四维家族和王崇古家族为代表。在晋中商人中，以汾州府商人领先，太原府商人后来居上。辽东市场上的商人是汾州过半，尽管至穷至苦之地，大同为第一，但仍吸引了晋中商人"踵世边居，婚嫁随之"[1]，这里的商贾汾、介居多。在张家口八大皇商中，晋中商人范氏（介休）、翟氏（榆次）占据两席。

入清后，呼和浩特最杰出的商号大盛魁是晋中商人所创，祁县乔家也是晋中商人的杰出代表。在恰克图贸易中，乾隆之后出口商品占首位的是茶叶，主要由晋中人经营，最大的商家是常家（榆次），经营绸缎、布匹的最大巨贾则是曹家（太谷），烟主要产自晋中曲沃。完全可以说，垄断恰克图贸易的晋商，主体是晋中商人。[2]

泛山西化的北疆：山西贸易商人版图

山西是唯一一个与蒙古有漫长的商业贸易交往的区域。从山西人活跃的北部边疆范围之广来看，从祁连山以东到北京以西的泛长城周边地带，都是一个泛山西化地区，这也是山西区位和商业力量决定的。

山西贸易商人是一个草根群体，他们中的绝大部分人出身草根，因家境拮据或遭遇灾荒饥馑，才外出谋求生路，或租地垦种，或受雇作佣，或贩夫走卒。

马市中的茶马互市与中俄茶叶贸易具有承接关系，但山西明代已经有所积累的盐商家族与最耀眼的清代中期外贸商人之间基本没有传承。尽管如此，他们都有一个共同的背景，那就是他们都与"走西口""走东

---

1 顺治《云中郡志》卷二。
2 刘建生、刘鹏生、李东：《回望晋商》。

口"有着一定的渊源。换句话说，盐商与外贸商人都是"走西口""走东口"的山西商民中的一部分。

在明代，走东西两口，首先源自戍边军屯和纳粮中盐的国家需要，其次才是生计；在清初，边民已经没有了烽火连天、号角长鸣的忧患，生计上升为第一位。虽然有此差别，但两个时代商民"春来秋走"的候鸟式生存方式、风餐露宿的艰辛是一脉相承的，此间建立和积累的对不同区域风土人情的了解、对区域间商品需求的发现与认识，以及由此建立的对商业机会的发现与敏感，无形中成为山西商民在新的历史机遇面前的一笔财富。

清王朝统一内外蒙古后，长城不再是蒙汉往来的屏障，没有蒙古各部落大军骚扰或压境之虞，军屯和中盐已经再没有如明朝那种迫切和必要，所以盐商风光不再，外贸商人则在一个安定祥和的环境中乘势而起。

山西外贸商人由东口商、西口商和对俄罗斯贸易商人三大块组成。东口商是在张家口或从张家口走向东北方向而发家的山西商人，他们的足迹遍及今辽宁朝阳、沈阳、营口，内蒙古多伦、呼伦贝尔和黑龙江齐齐哈尔。

前期代表人物是清初被清政府册封为皇商的范永斗等八人，他们以张家口为大本营，承接了女真族首领从辽东远道而来的物物贸易，这一时期的晋商具有外贸走私性质。后期代表人物是榆次常家和太谷曹家，他们分别在张家口和辽宁朝阳城发家。

西口商中的"西口"指杀虎口，位于山西省朔州市右玉县西北部。西口商就是指从杀虎口向西在归化、包头乃至青海西宁，甘肃兰州、敦煌以及叶尔羌（疆域包括今新疆吐鲁番、哈密、塔里木盆地）等地经商的山西人，或者从归化到库伦、乌里雅苏台和新疆哈密、乌鲁木齐、塔尔巴哈台（今塔城地区）经商的山西商人。

走西口的除了山西人，还有陕西、河北、北京、宁夏、天津等地的商人。不过，山西人最多，陕西次之。2009年开年热播的电视剧《走西口》再现了一代山西人走西口的艰难历程，剧情取材自民国初年，但事实上山西人走西口的故事早从明朝中期就已经开始。西口商在线路上并没有太多开拓，到达兰州后，再往西所走的线路敦煌—叶尔羌—乌鲁木齐—塔尔巴哈台，就是汉代与罗马帝国通商时形成的古丝绸之路。

"走西口""闯关东""下南洋"并称近代中国的三大移民浪潮。当时无数山西人为了生计背井离乡，用一代代人不懈的足迹和跋涉，开辟了一条沟通中原腹地与西北边疆及蒙古草原的经济和文化通道。

走西口是一部血泪史，也是一部民族贸易的开拓史。西口商群体，前期以在乌里雅苏台创办商号大盛魁的太谷人王相卿，祁县人史大学、张杰最为著名，后期以在包头创业的祁县乔家和渠家为代表。在阿拉善旗（先后归宁夏、甘肃、内蒙古管辖）的商号则以平遥董家的祥泰隆最为出名。

时至今日，以山西商人字号命名的城市街巷，犹存在的有张家口的日升昌巷，包头的复盛西巷，呼和浩特的定襄巷、宁武巷，乌鲁木齐的山西巷子，蒙古国科布多的大盛魁街等。在辽宁、内蒙古、宁夏还流传着"先有曹家号，后有朝阳县""先有复盛公，后有包头城""先有晋益老，后有西宁城"的说法。张家口的一些宅院保留着印记：四合院、高房子、单出水、无后窗，不仅防盗，而且私密，取"肥水不流外人田"之意。院中的排水口铜钱造型，意"水流钱留"，这些都是山西人留下的印记。现在蒙古国人去世，下葬的时候总是在头下枕一块茶砖，这是一种寄托和文化影响。蒙古的商品主要是用茶叶来标价的，1870年，在靠近今乌兰巴托市中心土拉饭店的库伦老市场，一头羊的前半身值两个半到四个黄茶。[1]

在多伦，人们特别爱听山西梆子，《十五贯》《算粮登殿》等都是多伦人爱听的曲目。当时归化城共有 16 大商帮，其中 13 帮为晋商，此外还有蔚县帮（原属山西大同，后属直隶宣化）、北京帮和回民帮。在山西 13 帮中，晋中地区占据 9 帮。早年，内蒙古地区盛行山西的北路梆子，到清代晚期，中路梆子即晋剧，占据上风。中路梆子源于蒲州梆子，最早主要活动在太原周围，清道光、咸丰年间盛行。

多数山西外贸巨商崛起的轨迹，基本上先从外出谋生、经商致富而起，之后回乡建宅，设置总号，然后走向全国，遍设网点。清初，晋中商人以张家口和包头为经商大本营。乾隆以后，张家口的地位未变，包头的位置被呼和浩特所取代。晋商一般将总号设在张家口或呼和浩特，然后将分号向北设到库伦，向东北设到多伦，向西设到乌里雅苏台、科布多等地。

从 18 世纪晚期开始，晋商将大本营从张家口、呼和浩特等地回撤到以山西平遥、太谷、介休等为中心的老家，并建筑、形成了一座座如今为我们所见到的以平遥和乔家大院为代表的极具山西特色的古城、古村和院落。这些古院落也成为山西商人在工商业近代化的过程中没有与时俱进的表征。

当南北商道向南延伸、贯通前后，山西商人的活动区域已不再拘束于张家口、北京、天津、陕西以及甘肃老西庙、新疆古城塔等北方区域，昆明金殿的铜鼎、扬州的亢园、亳州的花戏楼等都为山西商人所建，著

---

1 [美]艾梅霞：《茶叶之路》，郭玮、范蓓蕾译，中信出版社 2007 年版。

名的贵州茅台酒也是 1704 年山西盐商雇用杏花村汾酒厂工人和当地酿造工人共同首创。从分布在各省的山西会馆来说，山西商人的足迹已经踏遍大半个中国。历史上，只要有山西商人的地方几乎就有山西会馆，全国共有 200 多处。[1]

中国古代的商道大多数是东西走向，从隋唐到两宋，都城从西安、洛阳、开封到杭州的变化，以及用大运河连接起的洛阳—杭州的水路交通，都显示了这种东西走向的贸易特点。从局部来说，山陕盐商从山西河东盐池到河北长芦、两淮贩盐的递进，从外商到内商的身份转变，也体现了这种趋势。元、明、清三朝定都北京，京杭大运河在一定程度上弥补了南北贸易通道较少问题。

到中俄将恰克图开辟为陆路贸易口岸时，另一条从莫斯科到张家口再到苏杭的南北贸易大通道形成。这一通道的一头连着俄罗斯的皮毛，一头连着苏杭的绸缎、棉布。当茶叶贸易取代丝布而跃升为中俄贸易的主要商品时，由武汉辐射的福建武夷山，两湖蒲圻、临湘，江西河口等地，取代苏杭而成为贸易的主要源头，山西商人势力更多地延伸到南方各地。

当晋商在恰克图对俄贸易时，广州海上一口通商的地位也让福建商人、徽州商人纷纷南下，从而形成了一个以广州为中心的经济辐射区域。这是两个逆向的辐射，分水岭在武汉、苏杭一线。尽管广州—恰克图的贸易通道形式上已衔接成为一条直线，遗憾的是，恰克图和广州的贸易量能辐射的范围，外半径都指向了福建、江西和两湖的茶场，而从恰克图到广州的皮毛成本远高于从海路而来的同样货物。

换句话说，这条路由两条半截的通道拼接而成，而非人、财、物的

1　李希曾编：《晋商史料与研究》，山西人民出版社 1996 年版。

自然贯通，或者说两者的辐射力到达武汉或苏杭后都稍显式微。此时，把华北平原和长江流域连接起来的只有运力不足的大运河。晚清之后，京广铁路先北京—武汉（1906年）、后武汉—广州（1936年）的开通，才真正让中国南北贯通。只是这时，北边贸易早已衰微，而上海稳执中国经济之牛耳。

山陕商人："术"字形的会馆见证

最早的会馆是接待赴试举子的"试馆"，为招待同乡应试举子和来京官员、士绅所设置。之后，会馆成为联谊乡情、沟通商务、唱戏娱乐、结交绅官的场所。山西商人到了一个地方以后，不许纳妾，不许携带家眷，因此当他们在一个地方形成气候以后，都会在当地建立会馆，作为听戏、聊天、联络感情的场所。

另外，商人离开父母而在千里外营生，深感"身与家相睽，时与命相关"[1]，就把消除灾患的朴素愿望，"惟仰赖神明之福佑"[2]。所以，晋商会馆中崇奉关公，承载着晋商共同的精神寄托。

清人杭世骏说："会馆之设，肇于京师。"[3]前期的会馆多由行业商人或者县域商人所建。明朝时期全国各地在北京所建的会馆，有据可查的共有41所。其中，5所山西会馆占总数的12%强，建于万历以后，分别是山西铜、铁、锡、炭诸商创建的潞安会馆，山西颜料、桐油商人创建的平遥会馆，临汾众商创建的临汾东馆，仕商共建的临汾西馆，临、襄二

---

1 《泌阳县志》卷十·艺文志。
2 同上。
3 《吴间钱江会馆碑记》。

邑汾河以东商人创建的山右会馆。[1]

素为京城人称道的六必居酱菜园、万全堂药店、洪吉纸号、都一处饭馆等，都是留传至今数百年的老店。六必居是临汾赵氏于明嘉靖年间开设，万全堂设于永乐年间，比同仁堂药店老得多。

在北京所存的55个商业行会中，山西会馆占据15个。其中，建于明代者5个，年代不详者2个，其余8个全部为清朝雍、乾、嘉时期所建，占27%。光绪时，尽管有些山西会馆或倒闭或为公所取代，但尚存45所，占当时会馆总数387所的11%强。其中，省馆9所，在各省数量中位居第一，占总数61所的14%强，这说明在京晋商的数量之多、规模之大；县馆24所，占总数174所的13%强，也是数量较多的一个，这表明崇商、经商不是个别县府的地方特色，而是在全省范围已形成气候；行馆6所，占总数23所的26%强，也是数量最多的一个。此外，还有府馆6所。在北京之外，山西商人还在以下地区建立了山西会馆：

新疆：巴里坤、乌鲁木齐；

宁夏：银川（亦称太汾会馆）；

甘肃：酒泉、张掖（时称甘州，1730年）、永登（建于1756年，兰州通往青海、河西走廊及新疆的交通要道）；

陕西：西安；

内蒙古：多伦（1745年）；

天津（1761年）；

辽宁：辽阳、铁岭、海城、朝阳、沈阳；

吉林省：吉林；

---

[1] 刘建生、刘鹏生：《晋商研究》，山西人民出版社2005年版。

黑龙江：宁安、五常拉林镇；

河北：保定、永清、大城、吴桥、张家口、故城、任丘、蠡县大百尺镇、迁西县三屯营；

河南：安阳水冶镇、开封朱仙镇、洛阳（称为潞泽会馆，1744年）、许昌禹州；

山东：泗水、曲阜、东平、菏泽、馆陶、恩县、东阿、济南；

安徽：泗县、六合、芜湖、涡阳；

江苏：徐州（1742年扩建相山神祠，改称山西会馆）、苏州（1765年初建，毁于兵火，1879年至民国初年新建）、南京、镇江、盛泽（大馆圩和西肠圩两处）；

浙江：杭州；

上海（一个山西会馆，一个汇业公所）；

四川：自贡；

重庆。

其中，晋商较为强势的区域主要分布在辽宁、河北、山东、河南，安徽与江苏次之。在商品经济发展较快的苏杭地区，甚至康熙皇帝巡视后都感叹说："今朕行历吴越州郡，察其市肆贸迁，多系晋省之人，而土著者盖寡。"[1] 不仅如此，山西商人在湖南湘潭，还联合陕豫鲁冀四省商人共同建造了北五省会馆（1665年），但更多的会馆还是与陕西商人联合建造。在明朝盐商中，陕西商人也是一支劲旅，它几乎与山西商人一道受益于边区的经济和屯田政策。与晋商一样，陕西商人的经营领域并不局限于盐，经营区域以泾阳、三原为中心，重点辐射西北及川、黔等西南

---

1 《圣祖仁皇帝实录·卷一百三十九》，《清实录》。

地区，又被称为秦商或关陕商人。

黄河由北而南将陕西和山西隔开。陕西的渭水由西向东在潼关汇入黄河，山西的汾河由北向南在河津汇入黄河。早在春秋战国时期，两地即有秦国与晋国三次联姻的秦晋之好的故事流传。到明朝，从山西的永宁、太平、蒲州渡河可以分别到达陕西米脂、三原、同州，通过咸阳的水陆码头经渭水也可直达山西。山西的炭、铁、枣、酒等被晋商"车推舟载，日贩于秦"，而山西平阳、蒲州、解州、汾州等地因人稠地狭，粮食"向赖陕省商贩"。[1]山西、陕西商人或就近买粮上纳，或就地屯种粮食上纳，有地近和地利之便，因此早期无论是边地还是支盐的淮、浙地区的盐商，均以山陕商人特别是陕西商人实力最为雄厚。[2]弘治五年（1492年），户部尚书叶淇变法后，"山、陕富民多为中盐徙居淮、浙，边塞空虚"[3]。两省商人逐渐以两淮为中心，以扬州为基地，扩大经营范围，向全国市场扩展，与徽商共分霸业，成为南北对峙的两大盐商集团。被普遍认同的观点认为，陕商在两淮盐业贸易中比晋商更有优势。这不是因为陕商掌握的资源更多，而是由于他们的商业兴趣范围更广，相比之下晋商更为有限，所以，明朝后期，支配北方盐业贸易的是陕商，而徽商则支配着南方的商业。用谢肇淛的话说，陕商"财富胜于徽商"。

明代著名科学家、《天工开物》作者宋应星也曾说，"商之有本者，大抵属秦、晋与徽郡三方之人"[4]。陕商被排在三帮之首，应不是无中生有之事。在明清众多的陕西巨商中，渭南孝义镇的赵家可算是首屈一指。

1　黄鉴晖：《明清山西商人研究》。
2　范金民：《明代地域商帮兴起的社会背景》，载《清华大学学报（哲学社会科学版）》2006年第5期。
3　[明]胡世宁：《备边十策疏》。
4　[明]宋应星：《野议·盐政议》。

清末著名小说《官场现形记》开头就从孝义镇赵家的一个子孙中状元写起，以赵家为代表的陕商当时在全国的影响可见一斑。

赵家从明朝初期利用食盐开中政策，力农致富，家资数百万。到了清代主要是经商发财，一门九府，皆是富户。赵家主要经营盐业、布店、典当、茶庄、粮店等，在西安、咸阳等地生意店铺很多。当时渭南流传着这样的说法，孝义镇富商的银子之多，犹如赤水边的蚊子。

陕商最盛是在清朝以后，在西北大学教授李刚看来，那时陕商向四川腹地进军，在清初百余年间几乎掌握了四川的金融命脉，进而垄断了四川井盐生产资本总量的八成以上，随后又把经营势力扩张到云贵各处。在北部汉蒙边地上陕西商人通过"布马交易"把贸易触角深入伊克昭盟（今鄂尔多斯市）各旗，并逐渐成为"旗地经济的实际掌握者"。依靠这一优势地位，他们又一手培植了以皮货贸易为特色的明清陕北经济。[1]

如果说陕商富于徽商的话，那也是不长的时间。陕西商人的传统强势区域在西北和西南。他们在新疆建有陕西会馆，在甘肃康县与甘肃商人共建了陕甘会馆。四川堪称陕商的大后方，以盐与茶搭台，陕商建有成都历史上最早的会馆（1663年，后为大火所烧）。

康熙年间，外省商贾尚无力修建会馆，陕西会馆一度是成都城区唯一的会馆。雍正、乾隆以后，外省会馆才如雨后春笋般冒出，譬如1756年修建的山西会馆和江西会馆，1768年的贵州馆街和湖广会馆。除此之外，陕西人还在四川安县、叙永、双流、绵竹、什邡、雅安、阆中、自贡等地建立了会馆。

明朝初年（1376年），陕西设置布政司，管辖陕西、甘肃、宁夏、内

---

[1] 杨斌鹄、尚云：《陕西商帮一段逝去的经济辉煌》，载《西安日报》2006年5月。

蒙古河套及青海西宁等地，到了清朝（1666年），甘肃、西宁、宁夏从陕西省分出，由甘肃管理。此时的甘肃及同样与山陕两省毗邻的河南成为山陕商人联手开拓的重点市场，湖北则是两省商人共同扩大市场影响的另一区域。

作为两省商人传统友谊的象征，山陕商人在不同的区域建造了很多山陕会馆。从地图走势上来看，两省商人联建的会馆总体呈现一个"术"字形。一横即从西向东所涉及的区域，依次是：青海西宁，甘肃临夏、古浪县土门镇和大靖镇、兰州山字石、皋兰、榆中、景泰、定西、甘谷、天水，陕西监军镇，河南洛阳（1711年）、开封（1776年）（道光时，陕商加入，易名山陕会馆。1933年甘肃商加入，又易名山陕甘会馆），山东聊城（1743年）。

由南向北沿线是一竖，分别是：山西临汾浮山；河南新乡辉县，许昌八里桥，平顶山郏县（1693年），周口（1681年建沙河南岸会馆，1693年沙河北岸会馆），漯河舞阳北舞渡，南阳社旗（1756年）、唐河，驻马店泌阳和正阳；湖北随州，孝感安陆，汉口（1683年初建，毁于1854年战火，1870—1895年复建。山陕会馆在汉上是规模最大的会馆），荆门钟祥，宜昌当阳，沙市（今荆州）及荆州公安、江陵、石首；广东广州、佛山。

向左那一撇沿线是：河南洛阳伊川、洛宁县老城街，南阳淅川县紫荆关镇、邓州，湖北十堰市郧西、襄樊老河口光化，四川宜阳、灌县（今都江堰市，后与湖广等组成七省会馆）、温江、康定、西昌、会理，云南晋宁，向右那一撇是安徽亳州、芜湖，江苏扬州，福建福州，那一点是河北张家口阳原县。

群商闪烁的百年商业家族

晚清以来，除了荣氏兄弟和一些老字号等，中国家族企业传承至今的屈指可数，但在当年山西贸易商人群体里，整个家族商业史超过百年者比比皆是。

介休常氏家族事业从乾隆时期从事贸易发家算起，到清末民初延传已经 200 多年。电视剧《乔家大院》的原型乔氏家族，从乾隆四十一年（1776 年）出外谋生，到 1952 年才结束全部产业。旅蒙第一大商号大盛魁从 1700 年开始，一直做到 1929 年，两者都传承 200 多年不倒。1736 年，山西汾阳商人王庭荣创办祥发永账局，从清初到民国初年存在近 300 年。日后中国票号鼻祖日升昌存在 109 年，这还没有算改成日升昌的颜料行西裕成的存在时间。

太谷曹家一开始在朝阳谋生、做生意，后把生意由朝阳发展到赤峰、凌源、建昌、沈阳、锦州、四平等地，经营范围由豆腐、养猪、酿酒、杂货发展到典当、日用百货等。极盛时，曹家的商号遍及东北、华北、西北及华中各大城市，并远设于蒙古和俄国的西伯利亚、莫斯科。资本总额达到白银 1000 万两，传世 24 代，历经 300 余年。

太谷王相卿和祁县史大学、张杰也是走西口的诸多山西人中的一员，但谁也不会想到，之后三个人创造了中国贸易史上的一个伟大奇迹——他们所成立的大盛魁商号成为清代山西人开办的对蒙贸易的最大商号，极盛时有员工六七千人，商队骆驼近 2 万头。到清嘉庆初年，大盛魁已发展为称雄塞外市场的垄断性大商号。清同治到光绪初年，大盛魁达致极盛，积累了 2000 万两银子，每年贸易金额达 900 万~1000 万两银子。

他们是跟随清军在 1690—1696 年间三次征讨噶尔丹的三路大军中

的西路军而西行及北上的。西路军驻守归化，统帅是费扬古将军，他曾为努尔哈赤报过杀父之仇。而归化是塞外草原第一座像样的城池，建于1572年，这是俺答汗从明政府得到"顺义王"的称号和大印的第二年。

由于要深入漠北不毛之地作战，粮食等军需供应是一大问题，清政府就准允商人随军贸易。三人就是随军贸易中的三个肩挑小贩。王相卿善于统筹管理，史大学精于算计，张杰马贼出身，敢说敢做，三人搭档还是一个不错的团队。在清兵击溃噶尔丹后，主力部队移驻大青山，三人便在杀虎口开设商号"吉盛堂"，打个杂，帮个伙。

王相卿和两个年轻人一起，用扁担挑着货物到各个军队的帐篷里出售，一开始，商品包括烟草、食品和茶叶，但生意并不是很景气，与乔贵发早先一样，两个年轻人就回到了家乡，只有王相卿在坚守。王相卿从蒙古人那里购买牲口和肉，在熟悉了游牧民族的社交习惯的同时，也逐渐学会了蒙古语，这成为日后他在大草原上做生意的先决条件。[1]

战争结束后，原来充作汉蒙交易市场的"马市"已经因为江山的一统和安定而没有存在的必要。费将军的部队驻扎在漠西蒙古的乌里雅苏台，这个地名意思为"有杨树的地方"。这个地方成为蒙古满洲军队的前营，后营则在科布多。之后，有关王相卿跟着来到乌里雅苏台发迹的故事充满传说和传奇色彩。

据说一个蒙古王公的女儿得了重病，濒临死亡，王相卿给她服用了一种源自山西的珍稀秘方药物"龟灵集"，救下这位小姐的命。为报答救命之恩，这位蒙古王公把她的女儿嫁给了王相卿的第三个儿子，王相卿的商业贸易网络随后无限量地发展起来。

---

1 梅洁：《商道》，载《报告文学》2002年第3期。

尽管康熙后期，清政府对旅蒙商制定严格的贸易禁令，譬如，旅蒙商赴蒙贸易必须获主管蒙古事务的理藩院或归化城将军、察哈尔都统、多伦同知衙门的批准，领取"部票"（亦称龙票），才可去指定的蒙旗进行贸易。部票要写上商人的姓名，经营商品的名称、数量、经商地点、起讫时间等，但有着随军贸易和蒙古王公贵族背景的王相卿还是拿到在蒙古各处通关的执照，同时包揽了蒙古的皮货贸易。

最盛时，大盛魁在浙闽山地购买数百亩茶山茶场，包办茶叶的全部收售加工；又购置桑园千顷，并设立收购丝绸的机构，将南方紧缺的货物尽力收购来垄断在手；然后通过水陆两路运至北京，而在张家口的大盛魁成为南货最大的集中地，从俄蒙商人那里换回皮毛、牛羊、鹿茸、蘑菇、羚羊角、水晶石、麝香、药材、黄金、白银等。从创业之初，至新中国成立前夕关门歇业，大盛魁绵延200余年，经商足迹遍及全国各省及俄罗斯和中亚诸国，雄踞塞外而傲视天下。

不仅晋商，徽州盐商江氏家族三代传承担任总商，持续114年。广州十三行潘家两代传承也超过百年，但它是十三行中唯一一家超过百年的商业家族。清代百年商业家族的群现不是偶然现象，一则得益于海路和陆路的持续开放，二则得益于整体的和平大环境。但有清一代，最为显眼的仍是晋商。

就徽商而言，其家族传承在很大程度上受制于两淮盐业政策的稳定性，当腐败和特权横行于盐务时，这种传承便无以保证。就海上贸易商来说，明清中国海上贸易政策时紧时松，相当长的一段时间内处于封闭状态，处于走私状态下的家族在官方持续打击下，不可能传家。无论徽商王直，还是闽商郑芝龙，莫不如此。

到一口或多口通商时，海上贸易只能坐等外商前来，不准出海行商，但恰克图陆上贸易不受此限。就晋商来说，因为清朝本身是满人所建，有清一代基本不存在明朝北部频受外族侵扰的历史。清朝统治者来自草原的背景，让先前万里长城防不胜防、仅有骑兵巡逻其间的局面不复存在。鸦片战争前中国只有对准噶尔的局部战争，这种外在环境对中国商帮持续发展至关重要。

山西外贸商人是中国商帮史上商业传承历史延续时间最长、涉及家族最多的商帮，这得益于北部持续安宁以及恰克图长期陆路一口通商的地位，但当鸦片战争、太平天国运动等既给粤闽商人带来机会，又打乱其节奏时，晋商重构商业逻辑，以汇兑业为切口，开创票号时代，轻资产运作，顺理成章完成由外贸商人到票号商人的过渡，延续了商脉。在和平与开放的大背景下，假以时日，未来中国再涌现一批百年商业家族绝非传奇和梦想。

第九章 十三行商人：从边缘到中心

以台湾被清朝收复为标志，郑氏海商家族覆灭，清政府宣布废止沿海"迁界令"，于1684年开放海禁，并在第二年指定广州、漳州、宁波、云台（连云港）为对外通商口岸，设立粤、闽、浙、江四海关。这标志着中国自唐代以来1000多年市舶制度的终结和近代海关制度的开始。

与明朝时太监掌揽外贸大权不同，四口通商口岸的管理机构由司礼监改为户部，监督角色由满族官员或者巡抚大人兼任。一开始，广州港的地位并不显赫，在经历了80年的历史演变后，才逐渐风光起来。

从塌房、官牙到十三行

"牙"字在古代也被用来指交易中介人，有关这方面的最早记载见于唐代开元年间。两宋时期，牙人必须从政府手中领取"付身牌"，才能成为合法的经纪人。为经营与辽、西夏之间的榷场贸易，两宋时官府招募了许多出色的牙人做官内牙人,而关于"牙行"的最早记载始自元代。明初时官方禁止"牙行"贸易,试图建立一种被称作"塌房"的商业经营模式。"塌房"初设于京师,它的定位是"以蓄四方客货,富实京师",具有一统京城商业的意图,这是一套官营贸易体系。但商人们认为,"买货无牙,称轻物假;卖货无牙,银伪价盲",官方同意设立牙行,但要置于政府的监控之下,"官牙制"应运而生,牙商成为官营贸易体系之外唯一的中间贸易合法商人。它的出现意味着对"塌房"官营贸易体系效果的否定。景泰以后,"塌房"之名逐渐消失于史书记载之中,这说明以"塌房"经营模式为主体的官营贸易体系已经严重衰落。[1]

嘉靖时,广东市舶司中的客纲、客纪等都属于官牙,市舶司所属的保舶牙人逐渐发展成为牙行。"凡外夷贡者,……其来也,许带方物,官设牙行,与民贸易,谓之互市。"[2]

从明代至清初海禁解除之前,还有一批被称作"揽头"的人,他们来往于广州澳门之间,不但直接与外商交易,而且跟随政府官员参与对外交涉,并对外商的行为负责。当外商有违法行为时,揽头即便没有过错,也要负连带责任,这是古代政治上的连坐政策在经济领域的体现。

1685年,延续千年的"市舶司"制度寿终正寝。这意味着由官吏直接介入与外商交易的行为不被鼓励,官方开始指定商人,在今天广州十三行路设立"洋货行",统称"十三行",来进行进出口贸易。这样,以"十三行"为代表的牙行商人登上历史舞台。

这些牙商在登台之初就兼具官商气质。首次遴选商人参与牙行贸易

---

1 胡铁球:《"歇家牙行"经营模式的形成与演变》,载《历史研究》2007年第3期。
2 [明]王圻:《续文献通考》卷三一。

的招商由广东巡抚李士祯在康熙二十五年（1686年）四月组织，在《分别住行货税文告》中说：

今公议设立金丝行、洋货行两项货店。如来广省本地兴贩，一切落地货物，分为住税，报单皆投金丝行，赴税课司纳税；其外洋贩来货物，及出海贸易货物，分为行税报单，皆投洋货行，候出海时，洋商自赴关部纳税。……嗣后如有身家殷实之人，愿充洋货行者，或呈明地方官承充，或改换招牌，各具呈认明给帖；即有一人愿充二行者，亦必分别二店，各立招牌，不许混乱。一处影射，朦混商课，俱有违碍。此系商行两便之事，各速认行招商，毋得观望迟延，有误生理。[1]

大意是说，凡是"身家殷实"之人，只要每年缴纳一定的白银，就可作为"官商"包揽对外贸易，但招商情况并不理想。一年后，李士祯与两广总督吴兴祚在会奏中说，"今货物壅滞，商人稀少"。

广州外港：从澳门到黄埔

明末清初，中国的海外贸易中心一直在浙江宁波双屿，福建漳州月港、厦门一线。尽管广州离南海距离更近，但较之广州，厦门、漳州更接近中国的生丝、丝织品、茶叶产地。在四口通商之初，广州港的优势并不明显。

传教士曾德昭于1613年来到南京，在中国待了22年。其间，他写了一本书叫《大中国志》。在他看来，"（浙江）论富庶它超过许多其他省，可以称作中国商品潮流的最佳源头。它的特产是丝绸，无论生丝还是成

---

[1]《粤海关志》卷八，税则一。

品，也不管是茧还是原料，都运往各地。总之，中国输出的丝绸，都产自该省。"[1]

1679年12月，清政府准许澳门与广州间开展陆路贸易，到1684年，澳门一直是清朝唯一的海外贸易通道。因考虑到澳门历来是广州外港，1688年清政府在澳门设立粤海关澳门总口和四个税口，并宣布澳门隶属广州府香山县管辖，澳夷视同为子民。对澳葡商船征收与中国商船相同标准的船钞，只及其他国家的四分之一，葡商不仅可抵广州交易，还可随时进入关闸，与香山县牙行直接交易，这是其他国家商人无法得到的贸易自由。[2]

1607年，荷兰从澳门运茶到印尼万丹，然后于1610年带回荷兰，这是西方人来中国运茶的最早记录，从而揭开了中国与欧洲茶叶贸易的帷幕。由荷兰人所开创的中欧茶叶贸易的兴起，牵引了新一轮中欧贸易的发展。1688年，荷兰人率先将商船开到澳门港，这是荷兰商船少有的以和平通商姿态进入中国的门户。

之后，其他国家船只也进入澳门港，但澳门葡商认为，澳门历来是葡人独处之地，所以竭力阻挠其他国家商船进入澳门。尽管葡商几乎垄断了澳门乃至中国对外的茶叶输出，但从1709年起，澳门仍陷入经济困境之中。到1716年，澳葡已负债累累，极度衰落，澳门议事局接二连三向里斯本告急。对此郑永常这样分析：

---

1 [葡]曾德昭：《大中国志》，何高济译，上海古籍出版社1998年版。
2 当时，交易季节大约从每年10月到次年1月，即从秋初西南季风停息时到冬季的东北季风刮起时。根据粤海关的规定，外国商人要先将船舶停泊到澳门，在缴纳停泊税后，拿着澳口海关发给的红牌，雇用被官方指定的引水员、通事（翻译）和买办（包办船舶及船员的给养等），由他们将商船引领到虎门，确定税额后抵达黄埔，再经粤海关查验，缴纳船钞和货税，进入与十三行行商进行交易的环节。

葡萄牙对东南亚的海外贸易，由王室所垄断，是一种"单边性贸易"，葡萄牙人拿不出物产与东方交易，王室要从欧洲带来大量黄金和白银才能购买东方的胡椒、香料及丝绸，因此债台高筑。为改变这种局面，早在1570年葡王室就放弃了对胡椒及香料的垄断权，允许葡萄牙商人从事这类贸易，但是白银出口仍为王室所垄断，所以葡商的经营规模一般不大。事实上，葡萄牙人在军事上和宗教方面的花费太多，超过了他们在商业活动中获得的利益。因此，葡萄牙在东亚的贸易没有为国家带来大量的收益。[1]

中国社会科学院金点强团队认为，荷兰、英国和北欧的资本主义经济蓬勃发展，推动它的主要动力是一般平民的需要，而伊比利亚国家的海外贸易从本质上来说是奢侈品贸易，它满足的对象是国内的少数富人。因此，在当时的欧洲，葡萄牙和西班牙并不能凭借一种外向型经济而居于资本主义经济体系的中心。[2]

在被逼无奈的情况下，其他国家商船驶入黄埔，直接推助了广州贸易地位的提升。1715年后，各国商船再也不进澳门港，这种情况到1724年成了定例，黄埔取代澳门迅速上升为广州外港，广州又回归到中国对外贸易的中心地位。

四口争胜

1715年，当各国商船不再入澳门港时，发生在厦门的一起武装冲突

---

[1] 郑永常：《晚明（1600—1644）荷船叩关与中国之应变》。
[2] 金点强：《葡西双雄称霸海洋百余年》，载凤凰咨询，https://news.ifeng.com/history/1/jishi/200804/0423_2663_505247_3.shtml，2008年4月23日。

让英商再度把目光投向广州。有文章这样描写了当时的经过：

起因是中国商人欠了英商的2600两货款，不愿还，反而勾结当地官员一道，设法赖账，要将英船"安尼号"赶出厦门港。英商自然不干了，他们把一艘要开往巴达维亚载货的中国帆船扣了下来当作人质，以此逼中方发还欠款。这边，中国水师受命，派船去夺回被扣下的中国货船，从而与"安尼号"发生炮战，打了个昏天黑地。这一事件发生后，（英国）东印度公司下令，所有驶往中国的船员，全部转向广东口岸进行贸易。[1]

第二年，正当澳葡商人接二连三向里斯本告急之时，三艘英国东印度公司商船抵达广州，它们的到来受到粤海关监督的热情欢迎。1716年，有11只外国商船到广州贸易。

1717年，茶叶已经代替丝绸成为清朝对英贸易的主要出口物。与清朝贸易的是垄断英国对华贸易的东印度公司。1702年的广州，外贸并不兴盛，捐资白银4.2万两就可以成为皇商。但1704年来自英国的五艘商船商人却拒绝与皇商做买卖，他们通过行贿，与行商进行了私下交易。

从18世纪初开始，十三行商自感势单力薄，一直寻求建立一个组织，以与垄断对华贸易的英国及荷兰东印度公司对等。福建籍的十三行行商凌官和安官在1720年前曾垄断对外贸易。1720年，凌官突然去世。对十三行具有深远影响的事件出现在他死的这年年底，十三行行商组织成立了十三行历史上首个商业行会团体，即公行。安官、谭康官等十三行的行商们在神前杀鸡歃血，结为同盟，并制定出十三条"公行制度"。这是十三行贸易史上行商们第一次正式公开结盟，而且制定了共同执行的"商贸天规"。

---

1 敖叶湘琼：《谭康官与顺德籍行商》，谭元亨主编，中国评论学术出版社2009年版。

天规规定，手工业品如扇、漆器、刺绣、国画之类交由普通商家任意经营贩卖，但其他商品，各行商要以一个拳头对外，共同议价货价，包括外省商人到广州与外商交易，公行也要介入协定货价，以避免大家竞争，让外商"买贱卖贵，则行商必致亏折"。而对公行负责最重及担任经费最大者，其所揽得的贸易份额也相应最大。

虽然之前并没有正式、公开的组织出现和白纸黑字的约定，但公行所要达到的目的——对公行外成员的贸易种类限制，共同议价，贡献大者具有贸易优先权等，一定为先前的皇商们所心照不宣。

两种商人立即反对公行的成立，一是没能进入公行的商人，二是外国商人。当时英商与中国的贸易量最大，他们从中看到垄断的迹象，就以停止到华贸易为威胁，迫使看重税收的广东当局撤销公行。

英国"麦士里菲尔德号"轮船商人站了出来。20年前，是这艘商船打开了中英贸易的大门。他们站出来的原因，一则由公行商人垄断市价不符合自身利益；另一则非公行商人也向英商大班诉苦，公行不得不做出一些让步，让非公行商人同样有条件限制地参加瓷器与茶叶生意。之前，非公行商人与外商从事瓷器和茶叶生意要给公行缴纳相当于货价20%-40%不等的款项。[1] 当时，广州港的地位尚未稳固，如果广州当局无视英商的要求，外国商人也可以选择到厦门、宁波或者松江贸易。最终，广州公行在建立半年多后解散。广州十三行商人心有不甘，甚至跑到厦门成立了一个公行，但同样面临着广州公行为外商所反对的情形。

1727年，那艘由各国的联合公司派来的"奥古斯塔斯王子号"商船抵达珠江口，其大班向前来的行商提出，他们要从陆路或水路到厦门交

---

[1] 敖叶湘琼:《谭康官与顺德籍行商》。

易，并在厦门签订运送丝织品的合约，但得到否定答复。

如果是以前，行商可能会遵照外国大班的意思执行，但这时，广州十三行商人对这种行为说了"不"。外国大班将信将疑，就又与另一位行商谭康官提出这种要求：

他们劝说谭康官同去厦门，因为他们得到"秘密命令"，如在广州受到勒索，这一年就上厦门，但谭康官告诉他们，英国人久已不至厦门了，装运、办手续会有不少困难。还是不去的好。末了，大班找了一位官商，一位满大人，而且刚刚从厦门调来，谁知这位官商也拒绝了，并说，你们不可以再劝诱任何一位行商同去厦门，因为他们如今已经不再受前任巡抚兼海关监督的敲诈勒索了。[1]

此处所说的前任巡抚兼海关监督就是杨文干，他在处理外事上与大班不甚投机。此时，他不得不回老家"丁忧"，新任代理巡抚则相对温和一些，他提出要见大班。本来大班借口要上厦门而不去见他，但后来还是去了，并受到礼遇。经过一番争论并权衡利弊之后，英商留在了广州。不管怎样，经济发展环境对于招商和外贸的影响在当时已经可见一斑，外商最终用脚投票决定了去留。

但对于广州港收费不合理之处，马士在编年史中记录道："我们在这一天内同时交付通事1950两，由谭康官担保，当作我们的船送给道员总督及其他大官员的规礼；按照现行的惯例，它已被视为和船钞相同的课征。"[2] 这是在已缴的法定船钞费1320两后，又再缴纳的。对于"礼银"，

---

1 敖叶湘琼：《谭康官与顺德籍行商》。
2 马士，美国人，西方世界研究近代中西关系史的奠基人，曾在中国海关总税务司赫德手下供职35年，官至清朝二品，退休后移居英国，潜心著书立说，他在翻阅东印度公司有关档案的基础上，编著了《东印度公司对华贸易编年史》，是系统研究中国外交关系的第一位西方学者，对中国问题专家费正清影响极大，费正清称马士为继父。见敖叶湘琼：《谭康官与顺德籍行商》。

外商一直心存芥蒂，这成为未来一百年内中外磋商和讨论的一个特别事项。1689 年，英国东印度公司一艘商船驶入广州港缴了 300 两礼银，到此时要缴 1950 两，海关监督官员的胃口也越来越大。[1]

1728 年，马士在其书中曾引用当时大班向董事会的报告说："此处现在有一个集团，由四位商人组成，坚持除以他们的名义外，任何人不得运送货物。"到 1732 年，闽人陈汀官、陈寿官、黎关官也被描述成"任其垄断"的十三行行商。

继英国东印度公司 1685 年在广州首设商馆后，越来越多的欧洲国家来华通商，法国于 1728 年，荷兰于 1729 年，丹麦于 1731 年，瑞典于 1732 年在广州设立商馆。之后，英商和 1732 年搭乘"哥德堡号"木帆船来广州通商的瑞典商人逐渐成为中国主要的海上贸易伙伴。

1736 年，25 岁的乾隆皇帝继位。8 月，在广州的英、法、荷大班联名向大清皇帝申诉征收 1950 两的规礼银不合理。之后，这项收费被叫停。同年 10 月 29 日，荷兰东印度公司董事会派出两艘船直接到中国买茶，于是，中荷贸易由原来的中国—巴达维亚—荷兰的间接贸易形式逐步变成荷兰—中国的直接贸易形式。

在 1739—1756 年的 17 年间，粤海关关税收入共 154.9 万两，平均每年 26.8 万两，占四个海关关税总额的 61.8%。[2] 而根据马士编著的《东印度公司对华贸易编年史·英船到华数目统计表》，从 1685 年康熙开海，到四港通商结束前的 1753 年，英国东印度公司来到中国各口岸的商船共计 189 只。其中，广州粤海关有 157 只，占总数的 83%；厦门闽海关有

1　[美] 徐中约：《中国近代史》。
2　黄启臣：《清代前期海外贸易的发展》，载《历史研究》1986 年第 4 期。

17 只，占 9%；宁波舟山有 15 只，占 8%；上海江海关无英船到达。在 1737—1753 年的 16 年间，英船进口全在广州，说明四海关开放时期，主要的对外贸易集中在粤海关，其他三处仅是陪衬。[1]

"中国通"改变的历史

1757 年是一个非常具有历史感的年份。就大清帝国来说，这一年发生了三件大事：一是清政府以诏谕的形式确立了广州一口通商的地位，二是乾隆南巡，三是清朝第二次远征准噶尔。

三件大事之间是否存在内在联系？这之前又发生了什么？故事从一位被称为"中国通"的英国东印度公司驻广州商馆翻译洪任辉开始。

洪任辉，英国人，跟着一位船长来到广州，在那里学了多年汉语，甚至官话土话都能听懂，号称英国第一个中文翻译。之后，他在孟买等地晃悠了一圈，最终落脚到广州做了英国东印度公司的通商一职。

1753 年 8 月 4 日，他打破常规，绕过行商和中国通事，直接将公司拟写的禀帖译成中文，递交给粤海关监督李永标。禀帖要求，免去雇用的通事和买办们向官员们献礼物的负担。

尽管他没有在禀帖里提到其懂汉语，但显然他有理由认为，东印度公司无须再由海关指定通事和买办为他们服务。从 1750 年起，清政府要求外国商船来广州同中国贸易，必须在广州十三行洋商中选择一家作为担保人，担保他们按时纳税、守法和照应他们在中国的行踪，是为"保商"制度。洪的意思，换句话说，无非就是要摆脱行商的束缚。

---

[1] 李国荣主编，覃波、李炳编著：《帝国商行：广州十三行》，九州出版社 2007 年版。

粤海关设有广州、澳门等七大总口和其下的60多个小口岸，由此形成一张严密的税网。清朝关税主要有船钞、货税和规礼银。前两项为正税，船钞按船的大小分等级征收，一等船纳税1400两，二等船纳税1100两，三等船纳税60两。货税亦称商税，税率较低，康熙末年至雍正年间，进出口货物平均关税率为4%，其中最高的是生梓，为7.7%；最低的是茶叶，只有0.4%。[1] 问题出在规礼银上，它属于陋规，名目繁多。一艘洋船入关，要交丈量费、通事费、管事费、库房费、稿房费等。入关有入口银，放关有出口银，还有签押人员、验舱等各种规礼银，多达五六十项。这是典型的雁过拔毛，上至海关监督、下至书吏巡役都牵涉其中，每个人都有一份属于自己的油水。结果，外商规礼银的付出甚至大于法定关税。以乾隆元年（1736年）为例，海关正税是4万多两白银，当年各项规礼银就达10万多两。在洪任辉提供的费用单上，一进一出，规礼计有68项。其中，进关规礼30项，收银1125.96两，出关规礼为38项，收银533.8两，规礼银共计1600多两，与正课加起来共计3600多两。乾隆二十四年（1759年），粤海关征收洋船进出口各项归公规礼清单显示，收费名目竟有100多项。[2]

对这种陋习的质疑从一开始就存在，但当各国商船没有更好的选择而将贸易集中到广州时，处于弱势的外商们都选择了不了了之。1753年，当洪任辉对规礼银陋习提出挑战时，在浙江也发生了一件事关陋习之事。一艘荷兰商船因海上风浪，漂落到浙江，给浙江大小官员提供金刚钻、珠宝等贵重物品，成行了一次贸易。同年，英国东印度公司董事会给它

1　子月：《岭南经济史话》，广东人民出版社2000年版。
2　刘刚、李冬君：《清朝两大世界首富：一官一商差距奇大》，载《同舟共进》2010年第9期。

在广州的商馆发去指令,热望开展对宁波的贸易。

徐中约认为,广州地方蛮横专断而又荒诞不经的敲诈勒索,以及昂贵的茶丝价格,促使东印度公司在1753年左右恢复对宁波的兴趣。作为英东印公司的一员,洪任辉充当了开拓新航线的先锋作用。1755年,英东印公司的船出现在了宁波定海港,但这一动作不经意间让广州、宁波两个口岸之间的博弈被激发。

浙江省官衙向朝廷禀报,"红毛"船舶多年不至,自应"加意体恤",但外国商人连续造访宁波的现象也引起朝廷的警戒。乾隆二十一年(1756年),朝廷在给闽浙总督喀尔吉善的上谕里写道:

顾向来洋船进口,俱由广东之澳门等处,其至浙江之宁波者甚少。……近年乃多有专为贸易而至者。将来熟悉此路,进口船只不免日增,是又成一市集之所。在国家绥远通商,宁波原与澳门无异,但于此复多一市场,恐积久留居内者益众。海滨要地,殊非防微杜渐之道。[1]

1553年,葡萄牙人借口"舟触风涛",要晾晒"水渍贡物",用行贿的手段,租占了澳门。作为海疆重地,朝廷担心宁波会成为另一个澳门。不仅如此,朝廷还担心外国人与奸牙或通事勾结,以及海上守备清兵会因为私利而放任外国商船出入口岸。之后,两广总督上奏提到,到广州贸易的船舶日益减少,更引起乾隆对宁波问题的悬念。[2]

1754—1757年,英国前往广州的船舶由27艘减到22艘,又从15艘减到7艘。也就是说,从英船转口到宁波贸易的那年起,到广州的商船就处于下降趋势。清政府的调查认为,这与宁波"税额较轻,稽查亦未

---

[1] 《高宗纯皇帝实录·卷五百十六》,《清实录》。
[2] 曹雯:《清代广东体制再研究》,载《清史研究》2006年第2期。

能严密"有关。[1] 对此，乾隆帝直接责令两广总督杨应琚和闽浙总督喀尔吉善商议提高宁波关税的问题。1756 年，宁波关税提高 100%。宁波关税的提高，绝非偶然。此时，乾隆帝正在运筹一场恶战，他不希望因外国商船北上而引发意外的风吹草动。

乾隆在不动声色的摸底中把握用兵的时机。1756 年，江春领衔下的徽商正在扬州古运河边的天宁寺西园兴建行宫和御花园。第二年正月，乾隆就第二次来到江南巡视。江南（江苏、浙江）上输户部的银两占全国年度总额的半壁江山，乾隆此巡意味深长。

在目睹了江南商船络绎不绝的情形后，1758 年春天，乾隆认为万事俱备，遂派出大军远征准噶尔。这是 1720 年后时隔 30 多年清兵的第二次远征，此时英法正在印度酣战。

时任浙江巡抚杨廷璋并不赞同限制商船到宁波贸易，并就此给乾隆吹风。一时，乾隆对驱使商船到广州一口贸易的做法有回心转意之念，批示道："今番舶既已来浙，自不必强之回棹，惟多增税额。"[2]

在乾隆松口之时，他将杨应琚由两广总督调任闽浙总督，想让他按照粤海关之例，来浙江署理海关贸易。上任伊始，杨应琚先后上递了两份奏折，再次让官方对宁波港口的态度发生逆转。

---

[1] 其实，英国到广州商船的减少并非仅仅因为转口到宁波。1756 年，英法之间展开了为期 7 年的战争，战争在两者的殖民地展开。第二年，两者在印度爆发普拉西之战，法国在印度的势力被英国所取代，英国完成对印度的政治征服和商业渠道侵占。1763 年，英法之战最终以英国的胜利而终结了法国对美洲、印度土地及贸易垄断的觊觎，尽管法国在印度的贸易据点在此后 200 年中仍保留在手中。早在 1688 年，英国东印度公司的董事约瑟亚·柴尔德就提出对奥朗则布进行战争，因为他们与所有东方国家的贸易额十倍于"我国及所有欧洲国家与他们贸易额的总和"。奥朗则布是当时印度莫卧儿帝国皇帝，他将帝国版图扩大到除最南端外的整个南亚次大陆和阿富汗，号称"世界征服者"，但他死后帝国很快分崩离析。

[2]《高宗纯皇帝实录·卷五百四十四》，《清实录》。

乾隆看重宁波港所提供的税收，但与税收相比，乾隆帝对安防更为在意。杨应琚的上奏就是从海防的角度提出：浙江不比广东有虎门之险可守，且黄埔设有官兵，而浙江海面辽阔，无险可守，洋船扬帆就可以直达腹地。奏折不无担心地说，洋船上装载炮械，云集天朝商港，这对于沿海清军水师是个巨大的威胁。

乾隆当即批示说，"所见甚是"，之后以密谕的形式诏谕杨应琚和两广总督李侍尧：口岸定于广东，洋船不得再赴浙省。在1757年之后的5年中，在英法战争还没有最终定论时，广州港每年来航的商船有所回升，但一直没有超越之前1752年的25艘和1754年的27艘。越来越明显的一个变化是，英国商船数量增多，所占的分量也越来越大。

广州一口通商地位确定后，凡茶叶、生丝、土布、绸缎大宗出口商品，只能由行商承办，唯有瓷器、其他杂货，才允许散商经营。这一年，洋行数目创下历史最高，达到26家。

就这样，英国东印度公司想去宁波贸易的想法也变得不再可能。洪任辉并不甘心，他认为他的舆论并没有被广州地方当局上达，就以大清子民的名义写了一份诉状，在1759年越过东印度公司的保商和广东地方官员，擅自驾船一直到天津递交了一份请愿书。

在这份请愿书中，他再次戳穿了礼银陋规的潜规则，并把行商积欠问题给揭露了出来，同时要求开放宁波通商。洪的这一大胆举动让清政府人吃一惊，在清政府看来，这不再只是宁波通商问题。

作为事件的处理结果，洪任辉被处以在澳门圈禁三年遣送回国的处罚，牵连陋规问题的粤海关监督李永标被革职，执笔请愿书的四川人刘亚匾被处以极刑，与洪任辉有密切交易关系的安徽商人汪圣仪依照"交结外夷罪"被处以杖六十、徒一年的刑罚。除清理规礼外，清政府并没有如洪所愿取消保商制度，相反，继续强化了保商这一角色的职责。

同年，清朝官方批准实施《防范夷人规程》等专门措施，第一次明文规定对来华外商进行严格控制。此后，约束外商的规定越来越多，如外国商人不得在澳门长期居住；不得乘坐轿舆；不得向官府直接传送文书；外国妇女不准前来广州；居住在广州商馆中的外国人只许每月初八、十八、二十八日到附近的花园和海幢寺游览散步，每次限 10 人，平时不准擅自出入商馆，等等。

从地理位置上讲，广东远离中央政府心脏，历来为华洋杂处之区，而浙江是华夏文明礼教重地，清朝官方不希望西方商人逼近江南漕运财富中心乃至京师重地。也就在洪任辉北上的 1759 年，清朝官方正式提出撤销宁波、厦门、松江三处海关而由广州一口通商。

1760 年，徽州茶商詹万榜离开婺源老家，举家迁往广州。詹万榜的曾孙就是大名鼎鼎的中国"铁路之父"詹天佑。詹万榜的迁移是"一口通商"政策下的群体迁移的一个个案。伴随茶叶贸易的兴盛和海上贸易的日趋向广州港集中，一批原来在产茶区经营茶叶的徽州人也来到了广州。[1]

1760 年，进入产生巨富时代

尽管英国东印度公司不愿看到大清帝国出现一个与之对等的外贸垄

---

[1] 徽商来广州贸易，早已有之。梁嘉彬在《广东十三行考》中记载：清代外商对于"茶叶一项，向于福建武夷山及江南徽州等处采买，经由江西运入粤省"。被牵涉进洪任辉一案的徽州人汪圣仪就是一位茶商。松萝茶是安徽省最早出口的茶叶品种，曾在 1702 年对英国出口，1722 年从广州出口给英国的茶叶达 4500 担，其中松萝茶就占 1500 担。1745 年 9 月 12 日，瑞典"哥德堡号"航船在驶入瑞典哥德堡港口时沉没，当时装载了 370 吨来自中国的茶叶，占运载货物的 70%，其中茶叶数量最多的要数安徽休宁地区的一种松萝茶。

断团体，但这种局面还是再次出现。1760年，由九家十三行行商共同倡导，十三行公行团体成立。来自福建的同文行行商潘启成为复设的公行首任商总。

此时，他已经在洋行里摸爬滚打了18个年头，并以此为契机，开启了他人生最为辉煌的篇章。清末樊封于《夷难始末》中记载：乾隆年间，有闽人潘启者，熟于洋商贸易事，条陈官办得失。总督李侍尧请于朝，置户部总商，每岁保税保证，除旧额外，正款可加四十余万，平羡银余，可收百万，奏入许之。

以公行的再次成立为标志，广州十三行商人才真正进入产生巨富的时代。这次公行重设，十三行的业务框架被划分为外洋行、本港行、福潮行，分别负责办理外国商人贸易、暹罗贡使及商人贸易事务、本省潮州商人和福建商人来粤贸易事项。一切外国进口货物均由十三行承销，一切中国出口货物也均由其代售，这在中国对外贸易史上是前所未有的事情。

在确立公行制度之前，清朝官方相继出台了一系列制度、措施，以一个体系的形式奠定了十三行商人的垄断地位。这一系列制度、措施是1728年的"商总制"、1754年的"保商制"，以及1757年11月广州成为事实上的一口通商口岸的有关规定。

"商总制"让商总也成为官商之一种。在清朝官方眼中，只有具有官吏品格的总商，才是诚实可靠的。清朝官方选择潘启充任商总，主要是看中他的资金充裕，不至于"仰外国人鼻息行事"，并可以保证完成每年订立的税收任务。

"保商制"解决的是清政府的进出口税收的确保问题。这一制度规定由十三行总揽一切对外贸易，凡来广州贸易的外国商船，必须在广州十三行洋商中选择一家作为担保人,担保人称为保商。保商向清政府承担洋船进出口货税的责任,保证外国商人在中国守法,并照应他们的生活起居,但保商还被附加至少两项义务,即应付南洋各国贡船贸易和解决外国商船的关税拖欠问题。

洪任辉事件也直接诱发了十三行公行的成立。作为一种防夷的手段,禁止外商在广东过冬;外国人不得乘轿、不得乘船游河、不得雇用汉人婢仆、不得申诉大府而首先要经行商转达;妇女不得携入夷馆;在夷馆寓居之外人必受行商管束,购买货物要经行商之手等14条,被作为最初的防夷章程,在1760年开始生效,直到《南京条约》签订时被废止。公行设立后,垄断对外贸易达10年之久。因为资金雄厚、信用好、充满智慧,潘启揽得越来越多的订单,并由此崛起。从此,十三行商人群体有了灵魂人物。到18世纪60年代初,潘启已经成为广州洋商首富,他的茶叶与生丝的交易额分别居于中国出口商品交易总额的前两位。1764年,清政府取消了1759年丝绸不准出洋的规定;1768年,英国东印度公司要求订购生丝2000担,因潘启价格优惠,数量较多,两者成交。此后,同文行每年有1000~2000担生丝交给英国东印度公司。

当时一位与潘启做过生意的法国商人发回《法国杂志》的报道称,潘家每年消费多达300万法郎,财产比西欧一个国王的地产还要多,他因此被《法国杂志》评为18世纪"世界首富"。[1]

1769年的珠江,一派忙碌的景象,英国人威廉·希克曾不胜感叹地对比说,珠江"就像伦敦桥下的泰晤士河,只不过河面上帆船的形式不

---

[1] 曾国藩外孙聂云台晚年作有《保富法》一书,书中提到:广东的伍氏及潘氏、孔氏,都是鸦片场里发大财至数百、数千万银两的。这里的潘氏尚无法确认指的哪个潘氏,可作参考阅读。

一。在外国人眼里,再没有比排列长达几里的帆船更为壮观的景象了"。

珠江和泰晤士,一头是清帝国的广州十三行,一头是英帝国的东印度公司。这两个有着各自优越感的官方外贸垄断团体构成了18—19世纪中西方关系的商业中枢,其间所发生的贸易引发出世界上两个强大帝国间漫长的碰撞。

潘启游刃于官府、本地商人与外国商人之间,坚持多赢的商业准则,不亢不卑,有退有进,英国东印度公司给予了以他为代表的商人较高的评价。

1775年,一位英国东印度公司职员在他的日记中这样写道:

这时我们见到一种新现象……即我们发现高级商人,他们善于经营,坚持要获得好的价钱,但当价钱已达到极限时,他们立即让步,尊重他们的对手大班,而大班亦尊重他们。从这个时期起,双方不断冲突,但在整个过程又是亲密的朋友。[1] 1788年,潘启病逝。从1760年公行复设到此时,潘启一直担任着几经反复的公行商总。从某种程度上来说,没有成熟外交体系的清政府无形中赋予了十三行"以官制商,以商制夷"的外交使命及商务使命。作为公行商总,潘启要代表清政府处理十三行内与外国商人有关的外交、税务、治安、民政等诸多事务。在他死时,英国东印度公司如此评价他:

他的死亡,是否会使欧洲贸易不便,这是难以判断的,他确实是一位有大才干的人,非常善于处事,但当他自己的利益或安全受到动摇而陷于困难时,他终究有能力将其消除,同时他是善于玩弄权术的,他的

---

[1] [美] 马士:《东印度公司对华贸易编年史(1635—1835年)》第一、二卷,区宗华译,中山大学出版社1991年版。

儿子一定能够保持其商行的信用与经营,所以没有理由设想他的去世是有遗憾的。[1]

潘启的四子潘有度继承了家族生意,他表现出后辈的谦恭,无论如何也不愿再像他的父亲那样坐头把交椅,但之后还是出任总商长达10年。在广州一口通商的85年间,潘启及其家族出任总商[2]的时间最长。同文行(后改名同孚行)也是十三行里面唯一一个有百年历史的商行。

十三行里的福建人

潘启只是十三行里福建籍行商的杰出代表。以他及之后出现的伍秉鉴为代表,福建海商传沿明末一百年福建海商的积淀和风云,继续引领清朝海路贸易之繁盛。只不过,引领者由福建漳州人变成了泉州人。

与李旦、郑芝龙一样,潘启也来自泉州府同安县。以李旦为标志,尔后到郑芝龙、郑成功父子,再到十三行领袖商人潘启、伍秉鉴,泉州籍商人作为一个群体登上历史舞台,并主导了这一时期的中国海上贸易。因为清朝一度不允许商人出海贸易,所以直到鸦片战争前夕,以潘启、伍秉鉴为代表的十三行商人一直独揽着清朝的海上到岸交易。此前,同为闽南商人的漳州人独占鳌头,这似乎与身为宦官的漳州府人王景弘有关。王景弘是郑和下西洋时的副使,先后5次跟随船队南行。两次没有南行时,他受命到闽浙沿海招募了大批水手和造船工匠,许多漳州人

---

[1] [美]马士:《东印度公司对华贸易编年史(1635—1835年)》第一、二卷。
[2] 1813年(嘉庆十八年)以前,广东洋商领袖只称为"商总"或"首名商人"。1813年后,粤海关监督德庆仿照盐商制度改称"总商",此后官方文书也常使用"总商"称呼。潘刚儿、黄启臣、陈国栋编著:《广州十三行之一:潘同文(孚)行》,华南理工大学出版社2006年版。

就在这个时候成为官方水手，成为事实上用官费出门看世界的一个群体。1434 年，郑和死后，王景弘还奉命率领船队出使了一次苏门答腊。

从那时起，漳州人的海外贸易意识被激发。到 1572 年，漳州月港成为明朝唯一准许海上私人贸易的港口，这种安排绝非偶然。在这段时间，漳州商人独占先机，掌控了通过马尼拉、长崎、巴达维亚、中国澳门等港口转运到中国的白银贸易，显赫一时，向外移民大增。最盛时，马尼拉的华人八成为漳州海澄籍。

伴随月港衰落和 1603 年西班牙马尼拉当局对华人的大屠杀，漳州商人元气大伤，尔后郑氏父子以泉州安平为大本营，构建了海上贸易帝国，开始奠定了泉州海商独领风骚的历史地位。

在潘启到达广州前，这里已经聚集了很多福建商人，并在对外贸易中占据鳌头，譬如，十三行中的凌官与安官实际独揽了整个外贸。在康熙帝时，在广州的福建行商有 Limia、Anqua、Kimco、Shabang、Canqua 五位；在雍正年间，则有 Snqua、Cowlo、许藏兴等数家；乾隆时，有林广和、郑德林等数家；嘉庆时，拥有洋行八家和大小商行三十余家。[1]

Limia、Anqua 很可能就是凌官与安官。如果事实如此，这时的福建商人已经在十三行中占据主导位置。章文钦教授参阅《雍正朝汉文朱批奏折汇编》所载资料记述说：1732 年，十三行洋行共有 17 家，结果被"闽人陈汀官、陈寿官、黎关官三行，任其垄断，霸占生理"。在其他 14 家中，还有 6 家是陈汀官等人的亲族所开。剩下的卖货行店，如果不是钻营在陈汀官等门下，"丝毫不能销售"。不仅如此，凡卖货物给洋商，必须"先尽九家卖完，方准别家交易"。他的结论是，"若非监督纵容，

---

[1] 黄启臣：《清代前期海外贸易的发展》，载《历史研究》1986 年第 4 期。

伊等岂敢强霸？"[1]

15家行商的籍贯有如下记载：福建籍七人，徽州籍一人，浙江籍一人，广东籍六人（可能还包括寄籍者）。福建籍的是同文行潘启、义丰行蔡昭复、怡和行伍秉鉴（泉州安海人）、丽泉行潘长耀、义成行叶上林（漳州诏安，祖上是徽州婺源人）、东裕行谢嘉梧（漳州诏安人）、资元行黎光华（晋江人）。安徽籍的是东生行刘德章，浙江籍的是万成行沐士方，广东籍的是西成行黎光远、会隆行郑崇谦、天宝行梁经国、孚泰行易元昌、隆记行张殿诠、广利行卢文蔚。[2]

虽然在公行存在的中后期，十三行里的福建人从数量上并没有明显优势，但仍占据中枢之位。

国际投资家：灰色的财富人生

伍秉鉴是十三行后起的福建商人，他将福建商人在广州的商势推向了最高峰。

1800年，当潘有度表达了辞去十三行行商职务时，伍秉鉴是次年才成为行商的。[3] 他的父亲伍国莹曾在潘家做账房，1783年开设了怡和行，成为行商。与潘启一样，伍家的祖籍是福建泉州府，先祖康熙初年时进入广东，原在武夷山种茶为业。

与英国东印度公司一直保持最大的交易份额，这是潘家成为广州首

---

1 章文钦：《十三行行商早期首领潘振承》，载《广州十三行沧桑》，广东省地图出版，2001年版。
2 梁嘉彬：《广东十三行考》，广东人民出版社1999年版。
3 根据官方规定，一人破产，集体要受牵连。到19世纪初，行商商欠严重，行商主动去职成为行商史上的一道风景。

富的原因所在。与潘家第二代在事业上有所收敛不同，伍家第二代扮演了超越者的角色。尽管潘家仍维持着与英国东印度公司的大宗订单地位，但东印度公司从18世纪后期已经在走下坡路。伍家第二代跳出了既有的贸易框架，主动出击，与广州口岸新兴的外商面孔——美国的自由商人以及来自印度的港脚商人打成一片，这是伍家脱颖而出最为关键的选择。

18世纪中叶，以印度或英国私商为主体的港脚商开始出现在广州。最初，英国政府并不允许东印度公司以外的散商跟中国直接贸易，所以港脚商接受东印度公司驻中国业务的管理机构——监督委员会的管理。但在1776年，在"经济学鼻祖"亚当·斯密创立的自由经济理论的影响下，散商逐渐冲破英国东印度公司的独家贸易垄断权。

这时的英国东印度公司自身难保，并没有足够的底气再对散商指手画脚，正处于一种很尴尬的境地。可以看到的是，在中英贸易中，英国一直处于逆差状态之中，大量白银从英国流向中国，为此英国东印度公司在国内广遭诟病。

在自由主义理论之前，重商主义主导着英国，发展垄断贸易和提高关税保护是政府一直采取的两手措施。不过，在这种理论指导下，为减少白银流出，英国将茶叶关税提高到119%，但由此带来的负面影响也让英国政府措手不及，英国国内及各殖民地的走私茶因此大行其道，以致英国东印度公司手中也积压了大量茶叶，不得不被国家纳入政府控制和皇室救济、管理之下。

1773年，英国议会通过两项影响世界的决定，一项就是允许东印度公司以免税的方式到北美殖民地销售积压茶叶。这是一项垄断权，但不经意间，它又酝酿出了两年之后的波士顿倾茶事件，进而导致美国独立战争的爆发。

另一项决定，本意冲着改变东印度公司命运而来，却最终将东印度公司逼进历史的死胡同。这项决定就是允许东印度公司向中国专卖鸦片。由此给中国带来的绝不仅是贸易顺差及白银流向的转变，更在60多年后拉开了中国近百年屈辱和灾难历史的序幕。

对于英国政府来说，港脚商的出现就是那个"不是本意追求的东西"，但其在18世纪末慢慢意识到，港脚商对英国国家实力增强的效果，要比维护东印度公司垄断地位来得更好。

到1780年，港脚商人与十三行行外商人间的走私活动已经发展到比较严重的程度。为维护垄断地位，东印度公司极力限制散商的活动，规定不属于商馆的英国臣民不得在中国停留。但这种硬性规定，如当年西班牙限制白银过多流入中国一样，并没有奏效。

1782年，十三行公行再度设立。当国外散商在自由经济理念的主导下，陆续肢解了本国的垄断贸易组织时，清朝十三行公行的垄断一直存续到了鸦片战争。这是大清帝国与英帝国在之后半个世纪内命运迥异的一个细节。[1]

也是在1782年，由英国散商约翰·亨利·柯克斯与人合伙成立的柯克斯·比尔洋行出现在广州，它创造了散商在中国设立代理行号的先例。[2]

柯克斯的父亲詹姆士·柯克斯是给广州十三行行商提供钟表八音盒等"打簧货"的商人。这些东西成为皇帝及宫廷内外把玩的时髦洋货，至

---

[1] 1799年12月底，荷属东印度公司破产，1813年，瑞典东印度公司停止运作。同年，英国东印度公司对印度的贸易垄断权也被取消，其在中国的贸易垄断权，除茶叶贸易外，其他的都被取消。1833年，东印度公司丧失商业功能。

[2] 聂宝璋：《洋行、买办与买办资产阶级》，载《聂宝璋集》，中国社会科学出版社2002年版。

今北京故宫依然保存着一些詹姆士·柯克斯贩卖的钟表。[1] 柯克斯·理德行就是横行中国100多年的英国怡和洋行的前身，它突破了东印度公司的垄断，意味着自由贸易理念在广州的"破壳而出"。

从一开始，柯克斯·理德行就与鸦片有着千丝万缕的联系。前一年，参与经销东印度公司走私鸦片的行商开始动员潘启参与鸦片销售，但遭到了潘启的拒绝。

尽管伍秉鉴出道晚，但上升迅速。仅在两年后，他便升任总商。1807年2月，东印度公司商船"海王星号"上岸度假的水手与广州当地居民发生冲突，导致一名华人死亡而肇事水手逃逸。作为海神号的保商，广利行商卢观恒被广州官员责成缉拿凶手。卢观恒上下使钱，又出赏缉凶，结果一无所获，不仅财产损失大半，本人也受到官吏的拷打与羞辱。

不仅如此，这一突发事件产生了一系列连锁反应。此时正值返航季，但英国商船却被粤海关勒令一律不许装货，进而产生商船船员与行商的公开对抗。最终，粤海关在十三行英国商馆设立临时公堂，对"海王星号"上的11名水手进行了公审，这也为中英两国有关治外法权的争端增添了一个新篇章。虽未有明确记载原因何在，但凡此种种之后，潘有度萌生了退意。3月，潘有度向东印度公司新任大班喇佛表明了离开洋行业的决心，并不惜花了50万两白银，从粤海关衙门那里买到了退商的许可。对于行商退职，清朝官方曾规定说："乏商应即参革，殷商不准求退，即实有老病残废等事，亦应责令亲信子侄接办。总不准坐拥厚资，置身事外。"[2] 也就是说，对于家底殷实的商人，无论是徽州盐商还是行商，即便

---

[1] 刘诗平：《洋行之王：怡和与它的商业帝国》，中信出版社2010年版。
[2] 《清代外交史料》，嘉庆朝。

老病残弱,也要找其亲信或子侄出面接办。在清朝官方看来,盐商或行商总商不仅仅是商人,更是商官,忠于朝廷是天经地义的。官僚不只是压迫商人,商人自己也是官僚。广州十三行也是官僚化的商人。[1]

如果说政府赋予十三行商人的角色是一杆平衡秤的一个秤砣,那么增井经夫的观点则是另一个秤砣。公允的看法,或许是取其能够达致平衡的那个点。

早在1804年,行商叶上林出人意料地获得各方同意,成功从洋行脱身,而到1815年,在嘉庆帝的亲自过问下,潘有度无奈再次出山,与伍秉鉴共同负责洋行事务。

之后,潘有度完全停止商业活动,潘家对东印度公司商船的保商地位被伍家、天宝行的梁经国等获得。同年,伍秉鉴成为广州第二大行商。

1813年,伍秉鉴登上首席行商的位置。此后数十年,他一直居于行商的领导地位。1817年,当在广州的港脚贸易提供了全部英国进口货的四分之三时,中美贸易总额也首次超过英国东印度公司对华贸易。

与欣欣向荣的美国商人合作成为解读伍秉鉴崛起的重要因素,当时很多行商明知道商船装运的是鸦片,却仍然给予承保具结,伍秉鉴也不例外。

1818年,他因承保美国商船"华巴士"号运载鸦片,被罚160 000两白银。到1820年,私商贸易已经超过东印度公司贸易,鸦片则超过合法货物成为进口的主要货项。

伍家毫无疑问是一个颇具争议的家族,一方面是伍家二代带给了这个家族19世纪几近世界首富的荣耀与光鲜,另一方面是父子三人工于心

---

[1] [日]增井经夫:《大清帝国》,程文明译,社会科学文献出版社2017年版。

计，累世勾结官府、串通外商、贩卖鸦片、私运白银的龌龊与灰暗。伍秉鉴财富人生的灰色一面与王直、李旦等走私海商没有什么两样。

与以往山西、徽州商人将剩余资本投向置地盖房不同，伍秉鉴已经具备国际投资眼光和现代商人的特质，他投资于美国的铁路、银行、保险等多个行业，俨然是一位跨国投资财阀。伍秉鉴与旗昌洋行签订合同，在美国做实业投资，条件是美方要把每年的利息支付给他的后裔。他通过旗昌洋行的福布斯家族，先后投资了美国的密歇根中央铁路、柏林敦和密苏里河铁路。约翰·默里·福布斯进一步将伍家的基金用于建立美国股票投资公司，包括如阿尔巴尼和波士顿矿业公司的投资。[1]

1840年6月28日，伍秉鉴给约翰·福布斯去信说："我在美国和欧洲拥有大量基金，这些基金你必须尽可能谨慎管理，保证其安全，并让它产生利润；在英国商业确定以后，把我的所有基金以孟加拉的硬币或账单的形式，送回中国我的朋友旗昌洋行那里。"

有资料表明，伍家在美国投资的利息每年达20余万两白银。当旗昌洋行于1891年宣布破产，约翰·福布斯成为伍氏家族的受托人时，记录显示旗昌洋行拥有属于伍氏家族的100多万美元受托基金。伍秉鉴还通过巴林洋行投资美国铁路和其他项目，这让伍死后伍崇曜可以收到定期的效益。1858—1879年间，伍氏家族似乎收到125万多美元的红利。[2]

19世纪初，伍秉鉴贩茶到欧洲，租用的是美国货船。1833年，伍秉鉴代旗昌洋行的合伙人约翰·P. 库欣贩茶到汉堡，租用的是普鲁士货船。

---

[1] 叶显恩：《世界商业扩张时代的广州贸易（1750—1840年）》，载《广东社会科学》2005年第2期。

[2] 根据伍秉鉴写给他美国经理人的50多封信件，美国学者穆素洁博士发现了伍与世界沟通的渠道，这些信件现藏在哈佛大学贝克尔图书馆。叶显恩在《世界商业扩张时代的广州贸易（1750—1840年）》一文中对此有详尽的介绍。

鸦片战争期间的 1841 年 11 月 21 日，他给已经从广州回到波士顿的库欣写信说：

"四月和五月，我把价值约 100 万美元的茶叶用船运到纽约和伦敦，我认为有希望取得好的结果。"

两天后在写给罗伯特·福布斯的信中，则说他正将三四百吨的茶叶装船运往荷兰。信中还透露以前贩运的商货，已经取得约 50% 的利润等。

就印度方面，伍曾通过在广州营商的印度帕史商人默万吉·马尼克吉·塔巴克等在印度建立其商业网络，与印度孟买商人莫霍马达利·阿利·罗盖以及以澳门为基地的达达布霍伊·拉斯托姆吉等也有商务往来。尤其是詹姆塞特吉·吉吉博伊，作为伍氏在孟买的代理商，经营有方，到 19 世纪 30 年代初已在印度建立了独立的贸易网络。

1842 年 4 月 24 日的一份账单显示，受伍秉鉴之托，詹姆塞特吉购买珍珠，送到旗昌洋行，他提出所需的款项可用孟加拉政府的 7000 卢比支付。如果不够，再请旗昌洋行代垫。他还受托在印度和英国经销中国的丝和肉桂，并要求把在伦敦经销丝货所得的款项归入加尔各答的英国东印度公司账目中。

伍秉鉴根本不会想到，在他去世 150 多年后的 2001 年，美国《华尔街日报》评选了跨越千年的财富人物。作为榜单中的 6 位中国人之一，他与成吉思汗、忽必烈、刘瑾、和珅、宋子文等人一道，位列世界最有钱的 50 位超级大富豪。

第十章 南太平洋大撤退：海商宿命

14—17世纪是中国海商由盛而衰的转折期。之前的7—14世纪，中国与阿拉伯的贸易构成国际贸易体系的主干。

从9世纪中叶开始，中国的经济、文化中心逐渐向东南转移。尽管面临北方好战民族的侵袭、围困，宋朝航海史仍达到了一个高峰。宋廷鼓励富豪打造海船，购置货物到海外经商，为了引导商船与官船，还在海岸线上每隔30里建立了价值昂贵的灯塔导航系统，中国进入海外贸易的黄金时代。[1] 宋高宗更是亲自寻求商人协助组成了一支舰队，这支舰队足以向波斯与阿拉伯商人在印度洋上长期掌握的商业霸权挑战。

南宋时期，中国拥有了印度洋上最好的船舶，直接将操纵在阿拉伯人手中的海上贸易掌控权争夺过来，但这种局面在1390年埃及马木路克王朝建立后被打破。马木路克王朝扼红海之口，执行垄断香料贸易政策，

---

[1] 蒲荔子、李培：《梦回宋朝：繁华之都》，载《南方日报》2007年2月19日。

在西亚阻断了欧亚商人的直接往来，此时中国商人被迫撤出西印度洋。

自生自灭的海外华商

以郑和下西洋为标志，明朝建立并完善了朝贡贸易圈，试图在南太平洋建立一个以中国为轴心的体系。除永乐帝时介入了安南内政而出现了相持20年的战争，这个以政治威慑力和经济辐射力为前提的朝贡贸易体系维系着这一区域的政治与经济平衡。

日本是流离于这个体系的另类。1592年，日本大举侵入朝鲜，并制订了进攻明朝的军事计划，甚至任命了占领中国后的各级日本官员。在这种情况下，明朝做出了援朝的决定，举全国之力与日军在朝鲜苦战7年，败多胜少，最后日军因为统帅丰臣秀吉病死而撤退。

此举一战，与日本相比，中国曾经拥有的绝对优势已经下降，但试图谋求东亚霸权的日本对朝贡体系造成的冲撞，仍被明朝朝贡贸易体系自身存在的修复系统所缝合。

从1511年葡萄牙人侵入马六甲开始，中国朝贡体系就面临着一次次的震动。1514年，第一艘葡萄牙船绕过非洲好望角，沿着郑和下西洋和中国南方对印度洋帆船贸易的航线驶抵广东。到达不久，他们就强占海岛，盗窃行旅，掠卖人口。

1553年，葡萄牙租占了澳门。随后，西班牙（1575年）、荷兰（1601年）、英国（1637年）、法国（1698年）、美国（1784年）的船只先后闯入中国东南沿海。最初的闯入者利用了中国走私贸易既有的网络，但当国家力量与中国海上武装走私商人合一时，也就是官方利用海盗钳制海盗、再将海盗招安取得预期效果时，对付那些侵入的力量还是小菜一碟。

荷兰、西班牙有过短暂的对台湾的占领，但郑芝龙家族的存在让任何对中国贸易的觊觎都只能留作念想。明政府和中国海商郑芝龙的一次偶然合作，造就了中国海商对中国南海贸易长达半个多世纪的垄断。

无论是海禁时的海盗集团还是对外贸易开放时的海外移民，对冲撞明清朝贡体系的外来商人或武装来说，这种由分居在东南亚及东亚的侨民群体组成的民间贸易网络，一度以有益补充的存在而与朝贡贸易体系一道，结成了一张对外来商贸势力肢解朝贡体系的有效抵御，但这种抵御又慢慢被漠视的屠杀所侵蚀。

1603年，西班牙马尼拉当局屠杀2万多中国侨民，他们怕明政府兴师问罪和报复，就向漳州地方官员探听口风，结果得到答复，"勿容畏惧"，"多系不良之徒，亦勿容爱怜"。明政府对这一事件的不恰当处理，助长了西班牙当局多达4次，动辄用屠杀来解决与中国侨民对商业贸易网络占有的潜在争端。

一个极坏的后果由此造成，由中国移民构织的由马尼拉前往澳门等处的贸易网络被打破，这等于封锁了移民与明帝国的乡土联系乃至贸易联络。

1639年的最后一次屠杀，直接造成中国南方的对外贸易据点由菲律宾的马尼拉撤退到本土的澳门和广州。

继葡西商人之后，荷、英等国商人亦跻身对华直接贸易以图分一杯羹，里斯本—好望角—果阿—马六甲—澳门贸易航线的西端从里斯本扩散到了多处港口，但东端一直集中在澳门。直到鸦片战争爆发，欧洲各国对华贸易商始终没有找到一处足以取代澳门的中转港口。

早在16世纪末，英国女王伊丽莎白一世就曾两度遣使致书万历皇帝，备言两国通商之利，但没能送达。1635年，英国考亨商会组织了一支船队强行驶入珠江，但仍未能与明政府建立起正式贸易关系，因为明朝只允许藩属国凭勘合入中国朝贡。

1717年，清政府发现，每年出海船只千余艘，"回来不过十之五六，余悉卖在海外"，并认为"海外如吕宋、葛喇吧等口岸多聚汉人，此即海贼之薮"，于是禁止中国商人的南洋贸易。[1]这等于清是朝退出了对南洋海上贸易的角逐，将商利拱手让人，于是东欧国家逐渐完成了对中国外围朝贡国的又一轮侵蚀，天朝大国的朝贡体系正在被纵深撕裂。

17世纪初，荷兰商人以海盗的角色闯入中国南海一带。继西班牙人之后，1740年，荷兰人对巴达维亚中国侨民举起了屠刀，是为"红溪事件"。这次事件造成中国商人从巴达维亚的回撤。每一次回撤都意味着殖民商人将手直接从殖民据点伸向中国本土，中国商人的商业版图日渐萎缩。

"红溪事件"后，到达巴达维亚的中国帆船数骤减。1741—1750年间，平均每年从中国到达巴达维亚的中国商船数量下降到10.9只；1771—1780年间，更是下降到年均5.1只；1741—1750年间，荷兰东印度公司平均每年从广州直接购买的茶叶价值为249 702荷兰盾，约是1740年"红溪事件"前的两倍，而由中国海商运到巴达维亚的则只有16 247荷兰盾，为"事件"前的11%。也就是说，在"红溪事件"后的第一个10年里，仅就茶叶贸易而言，荷兰人就从中国海商手中拿走中国海商原有市场份额的89%。[2]

乾隆听到"红溪事件"发生，觉得荷兰人帮了他的忙。他说，"内地

---

[1] 如果出洋贸易的清朝臣民三年逾期不回，则默认"其人甘心流移外方，无可悯惜"。直到1754年，清政府才改变政策，"凡出洋贸易之人，无论年份远近，概准回籍"。

[2] 张丽、骆昭东：《从全球经济发展看明清商帮兴衰》，载《中国经济史研究》2009年第4期。

违旨不听召回,甘心久住之辈,在天朝本应正法之人,其在外洋生事被害,孽由自取",所以荷兰人与清朝的贸易并没有受到太大影响。

早在1734年,荷兰东印度公司的十七人理事会就决定,由巴达维亚当局统一经营对华贸易。每年从巴达维亚向中国派遣一艘公司的船,在广州贸易结束后,直接返回荷兰。第二年,再从荷兰出发,每艘船载有300 000荷兰盾的货物,其他装载欧洲货物。它们不再直抵广州,而是先行驶往巴达维亚将欧洲货物卸下,代之以印尼当地出产的锡、胡椒、苏木及其他热带产品。然后,再驶往广州,用销售这些货物的所得购置茶叶等货。以前由中国帆船商人承担的"闽广—巴达维亚"贸易逐渐被东印度公司所取代,中国海商越来越被排挤出印度洋和中国南海贸易圈。

慢慢地,除有限的朝贡贸易外,唯一能体现中国与朝贡国走动的就是中国私人海外侨民在海外辛苦的劳作和创造的财富。当清朝甚至禁止大清子民前往南洋贸易时,中国的海外民间贸易结点在没有国家的庇佑下,最终一个个脱落而只赤裸裸地剩下朝贡体系一张皮,这是一张毫无生机且功能机理下降而不能应时而变的皮。在相当长的一段时间内,清朝不准子民到南洋贸易,其海商的最高发展水准已经难及明朝时海商之项背。

美国学者范达克博士以1763年为例进行了估算,广州帆船所承担的广州对外贸易货运量占总量的30%,约略与英国的货运量相等,余下的40%由各国来广州的货船分担,但广州帆船的货仓往往为外商租用。[1]

更重要的是,不复存在武装的海商以及上岸贸易绝对没有武装的十三行商人,已经不可能再有与国家力量结合的可能,即便19世纪初东

---

[1] 叶显恩:《世界商业扩张时代的广州贸易(1750—1840年)》。

南沿海因鸦片贸易而有海盗出现，但这时的海盗力量已经远不可与明末清初相提并论。

在外国海盗侵扰下，与掌握武装的中国海盗妥协、以盗制盗、招安，是明朝国家力量在这个三角关系中的选项。但到了此时的清朝，虽为盛世，但海商不再有武装，且遭到清朝最高层的嫌弃，海商与清朝彼此妥协的土壤不复存在了，那张隐性存在的东南亚华人贸易网及体系，便一步步被瓦解。

被肢解的金刚

1783年前后，英国失之东隅，收之桑榆，在丢了一个美国的同时，却巩固了其在亚洲印度的政治经贸地位。依托印度这一牢固的大后方，英国用鸦片打开了中国向来贸易顺差的"铜墙铁壁"，并顺势向中国原来朝贡贸易国渗透。

用韩毓海的话说，西方势力浸入中国一开始并非是攻击中国本土，而是建立一个新的海洋体系以替代以中国为核心的海洋朝贡体系，即从外围瓦解所谓的海洋中国共同体。[1]这时的英美等国已经远非先前的葡西。以港脚商人为标志的自由贸易商人的出现，代表了一种不同于东印度公司和十三行的新的贸易势力。当他们与逐渐上升为主流经济学说的自由经济学一拍即合而演变为一个国家气象转变契机时，英国取代中国朝贡贸易体系的企图开始显现。1786年，英国议会通过的一条法令，允许东印度公司的"监理委员会"对于航行中国的、领有执照的港脚商人有充

---

[1] 韩毓海：《五百年来谁著史》。

分的管辖权力，英国企图用政治力量对散商强加限制。但是，这种硬性规定阻挡不了代表自由资本主义势力的散商的贸易活动。

1787年，东印度公司勒令约翰·亨利·柯克斯于第二年春天离开中国。同年，他的两个合作伙伴约翰·里德和丹尼尔·比尔分别以担任奥地利和普鲁士派驻广州的相关职务，设法留在了中国。以这种方式，他们可以不受东印度公司的管束而自由地留在广州。

广州十三行的废设似乎是对自由资本主义的呼应，当十三行公行在1782年再度设立，并且进一步体现了政府的强制意图时，中国散商已经没有了出头之日。到18世纪末叶，不过20年的时间，广州的英美代理行号已达24家以上，它们直接走到中国的南大门，封锁了中国外贸商人走出国门的最后可能。

当庞大的东印度公司被这些机动的新兴力量毁于一旦时，与广州十三行的对等主体不复存在，广州十三行遂成为港脚商人吞噬的下一个目标。原来绝不起眼的散商慢慢扮演了瓦解东印度公司和十三行这类庞大"金刚"的终结者角色。

而畏缩在广州十三行街区的行商们只能眼睁睁看着这群满眼泛着绿光的食人蚁啃食到自己越发老朽的躯体上——他们早已没有了海上的张力，很快就干瘪得只剩空壳。这时，破产成为对于行商最残酷的普遍而无助的选择。那些与自由散商糅合为一体的商人最终逃过了这一劫，譬如伍氏家族和吴健彰。

1797年，英国政府赋予东印度公司垄断鸦片制造权。在中、英、印三地间，以中国的茶丝、英国的机器流水线生产出来的纺织品、印度产的鸦片为载体，日益形成了一个清晰而对等的三角贸易圈。

18世纪末，输入中国的鸦片数量暴涨到4000箱以上，中英贸易逆差额开始缩小。英国实现了葡、西、荷等国无论是用枪炮、勾结海盗还是租住澳门，都没有改变的历史。雍正皇帝出于道德风化的考虑，在1729年禁止销售和吸食鸦片。乾隆三十年（1765年）以前，每年进口鸦片不超过200箱。以后，鸦片输入逐渐增多，"内地嗜食渐众，贩运者积岁而多"。1796年，嘉庆皇帝明令取缔进口和种植鸦片，走私鸦片成为能够获取暴利的买卖。

1800年，东印度公司不得不宣布放弃中印间贩运贸易业务，让给散商船只进行，它只管颁发执照。从19世纪初到1833年，美国的普金斯行、英国的巴林行，还有著名的宝顺洋行的前身——达卫森行，英商沙逊洋行都已先后建立。

对这些洋行的所作所为，聂宝璋在《洋行、买办与买办资产阶级》中说得很透彻：

这一批代理行号，从出现的第一天起，其手脚就不干净。开始时，它们在东印度公司的垄断下只能经营鸦片和棉花，其他的贸易都受到限制。19世纪20年代，棉花贸易一度衰落，所以很多代理行号就逐渐成为专营鸦片的行号了。鸦片走私贸易的规模也越来越大。[1]

怡和洋行的马地臣和宝顺洋行的颠地，就是当时对华贸易中英国散商的两大巨头和最大的鸦片贩子。

就在鸦片走私甚嚣尘上之时，清朝加大打击力度，仅1807年就封闭了200多家广州"行外"商号，广州鸦片随之出现供过于求的现象。从1812年开始，麦尼克行和马地臣行率先派船从广州沿海北上，开辟新的私贩鸦片市场。

---

[1] 聂宝璋：《洋行、买办与买办资产阶级》，载《聂宝璋集》，中国社会科学出版社2002年版。

在散商的凌厉攻势下，1813 年，英国政府取消英国东印度公司的贸易垄断权。与英国东印度公司一样，这时的十三行行商尽管处于垄断之中，但已经朝不保夕。

在行外商人试图打破行商制度，行商也要挣脱行商身份时，面对国外散商的群涌，清廷的管控没有丝毫改变的迹象。原来中英两国的经济发展同处重商主义阶段，两国经济及实力在发生彻底扭转前，或者说中国在近代落伍前，在如何面对新兴的经济形式与新颖的经济学思想等问题上，这两者之间形成了巨大的反差。

用杨小凯的观察就是，18 世纪的英国早就经过了重商主义阶段，并完全放弃强调政府产业政策、保护关税的重商主义，代之以单方面自由贸易，无产业政策，放弃保护关税，以及逐渐放弃靠特许垄断特权获得税收的制度；而当时的清政府还处在重商主义之前的政策思维水平上，奉行闭关锁国、重农抑商的产业政策。

日本学者增井经夫认为，1834 年，欧洲自由主义终于废止东印度公司的垄断权，接着要求废止广州的中国商人贸易垄断，即公行。冥顽的中国官府阻止澎湃发展的西力东渐的结果是鸦片战争，战争的炮火炸毁了公行垄断，破坏了中国的闭关自守，以至于动摇了其封建社会的基础。

鸦片战争前夕的帝国行商

在鸦片战争之前，藩务由礼部执掌，这在本质上反映了一种礼仪关系。俄国和边疆事务由理藩院管辖，与西洋海国的贸易则委派给驻守广州的总督办理。总督通过户部粤海关监督和行商"驾驭"那些外夷。清政府将十三行行商作为"以商制夷"的手段，除限制外商在广州的活动范围外，还将与外商交涉等诸多外交事务全部推到行商头上。

换句话说，清朝的官僚们放弃了开眼看世界的机会，或者清政府通过广州口岸的海关官员来审视正在变化的世界，但当贿赂遮住了这种看世界的真切度和清晰度时，海关官员这个被安插在大清帝国南疆的眼睛被蒙蔽而失明了。

与其说魏源、林则徐是中国开眼看世界的先辈，勿如说中国的行商们——这些风雨几十年与外商打交道的中国人，才是开眼看世界的第一个群体。

十三行造就了中国最早的兼涉商务与外交的洋务活动者。以十三行行商潘家为例，1772 年，潘启成为中国使用汇票第一人。[1] 潘启 1780 年捐建的"漱珠桥""环珠桥"，由外国人绘成版画后，曾刊登于俄罗斯彼得堡 1813 年出版的杂志上。由潘启、潘有度做猎头，搜寻西方效力于中国清政府的专才不少于五批，其中有不少是精于天文、机械、医学、绘画、音乐等方面的人才。潘有度与外国客人谈论拿破仑战争津津乐道，对英国在印度开疆拓土的时事也有相当的了解。

1815 年，受邀到潘有度南墅家访问的波士顿商人布莱恩特·帕洛特在日记中对潘有度有这样的描述："虽然举止十分威严，但与聪明的外国人在一起时则和蔼可亲。他爱探询有关中国以外其他国家的事情。与他的人多数同胞不同，他坦诚而自在地谈论宗教等问题。"[2]

1819 年，潘有度被美国麻省工学会吸收为会员，这个荣誉头衔是美

---

[1] 潘刚儿：《中国第一代与全球化经济接轨的杰出商人代表潘振承》，载《羊城今古》2010 年。
[2] 同上。

国人对他求知精神的肯定,而伍秉鉴在美国投资铁路、股票及保险业,因此与印度港脚商人和欧洲都有比较广泛的接触,对当时的国际形势不能说不熟悉。

当有些东西需要诉诸查禁乃至上升到武力来解决时,最熟悉外情的行商们本来是最应该倚重和拉拢的一个群体,却被逼到了解决问题的对立面。从明清政府曾经假手王直及郑芝龙等海盗商人的成功做法来看,行商们最清楚如果查禁或动武,如何作为才更有成效。

当然,这时的行商已经与要查禁的对象有着深厚的利益交集,他们是潜在的被查禁对象的利益同盟者,但在瓦解这一同盟方面,早期曾参与禁烟的广州官员做得远不到位。在他们看来,查禁与弛禁之间没有余地。

后来署理两广总督之职的邓廷桢认为,如果弛禁,禁止民间吸食鸦片将成为不可能之事。他建议应将贩卖之奸民、说合之行商、包买之窑口、护送之蟹艇、贿纵之兵役严密查拿,尽法惩治,并点了九个鸦片洋商的姓名——渣甸、英尼斯、颠地等,这是把行商推向洋商的开始。所以早年曾在苏州禁烟的林则徐还没有到任广州之时,伍秉鉴第五子伍崇曜就已经将这一信息传递给了英国驻华商务监督义律和他的合作伙伴美国旗昌洋行。

随后,林则徐被派往广东禁烟,他眼中容不下一粒沙子,这位中正而雷厉风行的大员手腕凌厉:如果洋商不如期缴纳鸦片,将要处死年迈的伍秉鉴和卢茂官两位行商。有商人说,伍秉鉴当时"吓得瘫倒在地"。

行商与禁烟官员的这种针锋相对的对立态势,无形中让有行商居间传递信息的洋商,在整个过程中对情报工作的掌控都比查禁官员对洋商的了解更为详尽。这种不用离间而导致的缝隙,同时成为林则徐被调离的一层背影。徐中约在《中国近代史》中指出:

在战争的进行中，皇帝在抵抗与妥协、开战与求和之间游移不定，对伦敦承担海外利益义务的错误估计以及缺乏敌方的准确情报——所有这些都预示了失败。林则徐深信，伦敦不会在鸦片贸易这样邪恶堕落且臭名昭著的事件上支持英国商人，但他却不理解，没有这种非法交易，英国人就无法在不承受巨额逆差的状况下进行正常贸易；他也不知道，扩张主义的维多利亚女王政府非常热衷于维护它的海外利益。中国人对其敌人一方的一些错误观念令人瞠目：林则徐相信，英国人没有茶叶和大黄就活不下去，且认为英国士兵的双腿因打了绷带而不能伸展；一位御史提出，只要击中他们的脚就能致其死命，而耆英则报称这些夷人在夜里视力极差……亚当·斯密的自由贸易思想与中国人对商业的鄙视态度是无法共存的。由工业革命产生的力量与通过变化获得的进步思想，推动了西方向海外的扩张，没有什么东西能阻止这股潮流。不幸的是，满清宫廷与中国的士大夫对这些事实一无所知，因此，中国与西方碰撞时便显得极其痛苦。[1]尽管此后为外商所认同的伍秉鉴及他的儿子伍崇曜参与了鸦片战争期间中英间的多次谈判，但这时他们的身份已经被利用殆尽。在军事胜利后的英国领事看来，伍家的角色充其量是一只左右摇摆的狗，以至于英国外交官巴夏礼掌掴伍崇曜时，伍崇曜仍能"谈笑自如"。

鸦片战争使伍秉鉴损失了大约200万美元。其中，第一次鸦片战争后，《南京条约》涉及商欠的外商款300万银圆，他一人承担了100万银圆。晚年，伍秉鉴在写给美国商人的信中说：我们被迫出资修建堡垒、建造战船、制作大炮，所承受的巨大负担"对我这把可怜的老骨头来说

---

[1] [美]徐中约：《中国近代史》。

实在是有些沉重"。

若不是年纪太大，经不起漂洋过海的折腾，他实在十分想移居美国，通篇怆然难禁之情……

1843 年 9 月，风烛残年的一代世界首富伍秉鉴，在内忧外患、谤颂不一中，于庞大宏伟的伍氏花园里，溘然长逝，终年 74 岁。[1]

也有说法认为，伍家的怡和洋行向来做的是正经生意，茶叶贸易是伍家最主要的业务，但作为具保的行商，伍家对私带鸦片现象视而不见，却是事实。从当时人们所起的几个诨号，似乎可以看出人们对伍家的态度。

因机警狡诈、冒险成性，人们送怡和洋行的渣甸"铁头老鼠"之称。伍秉鉴的诨号是"伍穿鳃"，以其有一齿穿露于颊外为意。十三行同顺行商吴健彰发家于鸦片贩卖，被取绰号"卖鸡爽"（吴商名为爽官），以其曾市鸡为业。

伍秉鉴死后，岭南名士谭莹曾撰碑文说："庭榜玉诏，帝称忠义之家；臣本布衣，身系兴亡之局"，内外形象的评判形成鲜明反差。

伍家后代出了一个伍廷芳，他在新加坡度过部分童年，后到伦敦学法律，是伦敦许可在香港开业出庭的第一个中国人。在 1882 年李鸿章请他到天津时，伍廷芳已经是香港大名鼎鼎的律师。1856 年，第二次鸦片战争（1856—1860 年）间的一个深夜，具有 170 年历史的广州十三行商馆被民众一把火烧为灰烬，十三行彻底退出历史舞台，但这个平台上所聚集的商脉在外资强加于清朝不平等条约的影响下，以粤商加速转战香

---

[1] 李远江：《世界首富伍秉鉴的末路人生》，载《先锋国家历史（周年精华特刊）》中《历史的脸谱》，2008 年。

港、上海的方式得到延续。

如果说泉州走私商人李旦、郑芝龙建立起了辐射东亚、东南亚的贸易网络，那么伍秉鉴则建立起了中国与太平洋的美国、印度洋的印度、大西洋的欧洲之间庞大的世界性贸易网络。只不过，他只是其中的一分子，而不是支配者。

如果以1644年清军入关和1640年英国爆发内战开辟了资产阶级世界革命的新时代作为两个国家分水岭的话，那么到1800年上下，另一个分水岭日渐显现，那就是大清帝国乃至十三行商在对公行、保商等制度的僵化坚守中，一如既往地触逆着新兴的商业自由精神而行，从而与整个世界的潮流脱节。西方的商业精神不断调适着其整个国家的意志，但这种情形在1800年前后的中国并没有发生过。

明清朝贡贸易体系的崩溃

1636年，曾德昭返回欧洲，他在《大中国志》中不乏溢美之词，他这样写道：

中国人温良多礼，喜交谈，……所有集会上都把我们当作上宾，不为别的，只因我们是异邦人，因此他们称我们是来自远方国土的客人，有所需要时，他们从不拒绝借给我们所需求的东西，即使价值超过我们给他们的抵押，也不要利息。……中国人爽快地赞颂邻国的任何德行，勇敢地自承不如，而其他国家的人，除了自己国家的东西以外，不喜欢别的东西。中国人看见来自欧洲的产品，即使并不精巧，仍然发出一声赞叹。……这种谦逊态度真值得称羡，特别表现在一个才能超越他人的民族上，对于那些有眼无珠、故意贬低所见东西的人物，这是一个羞辱。[1]

明清时中国的谦逊和热情好客，在上是那种俯瞰世界、唯我独尊的傲慢，在下则夹杂着些许优越感，并具有从容生活的平静。

这种傲慢，最典型地表现在朝拜中国皇帝时从礼数上要下跪，这种自称天下宗主的角色与西方国家主权观念的不兼容，以及中国朝贡关系及贸易体系与西方外交往来体制的对决，最终因为禁烟而通过战争予以解决。

作为这种傲慢的尾巴，即便1842年大清战败而割让香港和五口通商，钦差大臣耆英仍表示，应以小恩小惠及外表的诚信来应付他们，所谓"与其争虚名而无实效，不若略小节而就大谋"，这是一种典型的中国式的精神意淫。

广州一直在亚洲体系中扮演着贸易核心和中转站的角色，广州十三行即公行制度，一直是对大宗贸易进行组织、调节的机构。由于鸦片战争造成广州陷落，使得亚洲体系的贸易链条从广州断裂，曾经有效调节、组织亚洲市场的广州公行制度为不平等的条约制度所替代，环太平洋的亚洲商业贸易体系从此瓦解。[2]

从1814年英尼战争开始，在大约半个世纪内，英属印度连连发动对尼泊尔、缅甸、拉达克、不丹和锡金的战争，中国的藩属国及附属领地如多米诺骨牌般沦入英国的掌握之中。1852年，暹罗曼谷王朝最后一次入贡中国。这年，英国发动第二次侵略战争，缅甸沦为英国殖民地。中法战争后，安南落入法国人手中。

---

[1] [葡]曾德昭：《大中国志》。
[2] 韩毓海：《五百年来谁著史》。

1895年，中日《马关条约》签订，清政府被迫承认朝鲜"独立"，中朝宗藩关系结束。中国原来由朝贡而搭建起来的贸易网络已然成为以英国为轴心的贸易体系的组成部分，中国外交也逐渐转型，从朝贡制度过渡到条约体系。

第四部分

山西票商简史：

1843—1948 年（上）

如果以1617年盐业新政为标志，扬州在徽商的治下也繁盛了两个多世纪。如果以1727年恰克图贸易开始为标志，张家口也曾超然存在150多年。如果以1757年一口通商地位的确立到鸦片战争，广州也集万千宠爱于一身80多年。而汉口，作为晋商茶叶中转大本营和票商中心的地位，也由来已久。

但所有这些城市的相对地位，都伴随1843年11月上海开埠戛然而止。上海迎来了史无前例的高光时刻，这一时刻不以人的意志为转移。中国区域商帮原有的发展轨迹因此扭转。各方势力重新聚合，中国商帮出现新的主导者，但晋商并没有坐以待毙，而是立足现实，顺势转型，由外贸商人转为票商，并一如既往地在中国商帮史中占据着无可取代的地位。

依托上海而崛起的江浙粤商人与外来资本具有千丝万缕的联系，他们在上海滩的攻伐，无可避免地充斥着代言或抗拒外资的更为复杂的背景。相较而言，山西票商是晚清民初中国最荡气回肠的本土商业力量。

如果说朝贡制度及海上私商所建立的贸易网络被西方国家的坚船利炮撕开，意味着中国海上门户的洞开，那么这些国家与中国本土市场的商业拉锯战，从某种程度上说，其决战是在西方金融业与山西票业之间展开的。

换句话说，山西票业衰退后，外来商业势力才真正控制中国经济的"任督二脉"，中国的半殖民性也更为深重。

第十一章 晋商的第二次转型

如果说晋徽盐商的次第崛起缘于粮盐物物交换和盐银的货币交换，那么银票之间的信用交易则出现了中国商帮史上另一伟大一幕，这就是票号商人的出现。从历史上看，每一次围绕结款方式的变革都带来财富革命，就连当代网上购物支付也不例外。

张家口—恰克图贸易是一条用骆驼运输和木轮牛、骡、马车拉出来的贸易通道。牛车运输多于春季4月出发，8月底返回，这时草原水草丰茂；骆驼运输则从秋季9月开始，直到冬季，多走戈壁沙滩。

商队一般在11月1日到来年4月1日这150天的冬季行路。夏天酷热难当，晋商一般不在夏天行路。即使在夏天，一般也选择在晚上赶路。骆驼商队的领路人被称为"驼手"。驼手不仅要精力充沛，而且要熟悉路线，知道在哪里能够找到水和食物，怎样治疗生病的牲畜。

虽然晋商已经垄断了北方的外贸，但最让他们头痛的还不是长途跋涉的风险与困难，而是伴随贸易额增大所带来的大量白银携带不便和安全问题。10万两白银的重量就达2.5吨，如何抵御恶劣的天气和土匪，从而保证银子的安全，成为每趟贸易的重中之重。于是，中国最早的镖局由一个叫张黑五的山西人在清乾隆年间创办，专门为远途商人押运保驾护航。每趟运输必有镖师和卫犬。镖师更番巡逻，入寝，就以犬代之。[1]

但镖局并没有从根本上解决晋商历时两三个月的长途押运的风险问题，新的问题接踵而来。从1796年起的白莲教农民起义，持续了近20年，波及国内多个省份，镖局的局限性被无限放大，但1823年[2]出现的票号，无意间破解了这一难题。

从赌博房学徒到票号创始人

90年前的平遥城，织布、染布和贩卖生丝、茶叶的生意营造了这座城市的商业氛围。来自陕西或上党的棉花、曲沃的旱烟、岚州的胡麻油、苏州的绸缎、两湖的茶叶，让这座小城交织着省内外的商业信息以及包容、创新意识。

一种叫作押宝的赌博是这座小城的娱乐元素。元代从陕西汉中落籍山西平遥达蒲村的李氏家族的二公子李大全，就是这赌博房里的常客，而来自平遥细窑村（后改成雷家堡）的雷履泰，最初的学徒生涯就在赌房里度过。

雷父早逝，家道衰败，13岁便辞母离家弃学从商。不过三年的工夫，雷履泰已经是赌房里的大把式，以致财东破天荒地给他分配了人力股，

---

1 随着火车、汽车、轮船的开通，镖局逐渐难以为继，北京八大镖局先后关闭。1921年，有300年历史的会友镖局的关张，宣告了旧式镖局全面退出历史舞台。
2 一说1824年。根据《山西票号史料（增订本）》（山西经济出版社2002年版）为1823年。

以示对他的器重。三年学徒届满就顶人力股，这在当时平遥商界是绝无仅有的。

在这种场合，雷履泰练出了一副好眼力、快速心算术和对人情的练达，这一切被李大全看在眼里。但赌博毕竟不是一个谈得上有声望的行业，在李大全的邀请下，雷履泰跳槽到西裕成。李氏家族是大户人家，在平遥有高楼院落三处，同时投资新设商号十多处。西裕成是一家颜料行，颜料是平遥达蒲村的传统手工业。雷履泰先是做业务，也就是"跑街"，他能放弃身股还能放下身段来这里，绝非常人。很快，他就被提拔重用。

雷履泰的与众不同，就在于他能从山西商人的商业实践及由此衍生出来的金融工具中找到全新的金融业务模式和商机。诸多的解决资金结算、汇兑和借款的机构在当时已经出现，中国最早的账局就由山西人首创而出现在对俄国北边贸易的城市张家口。与主要给候选官吏和商人放贷不一样，作为小额信用借贷机构，印局产生于明末清初，放款对象主要是城市贫民与小商人。

18世纪初，大盛魁印票庄开张。所谓印票，就是借款者向高利贷者出具一种盖有本人印信的借款凭据，当铺则作为小额抵押消费信用机构而出现。

山西在金融领域诸多方面的最先实践为雷履泰的创新提供了可能。1910年，在京注册的账局共52家，山西人开设的有34家。按总经理籍贯分，52家账局中，除3家外，其他的也全由山西人在打理，而在库伦、恰克图、莫斯科等地也有晋商的账局。1753年，全国有当铺18 075家，山西省有5175家，占28.6%。19世纪50年代，北京的159家当铺，

68.55%由山西人开办。[1]

乾隆五十一年（1786年），河南连年歉收，"山西等处富户，闻风赴豫，举利放债"。近代考古学家卫聚贤在《山西票号史》中说："明末清初，凡中国的典当业，大半系山西人经理。"

有关票号在何处产生有多种说法，一说往来晋京两地的干果商常有大宗款项要托运，运费高不说，还常发生意外；一说京商贩运货物到天津销售，"所卖款项，时受滞阻，每逢行市，咸不能济急"，于是就有了"将其银拨兑，书立票据，兑洋使用"，也有据此说天津是票号的发祥地。[2]还有一说，在京经商的平遥人很多，每到年底要往家捎银子。他们就想了一个办法，先把这些银子存放在北京西裕成分号，让雷履泰写信，告诉平遥总号谁在这里存放了多少银子，定时到平遥总号去领取。一开始还只是同乡之间帮忙，后来效仿者越来越多，雷履泰就与对方达成协议，收取一定费用。费用越滚越大，所赚的钱慢慢比颜料生意赚的钱还多，于是，天才的雷履泰借鉴"账局"的经验，把汇兑由同城扩大到异地。

生意中难免有银子和铜钱的兑换，雷履泰就借鉴"钱庄"（货币兑换机构）的经验，开展生意以外的银钱兑换；经商难免有借贷，雷履泰就借鉴"印局"（传统借贷机构）的经验，适当地放一点儿"印子钱"，即有利息的借贷。在这些设想日渐清晰时，西裕成的金融经营格局初步形成。1823年，雷履泰成功说服财东把西裕成更名为日升昌，主营业务由颜料转变为专营存款、放款、汇兑。就这样，载入中国金融和商业史的票号诞生了。

---

1 孔祥毅：《诚信是金融的生命》，载《当代金融家》2006年4月。
2 前种说法来自平遥文史馆1960年8月所编的《平遥票庄纪略（草稿）》，后种说法是曾任天成亨票号分号经理的平遥人史楚麟所言，见《山西票号史料（增订本）》。

票号的要旨在于异地汇兑和存贷，因此，扩大汇兑市场和范围至关重要。在雷履泰的主持下，日升昌很快就把异地汇兑业务扩展到全国。他的首创票号之功，将山西商人的主体从盐商、外贸商人更进一步推进到民营金融领域。他开创了一个让晋商更具核心竞争力的行业，并将山西商帮推向辉煌500年的巅峰。

日升昌也因此成为中国票号业的黄埔军校，它的竞争对手蔚字六联号的掌柜毛鸿翙、范凝晋等，协同庆票号掌柜陈平远，百川通首任经理武大德，广西银行总经理王治臣等都出自日升昌。

雷履泰对毛鸿翙：两个人的较量

"人养好儿子，只要养三个：大儿雷履泰，二儿毛鸿翙，三儿子最无能，也是程大培。"这首歌谣曾经在中国票号的发源地乃至整个晋商中广为流传。歌中所说的三个好男儿，不是别人，就是"汇通天下"的中国第一票号——日升昌的三位创始人，即大掌柜雷履泰、二掌柜毛鸿翙、三掌柜程大培。

毛、程二人都是雷履泰发掘出来的苗子。毛鸿翙是被雷履泰看中而从一家油面铺学徒挖到西裕成的，两人所在的村庄相距只有5里。毛虽出身贫寒，但从小喜欢经商，不到30岁就被提升为副经理。程大培原在李家汉口分号做号内临时杂工，一次店里遭遇土匪抢劫，伙友都离号逃跑，只有程大培未逃。之后，事态平息，伙友回号都以为铺号大受损失。不想，程大培将号内银钱及账簿等贵重财物一一收拾好，埋在房院之内，铺号毫无丢损。这次劫遇有惊无险，程大培被正式吸收入号，不久被委任为汉口分号掌柜。嘉庆末年，程大培被调回平遥总号，提升为襄理。

三驾马车的形成为日升昌的兴旺发达奠定了坚实的基础，但日后山西票号核裂变一般的发展，则从雷毛二人的个人恩怨开始。在雷毛之争之前，日升昌独吃票号之生意。开始时，雷毛相安无事，直到三年后的1826年，雷履泰大病一场。

雷履泰一贯勤奋敬业，加之创办票号立下大功，在日升昌票号内说一不二，大权独揽。生病这年，雷履泰已经56岁，毛鸿翙39岁，程大培40岁开外。尽管雷履泰年老生病，但依然带病处理号务。毛以让雷养病为名，向少东家建议让其离号回家休息。在毛鸿翙看来，这场大病将是大掌柜结束掌柜生涯和自己的出头之日。

此时李大全已经病故，他年仅16岁的儿子李箴视担当起日升昌财东的重任。在李箴视看来，较之雷履泰，他与跟自己年纪差距更小的毛鸿翙沟通隔阂较少，所以李少东家未加思索就答应了毛鸿翙。

雷履泰在万般不愿的情况下，回到自己家中，但他并未休息，而是忙着给少东家写信。他的病还没好，少东家前来探视，他就向少东家交底说："各地码头是由我安排的，如我离号，也该写信给各地码头老帮，让他们撤号，东家要再安码头，另请高明吧。"

少东家是那种秉性忠厚、闲静寡语但心中有数之人，一听此言，权衡利弊之后，就竭力劝其留下。那日，雷履泰没有给少东家放个明白话，于是，少东家就差人每日给雷履泰送一桌酒席、30两银子劝慰。半月后，雷履泰看到少东家的诚意，答应少东家的请求，但条件只有一个，那就是让毛鸿翙出号。就这样，二掌柜被辞退。在日升昌的百年发展史上，没有发生过一次票单被误领的现象，认票不认人的制度管理和严密的防伪技术发挥了重要作用，尤其是后者，极为保密，构成这一行业的先期门槛。例如，日升昌的票号有一个"昌"字的水印。写银票的笔迹、字的拐弯处都可能内藏玄机，横与竖、撇和捺都有暗记。在银票的某个角落扎一个针眼，也是秘密。能够如毛鸿翙这样熟悉票号的人才，当时可以说是绝无仅有的。

山西介休侯氏家族的富三代侯培余正在思忖着家族生意转型的事情。侯家做北边贸易起家，不仅财大气粗，而且商业基因渗透骨髓。侯培余正像猎手一样，伺机进入票业，但不得要领，无人故也。他对票业的一举一动都颇为关注，稍有风吹草动，都能触发他敏感的神经。当他听闻毛鸿翙被辞退时，喜出望外，立即备下厚礼，登门拜访。

当祁县乔贵发、太谷曹三喜还在为生计发愁时，侯培余的父亲侯兴域已经是百万富翁。奠定侯氏家业根基的是侯培余的爷爷侯万瞻。侯万瞻是一位绸布商，早年去苏杭，南贩北卖，家道日隆。在山西可知的著名外贸商人或票号商人中，有这种家境的并不多见。

榆次常氏家族的常万达是富二代，他与侯兴域是同一时代的人。当山西商人还在有滋有味地经营着绸布生意时，常万达率先将经营方向由布转到茶，但侯兴域则把生意重点由布转到盐业生产。在侯兴域看来，盐业比绸布杂货利润大，所以就收缩绸布杂货生意，转而让六个孩子经营河东池盐。[1]侯兴域娶有二房，与平遥乔贵发的孙子乔致庸一样生有六子。

从1649年以来，河东盐业推行"畦归商种"新政，标志着政府从盐业生产领域退出，一时晋商蜂拥而入盐业生产领域。仅1680年，经营河东池盐的晋商就达513名。[2]侯家就是在这种背景下进入盐业生产领域的，但盐业生产领域陋规浮费，名目繁多，令商人不堪重负。侯家又见机从

---

[1] 黄鉴晖：《明清山西商人研究》。
[2] 《山西通志·盐法》，中华书局2017年版。

盐业领域退出，再次将经营方向转向原来的领域。这次转型失败后，侯家有一个至关重要的举动，那就是将侯家的投资重点由家乡介休转到平遥，这个看似不经意的转移成全了侯家后来的成功转型，不然侯余培也不能在第一时间得知平遥李氏家族两个掌柜闹矛盾之事。侯家在介休张兰镇开设了义顺恒、中义永等字号，但在平遥开设了更多字号，如协泰蔚、厚长来、新泰永、新泰义等，涉及绸缎、布料、茶庄和钱铺。

在60岁那年，侯兴域将家产分给六个儿子，并将家业交给主张把蔚泰厚绸缎庄改为票号的侯培余主持。侯培余本是一介书生，曾于嘉庆二十三年（1818年）考中副榜（指乡试的备榜，通俗讲就是候补举人），为人处世精明练达，颇具才干。侯家的生意一经他的管理便财源茂盛。掌家伊始，他广招贤能，锐意改革，颇具大家风范。

侯余培深感此乃千载难逢的机会，是天助其力，几对毛有求必应，以期将其纳入家族旗下，为己效劳。毛鸿翙被李家用这种方式扫地出门，也咽不下去这口气。当听到侯家给他开出优厚条件时，他毫不犹豫地转投侯家，从此与侯家荣辱与共。

首先，侯家给他在蔚泰厚、新泰厚两个店铺各顶一份人力股；其次，日升昌不允许掌柜的人力股身后被继承，侯家则对他开先河；最后，日升昌不允许掌柜后人用现银入股，侯家则再次对他开先例。

这三点都是雷履泰在日升昌所没能享受到的待遇，侯家也一不小心开了中国商帮史上从未有过的人事激励和制度安排的先河。侯家前无古人、后无来者的赶超传奇从此开启。

人力股是山西票号最为人称道的创举，这一制度的设计是对票号职业经理人的极大激励。很多票号大掌柜十年、二十年如一日地效力于所在的东家，甚至累死在掌柜岗位上，人力股的存在是一个重要的原因。

这也是山西票号商人不同于其他诸多商帮商人的伟大之处。

票号的股本有银股和身股两种。银股是东家拿出的钱，身股是员工的人力资本入股。票号里的顶身股由少到多，在光绪三十二年（1906 年）协成乾有工资的职工中，33% 的职工有顶身股。1908 年，大德通票号身股的数量是银股的 120%，这一年，郝荃、高钰、吕永和三人的身股达到了每人一股。当时票号的一股，在财富上不同于现在上市公司的一股。1908 年，大德通的银股总共才 20 股。1908 年的大德通每股分红是 2 万两。2 万两是什么概念？清朝一个亲王，每年的俸银是 1 万两左右，一品文官的年薪才 180 两银子。由于工资低、开销大，清朝公务员屡次以养廉银的形式加薪，一个总督的养廉银，达到了 13 000 ~ 20 000 两之多，巡抚的有 10 000 ~ 15 000 两，知府的是几千两，都还赶不上大德通掌柜的分红。

毛鸿翙对东家的知遇之恩感激涕零，正想出口恶气以雪耻辱，便一口答应下来，发誓与日升昌一决雌雄。很快，就在日升昌对面，毛鸿翙将蔚泰厚绸缎店铺改换招牌为蔚泰厚票号，侯家的票号就开张了。说来也怪，毛鸿翙和雷履泰这对冤家都活到了 79 岁，而他们的东家都是在宋元时由陕西迁入。

蔚泰厚是平遥城内继日升昌之后的第二家票号，一举打破日升昌一统天下的局面。同年，侯培余以父亲字蔚观为鉴，继承父志，传承家业，将多家商号改为带有"蔚"字的票号，如蔚盛长、新泰厚、蔚丰厚。毛鸿翙出手狠厉，相继将原日升昌的业务骨干郝名扬、阎久安等挖到自己门下，并带走一批客户。

对于毛的挖人举动，雷履泰恨得直咬牙，写信给日升昌各地分号，讥讽跳槽的是无名小卒、墙头草。当时，雷履泰已过"知天命"之年，但壮志凌云，豪气不减，他常把自己和晏子、范蠡相比，并在日升昌前院二街门门楼子上刻上"我学鹦""栖鹓处"门额,以此自勉。

为保持日升昌在各地市场上"独居奇"的地位,雷履泰在与蔚泰厚票号的激烈竞争中,总想在业务上把对方压倒,常常放款减息,少收汇费,与蔚泰厚争揽顾客,搞得蔚泰厚一些分号苦不堪言。1844 年 6 月,蔚泰厚苏州分号向它的北京分号诉苦道:苏地钱店以及为士人学子捐纳功名等生意,由于日升昌揽做,咱号概不能做分文。所谓代办捐项,是指有些官员有前途但没有资金走动,就由票号替买官者代付、汇兑银两。蔚泰厚票号大约是 1835 年开始代办此项业务,雷履泰以赔钱的代价,挤得蔚泰厚大有在苏州待不下去的感觉,但蔚泰厚苏州分号后来经营得有声有色。卫聚贤在《山西票号史》中曾记载蔚泰厚票号:"咱号各处捐项,苏州局第一,常德局第二。"蔚泰厚苏州分号,1847 年有存款(白银)36 000 两,放款 80 000 两,共承汇各地银两 211 793 两,同时收到各地汇款 314 192 两。

毛鸿翙是一位好斗之人。雷履泰在哪里开分号,他就随即在哪里开号,并在京、津、汉口等地一再让雷履泰丢城失地。在中国最早两家票号争斗的过程中,苏州曾是双方抢夺最为胶着的市场之一。蔚泰厚最兴旺时,在全国设有 33 家分号。1844 年 9 月,蔚泰厚北京分号就受张家口 5 家商号委托,在湖北汉口,山西太谷、徐沟、交城等地,在当年腊月代收 24 979.66 两货款,来年 2 月汇往苏州,蔚泰厚每千两收取他们汇费 7 两。

随着日升昌与蔚泰厚竞争的加剧,雷、毛二人更成为水火不容、势不两立的死对头,以至于雷履泰将其儿子的名字改为雷鸿翙,毛鸿翙给他的孙子起名叫毛履泰。

侯培余不久去世,他的儿子侯荫昌接管家族生意,加码在平遥的存在，于1864年与同乡马辙林合资创办天成亨，将与他人合资的蔚长厚也改成票号，让毛鸿翙也加入股份，与先前四家票号一道，统统交由毛鸿翙掌管。

至此，侯家形成六联号经营的立体格局，各票号"八仙过海，各展神通"。

李箴视执东期间是日升昌李氏家族最为鼎盛的时期，形成了以日字起头的集票号、钱业、商号三位一体的商业矩阵。钱庄布局日升通、日升裕、日升厚、日升达四家，左右着平遥钱业市场，称雄一时。商号、商铺以东如升、如升大、日升祥、日升当、日升庆为代表，遥相呼应，互为支援。票业以日升昌、日新中、日升通、日升达为代表。如此一来，李家一时登上平遥首富的宝座。李箴视先后在平遥老家西达蒲村兴建中院、东院、西院、南院四座宅院，并自成一堡，后人称为"李家堡"。

但李家这些票号，除日升昌外，总体经营情况并不理想，尽管1838年创办的日新中分号也达到14处，1862—1864年间与陕徽商人创立的谦吉升分号达到11处，但两家先后在1861年和1884年歇业。最终，李家没能抗衡住来自蔚字六联号的挑战，在与侯家的竞争中并不占优势。

毛鸿翙在侯家六联号担任总掌柜39年，奠基侯家在中国票业无以撼动的地位，他也因此发家，前后购置数百顷土地，以及林山六七处。这些土地、林山全部出租，每年仅地租就可以收入4000余石粮食。其间，毛鸿翙及其后人自己还创办粮行、布庄、绸庄和烟店，他的孙子毛履泰先后4次投资票号，不过没有一家存活超过10年。

第十二章 山西票业发迹史

山西票商真正发迹是在太平天国运动以后，起义军切断了清政府的运银官道，清政府被迫在1862年允许票号汇兑输往北京的饷银。一场战争在不经意间引发一系列的连锁反应。

尽管汇兑京饷是否要交给票商争议不断，但连绵的战争及捉襟见肘的财政客观上让清朝地方乃至京城官员不断增加对票商的信任。官僚们也将钱放到票号生息，在拓宽票号吸储范围的同时，在事实上形成了这样一个结果：票商先于外资银行，成为官方最大的金融及理财合作伙伴。票商也从原来的草根玩家阶段进入为国倚重的新时代。

一场突如其来的物价上涨

1851年，太平天国运动爆发，谁也没有想到，两年后，一次因银根紧缩造成的物价上涨正在逼近北京。

1852年，太平军占领汉口，商贾歇逃。次年1月攻克武昌，起义军人数增加到50万。3月，太平军攻占南京，改名"天京"，同月逼近京津。

受太平军感召，另一支主要覆盖皖、苏、鲁、豫四省的农民起义军捻军（1853—1868年）也一下揭竿响应。一时，舟楫不通，南北商船，闻风裹足。

繁华的北京城几乎在一夜之间陷入萧条，一半以上的商铺歇业，几万名百姓失去生计[1]，汇兑不通，商业无处通融，市场混乱。

时清政府并没有自己的金融中枢可资调控，市场的金融信息主要通过民间的反应得以体现。1853年，北京共有账局268家，其中山西商人开设的有210家，其次为顺天府商人。[2] 在清朝宗室惠亲王绵愉看来，"伏思天下之广，不乏富庶之人，而富庶之省，莫过广东、山西为最"。他估计，在京贸易的山西商民因战争歇业回家，让京城一下子少了数千万两资金。

太平军起事前一年，山西票号已发展到9家，平遥帮占7家，祁县和太谷帮各占1家。1853—1856年间，山西票号不约而同出现了第一次大规模的撤庄行为，各号收撤长江流域汉口、芜湖、扬州、南京等地的分号，并在太平军北征逼近京津时暂时从京津撤庄或收缩业务。日升昌较早对战争做出反应，时任大掌柜程清泮[3] 收撤华中汉口、华南广州和西

---

1 其实，早在1828年山西票号诞生才几年的光景，苏州城就曾发生了一次持续了半年的突如其来的物价上涨。苏州是江苏巡抚的驻所，一直风调雨顺，既无灾荒，也无战乱。这样的太平年景，物价怎么会平白无故地涨起来？江苏省最高行政长官、巡抚陶澍事后向皇帝解释说，是因为"自上年秋冬至今，各省商贾，具系汇票往来，并无现钱运到，因此导致银价顿涨，而钱价越来越贱"。这次涨价是山西票号汇通天下作用的第一次显现。

2 黄鉴晖：《明清山西商人研究》。作者曾依据清档中关于京城账局、票号、当铺、茶行捐炮助饷的奏折做了一个不完全统计。

3 程清泮是日升昌掌柜程大培之子，1849年雷履泰病故后接任大掌柜。

南成都、重庆等地分号。日新中则收撤了南京、汉口、苏州等地分号。

由于山西人开的票号、钱铺、账局只收不放，或索性收业返乡，商户周转资金发生困难，大部分陷入停业状态。而战争以来，清政府的大量财政资金被挪用到战事，仅到1853年就已经支出2700多万银两，户部银库到这一年6月中旬，存银仅剩22.7万多两。[1]

财政的窘迫一时让民间捐输提上日程，这场全民捐款活动从1852年2月开始持续多年。1853年，程清泮代表日升昌报效朝廷750两银子。13家票号以其26名经理人的名义，在京捐银6182两。5家票号资本家捐银4.5万多两。到1853年正月底，各省督抚将军及所属文武官员捐银129万两，绅商士民捐银424万余两。最为抢眼的还是山西各界的表现，捐银159.93万余两，居各行省之首，占总捐款总额的37.65%。为此，山西、陕西、四川在乡试、生员招生上获得增加名额的奖励。

到1856年10月，山西绅商实际缴银286万余两。[2] 平遥日升昌李氏家族一家这一年内捐了1万两，从财东李箴视到其弟、三个本家兄弟，每人都输捐了一个官衔。

不仅如此，李箴视还为故去的父亲、祖父、曾祖父都捐了官衔，兄弟72人及家族同辈男子12人均捐上文武头衔，李家的女性也都请封"宜人""夫人"头衔。毛鸿翙家里从父亲到玄孙上下五代31名男子，也都捐得"将军""大夫"官衔，花翎顶戴。[3]

因赔款所需，第一次鸦片战争山西绅商派捐200多万两白银，但民间的捐输并不能从根本上解决问题。另一方面，鸦片贸易使白银大量外

---

[1] 董继斌、景占魁主编：《晋商与中国近代金融》，山西经济出版社2002年版。
[2] 山西财经学院编：《山西票号史料（增订本）》。
[3] 董继斌、景占魁主编：《晋商与中国近代金融》。

流,导致银贵钱贱和以铜钱计算的物价不断上升。

为解决皇室和财政危机,从1853年起,清政府开始在北京集中滥铸滥发大面额的铜铁大钱,这加剧了由于票号、账局等撤离京城所导致的混乱。铜铁面额价值划分为15个等级,咸丰元宝甚至当百上千,物价猛涨。

作为一个庞大的消费城市,北京的粮食、杂货均靠外地运入,农户运农产品进城,换回的大钱回到本地不便使用,自然不愿再进京从事这种贩运。外地商人运货到京,销售而得的铜铁大钱,七八千文才能换银1两,而京城外面不过4000文,商人利益明显亏折,由于货物不能源源运入,京城货价自然昂贵。[1] 1斤麦面京城外乡镇售价不过十六七文,城内则需三十七八文。到1853年底,一两银与京票的兑付比例已经从1∶2000飙升到1∶4000。

1862年,国之倚重

清政府对各省的财政收支历来用京饷和协饷的办法来进行宏观调控。其中,上解朝廷的称之为京饷,它是对由各地承担的清朝官吏俸禄、八旗军费、皇室费用等支出的总称,而由户部指定有盈余的省份将财政收入的一部分,调拨给那些需要但入不敷出的省份,叫协饷。

无论京饷还是协饷,历来奉行的都是各地官府的解饷委员会装鞘运解。

1828年,浙江省盈余饷项的解京流程发生了一些小变化,沿途还是由解饷委员会押解,但到户部投文领批,以及银鞘交库,都由票号商人

---

[1] 董继斌、景占魁主编:《晋商与中国近代金融》。

办理，结果浙江省受到惩处。道光帝为此重颁上谕，凡解押京饷，每个环节都不得假借商人之手。

山西票号诞生的时间不长，根基尚浅，由票商办理银鞘交库，还难以赢得清廷的信任。1854年，第二批官银钱号，即俗称"五宇官号"（宇升、宇恒、宇谦、宇泰、宇丰）设立，清政府仿效民间票号、钱庄用银票来兑付会票或期票的做法，用发行的"京钱票"来收兑宝钞。到1860年2月，宝钞的滥发一发不可收拾，后来一概停发并在1867年限令收回，这种办法被都察院左都御史和淳称作"不必抑勒驱迫，而财源已裕于不觉"，但由此引发了极度的金融混乱和物价上涨。1861年，银票兑付比高达1∶30 000。

1853—1861年间，大钱和票钞的发行量共合银6024.9万两，是这一时期清政府国库收入8667.3万两的69.5%。[1]

因太平战事和上海崛起，广东省财政陷入窘迫的境地，拨解京饷的资金多向票号借垫。到1864年太平天国运动被镇压，粤海关因关税征收无几，不够凑拨，就向山西协成乾、志成信票号各借银5万两汇兑，由税收项下提拨归偿。

1857年，英法联军在第二次鸦片战争中占领广州，1859年6月占领天津，1860年10月攻入北京。此前太平军占领苏州，石达开转战四川。北至京师，南至广州，东至苏州，西至成都，山西票号出现更大范围内的撤庄。开设票号最多的平遥帮损失惨重，聚发源、义兴永、隆盛长、万成和、万盛成、光泰永、隆和永等票号，及日升昌开设的日新中，无法维持，相继关闭。程清泮辞退员工19人，收撤京师、张家口、开封、

---

[1] 彭泽益：《十九世纪后半期的中国财政与经济》，人民出版社1983年版。

长沙等五个分号。

1861年，各省应解京饷700万两，但直到当年农历八月时，北京户部仅收到100多万两。[1] 这时，太平军与清政府进入决战阶段，战争阻塞交通，使清政府爆发严重的财政危机，清政府被迫在1862年12月允许殷实票号汇兑京饷。从此，本来是草根生长的票号开始为国之所倚重。

在解禁令到达各省之前，江西巡抚沈葆祯在1863年4月首次交给新泰厚票号汇兑了10万两京饷进京。之后，江西的先行和清政府的解禁，让广东、湖南、湖北等地纷纷效仿。

但好景不长，9月，户部认为，部库多收一批汇兑，京城就少一批实银，以此奏请同治帝批准禁止用票号汇兑京饷的命令。同年，在杭州经商的徽州商人胡雪岩在上海开设阜康银号，从此票业有了所谓山西帮（西帮）和南帮两大派系。

此后户部又至少3次禁止由商人汇兑官饷，实际却难以真正做到。甚至在20多年后，当胡雪岩的商业帝国崩坍时，由阜康银号破产所引发的票号、钱庄连锁反应和银根紧缩，再次引发到底是禁止民间票号解兑公款，还是成立官银号肩负这一使命的大讨论。

阜康银号破产是1882年刚被擢升为户部尚书的阎敬铭上任后面临的最棘手的经济事件。甚至在三年后，胡雪岩都没有将亏欠的公款弥补上。为此，清政府再次下令禁止票号汇兑官方银两，并且在禁止汇兑的圣旨中宣布，官员一旦违禁，严惩不贷，强调各省督府要"知所敬惧"，即便在这种情况下，也没能阻挡票号进入发展上行周期。也就是从1863年开始的十年间，票号数量从14家发展到28家，票号的主要业务由汇兑经

1　［清］王先谦编：《东华录》，上海古籍出版社2007年版。

营民间银两，逐渐转向巨额公款。各家票号掌柜为兜揽更多来自官方的生意，也开始与朝中、地方大员走动，本来较为纯粹的票号业由此或多或少地沾染上官商勾连的色彩。

用现银解京的路途风险，与票号一票承汇的安全便捷，形成鲜明对照，但票号承汇所隐藏的风险也让其成为清政府上下两股力量交锋的一个关切点。

提请禁止京饷汇兑，与区域大吏坚持汇兑，或者现金解现与汇兑并行的局面，一直都胶着地存在着。反对用票号承汇者的意见，归纳起来有四点。一是部库多收一批汇兑，京城即多出一批实银，"京饷一有汇兑而来，所来者多系空纸，而出京者仍系实银。十余年来，出入不敷，此京师财用所由亏也"。二是当有大笔汇饷入京时，票号不能从容应对，就派人在京城大铺小铺搜求借贷，导致银价和物价上涨。三是号商难保不与库中吏役、丁匠交通舞弊，将成色不足的银两，含混过关。四是票号经营国家款项，一俟亏空倒闭，将引发连锁反应。

在反对者看来，用票号汇兑不利国计民生，但对各个地方来说，对票号汇兑的依赖，则让其不能接受来自中央的不准承接汇兑的指令。因道路阻梗或途中不靖、海疆戒严，或者像川、贵等省路途遥远，转运艰难，由票号汇兑，便捷迅达，原系一时权宜之计。

后来，在太平天国运动被镇压后，理由略有变化。一则本地无足够现银，二则因商业交易多用外国银圆，洋税尽收外国银圆，京饷所用的纹银短绌，用同治六年（1867年）福州将军英桂的说法，尚不及从前的十分之二。因税课不敷兵饷之用，福州尚有邻饷协济，但此协饷与部拨之饷久未送到，"实赖汇兑一项藉资流通""即使向市廛尽数搜括，断难足数，而纹银势必奇贵"。所以，每次在谕令不准汇兑之时，广东、福建等地官僚仍上书力陈实行汇兑，以致光绪皇帝也甚是难堪。譬如，光绪二十五年（1899年），对于闽省和闽海关仍照准汇兑的上奏，他朱批说："若外省各自为计，概从汇兑，必致商民交困，有误大局……仍解实银，不准藉延。"[1]但在闽浙总督许应骙再次陈奏时，光绪帝不得不朱批："着照所请。"所以汇兑一事，从争议一开始就从来没有被真正禁止过。

在中日甲午战争期间，"海防吃紧，需饷浩繁"，户部一反原来的态度，拟定借商款章程，明文约定预定还期、酌给的利息、予以印票等事项，试图将原来"以息借洋款之法，施诸中国商人"[2]，以期唤起中国富商巨贾的急公之意，向他们商定借款100万两，备充饷款，并在随后发行"昭信股票"，交由京师的恒和、恒兴等四大恒钱庄和百川通、新泰厚等代为发行商号。

需要交代的是，这些存放在山西商人手中的公款是不计利息的，通过汇兑和经营这种没有成本的资金，山西商人获得巨大的收益。直到1903年10月，因为库款见绌，甚至户部尚书鹿传霖也从银库中提取100万两，放在京师票号里生息。就这样，政府库银交给商人生息的做法应运而生。到1904年4月16日，上海关税收入和赔偿款也被清政府准许拿出70%外放生息。

汉口：被隐没的双中心

汉口是一座隐形于市的城市。在对俄的陆路万里茶路贸易中，往往

---

1 《德宗景皇帝实录·卷四百四十二》，《清实录》。
2 沈桐生辑：《光绪政要》三，卷二十，引自沈云龙主编：《中国近代史史料丛刊》，文海出版社1996年版。

知恰克图者多，知汉口者少。

嘉庆年间，中国南北形成四大名镇。其中，佛山以铸造、陶器取胜，朱仙镇以版画、年画见长，景德镇以瓷器为大，汉口并不是某种商品原生地，却借其居国之中的地位，无以取代。在中国对外贸易版图中，广、澳、沪、港在近现代都曾举足轻重，汉口一直隐匿于光彩中。不过，相较广州港，汉口几无茶业转运价值。较之上海、福州，汉口的茶业地位相形见绌。如果相较恰克图，汉口实是其万里之外的副中心。晋商以茶叶主导北边恰克图贸易时，汉口一直是作为中转的枢纽而存在的。

在恰克图贸易中，人们几乎到了只知有晋商，而不知其余商帮存在的程度。万里茶路是由晋商光大的，从1727年恰克图开放到1862年俄商通过水路进入汉口采办茶叶为止，恰克图几乎垄断了140多年间的中俄贸易。1844年，中国对俄国的出口额占中国出口总额3300万美元的16%，仅逊于对英出口。

如果说恰克图是中国陆路贸易的第一重镇，那么在以茶叶为出口大宗的恰克图贸易中，汉口就是中国内陆最大的集散中心。恰、汉因茶路而搭配，放大了汉口的区位优势。当晋商走向各大茶山收茶时，无论之前还是之后贩茶于福建武夷、湖南安化、临湘聂家市、湖北蒲圻羊楼洞、崇阳，还是徽州婺源、祁门或霍山，江西浮梁，如果要在中道选择一个城镇，衔接南北，具有水陆两栖的功能，可供晋商中转、落脚，最称心如意的地方莫过于汉口。

晋商素有贩绸缎于苏湖杭，以及贩葛布、颜料于四川的传统。只是，这时大宗对外贸易商品换成了茶叶。可以说，汉口因茶成为大宗外贸商品集散地的这一事实，是史无前例的。即便晋商在万里茶路中的作用在1862年后被俄商取代，汉口的这一角色也未受影响。

不仅如此，从1823年票号诞生至1871年左右，汉口也一直作为早期中国票业的中心而存在。最早汉口作为票业中心的位置与雷履泰执掌西裕成和日升昌时的取向密不可分。雷在西裕成的履历是这样的：1810年领班汉口分号，1814年执事北京分号，1818年接任总号总经理。西裕成本营颜料，颜料原料采办于四川，销售辐射京津辽，这从其网点布局可见一斑。除四川外，西裕成还在北京、天津、沈阳设立了分号。以此来看，汉口是其中转的中心。

尽管票号具体率先在哪个行业产生及其发源地存在不同说法，但长途贸易的不便捷及不安全性让镖局产生，进而产生见票付款及票业。燕京大学社会学教授、法学院院长陈其田认为，"天津、汉口执其两段，为山西票号发源地颇近情理"，但是他也肯定汉口的中心地位，"四川商业与汉口发生密切关系，雷氏往来于天津、重庆之间，以汉口为中心，沟通东西贸易，至为便利……"

他在《山西票庄考略》一书中提到一个细节，日升昌北京分号经理坚持认为，雷履泰初办汇票是从汉口发起的，因为日升昌票庄的秤最初用的是汉口秤做标准，后来才改用京秤。

日升昌初设时，网点分布也是以汉口为中心。1826年，山西首富介休侯氏果断将四家商号完全转成票号。此举对票号从星火走向燎原起到至关重要的作用。侯氏做绸缎庄和布庄起家，相对于颜料贸易更为大宗，其对票号的价值判断也可谓见微知著，其网点布局与日升昌如出一辙。

日升昌在汉口外围设置了南昌、沙市、长沙、湘潭、常德、芜湖6家分号。这种拱卫汉口的阵势也仅在介休侯氏的蔚字联号中存在。蔚字联号中的蔚泰厚、新泰厚、蔚丰厚，除不约而同剔除位置稍偏的芜湖外，其他四处全部覆盖。除这4家票号外，再没有票号如此围绕汉口布局。

如此安排是晋商对一直以来将汉口视为茶叶集散地的顺势借力。

到 1850 年，晋商设立的票号虽仅 9 家，但日升昌一家在全国的分号就达 17 处之多。当票号的规则被约定俗成认可后，其就被广泛运用于国内外的贸易中去，网点迅速扩散到国内各大贸易重镇。

当山西票号走向全国时，在所有的区域中心，汉口居于最中心的位置。尤其对于全国性票号来说，汉口的中心位置体现得更为明显。

日升昌最多时在全国设立 35 处分号，东北以沈阳和营口为中心，华北以北京、天津为中心，西北由三原和西安为中心，西南以重庆和成都为中心，华东以上海为中心，华南以广州为中心，华中以汉口和沙市为中心。

日升昌比第二家票号有四年左右的早起步优势，相应的也是第一个实现分号遍布全国的票号，这是日升昌在国内地位、格局及辐射力的体现。日升昌总体定格并奠基了中国票业版图，其所覆盖的七大区域中心也是中国票业的七大中心。尔后但凡有实力的票号无不以此版图为参照量力布局，只是在各大区域外围的设点有所区别。在纵观包括所有主流票号在内的 29 家票号的网络分布图以后，这一结论对于日升昌来说是名副其实的。这 29 家票号囊括了中国所有最优秀的票号品牌，几为平遥李家，介休侯家，祁县渠家、乔家、郭家，太谷冀家、曹家，榆次王家、常家等家族所垄断（29 家票号在中国七大票号区域中心 14 城市网点覆盖数量统计表见附录表 1）。

在所有七大区域中，北京与天津、西安与三原、成都与重庆、沈阳与营口，不分伯仲，堪称双子星座。但相较而言，三原在西北票业的地位不亚于西安；重庆在西南的地位更甚于成都；在东北，营口不比沈阳的地位差；在华中，沙市以无可取代的地位，堪称汉口的副中心，与汉口同时开埠的九江几乎没有票号问津；在华东和华南，找不到犹如西安与三原、沈阳与营口那样并驾齐驱的票业中心，苏州放在以上海为中心的华东圈里，稍有名气，但放在全国层面，亮点无多。

整体而言，票号渗透华南和东北稍显势弱，而中国北方几无票业中心，在茶叶贸易时代显赫一时的张家口，此时地位尴尬，无以独当一面，也没有得以依托的中心所在，这或是晋商撒手茶市的最直接反映。

在中国票业版图，汉口、北京、上海、重庆、三原是名副其实的中心城镇。汉口以39家分号的纪录高居中国城市票号数量榜首，其次是上海31家，北京和天津各30家。汉口不仅是华中的中心，也是中国票业的中心，及至后来为上海取代。

弃茶从票由汉及沪

伴随中国口岸的开放及不平等条约的签订，中国既有财富格局的颠覆、洗牌及利益的重置日渐显现出来。这从晋商弃茶从票的进程中可以窥见一二。

太平天国运动之初，清政府准许俄商在恰克图之外赴新疆塔尔巴哈台、伊犁通商，恰克图的贸易地位相对下降。其间，西方国家见缝插针发动第二次鸦片战争，攫取中国更多利益。1860年，天津开埠。1861年3月，太平军与清军于江南战事正酣，汉口一片面积485亩[1]的土地被辟为英租界，汉口开埠。外商觊觎汉口及中国西部已久，长江航道的开放使得外资长驱直入，直插晋商乃至中国经济的心脏——汉口。

1　1亩≈666.67平方米。

1862 年，俄国因居间调停有功，不费一兵一卒，与清政府签订《中俄陆路通商章程》。俄商取得深入中国茶区采购、加工茶叶的权利，并开辟汉口—上海—天津的航道。这意味着，俄商撇开晋商，直接深入两湖，设立茶庄、茶栈或茶厂的历史开启。

不仅如此，按此章程，俄商取得在伊犁—乌鲁木齐—哈密、恰克图—库伦—张家口、库伦—乌里雅苏台—科布多三条黄金商道上的贸易免税权。俄商货物从陆路运至天津，进口正税"按照各国税则三分减一"，而运往天津、通州的俄国商货，经张家口时可留十分之二在当地销售，免纳子税，进口正税同样三分减一。俄商从张家口贩运土货回国只纳 2.5% 的子税，免纳出口正税。

1863—1873 年间，俄商在羊楼洞先后开设顺丰、新泰、阜昌三个茶厂，后搬至汉口，并建成武汉第一座工厂专用码头。1874 年，俄商将机械原理引入制茶，生产茶砖，高人一筹，成功将英商从竞争中排挤出去，并培养出近代武汉最早的一批产业工人。

1866 年，俄国又获得特权，清政府取消天津海关的复进口税，也就是免征茶叶的半税，俄商贩运成本大幅度下降，晋商在恰克图的贸易一落千丈。最盛时，晋商在恰克图设有商号 100 余家，到 1868 年，在恰克图买卖城中只剩下四个老的山西行庄。

1869 年，清政府以先行试办一年的方式，有意引导中国商人经恰克图假道俄境赴西方贸易。为此，清政府酌减抽收厘金，不得滥索浮费，否则从严查办，以示体恤。但前往者，"两年之内不过数人，所涉铺户不过三家"。察哈尔都统向上级反馈说，"近年向恰克图贸易者仅只数家，不及先年十分之一。不惟无力另往他处贸易，即本处生业亦属勉力支持"[1]。

晋商在茶叶贸易中所扮演的角色变得黯淡。到1873年,晋商为节省运费,也准备像俄国一样把两湖茶叶经水路运抵天津,再走陆路贩运到俄国,但他们被阻止并被告知,如果这样做,厘金不再减抽。

于山西茶商而言,前有战火梗阻,万里茶路,黄金通道,一朝生危;后有见缝插针而来的不平等条约,伴随上海、汉口开埠,执中国北边茶叶出口贸易牛耳的晋商几近销匿。

汉口,还是那个汉口,只是装在晋商口袋里的潜在财富魔术般地转换到了俄商及一批买办投资家手中。

但凡生意,此消彼长。就在晋商从茶叶贸易领域隐去时,香山买办蜂拥而入,这就是历史真切的图景。

1867年,郑观应开办和生祥茶栈,1868年,徐润开设宝源祥茶栈,稍后唐廷枢开设谦慎安茶栈。当时上海四大茶栈,香山买办占据三家,另一家是咸丰年间创办的汪乾记茶号。为适应洋行收购茶叶的需要,唐廷枢先后投资上海三家钱庄,以周转资金。为采购出口货物,莫仕扬到过福州、宁波、上海等港口,也深入茶区、丝区。唐国泰则在九江自设谦顺安茶栈。

上海开埠后,一开始为洋行买卖货物的商号,大多易货交易,兼营进出口商品。但19世纪60—70年代,丝、茶贸易旺盛,易货交易逐步消失,出现专门经营丝、茶的行栈,代理内地的丝、茶商贩向上海洋行销售丝、茶,成为洋行和买办联系城乡大小商人的主要中间环节,利润主要为佣金。

---

[1] 米镇波:《清代中俄恰克图边境贸易》,南开大学出版社2003年版。

自立商号办茶成为普遍现象。不仅如此，茶丝行栈还从钱庄拆进贷款，加息转手放给内地商号，赚取息差，拉拢客户，扩大业务。[1]

香山买办介入茶叶市场的时间节点踩得非常精准。以 1868 年为时间节点的之后的 20 年是近代中国茶叶输出最兴旺的 20 年。1886 年，中国茶叶输出量达 268 万担，创茶叶出口的历史最高纪录。这个纪录直到整整 100 年后的 1986 年才被突破，而 19 世纪 80 年代，恰克图贸易额下降剧烈，直比 50 年代减少四分之三。徐润对茶叶贸易介入最深。早在当上宝顺洋行买办之后，他就相继合资或独资在温州开设润立生，在河口、宁波等地开设福德泉、永茂、祥记等茶号，还在上海法租界开设顺兴、川汉等货号，经营茶、丝、烟叶、皮油、白醋、桐油等，在上海二马路与人开设宝源丝茶土号，经营丝、茶、鸦片。[2]

自立宝源祥茶栈后，徐润选用一批得力的商友管理，在河口、宁州、澧溪茶号的基础上，在湖南、湖北等地增设漫江、羊楼洞、崇阳、湘潭、长寿街等茶号，针对英、美、俄等国消费者的不同喜好，多茶山、多渠道供货，形成一个庞大的茶业全产业链信息网络及平台。

他以茶栈带茶号，自成销售系统，既自行投资贩卖，又以茶栈代客买卖，向商号放贷，收取佣金和息差，获利丰厚，逐渐成为上海滩最大的经营茶叶出口的茶栈。以上海在中国茶叶出口的地位，有人将其称为"中国茶王"。徐润以买办而经营洋务著称，但他的茶叶经营史达 27 年。即便房地产等事业失败，茶叶经营仍未放弃。唐国泰则是由茶商而买办，由上海而汉口，由父而子，成为茶叶世家。

---

[1] 许涤新、吴承明主编：《中国资本主义发展史（第二卷）》，社会科学文献出版社 2007 年版。
[2] 胡波：《香山买办与开埠后的上海社会》，载《史林》2004 年第 4 期。

粤商眼观六路，耳听八方，一手掌握面向外商的全球市场行情，一手坐拥买办身份所拥有的庞大需求网络，一手掌握茶叶生产的终端行情，一手具有广泛的航运业资源，一手拥有巨大的资金调动筹划能力，在经营茶、丝生意方面，几无区域商帮能出其右。不仅如此，他们精通英语，熟悉最新的贸易通例、规则，勤勉而务实，洞悉茶市的一举一动及走向，占据竞争的绝对制高点。

为控制茶叶、生丝和鸦片贸易，1868年左右，徐润、唐廷枢、唐国泰等人创办上海茶业公所、丝业公所和洋药（鸦片）局，并兼任董事，以对产业形成控制。各口岸公所"会同上海董事，互为维持"，操纵市场，牟取暴利，原本在这个产业具有一定话语权的徽商也只得靠边站。

伴随运输通道的多样化，就海路来说，从天津到海参崴，从汉口经上海至黑海敖得萨；就陆路来说，伴随西伯利亚铁路、中东铁路以及京张铁路、京绥铁路的通车，俄国将对华贸易的中心由蒙古转移到东北，俄商靠马车运输茶叶的历史终结，百年繁盛的汉水北上的陆路万里茶道再无人问津而尘封为历史。晋商在对俄贸易中所扮演的角色不复存在。张家口、归化城、库伦、恰克图等传统边贸城市趋于没落。[1]

长江沿线是太平天国战事的重灾区，汉口是太平军与湘军胶着的战场，得失之间，彼此攻伐，茶路一时隔绝，茶叶贸易在晋商生意中的地位受到动摇，并始有让位于票号之象。

纵观中国票业历史，山西票号有四大发展周期，第一次发展周期在1823—1838年，以来自平遥的创始票号日升昌、蔚氏六联号中的四家以

---

1 赵之恒：《清代行走于塞外草原的旅蒙商》，载《中国商界》2007年9月。1925年，道奇汽车穿越戈壁滩进行运输，单靠骆驼商队运输茶叶的历史终结。

及太谷志成信、祁县合盛元的先后成立为标志。到1856—1864年，票号进入第二次大发展周期。协同庆（1856年）、百川通、协成乾（1860年）、三晋源、存义公、其德昌、乾盛亨、蔚长厚、天成亨（1862—1865年）等中国票业史上处于中坚位置的票号，相继诞生。阜康作为最早的南帮票号代表也于1863年成立。

票号因战争而收撤分号的情况严重，但票业的优势也得尽显。尽管国家最高层面对票号存在分歧，但最终还是以其便捷、安全性被接纳，这足以让晋商重拾慰藉。另外，江苏南部各个商埠的票号均迁往能受租界保护的上海，上海票号业随之发展。

票商对在汉口存放较多资金心有余悸，这使得汉口的钱庄或票号无力支持西南地区商人的信用需求，而上海租界的安全及较为丰裕的资金市场促使西南地区商人直接转向上海进货，上海洋货很快辐射西南地区。

面对新情形，晋商不可能无动于衷，他们向一切有大宗输入、输出贸易关系的市场渗透。到19世纪60年代中期，江南各地及汉口票号资本力较以前大为削弱，上海成为票号势力增长最快的地方。1861年前后，山西票号不失时机地进入上海，钱庄或票号成为维系上海与汉口乃至成都、重庆之间资金调剂、周转的桥梁。

山西票商进入上海后，从容找到了与以甬商为代表的江浙钱庄不同的定位，并重新定义上海本土金融的运行逻辑。钱庄长于兑换和放贷，在客户资源方面比较有优势，但资本普遍偏小，一般在2万~6万两，大者5万两左右，个别达到8万~10万两，甬帮柏墅方家最初也大抵如此。

票号长在跨区汇兑，拥有全国网点和影响，素来信用卓著。其最初的资本少则10余万两，多则二三十万两，且经营存款业务，以官款为大宗，资金雄厚。

钱庄初处于产业链低端，存放款以一般商人为对象，票号放款则只借给钱庄、官吏及殷实商号，将钱庄作为其代理处，对外放贷，钱庄依赖票号借贷资金，从民间取得信用。19世纪60年代，山西票号贷放给上海钱庄的资金高达200万~300万两。经济学家杨荫溥断言，依情度势，票号之为上海金融界先驱，似无疑问。

1869—1871年间，汉口商人同外埠的业务往来多由山西票号经营。汉口与重庆之间则多用3个月到半年的期票。但1869年，外国人的观察商业报告说，对四川的大量贸易主要在上海成交，且年甚一年。据估计，四川省所消纳的洋货在汉口购买的不到20%，并且本年这一数量又要减少一半。这类贸易使用6~8个月的长期汇票，由上海殷实钱庄承兑，在本埠不能转让。这样四川的银钱业务曾经一度集中在汉口，现在则集中到上海那些更富有的钱庄手中去了。

1871年，票号在长江流域的业务重点由汉口开始移往上海，汉口与重庆间的贸易不少直接转到上海，票号几乎扮演着与英国银行同样重要的角色。到1876年，已经有至少24家山西票号分号落地上海。不仅如此，它们联合起来组成"山西汇业公所"，每天商定汇兑行市[1]，定期或者不定期地召开同业会议，议定共同遵守的事项，裁断内部纠纷，对外以团体名义合力处理重大问题。1879年，上海各票号每家出资白银500两共计1.1万两购买土地，大兴土木，前院是大庙，供奉关帝、火神、财神、后大圣母和金龙四大王诸神，后院是办公之地。

19世纪70年代，英国驻沪领事在一份报告中说，当时上海"与内地各省的汇兑业务，以及中国人对通商口岸的交易所签发的票据，全部都

---

[1] 山西财经学院：《山西票号史料》。

经过山西票号。很多山西票号在上海都设有分号，它们的信用很高，据说有实力买卖中国任何地方的汇票"，华商"必须依靠票号的汇兑网，在内地和通商口岸进行货款的收解"。[1]

至光绪初年，山西帮票号仍有21家，浙绍帮同字号10余家，杨荫溥认为它们为金融界之重心。1883年，一份外国的商业报告说，在上海约有24家票号，其地位比本地钱庄高得多。无法确切地肯定它们有多大资本，但一定资本雄厚。

因太平天国战事撤庄对汉口的影响，直到1881年才基本恢复过来。是年，汉口山西票号分号数量再到32家，而重庆进口洋货量接近上海进口量的九分之一，地位仅次于上海、汉口和天津。在许多进口商品中，重庆作为货物集散中心甚至超过汉口，但此时重庆金融市场早已是晋商的囊中之物。

上海票号对向重庆内销洋货的商人所提供的信用，两倍于它在重庆所收的款项。依靠票号信用经营这类贸易的商号，其经营额常常为资本额的五倍，多达十几家的山西票号在重庆设下分号。[2]1890年，重庆开埠，但迟至1906年，国内外银行尚未在重庆设立分行，重庆金融机构主要是票号和钱铺。

当时的重庆海关税务司霍伯森在《重庆海关1891调查报告》中说，重庆现有16家山西票号，其经理全属山西平遥人和祁县人，都是乡情极重的，他们在广州、长沙、汉口、贵阳、南昌、北京、沙市、上海、天津、云南府、芜湖各地都安排有汇兑代办处，从而实际上垄断了一切邻

---

1 张国辉：《十九世纪后半期中国票号业的发展》，载《历史研究》1985年第2期。
2 同上。

省的主要银行业务。这16家票号足有半数可以认为是半官方机构，因为它们经手相关的各省汇到北京户部财库的公款，此外还担任汇兑捐纳官职的款项并转发文凭、执照等事。

对于山西票号在西南的影响，霍伯森写道："每家票号都握有白银10万两乃至30万两的资本，它们在必要时联合起来足以抵抗乃至禁制与它们竞争的庄号。"

山西票业有着严格的保密条款，加之票业系统相对独立，平、祁、太一统天下，以乡谊为纽带，待遇优厚，山西票号从来都显得超然独立。不仅是外国商业资深人士，即便是清朝官方，历经多年，也对票号难言真切。直到1884年10月阜康票号倒闭，山西票号向来不注册和纳税的情况才引起清政府的关注，[1]真正立法则到了20世纪初。

1870年8月19日，帝师翁同龢提笔写下一条有关电报的日记。他说，中法两国通信"一月可往返"，从天津到孟加拉要半个月，但从孟加拉到法国，"有电气线，顷刻可传"。

因新兴产业电报业的兴起而受益的产业莫过于票业。如果没有即时的发报工具，不能将票据信息顷刻传给异地票号，仅是舟车劳顿，票号汇兑的效率也会大打折扣，但如果用上此工具，则票号网点遍布天下的作用就会被放大。从这个角度来说，票业大发展受益于苏商代表盛宣怀所操办的中国电报业的大发展。

翁写下日记不到一年，1871年6月，外资大北公司从海参崴—长崎、长崎—上海、上海—香港的水底电线敷设工作完工。尽管清政府反对，禁止电缆登陆上海，但大北公司不理禁令，将线路引至上海公共租界。

---

[1] 山西财经学院编：《山西票号史料（增订本）》。

这是自美国人莫尔斯 1837 年发明用电码传递信息的电报机、1844 年公开试验成功后，中国与世界电信联通的开始。1873 年 2 月，大北电报公司敷设的沪港水线上海与厦门站间通报，为中国境内第一条国内公众有线电路。

盛宣怀独当一面创办的首家洋务企业就是位于天津的中国电报总局，尔后开展他纵横捭阖、呼风唤雨的洋务事业。

1881 年，天津—上海陆线竣工。

1882 年，上海—宁波—厦门—广东开通。

1883 年，天津—北京通州陆线架通。

1884 年，官电和商电两条电线引入北京。上海—汉口完工，并向西延伸。

1885 年，天津北塘—山海关—营口—旅顺线建成。尔后营口至沈阳段开通。

1886 年，汉口—沙市—荆门—宜昌—夔州—万县—重庆—泸州—成都全线竣工。

1887 年，鄂、川、滇全线，以及湘鄂线贯通。

1890 年，天津—保定—太原—西安—嘉峪关全线竣工。

1892 年，嘉峪关—乌鲁木齐开通。

1895 年，胶州—青岛，威海—成山头，烟台—全州修通。

1899 年，北京—张家口—库伦—恰克图贯通。云贵几乎遍及各府县。

1903 年，桂林—柳州修通。

20 年间，中国电报业发展迅猛，基本兼顾到所有区域商业中心或门户。商业重镇之地所搭商线，多吸引民间资金商办。路途遥远，但具有军事地位者，由官款筹办为官线。大城市中，官商两线并举。

到 1892 年左右，也就是在中国电报业刚发展第一个十年多时，霍伯森不无敏锐地惊呼，"中国兴办电报并在全国扩张电报系统，受益最多的大约无过于山西票号了"。[1]

1865 — 1895 年间，上海进出口贸易总值从 1.09 亿海关两增加到 3.15 亿多海关两。

1862 — 1893 年间，上海票号汇款额占全国 25 个地区总汇款的百分比最高为 10%。不仅如此，票号在汉口、重庆、三原、天津、营口、广州等城镇遍地开花，无人能及。

1900 年，慈禧西行

用票号解兑公款，在中日甲午战争后，基本成为常态，甚至不是官方愿不愿解兑的问题，而是出于风险的考虑，票号愿不愿承汇的问题。

根据甲午战后签订的《马关条约》，官方战时筹集军费的借款、给予日方的赔款及由此的借款，都由各省海关按期汇交到上海江海关道衙门，再交付各国在华银行。其中，汇兑业务由票号承担。[2] 其中，所有的赔款都要在上海交割。这意味着，原来解饷到北京的进项一律要滞留在上海，中国的金融格局开始发生微妙的变化。

外交官是一个令人羡慕的职业，但在意大利人萨尔瓦戈·拉吉侯爵看来，在 1900 年被派驻到新旧世纪之交的北京担任驻华公使，并非一件美差。他甚至觉得，驻在北京的外国人正在为"克尽厥职"生活在世

---

[1] 山西财经学院编：《山西票号史料（增订本）》。
[2] 侯文正：《晋中商帮兴衰史略》。

界上最糟糕的地方。这座城市凋零破败，街道脏得无处下脚，没有电灯，严冬奇冷，夏天闷热。

"更重要的是，尾大不掉、散发着腐烂气味而且充满敌意的王朝，不仅外国人对它信不过，甚至连它自己的臣仆都怀有异心。"在公使大人从热那亚登船前，他写下他的期待：

他们（指驻在北京的外国人）梦想着去东京度假，那里已经有了电灯，或者去长崎的小山上，住在俯瞰海湾的舒适的小别墅里度过惬意的几天。最差的是去上海，那里最起码看上去像一个欧洲城市，有着黄浦江边的外滩大道。[1]

西方列强用炮舰，获准以外交使节的形式长驻北京。象征屈辱印记的跪叩之礼被废除，大清帝国起码在礼节上实现与西方的对等，但作为帝国最后顽固的象征，北京仍以其古板的生活和静止的节奏给公使大人萨尔瓦戈·拉吉侯爵的外交旅行留下不甚愉快的回忆。

与公使大人百无聊赖的公使生活一样，作为北京金融窗口的恒利、恒和、恒兴、恒源四大钱庄已经雨打风吹去。"四大恒"声誉大振于1853年太平天国北伐军攻入直隶之时。当时北京城内人心惶惶，200多家钱铺倒闭，"四大恒"却没有受到影响。此后，几乎所有官宦往来存款及九城富户显宦放款都要经"四大恒"之手。《道咸以来朝野杂记》载："当时京师钱庄首称四恒号……市面繁荣萧索与之有关系。"

到清朝末年，北京民间流传着一句谚语称，"头戴马聚源，身披瑞蚨祥，脚踏内联升，腰缠四大恒"。其意是说，当时北京人以腰缠"四大恒"钱庄的银票为富有的体现。但世事无常，1909年，清政府以宫中库

---

[1] [意]阿德里亚诺·马达罗：《1900年的北京》，项佳谷译，东方出版社2006年版。

银不足向四大恒借银 300 万两，内务府出借据，答应日后偿还，但仅隔两年，清王朝土崩瓦解，借出去的银两如肉包子打狗，有去无回。

其间的 1900 年，八国联军侵入北京大肆抢掠，北京"四大恒"钱庄遭受灭顶之灾，这对北京乃至中国金融界产生了巨大影响。

1900 年，八国联军入侵，沿途烧杀掳掠，京津一带钱庄亦未能幸免，遭到侵略者的大肆抢劫，继以焚烧，库银、房屋、契据荡然无存，北京的 300 余家钱庄几乎无一幸存，其中最大的四家钱庄，亦称所谓的"四大恒"现银全被侵略者洗劫一空。从此北京的钱业一蹶不振，中国的金融中心也从北京移到上海。[1]

山西票号总部地处内陆，直到 1937 年之前，几乎没有遇到过战乱。八国联军进京，毁灭性地打击了北京的银号、当铺业。尽管山西票号也有波及，但根基未动，原因在于，1900 年 7 月八国联军尚未攻破北京时，京师票号已然辍业回晋。甚至票号已承汇的广东、四川、淮安上解之京饷，因撤庄，中途改为运送现银，后改由上海汇丰银行汇京。

韩业芳在《山西票庄皮行商务记》中说，"庚子之乱，虽在内地，而受伤者不过直鲁二省，肢体之伤，仍非心腹之害"。由于各家票号都非常重视信誉，"官商士庶，皆知票号之殷实"，于是官款（包括税款、军饷、协款、丁漕等）、私家储蓄，"无不提携而来，堆存号内，大有挥之不去之势"[2]。

亲历这场严峻考验的蔚丰厚北京分号经理李宏龄回忆说："庚子内乱，天子西巡，大局岌岌，各商停滞。而票商之持券兑现者，上海、汉

1　袁远福：《中国金融简史》，中国金融出版社 2005 年版。
2　卫聚贤：《山西票号史》，经济管理出版社 2008 年版。

口、山西各处云合雾集,幸赖各埠同心,应付裕如。至是之后,信用益彰,即洋行售货,首推票商银券最足取信,分庄遍于通国,名誉著于全球。"[1]

李宏龄所说的"天子西行"即慈禧太后携带皇帝西逃。西逃线路由内务府大臣桂春安排,大德通票号掌柜高钰与之交好,就商定把慈禧途经祁县的行宫设在大德通票号。乔家好生招待,并孝敬路费30万两。这是晋商直接结交慈禧的最好时机,乔家占了上风。

因深恐义和团的烽烟扩散,英国策动两江总督刘坤一、湖广总督张之洞等,由时任邮政大臣盛宣怀牵线,与两广总督李鸿章、闽浙总督许应骙、四川总督奎俊、山东巡抚袁世凯等一道,和各参战国达成协议,保全东南,史称东南互保。清朝颜面扫地,已国将不国。

时票号仍处于停汇中,浙江、福建、湖南上解的京饷一度运至北京户部,但京城已被攻占。逃抵西安,慈禧传旨各省,令所有上解京饷款项,一律改为电汇山西总号[2],再行转汇北京户部。

等事态平息,回到北京后,慈禧再做决定:根据《辛丑条约》,中国要赔给西方国家的10亿两款项,分配到各个省、关和盐道筹集,由各省交由当地晋商票号负责保管和汇划给外资银行,转交给各国政府。

一时间,山西平遥、祁县等地票号成为清朝户部的临时代理金库和总出纳,山西票号的声誉空前高涨。李宏龄在《同舟忠告》中指出:"自庚子之变回京后,独我西号身价大增,京中各行推重,即如官场大员无不敬服,甚至深宫之中亦知西号之诚信相符,诚为商务之大局,最为同

---

[1] [清]李燧、李宏龄:《晋游日记·同舟忠告·山西票商成败记》,黄鉴晖校注,山西经济出版社2003年版。

[2] 侯文正:《晋中商帮兴衰史略》。

乡极得手之时也。"[1] 但接下来，山西票号所面临的窘境越来越多，李宏龄也为此奔走呼号，但徒然无果。

---

[1] [清]李燧、李宏龄：《晋游日记·同舟忠告·山西票商成败记》。

第十三章

晋商：心性的尽头

从开中纳盐的盐商到北茶路的贸易商人，再到"汇通天下"的票号，晋商的辉煌延绵500多年，持续时间之长，纵观国内各大商帮，无可比肩。其发展起承转合，波澜壮阔，堪称中国历史上最伟大、最耐人寻味的商帮。

当山西票业还只有日升昌一家时，雷履泰与毛鸿翙的分歧关系的是日升昌及其东家的兴衰。但在晚清，山西票业最具影响力的大掌柜毛鸿瀚在事关山西票业历史发展的最关键节点上与同为经理人的李宏龄的分歧，让整个山西票业对未来失算，而其对于属下的芥蒂之嫌也让整个山西票号业因其心性而走向穷途末路。

集体呐喊：李宏龄的远见与执着

晋商在明清称雄商界500余年，以清代山西票商所达到的高峰为最，但一度执中国金融界之牛耳的晋商，却在错综复杂的局势中，一而再再而三地审时度势失误，以致接连错失天赐良机，等到醒悟过来时，已为时过晚。雷履泰从一开始就树立了在中国票业史上至高无上的地位，加之日后日升昌在中国票业的表现，雷履泰的地位几无人能挑战。站在中国金融行业百年发展历程来看，雷履泰以中国票号创始人的身份，当之无愧成为中国金融百年最具影响力的人物。

1840年，雷履泰70岁寿诞，山西商会专门向这位票号先驱赠送一块匾额，上书"拔乎其萃"四个大字。这种分量也仅雷一人受用。在中国商榜史上的前几百年中，在独占鳌头的山西商人群星里，还没有哪一个商人或职业经理人获得过如此的荣耀。

但他的最大竞争对手毛鸿翙在事实上对其发起了最强有力的挑战。毛主导侯氏家族成立蔚字六联号，在任内力压以日升昌为代表的李家日字联号，奠定了侯家及其个人在中国票业史上的地位。毛鸿翙对票业的裂变功不可没，堪称继雷履泰之后山西票业史的另一座高峰。

雷毛之后，因家族分家及家族治理方式有异，几再不见像侯家这样一口气成立多家票号的家族，也再无经理人有贪天之功，敢于觊觎此等荣耀。即便如祁县渠氏家族在中国票业史上占据一定地位，但其投资基本由各门单独或几家联合成立了多家票号，并非政出受委托之一门。祁县乔家虽设大德通、大德恒两号，但分别对东家负责，两号治理有方，更显示的是东家的统筹及决策水平。

侯家蔚字六联号基本由蔚泰厚掌柜统领，其在中国票业所处的地位借此奠定下来。1866年，毛鸿翙去世，他的继承者没有再给日字联号及其他竞争对手超越的机会。晚清民初，产业演进风起云涌，时值毛鸿翙的远房本家毛鸿瀚获任蔚泰厚第四任掌柜，他也由此继承了蔚字联号赋予他的影响。

晚清时势曾给山西票业人一个与雷履泰比驾的机会，但主导山西票业的最核心群体久疏于洋务，也没有如郑观应之于粤籍、王韬之于苏商那样的洋务与思想两栖的商业思想家产生，在票号日子仍可游刃之时，没有火烧屁股的变革动力，与变革之机会失之交臂。

这时期站出来一位人物，他致力于山西票业继续领跑中国金融业，山西商帮依旧可以立于商帮之巅，他就是蔚字联号之一蔚丰厚北京分号经理李宏龄。李宏龄21岁进入蔚丰厚，先后担任蔚丰厚上海、汉口等分号经理。此三地对于全国性布局的票号来说举足轻重，一个经济中心，一个承南启北的中心，一个政治中心。李以三地历练所感知到的政经潜在趋势的变化，不失时机地向总号、向山西票业界传递变革的信号。他苦口婆心，为着山西票业未来的前途，不计嫌隙，奔走呼号，却不被总号理解，徒费口舌，事后看实属一出悲剧。

李宏龄并不复杂，凡事对事不对人，甚至有点儿较真。用他自己的话说，"遇事认真，而好直言"。他也意识到这一问题，"间尝自省，亦知非处世良策，无奈至性勃发，不能自禁"[1]。最让他不能自禁的是，外面的世界正在瞬息万变，山西票业总部的大掌柜们却深居简出，无动于衷。

1859年，太平天国干王洪仁玕是第一个提出开办银行的中国人。之后，容闳、郑观应、汪康年、盛京将军依克唐阿、唐廷枢、李鸿章、马建忠等洋务派人物都曾建议或做过开办银行的努力，直到1897年，中国首家银行中国通商银行成立。

盛宣怀曾拼命要挖山西票号的熟手，他说"平遥有一巨手"，想聘请

---

1 [清]李燧、李宏龄：《晋游日记·同舟忠告·山西票商成败记》。

他来。即便这人不能来,他也决定要用有山西票号背景的人。为此,他委托熟人,愿其"再费神代为切而求之"。山西票号掌柜因东家给顶身股而身价不菲,他们的忠诚度很高。没有更大的筹码和平台,新式银行想挖他们并不容易。

1903年,直隶总督、北洋大臣袁世凯曾邀请山西票号加入天津官银号,山西票号未予理睬。袁世凯在开办银行学堂时,只从山西招到60个票号学徒。

1904年1月,根据商部规定,山西票号在京分号参与发起成立京师汇兑庄金银号商会,李宏龄和冯麟霈被推为董事。3月,清政府决定试办户部银行,并颁布《试办银行章程》,户部尚书鹿钟霖邀请山西票号入股,并请山西票商出人组织银行,为此还派人到山西票号北京分号挨家挨户传递信息。

多数山西票号北京分号掌柜赞成这种提议,但山西票号为财东赋权下的大掌柜负责制,重大事项要由总号定夺。与以严信厚为代表的甬商积极参与筹办中国通商银行,以及苏州东山席家积极入股户部银行不同,山西票号总号的回复竟是,既不准入股,也不准派人参加组建。山西票号或者说晋帮在国内金融界及商界的影响力,就此与江浙分野。

8月,颇具影响力的《南洋官报》连续两天登载《劝设山西银行说贴》。文章说,"银行为各国财政之命脉","晋省富商从速变计,早立一日之新基则早辟数年之大业",如果能将票号组成银行,"则晋民幸甚,天下幸甚",但希冀也只是希冀。

李宏龄在《山西票商成败记》中认为,"夫论信用力之强弱,我票商经营二百年,根深蒂固,何事不堪与人争衡;而银行一设,未免相形见绌者,其间亦自有故"。

1904年，山西协和信、乾盛亨票号倒闭。1905年，由毛鸿翙的孙子毛履泰四年前创办的永泰裕倒闭。1906年4月，清政府颁布《破产律》。同年，山西冀宁道丁宝铨致函山西商务局总办、实业家刘笃敬，劝勉票商组建银行，但清廷批驳商立银行，其议暂缓。

1908年，清政府制定《银行通行则例》，这是中国第一部由国家颁发的专门管理金融机构的法令，将票号纳入银行的经营范畴，标志着中国政府对金融业实行法律监管的开始。[1] 在此这之前的200多年间，从账局、钱庄到票号基本处于无政府状态。大多数山西票号在创设之初，资本金并不多，它们利用政府客户预存的储金，大肆放贷，不断滚动发展。《银行通行则例》要求对票号进行验资注册，否则不能经营银行业务。

同年，清政府要改组户部银行为大清银行，再请山西票号参加协办。

1908年3月22日，一次决定山西票号兴衰的会议在北京德胜门外山西会馆召开。山西票号北京分号的掌柜们都赶到这里，一方面公议朝廷颁布的银行章程，另一方面商议票号改革事宜。

作为山西汇业公会的领袖，李宏龄既是这次会议的召集者，也是实际主持人。会议特邀祁县首富家族的渠本翘参加。就渠本翘本人来说，他有学识，是晋商中为数不多的读书人，1892年考中进士；有眼界，当过清政府驻横滨的领事；有威望，捐助过山西省立女校，1906年领导过山西赎矿运动；有资历，接办过官办的山西火柴局，与人合资创办山西第一家近代民族工业双福火柴公司，1907年任山西保晋矿务公司首任总经理。

---

[1] 姚会元、易棉阳：《中国政府金融监管制度的演进与特点（1900—1949）》，载《广东金融学院学报》2007年第5期。

渠氏家族经营的茶庄长裕川曾声名卓著，百川通、三晋源、存义公等也在票业占据一席之地。这三家票号，百川通由他的父亲单独投资，另两家其父亲也参与投资。介休侯家与祁县渠家在光绪年间分列山西财富榜前两位，这种地位与其家族票号的实力是一脉相承的。如果山西票商要组建银行，总经理人选最可能在这两个家族及其职业经理人团队中产生。

以毛鸿瀚和渠本翘相比，毛鸿瀚才浅志疏，迟钝偏狭，占据下风。尽管李宏龄是毛鸿瀚的下属，但李也倾向于推选一位最为理想的人物。在此次会议上，祁县、太谷、平遥三地票号京庄的经理们一致同意合组"三晋汇业银行"，并请渠本翘到总号当面陈述票号改组银行计划。

但问题的关键在于，渠本翘与他的父亲长期关系不和，早在读书年代就因此长住外公家。从这个意义上说，渠本翘是渠家乃至山西票业的另类，他对创办银行的热情并不完全代表他的家族。

23日，作为此次会议的一大成果，他们向山西票号总号、分号发送了一份绝密信函："敬启者，我晋向以善贾驰名中外，汇业一项尤为晋商特色。近百年来各业凋零，而晋人生计未尽绝者，独赖汇业撑拄其间……故立银行以补救之，纵使票号尽废，有银行尚可延一线生机，否则同归于尽而已。"[1] 这封信提出开办银行的具体章程，首先，每家出资"三五万两"，组成500万两的资本；其次，新成立的银行为有限责任公司，"悉遵票号做法，略改其不便之处，以合银行规则"，聘请渠本翘为总经理；再次，新银行不再实行票号的信誉贷款制度，而采取抵押贷款的方式；最后，新银行作为各票号的后盾与中国通商银行、大清银行以

---

[1] ［清］李燧、李宏龄：《晋游日记·同舟忠告·山西票商成败记》。

及外资银行展开全面竞争。

但山西票号总部再次对改组的建议予以回绝，李宏龄评论道，"老号诸执事，泄泄沓沓，大梦未醒，问以时事之变迁，商务之消长，皆似隔靴搔痒，于己无关"。[1]其间，由浙商投资的兴业银行和浙江实业银行先后于1907年和1909年成立。摆在山西票商面前的机会就这样接二连三地错失。

闭口结舌之痛：一个人的偏狭

国内政治及经济领域已经积蓄的新气象让地处内陆腹地的山西票号总部的大掌柜们难以感同身受。李宏龄并没有因此而放弃，他随即向山西票号驻各地的20多个分号致电，阐明利害，以求响应。

对此，李宏龄向总部老帮们甚至东家发信："方今时局，日新一日，情形迥非昔比。……方今学界、官界，皆派人出洋考察，惟商界并无此举。……出洋原可不必，而京城、天津、上海、汉口数处不可不往一看。火车、火船往来甚便，亦不甚辛苦，不过往返数日，细思有利无弊。"[2]

山西票号有个约定俗成的规定：驻外分号掌柜不得直接面见财东，财东不能轻易干涉号务。李宏龄原以为执事者没有与东家商讨，就不惜越级上书票号东家侯崇基，结果东家竟以"号中之事须由执事做主，我不便吩咐"为由，把李宏龄给挡了回来。侯崇基在抗战时期惨死，此是后话。

---

1 [清]李燧、李宏龄：《晋游日记·同舟忠告·山西票商成败记》。
2 同上。

千百年来，平遥民间广泛流传着一句谚语：平遥四百零八村，数一数二数梁村。在梁村，毛鸿瀚曾联合冀、邓、王、史等四姓人家共同投资建造一座天顺堡，里面的居民大多住在三进四合院落里。

早在大唐贞观二年（628年），这里便兴建反映佛教文化的积福寺，之后相继兴建渊公宝塔、奶奶庙、老爷庙、观音堂、真武庙，形成多个寺庙和不同宗教于一体的宗教文化区。梁村只是平遥古城周围20多个古村落中的一个。距离平遥古城东南13公里的段村，也是一个比较有特色的村落。镇中心的和薰堡的四面环布着五堡，内部民居呈万字形布局。

外界的动荡、时局的变幻莫测、来自商业领域的喧嚣，与天顺堡的宁静无为，以及和薰堡追求的通达和谐，形成了鲜明的反差。山西平遥、太谷、祁县显赫结实的老宅子已经无形中成为山西大本营的东家和大掌柜故步自封、视野禁锢的一堵围墙。

关于成立银行的人心向背已经非常明了，但毛鸿瀚以其权力做出一个可以说断送整个山西票号业前途的决定，他对各分号说："银行之议，系李某自谋发财耳！如各埠再来函劝，毋庸审议，径束高阁可也"，并托人给李宏龄捎话说：成立银行之事，大家都说是你一人所见，你就不必组织了。

毛鸿翙试图搬开雷履泰时才36岁，1908年李宏龄仍力主成立银行时已经61岁。对于自己苦口婆心、连篇累牍换来这样的结果，十年后李宏龄回忆起这桩往事，仍用"如冷水浇背，不得不闭口结舌"来形容自己听到这番话后的情形。

辛亥革命后，李宏龄回乡开杂货铺为生。这个强势且坚忍的职业经理人最终以一个旁观者的身份，眼睁睁看着山西票号如自己所言，走向"恐再迟数年，虽欲立而不得"的命运。

"深藏不露、严守机密"是山西票号业宣扬的职业操守和美德。晚年，李宏龄打破这条行规，自费印刷出版了《同舟忠告》和《山西票商成败记》两本书，比较完整地记录了清末民初山西票号的兴衰得失。

毛家始终是贯穿山西票号业发展的一个家族，并注定要被鲜明地写入历史。作为雷履泰大权独揽的对立面，毛鸿翙锐气十足，勇气可嘉。雷也无可指责，他老成持重、兢兢业业、忠贞不贰，尤其是他慧眼识珠、任人唯贤，少有人及。雷、毛都是有资本可以傲于世的人。

与雷履泰专注于东家的生意不一样，毛的心计和精力让其对东家有所要求，也为其身后的子孙铺好走上富裕之路的物质基础。毛与雷对峙时的那种偏执无意中推动了山西票号业的发展，但当这种偏执没有大才压底时，其比独断专行更容易让人诟病。当毛鸿瀚成为蔚泰厚第四任大掌柜及蔚字联号总管后，他不幸成为这种人物。

没有雷履泰后的山西票号业，毛鸿翙成为至高无上的行业权威和符号。作为业界具有风向标意义的蔚字联号总管，毛鸿瀚延续了本家的荣耀，并成为这一代人中的执牛耳者。

不过，当票号业唯日升昌一家时，雷履泰与毛鸿翙的分歧关系的是李家和日升昌的兴衰，且不妨碍因此给山西票号业带来裂变效应。但晚年的毛鸿瀚在历史的重大转折点上的所作所为，却让整个山西票号业对未来的前途失算，而其对下属的芥蒂之嫌也让整个山西票号业因其心性而走向穷途末路。

银行与钱庄：夹缝之中

虽然票号仍一如既往保持着良好的发展态势，但在银行与钱业的双重夹击之下，票号正在温水煮青蛙般地坐失城池。

晋商大抵是与世无争的，这是山西商帮的一大特点。在中国商帮史上，商脉延传最为流畅、持久的当数山西商帮。一旦在一个领域不能占据绝对或领先优势，晋商就探寻新路径，及至放弃旧有路径，夯力于新生意。

山西票号在经营中也渗透着晋帮的这种血液。在中国金融界的大丰收中，票号与银行和钱庄各有地盘，经济学家杨荫溥在《上海金融组织概要》中有精练的描述：

洋商之事，外行任之；本埠之事，钱庄任之；至埠与埠间，省与省间之联络，则非如票号之分号遍布，臂指相联者，决不能胜其任。

他举了一个例子解释说，有洋商欲办内地土货，委托上海行商，代为采办。于货款之付，洋商将款项经外国银行，转交上海行商。但本地钱业于内地并无分庄，所以不得不以之转托票号。票号承托后，作一票据或信函，通知内地票庄照办。一转移间，在汇款者，即可避长途运送现金之烦，又可免中途水盗贼之险。利人利己，一举两得。

在上海，从事进出口贸易的商人在金融调度上主要是使用钱庄庄票，借以把自己与外商之间的债务关系转变为钱庄与外商之间的债务关系，慢慢地，票商与钱庄划清界限，互不侵犯，"本地之事，钱庄任之；各省之事，以票庄任之"[1]。对于两者的竞争，经济学家马寅初评价说，"从表面视之，大有两雄对峙势不两立之状，但实际上相处正善，毫无冲突之虑"。

网点遍布天下，这就是山西票号汇通天下的公开秘密。这是外资银

---

[1] 吕建锁、陈发雨：《甬商钱庄与晋商票号的信用制度比较研究》，载《宁波大学学报（人文版）》2009年1月。

行和江浙钱庄鞭长莫及的地方，也是票号的利源。所以，在外资银行和本土钱庄的夹缝之间，票号有其立身之本，游刃其中，自在滋润，不事张扬，不可或缺。

当盛宣怀、袁世凯及官方都在不遗余力地重建中国金融事业时，晋商已经神不知鬼不觉地在这一领域深耕60余年，以其捷足先登之势及积淀，晋商本有大好时机与各方建立朋友圈，跻身主流，但晋商一次次放弃。

在整个洋务运动期间，晋商从未在主流的洋务事业中露过脸，也与李鸿章、张之洞、盛宣怀、袁世凯等有所作为的洋务大臣几无交集。他们低调而内敛，只管埋头做生意，甚至为远离权力中心，把票号总部全部约定俗成地安置于乡下。

在各种跨地域或行业的商业组织中，山西票商不显山露水，与其他区域商帮或组织也未传出有何不睦。在严信厚筹办的上海商业会议公所里，60人左右的会员中，山西代表只有来自汇业的两人，南帮汇业都能跻身五人总董之一，山西方面则只有一人出现在16人的议员中，这种隐秀实不多见。

晋商在经营中存在官商勾连的情况，虽性质不二，但远不及尔后盛宣怀及徽商胡雪岩所面对的弹劾程度。除后期宝丰隆等极个别情况外，主流票商自始至终没有官僚或官方股份出现。晋商也没有产生具有全国影响的买办商人，他们没有凭借外商或者官僚而上位。从这一意义上说，山西票商是较为纯粹的，是少见的草根成长、完全依靠自身力量及商业模式的先进性而胜出的商帮，是中国最本土的商业力量。

凡事是动态的，不仅外资银行如此，钱庄也是如此。在两者渐与票号产生违和感时，在由票号向银行转型一事上，山西票业显得步履蹒跚，老态龙钟。

在近代中国外资银行创办上，英国人一马当先，早在1847年就在上海创办了中国第一家外资银行英国丽如银行。在1860年法国人创办法兰西银行之前，英国人已经在上海创办了丽如、汇隆、有利、麦加利四家银行。在上海创办的前十家外资银行中，除法国一家外，其余均为英国人创办。之后到辛亥革命前，德国、日本、俄国、荷兰等国也先后在中国创办银行（见表13-1）。到19世纪80年代，上海在全国对外贸易的款项调拨的总额中已达80%，外资银行扮演了重要角色，而到19世纪末，天津地区的外资银行占据了60%以上的市场份额。

表13-1 辛亥革命前抢滩上海的主要外资银行情况汇总

行名	上海设行年份	行名	上海设行年份
丽如（英）	1847	德丰（英）	1875
汇隆（英）	1855	德华（德）	1889
有利（英）	1857	中华汇理（英）	1891
麦加利（英）	1858	横滨正金（日）	1893
法兰西银行（法）	1860	华俄道胜（俄）	1896
汇川（英）	1861	东方汇理（法）	1899
利昇（英）	1864	花旗（美）	1902
利华（英）	1864	华比（比）	1902
利生（英）	1864	荷兰银行（荷）	1903
汇丰（英）	1865	义丰银行（意）	1905前
德意志银行（德）	1872	台湾银行（日）	1911

陈其田曾有言，起初对外贸易的汇兑纯由山西票庄包办，钱庄尚未加入。之后因为钱庄的势力膨胀，同票庄划清界限，以本地营业归与钱庄，票庄专做各区间或者与省的生意，历50年而不变。后来，钱庄向长

江流域扩大势力，插足汇兑京饷。1891年后，杭州、上海、苏州、汉口、长沙等地钱庄都争食这一业务，再次夺去票号一部分生意。

《申报》在1896年留意到一个现象，"西人在华设立银行，华人皆趋之若鹜，华人不信本地之钱庄，而信外国之银行者，以其本大而可靠，牵制多而不易倒闭也"。即便利薄，但华人并不嫌弃，乐于存放。"官途充裕者无不以银行为外府，于是银行之资本愈大，转运愈灵，各票庄无不仰其鼻息，而银行之利愈厚矣。"[1]

清政府不惜以关税、盐税收入做抵押向外资银行举债，使上海的外资银行成为控制中国财政经济的枢纽。外资银行通过借款给清政府，攫取中国铁路的筑路权；通过赔款的清偿，控制中国的关税收入；通过进出口贸易，垄断国际汇兑。[2] 外资银行向晋商一度把持的许多国内市场和领域逐渐渗透，从而控制和操纵中国的政治和经济命脉。

1900年之后，外资银行逐渐成为中国金融业的主宰。票号虽然尝到一点儿甜头，但越来越感到苦涩。

1911年3月，待秩序渐稳，蔚字总号派范春年等5人到汉口整顿业务。晚上住在租界，西望华界，范用"玉石俱焚"来形容其糟糕的心情，"无论汇款、存款、放款，大宗生意皆被银行所做"。住了半年之后，范自觉整顿无望，与蔚字总号伙友一同投奔广西银行，做起协理[3]，经理为其同乡、日升昌出身的王治臣。

从官方来说，慈禧回京后，在政策导向上开始强调成立官银钱号的重要，及至尔后倡导成立由政府牵头的官方银行。这就意味着票号所承

1　1896年7月26日《申报》刊文《中国宜设银行论》。
2　何成钢、张公浩：《交行沧桑变幻中的关键人物》，载《新民晚报》2008年4月27日。
3　董继斌、景占魁主编：《晋商与中国近代金融》。

载的汇兑、存放官款业务的相对减少。从 1903 年起，江西解往上海的四国借款和赔款、陕甘协饷、奉天经费、漕运经费完全由江西官银钱局汇兑，票号被迫退出。

从 1897 年中国通商银行成立到 1911 年，国内共成立了 17 家官办、商办或官商合办的华资银行，资本金少则 100 万两左右，多则达 1000 多万两。以票号至多几十万本金的实力，面对如此局势，只能望洋兴叹。

1908 年，上海新道台蔡乃煌一改 4 年前库款三成存库，七成生息规定，全部放庄生息。但领款之庄号 100 多家，后减少为 30 家。其中，票号只有合盛元、世义信和义状况源 3 家，银行 5 家，官钱局和官银号各 2 家，钱庄 12 家。

到 1911 年，票号汇兑公款额为 530 多万两，较之 1906 年的 2250 多万两，不及其四分之一。[1]

1906 年是重大转折之年。这年农历七月，户部存放各银行票号款项共 693 万两，其中存放银行 424 万两，约占总额的 61%；存放票号 206 万两，约占总额的 30%；存放外国银行 57 万两，约占总额的 8%；存放其他行号 6 万两，约占总额的 1%。

甲午战争前，除倒闭者外，外资银行尚存 9 家。但截至 1913 年，外国在华银行达到 21 家，分支机构 125 处。它们将业务从只做跨国汇兑、对钱庄拆款，推进到兼营国内汇兑，票号利润再被压去不少。当时天津、汉口、烟台等地对于欧美、日本之汇划时价，常视上海之时价而定，而上海之时价操纵在外资银行手中。

截至 1911 年底，由商办或官商合办的中资银行达到 17 家，各省官

---

[1] 董继斌、景占魁主编：《晋商与中国近代金融》。

银钱行号局25家，总分号127处。当山西票业因总部偏狭而裹足不前时，国内金融业变局已悄然向纵深演变。

户部银行成立后的一两年间，迅速在上海、天津等十余个繁华城市设立支行，并且由政府的法律条文进行明确规定："凡各省如有应行解部之款，一律由户部银行兑交京师。"1908年，交通银行设立。清政府又规定："各省凡设行之处官款统交银行存汇。"交通银行享有独家经理中国轮、路、邮、电四政营业收支的特权，其总理和协理均由邮传部派官吏充任。1909年，仅交通银行就收汇1970.5万余两，其中工商业汇款为1520.5万余两，约占77%；交汇2074万余两，工商业款为1900万余两，约占91%。

就公私款项汇兑变化而言，票号与国内银行和官银钱局竞争，官私款项的汇兑业务严重减少。现代银行的设立使票号处于相形见绌的地位。更令票号经营者忧心忡忡的是外国银行的咄咄逼人。然而，票号内部守旧势力不敢改革，墨守成规，于是票业便只有在日渐萧条的境遇中每况愈下。

梁启超站台，一场华丽的公关

辛亥革命让山西票号遭受重创，兵匪的劫掠和纸币的贬值让晋商的天要塌下来了。天成亨等12家票号在辛亥（1911年）、壬子（1912年）两年，于成都、西安、汉口、太原、京师、天津、宁夏等地战事中，被散勇抢劫现银等164万余两。[1] "蔚字五联号"在京师、西安、汉口等地被抢现银2000万两。[2] 蔚字票号各处分号，存款户纷纷提款，形成挤兑。分

---

1 山西财经学院编：《山西票号史料（增订本）》。
2 马楠：《"侯百万"和蔚字五联号》，载《财经国家周刊》2007年第24期。

号的掌柜伙友乘机失少报多，从中渔利，甚至有人携款潜逃，蔚字号陷入一片混乱。

日升昌票号在四川、陕西损失严重。储户存钱催逼甚急，广西军政府甚至端着步枪冲进日升昌的票号，强行提走10万两前清官银。清室贵族的放款很多打了水漂，有的债主直接逼账到李家家门。

从事后看，日升昌及诸多票号成为清朝覆亡的陪葬。一方面是票号的钱被抢，这些钱有的是放贷被抢走的，有的是储户上门讨债，有的是放款收不回来，三重不利局面重创山西票业。日升昌在全国19个总、分号存款额近296万两，放款额却在343万多两。1911年12月，度支部（清代掌管财政事务的机构，清末新设中央部院之一）派员向京师票号商借500万两，众票号因为旧欠已逾700多万两，归还尚无着落，不愿再借，但外界并不知情亏空会如此严重，一切都像没有发生一样。损失较大的票号试图内部消化这种损失，但这种亏空是不可能填平的，充其量稍微延缓即将到来的死亡。

风声还是走漏了，但是以善意的方式。了解实情的山西保汇社李馨如等呈请政府保护票号。不料，此事在10月27日被北洋政府公报刊载，引起外界一片狐疑。

此时，山西票界如惊弓之鸟，如临大敌，立即站出来澄清。山西票界不惜颠倒是非，将此视为有人故意抹黑山西票号，破坏它的信用，并于11月呈请政府惩办造谣者。

山西票界有公关高人。当山西票业摊上此类大事时，梁启超被邀请来为山西票界站台。是否是精心设计的未可知，但在这个节点如此安排，不可能不让人有如此想法。

梁启超刚于1912年10月8日结束长达15年的流亡生涯，回到国内。

已经接任临时大总统的袁世凯希望与梁启超合作，联手打击国民党。梁启超乘机组建民主党，成为该党党魁。

在《大公报》等报界的见证下，同年11月初，由榆次常家大德玉等23家山西票商在北京德昌饭店为梁启超举办了一场盛大的欢迎会。

梁启超对晋商票号素有好感，他直言："鄙人在海外十余年，对于外人批评吾国商业能力，常无词以对。独至有历史、有基础、能续发达之山西商业，鄙人常以自夸于世界人之前。"[1]

但凡外国商业势力和机构观察和研究中国的商业格局，抛开晋商票号而言，可断言是纸上谈兵。晋商票号是外资打量中国最不可低估的一股力量。如今大量对山西票号地位的分析和评价都来自外文的商业报告，可知山西票号当时在商业领域的神奇存在。日本人东则正说，票号的资本丰富，加以营业方法踏实，在一般中国人里信用笃实，营业区域极广，不但在中国内地十八省，即使在蒙古、新疆等边远地区，也有分号或来往商号。在汉口金融市场上的银行势力范围，主要归于中国固有的金融业者之手，当地金融的实权主要由票号掌握。汉口金融的势力范围由于票号的存在，随着汉口贸易的发展，其势力逐渐扩张到有输出关系的各个市场。

来自西方国家1867—1871年间有关汉口的商务报告则说，大钱铺都是绍兴人经营，如果不是害怕官吏勒索，就会命名为银号，经营小钱庄的是江西人，山西人差不多垄断了所有汇兑业务。每家银号照例拥有6000两至2万两的资本，而山西票号的财富更是数以几十万两计算。

1883年，一位资深外国商务人士写报告称，以他在中国30年的经验，他想不起一件山西票号失利的事，"山西票号是大规模的银钱商，它

---

[1] 梁启超：《在山西票商欢迎会演说词》。

们的资金有时也通过本地钱庄而流通市面。不过，这部分营业因带有冒险性，山西票号是很谨慎从事的，所以它们很少有大的损失，即使受到损失，从来也不会惨重的。"

在梁启超眼中，"有一种商业，其基础牢固，成功卓著者，则山西金融业是已。""环顾中国，有改良中国金融业之资格者，则山西票号而已。"

晋商票号经太平天国战事、中法战争和义和团运动等多次危机，素来经营稳定，与南帮票号稍有风吹草动就倒闭不同，可谓自带光环。

不仅如此，鸦片战争以后，人们徒见外国洋行、银行通过各通商口岸向整个中国渗透，中国几成外国商品的倾销之地，少见本土企业走到海外去。就票界来说，日升昌、大德恒、源丰润、义善源等触角延伸到了香港，源丰润甚至辐射到新加坡，但最早走出国门者当属由祁县郭源逢和张廷将合办的合盛元。

合盛元在东北票业中心营口的市场，在甲午战争后基本坍陷，但这一切被营口分号新任经理申树楷所扭转。接任时，申只有18岁，祁县人。在营口站稳脚跟后，他将分号开向中朝边境的丹东，接着在朝鲜新义州设置代办所，开始国际汇兑业务，1900年升格为分庄，并将业务带到南奎山及日本下关。

历时一年交涉和筹备，1907年5月，合盛元日本神户分号成立，并于日本东京、大阪，朝鲜仁川开设办事处。为扩大影响，合盛元在《神户新闻》《又新日报》等日媒上广而告之。

票号走向日本，既可以争取日商客户，也可以直面庞大的中国留学生的潜在客户群体。1910年，赴日留学的人数高达3万之多，之前1905—1907年分别达8000人、11900人和9000多人，远比同期前往美国、欧洲留学的人数多得多（见表13-2）。逃亡并长居于此的梁启超，面对走向日本的山西票号有何感想,不言而喻。

表13-2 晚清中国留学目的地人数对比[1]

年份	赴美留学人数	赴欧留学人数	赴日留学人数
1875	100	30	—
1900	200	100	300
1910	500	300	30 000

在中国票号史上,山西共诞生50余家票号,通过分布在国内外133座城市的567家分号,形成金融汇兑网络,西南到四川的巴塘、里塘、雅安、打箭炉(今四川康定),云南的昆明、蒙自,印度的加尔各答;西部到西藏的拉萨,新疆的迪化(今乌鲁木齐);南部到海南的琼州和新加坡;东北到满洲里、齐齐哈尔和日本神户、横滨、东京、大阪和朝鲜的仁川;北部到库伦、科布多和俄罗斯的恰克图、伊尔库茨克、新西伯利亚、莫斯科、彼得堡等,以"聚散全国金融主权,而能使之(资金)川流不息"的巨大能力,赢得"汇通天下""九州利赖"的美名。在外国人眼中,票号所代表的商业力量是令人肃然起敬的。当上海滩及各口岸充斥代表洋商、外资利益的买办时,当中国的关税、盐税等都被抵押,多将汇兑权交由外资银行时,当以甬绍苏湖为代表的中国钱庄家族与各种外资势力具有千丝万缕的勾连时,真正代表本土金融和商业力量的只有山西票号。毫无疑问,票业是最具创造力、最能代表中国本土利益的商业势力。

对于金融在整个商业体系中的作用,梁启超洞若观火,"商业以金融为总机关,百业之生命,厥惟金融是赖,世界各国无不以金融业为商业

---

[1] 辛亥革命100周年网易专题策划《1911那一年》。

之王，他国如此，吾国可知"。

他一针见血地说，"今日金银之涨落，不在一国之内，其主持者，则伦敦也，纽约也"。最后他对山西票业发出期望，"诸君眼光所及，即能射及全国，尚不足以言操纵金融，此鄙人所以以进取精神期望诸君者，即望诸君默观世界潮流，而为应时势之改革也"。

如果放在辛亥革命前，梁启超对山西票业的评价可谓实至名归。只是时今，山西票业已经坐失组建银行的最佳时间窗口，几已丧失募集本金的能力。无论梁启超是否蒙在鼓里，但请梁出面为晋商票号站台，并请媒体从中吹风，对于赢得时间窗口，解决山西票界拖欠之窘，收到一时成效。

不无巧合的是，一向对组建银行说不的反对派领袖毛鸿瀚此时居然点头同意了。李宏龄用"力表赞成，毫无推诿，实出意料之外"来表述他听闻后的惊讶。

1912年，山西票帮团体在太原开会，推动组织银行事宜。甚至银行都想好叫汇通实业银行。同乡王乃成做组织银行演讲，他说，山西票商"向来财力雄厚，利源巩固，为各省商务之冠"，但自义和团运动，"损失甚巨，元气已伤"，在政府设立大清、交通各银行，各省设立官银号中，"票业本有之利权，遂悉为外省所攘夺"。

问题在于，辛亥革命中，各省兵变，"商业遭害之大，无过于吾晋票商"，现在已进入一个时代，"欲进则无利可图，欲退则旧事不了"。

他深刻点出山西经济的劣势，"吾晋地无出产，人无工艺，通省士、农、工、商所仰望而依赖者，向只票业一途。若票业一旦失败，全晋同胞，势必束手待毙"。

他认为，以晋商素来信用，附股必能踊跃，千百万不难猝集。或再留总额二三成，兼招洋股，以利其保护之功，更免许多危险。

报界对山西票业的一举一动颇为关注，稍早的8月，《新闻报》就听闻，往来素守消极主义的祁、太、平三县票庄，欲筹资700余万元创办山西银行，"此事果能有成，中国之利权，彼山西人或能操左券也"。

不知情的外界尚对山西票业抱以欣赏和赞许，而毛鸿瀚站出来是真同意，还是只是一种姿态，难以断言。这种态度便于缓解来自外界的压力，也有利于舒缓整个山西票界对于外界的疑虑。

无论是王乃成和报界都对山西票号过于乐观，此时票号已经失去造血能力。即便500万银行资本金，对山西票号也不再是小数目。在资本难筹的情况下，它们不得已求助于政府。政府财政捉襟见肘，在业有交通银行和改组大清银行为中国银行的情况下，并无可能再拿出真金白银，入股或借予山西票界以成立银行。

1913年，在袁世凯政府财政部的牵线下，山西票号决定向美国银行团借款500万元银洋作为本金，以重组票号体系。可是，美国银行认为，要在借款所办的实业内拥有相等的利益，也就是说要有股份，且要有抵押的保障，但山西票号向来是轻资产运作，难以提供让美国银行满足的抵押品。双方不欢而散，居间牵线的财政部已经厌倦，不再过问此事。

1914年，山西祁、太、平三帮票号联合再次向政府提出申办银行之请。时任国务总理的熊希龄深知山西票号与一般商业有重大关系，对晋商之请给予支持，同意由政府出面担保，按照"商借商还"的办法，由山西票号向奥商华利银行借款200万镑，期限50年，利息六厘，作为开办银行之资。不巧，熊内阁不日倒台，又逢欧战爆发，贷款之事再次化为泡影。

对外借款屡次失败，祁、太、平三帮票号联合改组银行计划无法实施，于是介休侯家决定在蔚字联号内单独组建。蔚泰厚总经理毛鸿瀚、蔚长盛总经理阎子樵、蔚丰厚总经理张子康、蔚盛长总经理霍益亭、天成亨总经理范子生等拟从各自的票号中抽出若干资金作为基金，组织一大银行，但这个计划始终未能实现。

及至1916年，蔚丰厚自我改组为蔚丰商业银行。袁世凯五弟袁世辅及马福祥等36人参与发起。蔚丰厚认股100万两，另招新股200万两。

日升昌倒闭：覆巢之下，焉有完卵

当毛鸿瀚极力赞成成立银行时，李宏龄再发"危言耸听"之语。他说，如果成立银行，或可救数年后不可设想之票帮，而一旦票号空虚的事情为世人所知，形势将急转直下，"号事则为元丰玖，老总则为王康侯"。

意思是说，再任此发展下去，山西票号业及经理人的下场就如同倒闭的元丰玖及其被传唤的老总王康侯。他担忧的事情旋即而至，日升昌的倒闭是标志性事件。

从光绪末年起，日升昌东家李氏的各商号、票号、钱庄就已经出现亏赔，但剩余的票号债权债务相抵，并不亏空，然而辛亥革命让日升昌实际处于停滞状态。

截至1913年9月底，天成亨等14家山西票号在65座城市的总分号共有存款2509万多两，但放款3150多万两。其中，日升昌17个分号中债权近300万两白银，尽管大于债务近47.6万两白银，但无济于事。

同年，曾出面欢迎梁启超演讲的大德玉，以及协同庆、协成乾、大德川、义成谦等票号倒闭。1914年1月，票号倒闭日迫，信用恶化。14家票号推举6名代表，进京向北洋政府求援，周旋数日，毫无结果。

在外界不断讨债而收款不力的情况下，主持李家商号的李五峰就把家里藏的许多财物寄放到内兄赵鸿猷家中，自己也躲藏起来不见人。后来，逼债的风势减弱，李五峰便向赵氏索取寄存财物，不想赵氏抵赖不承认有寄存一事。李五峰气急败坏，要到衙门告状，又怕招来债主逼债，不得已只好忍气吞声，吃了暗亏，这让李家在之后雪上加霜。日升昌票号和那个曾经在海外开设分号纪元的合盛元票号是一对"相与"。数十年，两者风雨同舟，和衷共济，但在1912年的挤兑中，这对"相与"一时搁浅。北京地方检察厅扣押了合盛元驻京的分号经理，这个经理被具保，自知无力清偿债务，一时仓皇，逃回祁县总号。

日升昌北京分号经理侯垣是合盛元驻京分号经理的担保人。1914年秋天，检察厅向侯垣索人。在债主追讨之急和检察厅催要之切的情况下，9月1日，侯垣和伙友竟将北京分号闭歇，连夜携带账本返回平遥。

同月，农商部紧急制定钱庄、票号保障法六条，规定失信者不得再营业，倒欠案件由司法部责成法庭审理等。

纸终究是包不住火的。到10月底，日升昌在上海、杭州等地分号也予关闭。此前后平遥县知事收到北京地方审判庭一纸致函，着令查封日升昌平遥总号及其东家财产，并迅速派人携带该号账簿到京清理。时任日升昌总号经理郭树柄藏身躲避，其东家李五典、李五峰则被关押。[1]

值此危急关头，已经离号的曾经的二掌柜梁怀文携带伙友，奔赴北京到审判庭报到，开始清理号事。12月，天津、河北地区商号率先向日升昌发难，它们致函天津商会追索在天津日升昌的存款。梁怀文开诚布公，周旋于众债权人、商会及北京审判庭、检察厅、司法部之间。

因清理无望，1915年1月，司法部宣告日升昌破产，农商部通饬全国各地商会知照办理善后事宜。日升昌在一夜之间轰然倒塌，犹如一剑

---

[1] 冀有贵、冀佩羽：《梁怀文勇解日升昌之难》，载平遥文化网，2005年3月18日。

封喉，唯有伏地认命。同年3月，《大公报》以极为悲痛的笔触写道：

　　彼巍巍灿烂之华屋，无不铁扉双锁，黯然无色；门前双眼怒突之小狮，一似泪涔涔下，欲作河南之吼，代主人喝其不平。前日北京所传，倒闭之日升昌，其本店耸立其间，门前当悬日升昌金字招牌，闻其主人已宣告破产，由法院捕其来京矣。日升昌倒闭，把山西票号的困境一朝暴露在大庭广众之下，因此对日升昌和整个山西票业的社会信誉造成无可挽回的损失：外欠则处处倒账，难以收回；欠外则人人逼提，难以应付。从此，日升昌深陷泥潭，一蹶不振，山西票业走向下坡路。

　　尔后，事情出现转机，经过梁怀文与债权人协商，同年3月，72名债权人代表向司法部请求暂免日升昌破产，让其以收账还债，得到准许。到1921年2月，日升昌的债务从1914年10月的204万多两减到170万两。

　　1922年，在296户日升昌债权人中，293户赞成日升昌复业获准，日升昌不再受京师地方审判庭之节制。李姓财东也不再为专一股东，债权人也成为股东，日升昌招牌保留，由梁怀文负责经营票号业务，此后除北京、天津等地少数分号外，全部撤销。

　　但到1932年，在清理无望的情况下，日升昌终归歇业。部分伙友利用日升昌的牌号将其改营钱庄。1948年，日升昌钱庄停业。

　　日升昌的后门旁边建有一堵挡风墙。当年，雷履泰每天进出于此。在修建这堵墙时，他别出心裁地在里面镶嵌了铁片和铜钱，取"铜墙铁壁"之美好寓意。雷履泰老骥伏枥，志不在小，但世上从来没有铜墙铁壁，在世易时移中，美好的寓意或只是一种寄托。

　　话又说回来，山西票业群体不转型有重大战略判断失误，日升昌潜藏危机，但首先非因自身经营出现问题，或者未能及时转型而死，而是死于乱世。

平介票号独领风骚

1914年1月，14家票号进京向政府求援时，大德通、大德恒、三晋源、大盛川4家祁帮票号根本没有派员参与。

晋商票号有四个大的发展周期，祁帮票号基本成立于第二、第三周期，三晋源成立于第二周期，大德通、大德恒、大盛川成立于第三周期。从投资来源地角度来看，山西票业有三大帮，一开始，平遥帮、介休帮势力强劲，祁帮后来居上。

在第一个发展周期中，伴随1827年太谷沟子树19家合资在太谷创办志成信、1937年祁县人郭源逢和张廷将在祁县创办合盛元，平遥、太谷、祁县三地都出现票号，山西票业史上的平、祁、太三帮初现。

中国古城、古街、古宅成片地得到较好留存的地方，当数山西灵石—介休—平遥—祁县—太谷—榆次沿线了，此乃山西一大宝。时平遥、祁县、太谷成为中国票业大本营，几乎所有中国最优秀的票业品牌都扎堆在这里，其盛一时无二。

不过，在8家票号中，6家大本营都设在平遥。尔后，尽管其他两地票号增加，平遥只是比较优势有所下降，其大本营的地位没有动摇。20世纪20年代，上海有条南京路，天津有条滨江道，而不起眼的内陆小城平遥，早在19世纪20年代，已俨然是一座金融之城。在不大的县域内，日升昌、蔚泰厚、新泰厚、蔚盛长、蔚丰厚齐聚于此（中国票号四大发展周期及代表票号情况列表见附录表2）。

及至19世纪60年代，伴随协同庆、百川通、天成亨等的创立，几乎中国票业所有一二线品牌都锁定平遥。有人曾统计，在51家票号中，山西票号占据43家，22家票号大本营设在平遥。

除日升昌外，扎堆而来的大多票号并非平遥本地人投资，而是蜂拥而来的周边富户大佬。平遥以票号首创之城撬动一个产业，让山西最有钱的家族主动聚向平遥城。清末商务印书馆职员徐珂曾对光绪年间山西本土商人做过一次财富排行榜（见表13-3），介休侯氏有资产七八百万两，排名第一。[1] 侯家所以能成为山西本土首富，在很大程度上得益于其在票业领域的投资，而榜单上的富豪基本产生于介休、太谷、祁县、榆次一带，这都是山西票号投资人集中的区域。

表13-3 光绪年间晋商富族财富排行榜[2]

地域	东家姓氏	财富值（两）	主营业务	代表商号
介休	侯氏	七八百万	绸布杂货、盐业、票号	天成亨（绸布）、蔚字五联号（票号）
太谷	曹氏	六七百万	绸皮杂货、账庄、钱庄	砺金德（账庄）、彩霞蔚（绸缎货行）
祁县	乔氏	四五百万	杂货庄、茶庄、票号	复盛公（杂货）、大德兴（茶庄）、大德恒（票号）
祁县	渠氏	三四百万		百川通（票号）
榆次	常氏	百数十万	茶叶贸易、账庄	大升玉、大泉玉（茶叶）
太谷	刘氏	百万两内外	—	—
榆次	侯氏	八十万	—	—

介休侯家堪称中国票业投资大家族，其在第一个周期布局四家票号，

---

[1] 徐珂编撰：《农商类》，《清稗类钞》第五册。
[2] 这是徐珂在《清稗类钞》中对清朝光绪年间晋商富族资产估计的排行榜。此榜未必能涵盖全部晋商富族，仅做参照。主营业务为本书作者所加。

第二个周期追加两家，但没有一家知名票号落地介休县城。除独资外，侯家还与以平遥人合资的方式布局票业，新泰厚、蔚盛长就是如此。尔后，协同庆也是榆次人王栋与平遥人以合股的方式介入票业的。祁县渠家先在平遥设立百川通，其他再设的票号全开回了祁县，乔家从一开始票号就开设在祁县。

平遥在中国票业史上的地位还来自票号经理人的平遥造，日升昌所有的票号经理雷履泰、程清泮、郝可久、王启元、张兴邦、郭树柄、梁怀文，以及协同庆的所有票号经理陈平远、刘子元、刘庆和、赵德蒲、张治德、雷其澍、温子翰均来自平遥。

蔚泰厚旗下毛鸿翙、范友兰、毛鸿翰、杨松林，蔚盛长旗下尚求济、赵经魁、王调营、王作梅，百川通旗下武大德、庞凝山、刘敬义、雷中寿，蔚丰厚北京分号郝登鳌、郝登五、李宏龄，蔚长厚的范积善、范光晋，天成亨的侯王宾、周承业，宝丰隆的宋聚奎、段礼安亦均来自平遥。

不仅人数众多，而且来源地集中，中国最知名的票号经理四分之三以上都来自平遥。

品牌四线，谁主沉浮

如果以家族而论，在中国票号史上，王者属于介休侯家，当没有任何疑问。除以平遥、祁县、介休、太谷等为代表的大本营市场外，纵观山西票号的扩张图，可以看到存在七大区域中心，分别是以北京与天津为中心的京津中心、以上海为中心的华东中心、以汉口和沙市为中心的华中中心、以广州为中心的华南中心、以沈阳与营口为中心的东北中心、以西安与三原为中心的西北中心、以重庆与成都为中心的西南中心。[1]

如果以中国票业七大区域中心为坐标，参考业界影响、网点数量及存活时间，可将中国票号品牌分为四线。

在中国票界，能够做到全国七大区域中心12座城镇全布局的，唯有日升昌和蔚泰厚两家票号。两家分号的数量也是最多的，日升昌35处，蔚泰厚33处。两者领衔中国票号业，是不折不扣的一线品牌。其他票号如协同庆、新泰厚、大德恒、志成信分别有31家、26家、25家和24家分号（见表13-4）。

表13-4 中国分支机构最多的11家票号

票号名称	分支机构数量	票号名称	分支机构数量
日升昌	35	志成信	24
蔚泰厚	33	天成亨	23
协同庆	31	百川通	23
新泰厚	26	蔚盛长	22
蔚丰厚	26	宝丰隆	22
大德恒	25		

如果将实现国内6个以上区域中心10座城镇覆盖为标准作为二线品牌，脱颖而出的是新泰厚、蔚盛长、百川通、蔚长厚、大德通。其中，蔚盛长、新泰厚、百川通、蔚长厚没有覆盖东北中心城镇，大德通则放弃了广州。

---

[1] 得出此七大区域中心结论的表格见附录表1。网点情况，根据由中国人民银行山西省分行、山西财经学院组成的编写组和黄鉴晖一道编订的《山西票号史料（增订本）》一书中有关山西票号实力和表格，提炼而来。

如果将三线品牌视为实现国内 4 个以上区域中心 8 座城镇覆盖者，那么它们是以大德恒、蔚丰厚、天成亨、协同庆、三晋源、宝丰隆、谦吉升为代表的票号。松盛长虽然也做到了，但它没有活过 5 年，只能与其他品牌一样，为四线品牌。

与侯家有关的票号有六家。两个处于金字塔顶端的票号，就有侯家蔚泰厚一个。在五个二线品牌中，侯家占据三个：蔚盛长、新泰厚、蔚长厚，剩余两家也跻身三线品牌。如果从资本额来看，蔚字联号也力碾日升昌（见表 13-5），由此夯实了侯家在山西票业以及中国票业无人匹敌的地位。

表 13-5 蔚字联号与日升昌资本额比较[1]

票 号	资本额（万两）	票 号	资本额（万两）
日升昌	32	蔚丰厚	10
蔚泰厚	24	天成亨	16
蔚盛长	12	蔚长厚	15
新泰厚	16		

就区域市场来说，日升昌虽首创票号，并在平遥周边城镇布局并不多，仅在太谷、太原、祁县设有三个分号，但蔚字联号除新泰厚与日升昌设点一样，蔚泰厚在太谷、解县、太原、新绛、介休、祁县、曲沃，蔚丰厚在太谷、运城、介休、祁县，可谓重兵把守。在平、祁、太附近设点最多的当数介休冀以和创办的乾盛亨和榆次王栋、平遥东秉文合资创办的协同庆。前者在太原、太谷、解县、运城、新绛、介休、张兰镇、

---

[1] 此为侯荫昌为财东时蔚字号资本额。参见冀孔瑞：《介休侯百万和蔚字号》，载《山西商人的生财之道》，中国文史出版社 1986 年版。

文水、汾阳、祁县、曲沃,设了11处,后者则在太原、太谷、祁县、解县、新绛、介休、曲沃、张兰镇,乾盛亨设了8处。在华中区和东北区,布局最强的非日升昌和蔚泰厚莫属。在华北、华东,一二线的票号品牌差别并不特别明显。在西南设置分号最多的票号非宝丰隆莫属,其得赵尔丰的人脉及政治资源,除在西南票业中心重庆、成都设点外,还将网点遍设于自流井、里塘、马塘、康定。同样在西南,跨越三省同时布局贵州贵阳、云南昆明、广西梧州和桂林的,或只有百川通一家。

由曾任云南提督的杨玉科与平遥人范缙合创的云丰泰,则并没有在云贵乃至四川发展,反而涉足中国票业七大区域中心的五个:北京与天津、西安与三原、上海、广州、汉口。1881年,这家票号倒在中法战争前两年,杨则在这场战争中成为抗法将领。

在西北,实力最强者当数由介休侯氏、马辙林创办的天成亨及协同庆。除三原和西安外,天成亨还在兰州、肃州、迪化、凉州、甘州,协同庆则在汉中、兰州、宁夏、甘州、凉州,布设分号。

在北边开设分号比较多的主要来自祁县人主导的票号,他们家族前辈多从这里起家,介入北边贸易比较深,在一些城镇兴起中功不可没,譬如由大盛魁入资的大盛川开设张家口、多伦、兴化、包头、归化五家分号。在归化,民间有"先有大盛魁,后有归化城"之说。

乔家在包头的复盛公、复盛全、复盛西久负盛名,对于包头的开发具有筚路蓝缕之功。乔家旗下大德通在张家口、沈阳、营口、归化、包头,大德恒在张家口、沈阳、营口、归化设置分号,另外由渠家开设的存义公则在张家口、归化、包头设点三家。

不仅如此,大德恒在河南开设的网点首屈一指,共计道口、孟县、博爱、清化、怀庆、开封、禹县、周口8家。祁县乔家与河南关系也比较密切，1904年，大德通曾在上海、汉口、北京三地为河南著名的钧窑磁业公司招商集股，1908年又经办豫省铁路股银。

在四线品牌中，最极致的是由太谷曹家和榆次人合办的锦生润，其15个分号全部扎堆于华北、东北：祁县、平遥、忻县、北京、天津、张家口、赤峰、承德、喇嘛庙、凉城、获鹿、沈阳、营口、锦州、保定。

以协同庆、天成亨、宝丰隆、大德恒、锦生润等为代表的三四线品牌，没有实力覆盖所有区域中心。其有一个共同的特点，格外注重在一定区域内的深耕，以建立比较优势。

按此标准来算，中国票号大致有29家票号可以归在前四线品牌以内，其中包括阜康、源丰润、义善源和天顺祥四家南帮票号。不过，它们与山西主流票号相比，实力悬殊。它们中甚至没有一家可归入二线品牌，网点数量总体偏少，譬如义善源票号总分号21家，数量刚接近山西票号分号最多的十大票号第十名宝丰隆，而源丰润除上海总号外，在北京、天津、广州、福州、杭州、宁波、汉口、香港等地仅有13处左右的分号。虽然设立者都来自中国其他主流商帮，且来头颇大，但四家南帮票号没有一家活过辛亥革命。当时《银行周报》的调查显示，到1913年山西票号还存在19家，其中平遥帮9家，祁县帮6家，太谷帮4家。

在南帮票号中，活得最长的当数天顺祥，大约经历了半个世纪，与山西票号相比差距不小，山西票号活过50年的多达16家，譬如日升昌存活了109年，蔚泰厚、新泰厚、蔚盛长、蔚丰厚、志成信、合盛元、三晋源、大德恒、百川通分别存活了95年、95年、90年、90年、87年、77年、69年、59年和58年（见表13-6），这与山西票号起步早、经营能力强和具有集群效应关系密切。

表 13-6 中国最长寿的 10 家票号[1]

票号名称	存活年限	票号名称	存活年限
日升昌	109	志成信	87
蔚泰厚	95	合盛元	77
新泰厚	95	三晋源	69
蔚盛长	90	大德恒	59
蔚丰厚	90	百川通	58

祁帮走到最后

在中国最长寿的 10 家票号中，侯家占据 4 家，每家都存活了 90 年以上，这是无人能及的。侯家 6 家票号分号高达 126 处，以绝对优势高居中国票号家族榜首；其次是祁县渠氏家族，以百川通、三晋源、存义公和长盛川 4 家 67 处票号分号，位居第二；再次是祁县乔氏家族，以大德通、大德恒两家票号 45 处票号分号，位居第三。

这三个家族的票号，除渠氏家族的长盛川于 1909 年歇业外，其他全部挺过辛亥革命。平遥李家除日升昌外，如果算上日新中的 14 处分号，和 1862—1864 年间与陕徽商人创立的谦吉升 11 处分号，总分号数为 60 处。但日新中早在 1861 年、谦吉升在 1884 年就已歇业，而大德恒和大德通分别在 1881 年和 1884 年方才设立。

榆次常家虽抓住恰克图茶叶贸易的黄金期，但其业务中心由茶向票号转移的时间较晚，其于 1875 年率先在上海开设三和源，后经营资料不

---

[1] 存活时间，因部分票号开歇时间存在不确定性，一概按最短的时间计算，譬如三晋源和存义公的创立时间都在 1862—1865 年间，取 1865 年算起。

详；又先后于 1885 年开设大德玉、1907 年开设大德川，但总体市场龟缩于华北、东北和华东，华南、西南、西北市场基本没有涉及，票号总数才 13 处，影响力较小。介休冀氏家族与榆次常家一样，转型较晚，其德昌和乾盛亨两家票号数量 26 处。

祁县乔家虽然起步晚，但它是中国票业末路的见证者。当侯家六联号 1921 年全部歇业时，乔家两家票号仍健在，并一直活到其他票号全部歇业后六年，才寿终正寝。

中国歇业最晚的五家票号是祁县乔家的大德恒、大德通，祁县渠源淓独资的三晋源，由大盛魁、祁县张廷将、太谷王伸等出资创办的大盛魁，以及由川边大臣赵尔丰伙同介休人乔英甫、河北人许涵度等出资创办的宝丰隆。

三晋源虽然分号最多时只有 11 处，但直到 1934 年才歇业（见表 13-7）。

表 13-7 中国歇业最晚的 15 家票号

票号名称	歇业年份	票号名称	歇业年份
大德恒	1940	蔚长厚	1920
大德通	1940	百川通	1918
三晋源	1934	锦生润	1917
大盛魁	1929	天顺祥	1916
宝丰隆	1923	蔚盛长	1916
日升昌	1922	蔚丰厚	1916
蔚泰厚	1921	存义公	1916
天成亨	1920		

在五家票号中，有祁县背景的占四家。同为大户人家的祁县乔家与渠家存在姻亲关系，渠源淓娶下乔家乔尚谦的胞姐，他哥哥的孙子则娶

了乔尚谦的女儿。

为数不少的山西票号后代为嫖赌所害，一朝耗尽家族几十年乃至上百年的荣耀与显赫。日升昌票号东家李箴视的弟弟李箴听，人称"李二魔子"，天性好赌，嗜赌如命。在哥哥去世后，再无人能收住他。家中银子空虚，对外又放不下架子，浪费依旧，加深危机。

日升昌票号第二任掌柜程清泮的两个儿子是名副其实的花花公子，他们继承先辈在日升昌票号的股银，却不务正业，非嫖即赌，五毒俱全，加之被人拐骗，没过10年，竟将包括土地、房产在内的家产变卖殆尽，股银也被取出挥霍一空。[1]

介休侯氏家族有一个浪荡公子侯奎，他与冀氏灵哥、郭氏二大王，被称为介休县的"三不管"。三人依仗钱势，挥金如土，横行霸道，无人敢管。

1908年，主持家政的侯从杰病逝，办丧事花掉白银1万余两，丧期6个月，宴席数百桌，仅坟茔的石人、石马、石碑楼就用银2000多两。辛亥革命后，在经济来源断绝之时，侯氏后辈不仅养尊处优，还吸食鸦片，家产从动产到不动产，从卖木器、家具到拆房卖木材、砖瓦，以维持吸食鸦片和酒肉海味的三餐。及至主持家政的三门最后一员侯崇基，一日三餐都成问题，最后死于烟瘾发作和冻饿。

蔚泰厚掌柜毛鸿翙及其后任的后辈下场也很凄惨。毛履泰之儿孙大都习染鸦瘾，不务正业，尤其是德字辈有"十大少"，从男到女，无一不是"大烟鬼"，甚至连年幼的国字辈也染上烟瘾。毛履泰的重孙毛国玺因抽大烟将祖传的家产，包括一千石租子的土地和一幢大院全部卖掉，最

---

[1] 白清镜：《日升昌兴衰始末》，山西古籍出版社2007年版。

后落得光棍一人，甚至穷到衣不蔽体，食不果腹。

毛鸿翙的后任范凝晋的后代以及协同庆东家王栋、米秉义的后代也都染上吸毒的恶习，变卖家产，坐吃山空，在穷困潦倒中饿死。[1] 榆次聂店王家，传至清末民初王奇时，家族无一不染嗜好。据说日本侵入山西前，单家里藏的鸦片烟灰就有几麻袋。王奇最终流落到花完藏银、卖字号、折完房子、卖地盘的地步，最后沿街乞讨，死于街头。

祁县乔、渠两家，在晋商票号子弟普遍骄横、嗜赌、吸食鸦片等的情况下，没有见到两家有关此方面的记载，实为难得。乔家大德通、大德恒均由三门在中堂主持，堂主乔致庸教育甚严，首重信誉，次讲义，再言利，教导孩子力戒骄、贪、懒。

渠源潮、源浈两兄弟持家严谨，商业治理有方，不为外界所惑。当其他人家多方布局，遍开各种商号时，兄弟俩无视利诱，保持清醒的头脑，连关20多家店铺，"众悉耸然，而公家业于是日隆"。[2]

渠家不幸的是，渠源潮、渠源浈的儿子都先其父而病故，后继乏人。抗日战争中，日军占领祁县，掠夺了其藏在长裕川茶庄的40万两白银，渠家衰落。

1926年，冯玉祥所部向西北撤退，粮饷由包头商号筹垫，共计2000多万元。其中，复盛公、复盛全、复盛西三家商号损失150多万元现洋和5万多石粮食，伤及元气。1937年10月，日军占领包头，把三家商号旗下不同类别的当铺归类组成不同类型的日伪企业。

1940年，大通德、大通恒被勒令改组为银号，总号迁往北京，只留

---

1 黄鉴晖：《明清山西商人研究》。
2 [清]乔尚谦：《秐法部员外郎渠公（祓州）墓表》。

天津一处分号，其他分号全部被撤销。新中国成立后，大德通、大德恒银号于 1951 年清理结束，职工遣散。同年，复盛公、复盛全、复盛西停业，次年春遣散职工。历时 200 多年的乔氏家族商脉就此中断。

中国票业史在乔家的见证下落幕。山西票号的衰落标志着山西商人辉煌历史的最后结束，纵横驰骋中国商界 500 多年的山西商帮画上一个句号。

不过，作为中国银行业的"乡下鼻祖"，日升昌开创了一个时代，由此发轫的金融智慧和实践让这片厚重的土地人才辈出，这足以让山西人引以为豪。7 岁丧母的山西太谷人孔祥熙，1927 年后历任国民党政府实业部长、财政部长、行政院长、中央银行总裁和中国银行总裁等职，成为四大家族的一员。1936 年，他曾给近代考古学家卫聚贤点题研究山西票号，卫在去平遥等地调查后留下《山西票号史》一书。

第五部分

买办时刻:

1843—1948 年（中）

1566年，尼德兰爆发了反抗西班牙的斗争。作为欧洲主要金融中心的安特卫普屡遭西班牙人劫掠，数千名手工业者、商人和银行家逃往北方，尤其是阿姆斯特丹。仅在1585—1622年间，阿姆斯特丹的人口便从30万增加到105万，推助了阿姆斯特丹的崛起。[1]

260多年后，同样的一幕出现在上海。租界在上海建立，太平天国运动无意间推动重灾区的人、财、物递次向上海乾坤大转移，沪上政经秩序的重建以及买办上位、洋务运动兴起等让中国的经济重心由珠江流域被拉回到长江流域。只不过，原来处于长江流域中心地位的苏杭一朝被火箭般上升的上海所取代。

伴随外国资本北上的粤商与闽商及尔后崛起的江浙等地商人，在上海这个大舞台上展开了一场你方唱罢我登场的竞技。由区域政经、产业导向及迭代所酝酿的趋势重塑新生，碾压任何不合时宜的商业力量。

这是观察中国由传统迈向现代的一个时间窗口，也是传统以盐、贸易或票号为依托的晋徽商人被新兴的从事银行、保险、轮船、通信、面粉、纺织等产业的区域商人全面超越的历史。

---

[1] ［美］斯塔夫里阿诺斯：《全球通史：1500年以后的世界》，上海社会科学院出版社2002年版。

第十四章 最澎湃的迁徙

苏州、杭州无可挽回地在太平天国运动后衰落，地处长江入海口的滨海县城——上海因缘际会快速崛起。这个隋唐时隶属苏州府华亭县的小渔村，到1192年才有了取自今天十六铺一带的"上海浦"小河的"上海"这个正式地名。当时的上海是一个农民、渔民、盐民交错而居的村落。在整整100年后，上海才置县，隶属江浙行省的松江府。

上海的崛起绝非一朝一夕，而是一个漫长的过程。1727年后，南洋贸易以厦门为正口，西洋贸易以广州为唯一口岸。中日贸易从宁波入口，上海的地位并不高于厦门、广州和宁波。

到1730年，清廷完全解除海禁，设立海关，鼓励海上贸易。一度"海禁严切，四民失调"的上海凭借襟江滨海的地理位置，时来运转，港口贸易迅速升温，经济地位日益突出。

沪津政经地位的升格

1730年,经江苏巡抚尹继善奏请,原来一直设在苏州或太仓的"分巡苏松道加兵备衔"的官衙移驻上海,是这一趋势演化过程中的一个细节。从此,该道道员也被称为"上海道台"。1736年,清廷将太仓州划归上海道管辖,上海道的全称变成"分巡苏(苏州府)松(松江府)太(太仓州)兵备道",又别称为"苏松太道""沪道""江海关道"等,成为全国92个分巡道之一。

按照清朝官制,中央以下的地方行政长官包括总督、巡抚、布政使、按察使等。上海道台位居正四品,是一个略高于上海县、松江府而低于江苏省的官职,虽是文官,但作为分巡道兼兵备道,有权节制地方都司、守备、千总、把总等绿营武职。[1]

不仅如此,早在1725年,经时江苏巡抚张楷奏准朝廷,时设于苏州的分巡苏松道已经兼理江海关。所以当这一官司衙移驻上海时,上海道台除把撑两府一州之地方行政、军事事务外,还兼理江海关,负责对外通商事宜,并在开埠后肩负起了与洋人打交道的外交事务。

弗雷德里克·毕谷是英国东印度公司的职员。1756年,他向英国政府建议,要将进取的目光瞄向上海。他认为,上海是块处女地,一经开发,日后可以成为与中国华北通商的枢纽。

在大清的帝国版图上,上海不过是一个沿海的"边远"地区,并不被格外重视,甚至是"海禁"的重点防范地区。但把全球看成一盘棋的西方人却对这个地方惊叹不已。[2]

---

1 熊月之:《研究上海道台的力作:介绍〈上海道台研究:转变社会中之联系人物,1843—1890〉》,载《史林》1999年第4期。
2 同上。

在弗雷德里克·毕谷看来，这是一个较之广州内陆腹地更为广阔的地方。其地处长江入海口，可通过长江水系和南北洋航线将全中国纳入其贸易视野，如此优越的自然条件成为西商投资首选之地。

1832年，东印度公司职员林赛、传教士郭士腊来到上海，发现7天内竟有400艘100～400吨的商船经吴淞口进入上海港。商船多数来自天津及东北各地，来自福建、两广、台湾，以及东印度群岛、越南、泰国的船每天也有三四十艘。码头上货物卸装上下，昼夜不绝。他们回去后即大力宣扬，上海是仅次于广州的最佳通商口岸。[1]

鸦片战争前夕，上海港每年的吞吐量接近200万吨。当时，往来于上海至长江各口岸之间的船只约有5300～5400艘，年货运量约45万吨，约占上海港吞吐量的22.5%。[2]

1840年6月28日，21岁的英国女王维多利亚咆哮着下达了向大清帝国的开战令，是为第一次鸦片战争。到这场战争结束的1842年，上海城区人口才仅有23万，是全国第12大城市。

1842年8月，清廷代表耆英等与英国政府全权公使兼对华商务代表、后首任香港总港督璞鼎，在南京下关江面的英舰上签订《南京条约》，次年年中，双方达成《五口通商章程：海关税则》。在璞鼎看来，上海的贸易前景不可限量，清政府却从来没有这方面的思想准备。当广州成为中国最大的口岸时，上海还远未受到重视。

1843年11月4日，作为《南京条约》的五口通商口岸之一，上海正式开埠。在当年年底，25名英国人在上海租界登记。这是一个耻辱时刻，

---

[1] 熊月之：《研究上海道台的力作：介绍〈上海道台研究：转变社会中之联系人物，1843—1890〉》，载《史林》1999年第4期。

[2] 上海港史编审委员会：《上海港史（古、近代部分）》，人民交通出版社1990年版。

却也是上海沐浴国际化的开始。

1844年,清政府在广州设置管理南方口岸的大臣,即五口通商大臣,办理广州、厦门、福州、宁波、上海五处口岸的通商及对外交涉事务,这一职位由两广总督兼任。广州十三行最早是外国同中国高级官员沟通的唯一渠道,五口通商大臣的设置是继十三行之后清政府试图阻止西方公使入京的产物。

第一、第二次鸦片战争爆发在广东,战争中广州人民与入侵者结下的仇视情结一时根本无法解开。在广州外交陷入困境的情况下,来自大洋彼岸的西方人日益把上海视作他们与清政府交涉的重要之地。1861年1月,清政府设立总理各国事务衙门,作为统领通商、海关、外交、海防、派遣公使和留学生等事务的中央机构,下辖三口通商大臣和五口通商大臣。五口通商大臣的驻所由广州迁移到上海,由驻守南京的两江总督兼任。

1866年,因通商口岸扩展至长江各口,五口通商大臣改称南洋通商大臣,成为办理东南沿海及长江沿岸各口通商交涉事务的钦差大臣。

三口通商大臣驻守在天津,办理天津、牛庄(后改营口)、登州(后改烟台)三口通商及关税事宜。1870年,三口通商大臣改称北洋通商大臣,由直隶总督兼任,管理直隶(今河北)、山东、奉天(今辽宁)三省通商、洋务,办理有关外交、海防、关税及官办军事工业等事宜。

天津,意为天子经过的渡口,明朝朱棣由此渡过大运河南下争夺皇位。作为黄河入海口,天津原来一直扮演的是漕粮转运中心和中国海盐最大产区长芦盐区的管理地的角色。朱棣之后,天津多了一重身份:军事要地。由此开始筑城设卫,之后升州,到雍正时升为府,下辖六县一州:天津(今天津市大沽镇)、盐山(今河北省盐山县)、青县(今河北省青县)、庆云(今山东省庆云县)、南皮(今河北省南皮县)、静海(今天津市静海区）和沧州（今河北省沧州市）。1913年，天津府废除。

从此，南、北洋通商大臣在洋务事业中发挥了举足轻重的作用，上海和天津以其洋务重镇地位在近代中国工业、服务业发展中一枝独秀。1901年，山东巡抚袁世凯署理直隶总督兼通商大臣，天津再次迎来发展契机。

上海崛起：第三次商人大迁徙

五口通商大臣驻所的迁移是上海代替广州、苏杭而执清朝经济牛耳地位决定的，也是中国在20世纪以前一次规模最大的商人大迁徙的结果，而它反过来又极大地促进了这种迁徙。

中国商人的大迁移在中国商帮史上发生过多次，第一次大规模的迁移发生在盐业政策由明初的开中制到1492年的叶淇变法，徽商、山陕商人举家迁往两淮盐区的扬州，成就了扬州曾经的繁华。第二次大规模迁移发生在18世纪中期，在北方，以1727年中俄《尼布楚条约》为标志，恰克图成为以晋商为主体的商人趋之若鹜之地；在南方，因1757年广州取得事实上的一口通商海上贸易地位，福建、徽州商人大批南迁到广州，十三行商人成为与晋商、徽商并驾齐驱的三大商帮之一。

第三次大规模迁移就发生在1843年11月开埠后的上海，广东香山买办、福建商人、浙江宁波及湖州商人群涌北上，江苏商人东进、南下，徽州商人东进，诸多商帮商人齐汇长江入海口的上海，演绎了中国商帮史上最为壮观的一幕。更为多元化的商人群体成就了上海的崛起及其中国经济中心的地位。

1842年前，与广州十三行进行贸易的洋行虽然数量较多，但仍然控制在居垄断地位的怡和、宝顺、旗昌等大洋行手里。五口通商终结了广州十三行的外贸垄断权。广州行商的 34 家中有 20 家破产，受鸦片战争牵连，被抄家发往边疆充军者多达 10 家。[1]

1843 年，上海开埠之年，一批英国商人跟随他们的首任领事巴富尔来到上海。当时的外滩不过是上海县郊外一片不起眼的荒滩。经过与上海道台宫慕久的反复交涉，英资的 8 家洋行最先得以在外滩落户，由北向南依次是：怡和洋行、和记洋行、仁记洋行、义记洋行、森和洋行、裕记洋行、李百里洋行和宝顺洋行。[2]

初到上海，洋商人地生疏，言语不通，与洋商相熟的广东散商随英军北上，获得扶植，独揽交易，成为上海第一代买办和开拓者。1844 年，广东人阿林等向洋行借款 8000 元，最早在上海开设洋庄义升行，开设第二年，其贸易额至少约占上海全部进出口贸易的 25%。[3] 同年，潮州郭某开设上海第一家从洋行贩卖鸦片的鸿泰商号。[4] 1845 年 11 月，在洋泾浜以北、李家场以南，产生第一块外国人居留地，英租界开始设立。1848 年和 1849 年，美租界和法租界先后设立。与此同时，1846 年，美国开设旗昌洋行；1848 年，法国开设利名洋行；1855 年、1856 年，德国开设鲁麟洋行和禅臣洋行。英商的三家银行——丽如银行、麦加利银行和汇丰银行也先后在 1848 年、1857 年和 1865 年进入上海。

1867 年 1 月 1 日，太古洋行在上海营业。至此，对上海影响最大的四大洋行怡和、宝顺、旗昌、太古，悉数进入上海。

就连刚刚经历过明治维新的日本商人，也在 1870 年于上海开设吉隆

1　梁小民：《走马看商帮》。
2　张姚俊：《外滩传奇》，上海文化出版社 2005 年版。
3　上海通网站，《上海通志》第二十一卷。一说占三分之二，但同年因棉布超量进口，造成市场停滞，货价暴跌，义升行倒闭。
4　上海通网站，《上海通志》第二十一卷。

洋行和东如洋行。葡萄牙、比利时、瑞典、挪威等国也先后要求与中国通商贸易。由于华人不准入住租界，到1853年，租界的外国常住人口也不过300人左右，中国人仅500人左右。

到19世纪50年代，广州就已经被新生的上海所超越。上海的出口贸易额占到全国的一半以上，成为全国对外贸易中心。1844年，上海出口茶叶比重仅占全国的2%，广州占98%。6年后，上海的这一比重跃升到44%，广州陡降至23%。到50年代末，上海的进口商船已是广州的3.5倍，上海的外贸关税银收入也从开埠初期的17万两猛升至180万两，跃居五口之首。

一些浙江丝商也尾随洋行到上海，湖州发迹最早的丝商顾福昌率先到达。宁波郑氏家族的郑熙在1844年到上海开设钱庄，并于1848年在上海小东门方浜路创办凤祥银楼。

继洋商、广州商民、湖州丝商等率先进驻上海后，更多的江浙商人接踵而至。不过，他们多是在太平天国战争的推进过程中仓皇背井离乡而踏进上海的。

1853年，也是太平军定都南京后转而北上、西征和东进的第一年。在绵延十余年的内战烽火洗礼下，作为江南地区唯一的安全区域，上海租界非常自然地成了首选的避难所。最初的难民主要是上海周边的男女老少，有的还牵着水牛和黄牛，稍后江、浙、粤、徽等各省绅商士庶及难民涌向租界。

这一年，苏州人席天甫的哥哥席嘏卿到了上海，在一家钱庄做学徒，也有说他投靠了他后母沈氏的哥哥沈二园。湖州丝商陈熙元、邱仙槎、张颂贤也先后来到上海。1853年9月—1854年7月，在短短10个月里，租界内的广东路、福州路一带就有800多幢木板房屋拔地而起，一时成为外商租赁土地上最抢眼的建筑群。[1]

当江浙人都竞相往上海避难时,徽州茶商江有科父子的北上南下贩茶之路因战火肆意而受阻。1854年,江有科带着两房姨太太,走上从广州到歙县的返乡之路,同年11月一病不起,不久与世长辞。他的儿子江文缵继续从事茶叶贸易,但把目标改在了上海。

中国近代史上的四大买办相差四年相继到达上海。最早到达的是徐润,1853年15岁那年,他随叔父徐荣村来到这块散发着开发味道的土地。徐荣村参加过首届世博会,也是第一位参加世博会的中国商人。之后是席正甫,1857年随长兄而来,次年唐廷枢和郑观应到达。

19世纪60年代初,太平军挥师东进,杀向江南,江浙官绅士庶聚集沪上。在太平军进军湖州时,更有大批丝商避难上海租界经营丝业,如后被称为南浔"四象"之首的刘镛,在1860年6月南浔被太平军占领前,携家并"尽运资装于上海"。"四象"之一的庞家、"八牛"之一的周家也是如此。[2]

比刘家早两个月,来自无锡14岁的荣熙泰经人介绍到了上海。他就是荣氏兄弟的父亲,起初在一家铁器作坊里当学徒。他的家人绝大多数在战争中死去,他因到上海做工躲过一劫。

当其他人都在逃避战争时,1861年底,太平军进攻杭州时,38岁的徽商胡雪岩抓住机会,直接介入战争,成为给清军购运军火、粮米的官商。

---

[1] 周武:《小刀会起义、太平军战事与近代上海的崛起》,载《上海社会科学院学术季刊》1996年第4期。

[2] "四象八牛七十二条黄金狗"是民间对湖州丝商财富多寡的一种称谓。"象"最为庞大,形容拥有财产百万银两以上的丝商,50万~100万两者称为"牛",30万~50万两者称为狗。其中,顾福昌和张颂贤也是四象之一。

当太平军三次进攻上海时，有外国武装保护的租界一时人满为患，外商乘机大肆兴建房屋，高价出租给中国人居住，转瞬间一排排崭新的被称为石库门的民居建筑如森林般崛起。[1] 1860年，上海租界人口增至30万，1862年又激增至50万，一度还曾达到70余万。也是在这一年，租界的地价由1852年平均每亩不过50英镑左右，炒到1万英镑，涨幅高达200倍。据最保守的估计，从1860年到1862年短短的两年时间里，至少有650万银圆的华人资本流入租界。

当时的作家姚公鹤不无感慨地写道："上海兵事凡经三次，第一次道光时英人之役，为上海开埠之造因。第二次咸丰初刘丽川之役，为华界人民聚居租界之造因。第三次咸丰末太平军之役，为江、浙及长江一带人民聚居上海租界之造因。经一次兵事，则租界繁荣一次。……租界一隅，平时为大商埠，乱时为极乐园。"[2]

从19世纪60年代开始，上海迅速走向繁荣，并取代苏州和杭州，成为江南新的中心城市和长江三角洲地区社会经济发展的龙头。这种取代是现代城市对传统城市的取代，广州、苏州、杭州的衰落和上海的崛起代表一个时代的结束和另一个时代的开启。

出版于上海的《北华捷报》[3]在19世纪60年代后期不客气地声称："对外贸易的心脏是上海，其他口岸只是血管而已。"从1865年起，上海已牢固地确立了国内外贸易的首席地位。这一年，上海承担了对外贸易总额的63%，广州仅占13%。

当上海冉冉升起时，天津在1860年才因英、法、俄强迫清政府签订

1　周武：《小刀会起义、太平军战事与近代上海的崛起》。
2　姚公鹤：《上海闲话》，上海古籍出版社1989年版。
3　《北华捷报》，又称《华北先驱周报》或《先锋报》，上海第一家英文报刊。

《北京条约》而辟为通商口岸。天津的发展比上海落后15年上下。天津的整体崛起不温不火，除起步稍晚外，其区位决定了承接闽粤资本及产业转移的空间狭小，苏浙资本则更易近水楼台到上海投资。整个中国北方基本没有成为太平天国运动的战场，天津也没能像上海被众星捧月一般，在短时间内成为周边财富转移的中心。上海被中国最富庶的地方包裹，周边传统产业完备，经营思想超前，较易接受西学东渐的影响。另外，上海水陆交错，腹地纵深。长江的航运意义远非黄河可比，作为长江的入海口，上海集万千宠爱于一身。而天津更靠近北京，因而担负着拱卫京畿的重任，北洋通商大臣的权势日隆，尤其是1870年8月李鸿章调任直隶总督之后。李鸿章在此职位一待就是28年，并将洋务外溢到上海，政治势力及影响远超与之对等的南洋通商大臣。尽管如此，天津的经济影响也远难与上海同日而语。李鸿章也深知上海的经济地位，虽为北洋通商大臣，但出于招商的需要，他也把洋务办到了南洋通商大臣的地盘——上海。

随后，上海滩上演了近一个世纪的传奇。这里光怪陆离，既有茶馆、戏园、园林式家园，也有鸦片馆、妓院、跑马场、赌场及西洋建筑。中国历史上的城市，还没有哪座城市，像此时的上海，充满希望，又不失性感，即便当年因盐商和粉脂而盛极一时的扬州也比不了。不确定性以及由此发酵而来的诱惑让这座城市充满一种朦胧美。

这里交织着各国口音、情报战和商战，也诞生了中国最早的船工、纱厂工人等产业工人。最为重要的，这里充满着各种机会，让每个人都有可能重新定位并塑造自己。这里成为各色人等的竞技场，也成为梦想家和野心家的舞台。有胆有识者，用诚信和智慧收获名利；有家有业者，继承演绎着家业传承的故事；无亲无故者，如宁波人叶澄衷、无锡人祝大椿等穷小子，也通过打拼收获尊敬。

第十五章 买办上位

上海开埠前，广东开往上海的商船称为"估船"，一个月能往返一趟。广东人贩卖上海的货物以砂糖为大宗，红木、香料、染料（苏木）也不少。上海商人则用"沙船"把本地棉花、布匹运往广东，其次是陶瓷、茶叶。

鸦片战争前，上海每年从闽粤运进糖约50万担，染料和物品12万担，运往闽粤的棉花、茶、丝等物在20万～30万吨。沪粤间的棉糖对流是这两个区域间的传统贸易内容，一直持续到清末。

伴随上海的崛起，广东输往上海、天津等地最惹眼的不再是货物，而是一批充满争议的被称作"买办"的人，尤以广东香山（今中山、澳门及珠海部分地区）买办为多。在晚清中国四大买办中，除席正甫是苏州人，其他三位：唐廷枢、徐润、郑观应，都来自香山。

一部买办发展史，也是一部以英国、美国、日本等国为主的外资在中国各个商业领域的攻城略地史。

澳门成就的买办之乡

香山有中国"买办之乡"的说法，与葡萄牙租占澳门，以及香山与澳门的地缘及管辖关系，密不可分。

"买办"一词就是葡萄牙人Comprador的意译，原意是采买人员，中文翻译为"买办"。清初，买办专指为广东十三行里的外商提供跑腿、代购等服务的人员。

1832年，瑞典人龙思泰在所著的《早期澳门史》中记述："一个人要在广州筹办一家商行，必须先找一名买办……他对商行的内务有总的监督权，按雇主的愿望介绍其他仆人，购买食物及日用品，等等。"[1]

此时，澳门仍在中外贸易交往中扮演着主角。香山人最早从什么时候开始充任中外贸易中的买办，目前没有定论，但葡萄牙是最早试图与中国通商的殖民国家，且一直若隐若现地扮演着广州对外贸易中转港的角色，却是不争的事实。

1473年，当明孝宗器重的大臣刘大夏和项忠建议废止下西洋、拆散舰队、焚毁郑和航海档案时，葡萄牙人的航海活动方兴未艾。1415年，葡萄牙人在北非摩洛哥建立了世界上第一个殖民据点，揭开了近代殖民主义的序幕，接踵而至的西班牙、法国、英国、荷兰、丹麦、瑞典等国家也开始了在全球的殖民活动。

之后，葡萄牙出现一位伟大的王子亨利。他一心一意地投身于航海事业，不仅远离了豪华舒适的宫廷，而且放弃家庭生活，并终身未娶。他创立了航海学校和天文台，让葡萄牙的航海事业蓬勃发展。1498年，

---

1 [瑞典]龙思泰：《补篇：广州城概述》，载《早期澳门史》，吴义雄等译，东方出版社1997年版。

葡萄牙航海家达迦马成为从欧洲绕好望角到印度航海路线的开拓者，实现了欧洲人梦寐以求直接到达印度的愿望，开辟了欧洲到亚洲的新航线。

1509年，葡萄牙舰队在印度洋中打败阿拉伯人，终结了阿拉伯人对印度洋、红海、波斯湾的控制。至此，葡萄牙人成为印度洋上的海上霸主。1511年，葡萄牙人占领马六甲，垄断印度洋和西太平洋的海上贸易。

葡萄牙人以马六甲为基地，多次派船队到广东沿海活动。1514年，葡萄牙人第一只航船来到广东屯门岛，与当地商人贸易，获厚利而回。当他们得知中国的"贡舶贸易"都是薄来厚走时，也想挤进这一行列，但没有进贡先例的葡萄牙人被广州官府禁止。葡萄牙人没有因此裹足不前，而是擅自在屯门岛盖起了房子，并不时"剽劫行旅"和拐卖人口，这激起广东军民的愤怒，1521年将葡萄牙人逐出屯门。在一再碰壁后，葡萄牙人转而向北，销声匿迹于广东沿海。

1540—1548年间，葡萄牙人、日本人以及明朝以徽州人为主的海盗商人结伙，一同纠集在舟山群岛上的双屿岛，从事走私贸易。1549年，在明朝东南沿海抗倭斗争中，葡萄牙人又被逐出福建海界，并在1550—1553年间完成了上川—浪白澳—澳门的逐渐过渡。

1553年，葡萄牙买通广东海道副史汪柏，"托言舟触风涛缝裂，水湿贡物，愿暂借地晾晒"[1]，葡萄牙人开始入住澳门。一开始，葡萄牙人搭建的是暂住性的草棚，后来澳门官员接受贿赂，不仅不命他们撤去，而且默许他们运砖瓦木石，修建永久性的住房。如此，房屋越建越多。《澳门纪略》写道：

"其澳地岁银五百两，则自香山县征之。"在万历年间，澳门葡萄牙

---

[1] 《外志·澳门》，万历《广东通志》卷六九。

人正式向明朝官府缴纳每年500两白银作为地租，换取了在澳门居留的权利。

葡商因控制了日本、马尼拉和欧洲的贸易航线而趾高气扬，无视广东政府的法令，从事走私活动。许多葡萄牙的船只在沿海到处游弋，全不理会中国官吏一再提出的反对走私的抗议。中国对这些船只无法征收船钞和关税，但偶有船只被拿获，这些葡萄牙人便嚣张地反对地方长官，诡辩说他无权惩罚私商。这种争吵的结果是中国不许葡萄牙船只进入广州（1631年），1640年正式宣布禁止葡人进入广州贸易[1]，但中国与葡萄牙在澳门的关系若隐若现一直延续着。在鸦片战争之前，除了广州十三行商馆里的一部分外国人，其他英、法、美等国商人则聚集在澳门。澳门以其独特的存在，事实上仍扮演了广东外贸中转港的角色，对外昭示着中国对外的贸易取向，并形成以广州—澳门为中心的贸易体制。

按照广州府的规定，一只外国商船来到广州，必须先在澳门靠岸，船主在那里从左堂衙门聘请一个引水、通事和买办，才能开往广州。通事为外国商人向粤海关办理纳税和进口手续，买办则供应船上人员的伙食、代雇码头搬运工人、代购日常必需物品。买办必须领取政府颁发的执照，外商才能聘用他。他们被禁止从事进出口贸易，活动范围也仅限于广州一地。

葡萄牙依托澳门200多年的合法而相对稳定的垄断贸易，让广州府成为中国最早出现买办群体的地区。尽管浙江宁波、福建漳州、厦门等闽浙地区商人曾在明末的一个世纪内与葡萄门、西班牙、荷兰等国家商人，以合法身份或走私形式打过交道，但这种交道因明朝对海盗持续不

---

[1] 黎晓平、覃宇翔：《明代对澳门商贸之管理制度》，澳门基金会，2002年。

断的战争及通商口岸政策反复的影响而时断时续。买办也在这期间出现过,但并没有形成足以传承和延续的空间和环境。

在行政上,澳门归属香山管辖。香山一直与包围着它的伶仃洋一样,默默无闻地存在在中国地图上。到明代,香山依旧"其地最狭,其民最贫"。正因如此,它才能够可有可无地在16世纪中期被葡萄牙人租占。也正是这种机缘,让香山成为中西文化交汇的前沿之地。

澳门孕育了近代中国第一批买办,但他们得以以区域影响力体现在中国商帮史上,却是在英、法、美、俄等国与清朝签订一系列不平等条约之后。

1841年,英国事实上占领香港岛,这时香港基本是一个荒岛,岛上约有3000居民,但从此成为英资进入中国的桥头堡和大本营。作为自由港,1841—1843年,港岛城市建设启动,作为英军后勤补给基地,需求畅旺,吸引了一批为英军备办军粮给养的商人聚集港岛。同时,港岛成为中国鸦片走私的交易中转中心。

1842年,中英《南京条约》确认完英军对香港的占领,并商定开放广州、厦门、福州、宁波、上海五处为通商口岸,准许英国派驻领事,准许英商及其家属自由居住。废除清政府原有的公行自主贸易制度,准许英商与华商自由贸易。

同年,一批老牌的在鸦片贸易中臭名昭著的英资洋行,譬如怡和、宝顺[1],将总部由广州迁往香港。当林则徐查办鸦片贸易时,怡和洋行的威廉·渣甸及宝顺洋行的兰士禄·颠地不惜鼓动政府与清朝开战,并力主夺取香港作为贸易据点。

---

[1] 怡和、宝顺分别创始于1832年和1807年。

由怡和出资兴办的玛礼逊学校，在1839年创办于澳门，是中国第一所教会学堂，于1842年迁往香港。21年后，毕业于该校的香山人唐廷枢成为上海怡和洋行买办。

作为后来居上的新兴工业强国，英国的经济影响及辐射力远在葡萄牙之上，一批英资公司觊觎着向中国扩张市场。英资要北上，首要之务是要有一批懂英文、接受西方文化和商业理念的人，香港随后成为中国买办的实训基地。

未有香港，先有怡和。怡和在早期香港的开发中具有举足轻重的作用。怡和洋行不仅是香港，也是上海首次拍卖土地的竞得者。怡和网点扩张的节奏，与英国对中国的侵略一脉相承。

美国人的触角比较敏锐，他们发现清朝对外通商在操作层面的症结，于1844年在澳门望厦村胁迫清朝签订《中美五口通商章程》，约定准许"挈带家眷"，船只"装载货物，互相往来，俱听其便"。外国商人雇用买办等必需人员，"例所不禁，应各听其便"，中国地方官不得干预。从此，澳门外贸完全衰落。

在香港成为自由港和上海开埠的过程中，因与洋商在十三行时代结下的历史渊源，淫浸西风的香山人闻风而动，成为最早贴身尾随洋商而动的人群。他们或转向香港，如郭甘章成为用帆船、快艇、小轮把粮油、食品、药品等运到港岛和前线的商人中的一员，莫仕扬将业务重点由广州同步转向香港，或取道北上，如同顺行创办人吴健彰由广州、徐昭衍由澳门转道上海。徐昭衍的弟弟徐瑞衍和郑廷江等人一道构成了19世纪40年代开拓港沪的香山代表人物。1843年，巴富尔就抱怨说："我刚到上海，就立刻注意到广州的一些人已经纷纷来到这个口岸，并且把广州流行的许多最坏的习惯和观念也带了进来"，亦即"非常普遍地倾向于结成行帮来和外国人进行贸易"。[1]

外国人是以侵略的面目出现在中国，替外商办事并非光彩的事情。初到上海或香港需要帮手时，最早走出来的这批买办举目无亲，人生地不熟，只能援引亲戚、族人、好友或同乡。

伴随中国被迫向外资开放更多沿海及沿江通商口岸，这些外资洋行遂向各个口岸扩张，依托或尾随这些洋行而动的买办，也被输往各处。在怡和、旗昌、宝顺、琼记这上海早期四大洋行已知籍贯的买办中，粤籍买办在数量上占有绝对优势（见表15-1）。

表15-1 上海早期四大洋行广东籍买办人数统计[2]

洋行名	买办人数	已知籍贯的人数	广东籍人数
怡和	31	20	17
旗昌	15	11	8
宝顺	21	14	14
琼记	23	20	20

至第二次鸦片战争前后，上海洋行的买办几为广东帮所控制。苏州籍的晚清思想家王韬也注意到这一现象，他说，到19世纪70年代，粤籍买办"半皆粤人"，"顷刻间，千金赤手可致"。[3]

---

1 叶显恩：《粤商与广东的航运业近代化》，载《近代中国经济史研讨会1999论文集》，香港，新亚研究所。
2 同上。根据郝延平《十九世纪的中国买办：东西间桥梁》（上海社会科学院出版社1988年版）。各个洋行雇用买办统计时间不一致：琼记是19世纪50—60年代，旗昌是19世纪30—70年代，怡和是19世纪50年代至20世纪初，宝顺是19世纪30—60年代。
3 [清]王韬：《瀛壖杂志》，上海古籍出版社1989年版。

沪港买办香山制造

首批到上海开设分行的怡和洋行负责人达拉斯,于1844年带去商馆仆役,并向香港总行要求派遣买办。总行当即派来一个名叫亚三（Asam）的广东人到上海担任分行买办。1846年,亚三生病,他被一名叫亚桃（Atow）的广东买办接替。[1]

亚三、亚桃从广东派来,但籍贯不详。根据洋行买办多为同乡保荐的惯例推测,两人很可能是香山人,因为他们的后任林钦、唐廷枢都是香山人。

唐廷枢的叔父曾任香港一位执行官何德弗斯的买办,他的父亲唐宝臣在澳门玛礼逊学校为布朗校长打工,思想开明。为唐廷植、唐廷枢、唐廷庚等唐氏兄弟能在玛礼逊学校读书,当学校迁往香港时,唐宝臣同布朗签订了延工8年的合同。

与唐廷枢一同转学的,还有中国留学教父、香山人容闳。他比唐廷枢大4岁,先被校长安排到美国读书,尔后于1850年考入耶鲁大学,成为第一位毕业于美国高校的中国留学生。

16岁的唐廷枢于1848年毕业后,边在一家拍卖行做助手,边业余到英华书院继续学习,这家书院1843年从马六甲迁到香港。唐廷枢一共接受了长达9年的西方教育,能说一口流利的英语,19~26岁受聘于香港政府巡理厅做翻译,一做就是7年。任职之余,他在香港开设了两家当铺,作为经验的累积。

1858年,唐廷枢离开香港来到上海,通过上海总税务司、英国人李

---

[1] 陈诗启:《从明代官手工业到中国近代海关史研究》,厦门大学出版社2004年版。

泰国的关系，先在上海海关做翻译。1861年，通过时任英商怡和洋行买办的同乡林钦介绍，帮怡和洋行代理长江一带的鸦片及洋货推销业务，并去产地收购丝、茶等中国土特产品交由洋行出口。

1863年，美国因南北战争，棉花出口量减少，英国、印度等国棉纺厂货源短缺，转向中国采购棉花，上海棉价暴涨。唐廷枢抓住机遇，在上海开设修华号棉花行，为怡和洋行收购棉花，赢得赏识。因为科班出身，唐不仅英文写得漂亮，英语流畅得像英国人，而且熟悉商务，喜欢经商，是理想的买办角色。同年，他被林钦举荐为买办，开始其十年买办生涯。

徐润是中国四大买办中最早到上海的。1853年，到上海时他才15岁。他比唐廷枢小6岁，没有接受过专业的西方教育，跟随伯父走上买办之路。作为上海宝顺洋行首任买办，他的伯父徐昭珩是第一批北上上海的香山人。他初在澳门与四弟徐荣村[1]一块儿经营丝茶业，与英商宝顺洋行合股人T. C. 随必理交往密切，一拍即合就跟随而来。

不久，徐荣村也成为宝顺洋行买办。在他们引荐下，侄子徐润、徐芸轩相继进入宝顺洋行充任买办帮手。他一边向伯父学做生意，一边与西人韦伯氏练习英文。在任买办前，徐润与唐廷枢的角色一样，为宝顺洋行代理推销和采购商品。1861年，徐润被提升为上海宝顺洋行买办。同年，宝顺系在各地任买办者都是广东人。

宝顺洋行与怡和洋行业务性质差不多，鸦片进口量和货船数目不分伯仲。

---

[1] 首位参展世博会的中国人。1851年，他经营的"荣记湖丝"一举摘得维多利亚女王颁发的金、银奖牌各一枚，并允许湖丝进入英国，这个金牌比贵州茅台酒还早几十年。

1867年，宝顺将总部由香港转到上海。

郑观应与唐廷枢同年来到上海。他的叔父郑廷江是上海新德洋行的买办，初到上海时，郑观应寄住在叔父家，并跟他初学英语。1859年，他通过和徐家曾经的关系，进入宝顺洋行。他深知，"盖今日时势，非晓英文，业精一艺，不足以多获薪水"[1]，就上了两年上海英华书馆的夜校。英华书馆创立时，得到了唐廷枢、陈竹坪等广东买办的支助。

1873年，郑观应成为上海太古洋行买办，次年，被聘为太古轮船公司总经理。太古洋行是近代影响力仅次于怡和洋行的商贸机构，1816年成立于英国利物浦，1867年在上海设立办事处。之后，上海成为太古洋行在东南亚的总部，统管中国、日本、南洋各地业务。最初其业务与怡和、宝顺一样。1872年业务重心转向轮船。这一年太古轮船公司设立，与怡和轮船公司、旗昌轮船公司并驾齐驱。

1881年，郑观应辞去买办职位时，推荐同乡杨桂轩接替。陈可良、陈雪阶等太古洋行的其他买办，以及大英轮船公司买办郭甘章也来自香山。

作为中国发展最快、规模最大的通商口岸，上海成为香山人谋求发展的重点城市。上海社科院熊月之估计说，在1853年以前，上海有广东人8万，其中广肇帮最多，潮州帮其次，雷钦惠梅帮最少。在广肇帮中，香山人最多，人数有2万多，从而奠定了香山买办及势力在上海的影响。[2]

而在香港，太古洋行第一任买办由香山人莫仕扬担任，尔后由其儿子和孙子继承。三代人服务香港太古洋行60余年，在香山买办家族中首屈一指，这种情况放眼全国也着实少见。他还为同乡唐隆茂等担任洋行

---

[1] [清]郑观应:《郑观应集》下册，上海人民出版社1988年版。
[2] 熊月之:《上海香山人与香山文化》，载《社会科学》2006年第9期。

买办作保。

在外资银行中，1865年创设于香港的英资汇丰银行最为显赫，其前两任买办是来自广州黄埔的罗伯常父子，第三任买办刘渭川和第四任买办刘伴樵都来自香山县。刘渭川在加拿大温哥华受过教育，曾在新沙逊洋行任买办。其第七任买办李纯华是刘渭川的外甥。

在天津，太古洋行买办郑翼之，怡和洋行的正副买办梁彦青、陈祝龄，仁记洋行买办陈子珍，华俄道胜银行买办罗道生，德华银行买办严兆祯，也均来自香山。

以血缘和乡缘为依托而形成的裙带关系，促使买办家族和区域集群的出现。加之，香山买办家族间存在世交或姻亲关系，固化了香山买办的外溢效应。香山人靠着百年承接西风的历史熏染、近水楼台的地缘条件及语言优势，以一个区域群体的力量把握先机，将影响由澳门逐渐扩展到了上海乃至全国。

港沪的买办家族

做得风声水起的买办往往把买办做到家族化的程度，进而出现"买办世家"现象。买办的家族化与买办的门槛有一定关系。做买办是要签订合同的，合同中最重要的是提供保证品。保证品大致分为三类：现金保、财产保、保证人担保。财产保最普遍的抵押品是房地产（仅限于租界范围内的产业）、外国人承认的有价证券或公债。信用保有一人保、多个人合保或店铺保，如沈子华保席裕康做中法工商银行买办是个人保，胡仲华在虹口汇丰银行当买办由胡筠籁弟兄四人出面担保，袁恒之做花旗银行买办用的是铺保。

有时买办保证品不是一个人的资财和信誉所能胜任，于是买办就有独资、家族代表与合伙等区别。隐名合伙是合伙之一，即一个人出面当买办，其他人附股名下，如谭海秋隐名与席裕成合伙，何谷声隐名与龚子渔合伙。个别还有以后台老板身份出现，如沈子华之于席锡蕃，许春荣之于袁恒之等。

一间洋行或外资银行除了买办，一般还有买办间（又名华账房）。买办间由副买办与跑楼构成，多由买办家族成员、姻亲、同乡、隐名合伙人或后台老板推荐的人充任，这就为买办的家族传承提供了空间。

莫仕扬，香山县金鼎（今珠海市金鼎镇）人，家庭殷实，出身望族，8岁丧父。莫仕扬早期在广州开设行店，通过行商与外商做生意，与同乡、后为亲家的吴健彰来往甚密，吴健彰在广州开设同顺行，开始做着与唐廷枢与徐润相同的工作：向外商提供出口的茶叶、蚕丝、瓷器、土特产等货物，又经销进口货物，如洋纱洋布、杂货等。只不过，唐、徐后来不再需要通过像同顺行之类的行商，而直接为洋行推销或采购商品。

1842年，英国占据香港，为加快航运、商贸开发，港英当局急需各路资本到香港投资。莫仕扬刚到香港时，主要经营地产业和建筑业。因港英政府鼓励本埠商人、外来商人投资房地产建筑业，以每英尺[1]一两白银的低廉地价批给申请人建造房屋。莫仕扬借此机会成立置业公司，向港英当局申领大量地皮，兴建了香港摆花街的数十幢楼宇和卅间街的楼宇，楼房销售后获取暴利。他还开设商行，经营进出口杂货生意，获利颇丰。从此，莫仕扬跻身于香港富豪之列，名声鹊起，这又为他进一步熟悉国际贸易业务、开辟商务新渠道奠定了基础。

---

[1] 1英尺=0.3048米。

莫仕扬早年曾在广州的英商洋行（商馆）做过帮工，而初任买办始于美商的琼记洋行。据载，1854年琼记洋行在福州开设隆顺分行时，莫仕扬已担任香港琼记洋行买办。不过，这时只是兼任而已，他仍然经营着自己的商贸、房地产业。第二次鸦片战争后，十三行商馆被付之一炬，大批资本从广州撤向香港。莫仕扬将广州商务交给亲友族人经营，投身香港开发。

1870年，太古洋行在香港成立总行，莫仕扬受雇任买办。当时，莫仕扬考虑到自身商务一时无法放手，又不愿放弃与太古合作的机会，虽接受聘请，但只是挂买办的名，实际业务指派账房先生吴用伍负责处理。次子莫藻泉从14岁起，就跟吴用伍学做生意。

1873年，吴用伍去世，莫仕扬在香港的房地产也因竞争对手日趋增多而利润减少，进口贸易收益也时盈时亏。他在权衡利弊得失之后，正式进入太古洋行，开始职业买办生涯。他利用自己在广州、香港工商界的人际关系、商业信誉，灵活地扩展业务、招揽生意和扩展市场，为太古洋行的进出口贸易和航运业打开新局面。

莫仕扬去世后，次子莫藻泉接任香港太古洋行华人买办。因粤沪大宗交易是糖，1881年，太古兴建炼糖厂，1883年正式投产，利用印尼爪哇、菲律宾和北昆士兰丰富的蔗糖原料，与土制的黄糖和惠州白糖错位，炼制精糖，辐射整个亚洲市场。因利润可观，很快把印度尼西亚爪哇糖挤出中国，太古糖厂成为全球规模最大和最先进的糖业基地。

1900年，因装卸需要，太古船坞在糖厂旁边兴建日后发展为香港最大的船坞。太古糖厂、太古船坞成为太古洋行创利最多的两个企业。20世纪初，太古洋行的船只和吨位超越怡和，跃升外国轮船公司首位。此外，太古洋行还涉足保险业、驳船业等。

太古洋行的上海总部统管中国、日本、南洋各地的业务。除上海外，太古洋行还在天津、塘沽、宁波、汕头、广州、南京、芜湖、九江、汉口、长沙、宜昌、青岛、烟台、大连、营口、安庆、沙市等城市设立了分支机构或者码头堆栈。莫藻泉病逝后，其长子莫干生接任香港太古洋行第三代华人买办。其间，太古洋行跃居各洋行之首。除莫氏三代买办外，每个新支行成立或一艘新轮船启航都由莫氏子孙或旁支任职。百年之间，莫氏亲属在太古任职竟达上千人次。当时员工中盛传："只知有莫，不知有英"，外界曾戏称太古洋行为"莫氏家祠"。

莫氏家族成为庞大太古集团的支柱，太古洋行创始者史怀特家族深感大权旁落，便萌生削弱莫氏的念头，暗中调查莫氏账目，发现其经手购入的装糖蒲包，高于市价，便要求其赔偿高出部分，并讼之法庭，以此打击莫的威信。

该案以莫干生 1929 年赔偿 25 万元结案。

1931 年，莫向洋行递交辞职书，结束了半个多世纪莫氏家族对太古洋行实际的治理，太古洋行也由买办制改为经理制。进入 20 世纪 30 年代后，经济衰退对太古洋行的经营产生了一些影响，维系过去的业务和优势相当不易。

1954 年，太古洋行在中国大陆的业务宣告结束。

莫家三代人担任太古洋行买办 60 年，推动了香港航运业、制糖业、保险业、房地产业和油漆化工业发展的进程。在当时香山买办中，论财富最多、势力最大、影响最深远者，首推莫氏家族。莫仕扬与父亲莫裕嘉、儿子莫藻泉和莫冠鋈均捐资正二品资政大夫官衔，一个家族三代捐获正二品，也不多见。

莫仕扬及其子辈多与香山唐氏、吴氏大家族结为姻亲。他的原配夫人是唐家湾买办唐氏家族成员，长子娶吴健彰之侄女为妻。其他子孙亦与香山、南海、广州等地绅商大族结为姻亲，由此形成一股家族势力，渗透粤港工、商、政三界。

比莫家更为厉害的香港买办家族是何东家族，有英属香港时期香港第一望族之称，时至今日仍具有广泛影响。

何东是中西混血，父亲是荷兰裔犹太人何仕文，母亲是广东宝安人。何东的家族传统是祖籍跟随母系。

何东家族起家于香港怡和洋行买办。怡和香港首任买办是开埠不久来到香港的广东番禺人蔡星南，在19世纪60年代左右出任首任总买办，直到1886年。何东于1880年来到怡和洋行工作。此前1876年，何东年方二八的胞姐何柏颜嫁给年过半百、虽有一妻五妾却膝下尤虚的蔡星南为妾。

1881年，怡和洋行合伙人麦奇廉将女儿麦秀英嫁给何东，后何东成为助理买办，主要负责怡和洋行旗下的香港火烛保险公司、谏当保险行及中国制糖局。何东在1887年推荐同母异父之弟何甘棠出任怡和洋行一子公司的买办职位，并协助何东处理业务。

1891年，何东成为怡和洋行总买办，何甘棠升为助理买办，他的弟弟何福离开一家律师行，在次年也成为助理买办。1894年，麦奇廉因病逝世，何东成为遗嘱的唯一受益人。

在兄弟三人齐心协力下，怡和洋行生意蒸蒸日上，他们也各自或合股创设何东公司、生和、生记、厚福、生昌发、裕利源及裕隆等公司，经营范围涉及食糖、进出口贸易、航运、地产及金融投资，成为香港首屈一指的富家大族。

尔后何东呼弟荐友、以戚引戚，一个庞大的买办及姻亲家族呼之欲出。何东之后，何福、何甘棠、何世荣相继继任怡和买办。何世荣是何福长子，初何东无子，被过继给何东当养子。他原在新沙逊洋行做买办，后由何东提供30万港元担保金，当上汇丰银行买办，在位长达33年之久。

何福一门将家族买办影响进一步扩大。除何世荣外，老三何世耀是有利银行买办，老四、澳门赌王何鸿燊之父何世光继任新沙逊洋行买办，老五何世亮做怡和洋行买办，另两个儿子何世基、何世奇分别为利安洋行、安利洋行的买办。

何甘棠长女何柏龄嫁给身为日本邮船公司买办谢家宝，谢家宝的父亲谢诗屏（又名谢日）乃澳门大西洋银行的买办。谢家宝及何柏龄所生的儿子谢德安日后迎娶何世光之女何婉璋为妻。

何甘棠三女何柏贞嫁给据说是福建籍马六甲华侨的蔡立志之子蔡宝耀，蔡立志的叔父蔡紫薇原在新加坡怡和洋行旗下的中国制糖局担任买办，后移居香港，并将中国制糖局的买办职位传给蔡立志。蔡宝耀自皇仁书院毕业后，出任德意志银行的买办。何甘棠次子何世杰娶蔡立志之女，四子何世华一毕业便进入有利银行任助理买办。

何东一生娶有两妻、一妾。何东平妻[1]是麦秀英的表妹张静蓉，张的弟弟张沛阶娶了何福次女何宝姿，张沛阶则获何东推荐，出任怡和洋行的助理买办。

何福娶同为欧亚混血儿的罗瑞彩为妻，罗瑞彩的两名胞弟罗长业、罗长肇先后成为怡和洋行买办。何东将大女何锦姿嫁给罗长肇的儿子罗文锦，罗文锦成为香港罗氏家族奠基人。罗文锦的小妹罗雪贞嫁给何福五子何世亮。

---

[1] 平妻是对商人在外经商所娶女子的一种称呼，但是其实际法律地位仍然为妾。

何东之妹何瑞婷嫁给黄金福，黄在何东、何福的推荐下，出任香港九龙货仓码头买办。何东四女何纯姿嫁给黄金福的儿子黄锡霖，小女何孝姿嫁给马来西亚出生的福建籍华侨杨国璋。何世荣在何东的安排下迎娶洪蕴芝为妻。洪蕴芝乃洪金城家族成员，洪金城也属欧亚混血儿。洪蕴芝的另一堂妹洪奇芬，嫁给何东另一儿子何世礼。[1]

何东、何福、何甘棠、罗长业、何世荣、何世亮、何世奇、蔡宝耀等都是混血儿，都毕业于香港皇仁书院，都具有良好的英文背景。在香港，欧亚混血族群之内互相通婚的情况十分普遍。以何家来说，姻亲关系让人眼花缭乱。他们与罗家、施家、冼家、蔡家的联姻，枝杈交错，甚至有"何罗施冼蔡，女不忧嫁外"的说法。

为抗衡欧洲商人成立香港会所，何东等人以皇仁书院旧生及欧亚混血买办为核心，牵头创立华商会所、香港华商公局（后易名香港华商总会）、廿四商行联合会等商会组织，并设立孔圣会，大力支持东华三院[2]及保良局等慈善组织[3]。华商总会于1899年创立，何东是首任主席。何世光及罗文锦后出任主席。

19世纪末，各大公司洋行的买办大多来自欧亚混血的家庭。20世纪20年代，何东牵头捐资成立皇仁书院旧生会，并任首任主席。何东家族还在皇仁书院设立诸多以欧亚混血儿为纪念的奖学金，如何东奖学金、

---

[1] 郑宏泰、黄绍伦：《香港欧亚混血买办崛起之谜》，载《史林》2010年第2期。
[2] 成立于19世纪70年代，香港历史最久远及最大的慈善机构。混血买办在19、20世纪之间所扮演的重要角色，在东华三院历任主席与总理的名单中可见一斑，主席：何东（1898年）、何甘棠（1906年）、冼德芬（1908年）、陈启明（1910年）、罗长肇（1915年）、何世光（1919年），以及罗文锦（1922年）等；总理：蔡紫薇（1900年）、黄金福（1903年）、谢诗屏（1907年）、罗长业（1908年）、谢家宝（1919年）、何世奇（1929年）等。
[3] 郑宏泰、黄绍伦：《香港欧亚混血买办崛起之谜》。

何福奖学金、何甘棠奖学金、湘卿奖学金等。

研究何氏家族的香港大学专家郑宏泰、黄绍伦认为,以何东为核心的混血儿买办网络,利用婚姻联盟的血缘或半血缘纽带,由点成线,再由线带面,将独立四散、各有发展的欧亚混血儿家族有机地、紧密地连接在一起,命运相连,成为一股推动香港及华南一带商业与贸易发展的重要力量。[1]

---

[1] 郑宏泰、黄绍伦:《香港欧亚混血买办崛起之谜》。

第十六章 新旧气象交织

上海开埠后,在中国经济中所处的地位如日中天,因而所带来的政治、商业环境的演化也远比想象来得快。清政府所任命的上海道台多对洋务有隔膜,因此,在特定的历史情境中,历史将与传统商业具有千丝万缕联系,且兼具洋务从业背景的商人推上了历史舞台。

新旧治理理念的对撞,以及产业的重构,孕育了错综复杂的社会矛盾。太平天国运动及小刀会起义极致释放了所有凝聚的这些矛盾,各地驻扎在上海的传统会馆实际成为酝酿起义的大本营。商人出身的上海道台吴健彰的一把火,让传统上海的富庶区域及多地在上海的会馆全都灰飞烟灭。

在某种程度上,这场大火及其战争成为近代上海事实上的催生婆。上海的城市格局及近代化的气象也在此间形成,这意味着上海不仅仅完成了一次新旧建筑的更替,也完成了一次面向西方和近代化的蜕变。

从此,上海的商业中心进入租界领舞的时代。初期在上海开埠具有影响力的早期粤闽商民受到清算。粤籍商人因其牢固的地位在上海商界保留了一席之地，而开埠初期到上海的福建商人则将眼光转向东南亚，用侨居的方式延续他们无法被遏制的能量。

政治气象：重商洋务派上位

宫慕久是上海开埠后的首任道台，他原籍山东东平，出身书香门第，1819年中举以后在云南边陲当过小官，并无处理外交的经验，1843年5月被保举为这一职务。在江苏巡抚孙善宝的眼里，宫慕久"质直出于自然，廉介本乎天性"[1]，这样的人放在对外商务管理中比较放心，具有培养潜质。

宫在任内办了一件洋务，让他博得了"擅长夷务"的名声，这也成为日后其他口岸城市仿效的做法，即租地给外国人，让外国人与中国人分开居住，减少两者之间的冲突，减少外国人生活方式对中国人的影响，维护中国的道统和风俗。具体操作就是，划定一块地方让外国人租住，租期不限。除支付租金外，各国还要向清政府纳税。

经过两年的谈判，英国人率先获得了面积为830亩的一块居住地，这是在宫任期内办妥的事情，也是上海滩最初的租界雏形。1847年3月，宫升任江苏按察使，但他时运不济，到任不久就去世了。随后，满人咸龄继任上海道台，但一年后，他因"青浦教案"处置不力，被调离。

上海开埠时，对外国人出入上海的距离有限制，就是"一日往返不得在外过夜"，但在1848年4月8日，三名英国传教士超越了这一规定，擅

---

1 [清]文庆等纂辑：道光卷六十八，《筹办夷务始末》第三册，上海古籍出版社2007年版。

自到距上海 90 里外的青浦传教并与中国船民发生冲突。英国驻上海新任领事阿礼国迅速做出反应，出动英舰扣押了停泊在上海港的漕运粮船 1400 艘，以此要挟清廷。

两江总督李星沅不想事态扩大，为表示化解这场冲突的诚意，撤换了咸龄，惩办相关人员，并向英方赔偿 300 两白银。事件发生后，英美等国领事和上海租界当局都希望上海道台是一个比较了解外国情况、容易沟通的人。从这个角度来说，咸龄被调离，关键在于他是官僚出身，对通商、外交、海关等新夷务了无经验，难以找到民意与洋务的平衡点，但接替咸龄的还是一位满人麟桂。

但与此同时，在"青浦教案"中，跟随洋商脚步北上的吴健彰以一口流利的英语穿插左右，益受洋人器重。从宫慕久担任上海道台开始，吴便是事实上上海地方政府办理外交的参谋。因与洋人有"水乳之合"，清廷也接纳他有"通夷之才"。在英美的支持下，吴捐资 50 万两白银，出任上海候补道台兼江海关监督之职。

吴健彰出身寒微，早年以卖鸡为业。20 岁时，他开始尝试与洋人做小额买卖，后来在广州洋行做仆役，游走于广州、澳门之间，充任洋行司事或买办之职。由于他乖巧勤快，善于揣摩洋人心意，更学得一口流利英语，所以颇受洋商器重，并开办了商行"同顺行"。

1832 年，41 岁的吴健彰跻身广州十三行行商之一，并在 1842 年随洋商来到上海，经营茶叶贸易和贩卖鸦片。向中国走私鸦片历史最久、规模最大的美国洋行——旗昌洋行进入上海的第二年，吴健彰就成为该行的首位中国股东。

上海特定的地域环境与文化认同有别于儒家文化传统与士绅阶层的政治生态，委派内地仕官或者具有显赫军功的满、蒙贵族充任上海道台，与上海文化和地缘政治格格不入。[1] 于是，在洋行里干过事、与外国人比较熟悉、会说英语的吴健彰成为新的上海道台的理想人选。

麟桂之后，吴健彰终于在1851年坐上上海道台之位。他是道光末年、咸丰初年唯一能说英语的道台一级的官员，也是第一个被任命为这一级别官职的商人。特定的时间、特定的环境、特定的中外态势将吴健彰推向了前台。[2] 著名史学家唐德刚认为，吴健彰可能是盛宣怀、孔祥熙、宋子文的前辈。[3]

19世纪前，上海行政军事权力的基本结构是官绅结合，商人被排斥在政治领域之外，但在太平天国运动等战事中，一些乡绅涌入上海等大城市，形成了士绅的城市化。他们也开始重新审视自己的社会价值而向商人阶层延伸，于是绅商出现。士绅与商人之间的界限慢慢模糊，固有的社会结构体系由此破裂。

清朝官商多由户部、内务府、工部或各级政府招募而来。户部是国家财政的掌管者，皇室财政由内务府掌管。山西商人范氏家族，至第七代范永斗就是皇商，直接受内务府委托从事各种商业活动，其后代范毓馪是进入《清史稿》为数不多的商人。在两淮盐场，清政府设立了总商制。在广州十三行，则设立商总制。无论总商制还是商总制，都要对国家的税收征缴工作负责，他们是衔接商人与政府的中间人，并且职位可以继承。甚至广州十三行商人要在十三行里肩负起清政府赋予的对洋商的外交、税务、治安等事务。

---

1 吴士余：《历史模型的人文考量：梁元生〈上海道台研究〉评介》，载《中国图书评论》，2006年第8期。
2 熊月之：《略论小刀会起义的上海元素》，上海市档案馆编，载《上海档案史料研究（第16辑）》，上海三联书店出版，2014年6月。
3 [美]唐德刚：《晚清七十年》。

上海道台直接由商人充任，商人的社会和政治地位得到前所未有的提升。中外贸易的迅速崛起和士绅阶层对城市变化的迟钝、陌生，让熟悉洋务的商人被推上了政治舞台。

一场起义，一把大火

与宫慕久相比，吴健彰远谈不上廉洁。他利用职权，一方面成为洋商的代言人，一方面肆无忌惮地从事投机活动，走私鸦片，贪污索贿，无所不为。

但1853年的小刀会起义将吴健彰推到风口浪尖。

小刀会是成立于厦门的秘密民间组织，1851年传入上海。同年，英国人为建跑马厅强占了泉漳会馆的公墓，这成为小刀会起义的诱因之一。

泉漳会馆是福建船商早在1759年建造的会馆，是福建人在上海影响力的体现。在上海，比泉漳会馆更早的会馆是湖州会馆、浙绍公所（清乾隆初由绍兴钱、豆、炭商修建）和潮州会馆（1757年由潮州船商修建）。

泉漳会馆坐落在上海小东门旁边的咸瓜街上，小东门是闽商聚集比较多的地方。那里临近黄浦江，曾经沙船林立，而附近街区是上海最为繁华的商业中心，数百年的商业积淀尽在其中。

《遐迩贯珍》是英国伦敦布道会创刊于香港的月报。其在1853年记载，"上海邑处边壖，五方杂处，而闽、粤人居多，良莠不齐，居恒逐利构怨，树党相仇杀，近则小刀会兴焉"。

作为新商埠，上海对外贸易的迅猛发展缺少不了两种人，一是商人，二是码头上的脚夫和水手。在黄浦江上的摆渡船、蛋船、乌船，其船主和水手多为福建人。[1]

上海福建人不仅人数多,且群体个性突出,商人极富,水手和雇工极贫。上海开埠后,传统船业受到新式轮船业的冲击,这一群体一度为生计所迫,生活落魄,甚至烟、赌、娼无所不为。

不仅如此,福建人乡土观念强,族群意识深厚,个性好勇斗狠,与上海本地人的温文尔雅截然不同。加上语言与上海方言不通,在外来上海的人群中显得与众不同。他们将福建人的落泊、骁勇好斗、极善铤而走险的背景留给了上海。[2]

小刀会起义主要与闽粤人有关。它由小刀会中广东帮首领刘丽川、潘启亮,联合福建帮首领李咸池、陈阿林等共同举事。广东、潮州和福建三方的同乡帮会,甚至1739年在天津组织了闽粤会馆,就是因为地域接近,语言相通。至少三所闽商会馆卷入起义,除泉漳会馆,还有点春堂和兴安会馆。其中,点春堂是福建帮的指挥所。泉漳会馆的董事李仙云是起义的幕后筹划者之一。他纠集闽粤游民,创办团练,公开的说法是抵挡太平军,暗地里却为小刀会积蓄力量。

起义取得了立竿见影的效果,1853年9月浙江籍的上海知县袁祖德

---

[1] 在中国传统船业和海政史上,福建人的影响力不容小觑。1866年,闽浙总督左宗棠时期的轮船制造厂和尔后的总理船政事务衙门,都放在马尾,便是明证。在建厂的同时,左举荐的继任者沈葆桢,在福州定光寺和仙塔街设立两处求是堂艺局,挑选聪明子弟入堂学习,这是我国培养近代化海军人才的开始。1867年,求是堂艺局移设马尾,次年又设专门培养技工人才的艺圃,近水楼台造就了大量福建籍的海洋军事、科技、管理人才。1905—1912年,清政府将船务部分从制造局中划分出来,成立江南船坞,其首任督办叶祖珪,福州人,少年时进福建船政学堂前身求是堂艺局学习,与严复、邓世昌等有同窗之谊;总办吴应科,早期留美幼童之一,归国后长期在海军供职;继任督办萨镇冰,也是福州人。1870年前后,全国使用机器进行生产的产业工人估计不到一万人,江南造船厂的工人就占了13%,"工匠皆闽、粤、宁波人"。

[2] 高红霞主编:《上海福建人(1843—2008)》,上海人民出版社2008年版。

被击毙,上海道台吴健彰被活捉。吴被活捉后,小刀会内部就处置问题发生了分歧。福建帮主张一杀了事,广东帮主张劝降。刘丽川是吴健彰的香山同乡兼朋友,比吴晚7年到上海,主要从事糖业和丝茶生意,李仙云则曾是吴健彰最为倚重的心腹之一。刘丽川念同乡之谊,下令勿杀,最后秘密地将他放了。

在吴被俘的当天,美国公使马沙利就致函刘丽川,表示愿负保护之责。刘接信后,当晚会见马沙利,表示吴的安全没有问题。9月9日,旗昌洋行派人到吴被关押的地方,让吴脱去官服,扮成商店伙计模样,着便服,戴墨镜,持破伞,由两名身强力壮的广东人充当侍从,用事先准备好的长布条从城墙上顺势滑下,神不知鬼不觉地逃走。[1]

但出来后,吴健彰与小刀会势不两立。这时,小刀会已公布新政,譬如豁免三年赋税钱粮,铸造货币,发展商业,保证粮食供应,打击高利贷等,受到普通百姓的欢迎。吴健彰出来后的攻城并不奏效。在久攻不下的情况下,他想到用纵火的方式,对闽粤人进行清算。

这一纵火不要紧,上海小东门外羊毛弄、福建街一带的店铺民房被大火一连烧了四天,大片民居化为灰烬。12月,连最为繁盛的小东门至大小南门也没有幸免,涉及店铺民房两千多间,"百年富庶精华"于一夕之际皆被抹去。

由宁波人创建的四明公所,徽州人所建的徽宁会馆,以及泉漳会馆、广东会馆、潮州会馆、嘉应会馆等,都被这一把火彻底烧毁。英国人创办的《北华捷报》甚至也对吴健彰予以指责:"祸首却是一个理应保障而不应破坏同胞财产的人",说他是一个"完全失掉民心的道台"。

---

1 熊月之:《略论小刀会起义的上海元素》。

英、美、法当局声称对局势保持"中立",但小动作不断。旗昌洋行趁火打劫,带头拒缴海关关税,以此想获得与英法一样的在华特权。1854年4月,英美驻军借机袭击了上海城内的清军营盘。7月,清政府任命吉尔杭阿为江苏巡抚,吴健彰受命与英、美、法当局谈判。

吴健彰以出卖上海海关和租界主权换取他们的支持,伴随关税管理委员会的成立,上海海关进入由英、美、法三国委派的"税务司"共管的时代,吴健彰也成为最后一位执掌江海关监督的上海道台。而成立的工部局既管理治安,又负责征税的权限,让租界沦落为独立于中国行政系统和法律制度以外的"国中之国"。[1]

小刀会起义不经意促成了上海租界的真正独立。用上海历史研究专家熊月之的话说,"没有上海的开埠,没有上海特殊的人口特点,便没有小刀会起义。没有小刀会起义,也就没有后来那么一个特别的上海。"

1854年8月,吴健彰因通夷养贼、贪赃枉法被革职抄家,但他使出浑身解数,大肆贿赂查案官员,并捐助军需,以求自保。是时,太平军正以排山倒海之势进攻清军,清朝官方也意识到"非和夷不能灭贼",就策略性地启用吴健彰,以换取列强的支持。1855年2月,吴健彰及法、英、美等驻军将小刀会起义镇压下去。

1856年春,清朝大将向荣保荐吴健彰,把吴留在向的江南大营效力。同时,咸丰帝让广东督抚发还了吴在原籍被查抄的家产。1859年,已近

---

[1] 无论是宫慕久与英国领事巴富尔,还是吴健彰与英美法之间的谈判,无论是事关租界辟设、扩展,还是青浦教案,两江总督、江苏巡抚都没有直接出面,上海道台实际上成了上海地区外交长官。1861年是中国外交的重大拐点之年,这一年最高层成立了总理各国事务衙门,开始与国外建立对等的外交体系。同年,南洋通商大臣驻所由广州迁驻上海,上海道台不再拥有以往那么大的便宜行事的权力。见熊月之:《研究上海道台的力作——介绍〈上海道台研究:转变社会中之联系人物,1843—1890〉》。

古稀的吴健彰趁奉命回广东之际，以病为由，乞老不返，进而在家乡广置田地，安享晚年。1866年7月，吴在香山翠微村去世，5个月后孙中山在香山翠亨村出生。

伴随诸多区域会馆被吴健彰报仇的火焰烧毁，上海的商业中心迅速由小东门一带向城外北边的租界区域转移。就商业意义而言，这与广州十三行当年那场大火一样，都葬送了一个旧时代。只不过，广州没有因此焕然新生。上海则不一样，经过此番血与火的洗礼，上海商业发展进程中的羁绊被扫除。随后，轮船、修理、银行、纺织、面粉、电影等近代工商业开始在上海落地生根。

闽粤商人的分水岭

一场起义，成为福建人与广东人在上海地位演变的分水岭，也成为闽粤商人在上海地位下降与江浙商人逐渐后来居上的分水岭。

小刀会起义被镇压后，闽粤人尤其是两地下层居民被清算，他们被逐出上海县城，以扫除秘密会社组织在上海立足的根基。

耐人寻味的是，尽管闽粤人在上海的生存环境遭到阻梗，但粤商保住了其在上海的一席之地，闽商则一落千丈，再没有恢复其在沪的影响力。不仅如此，福建人数急剧下降，此后再未出现大规模的回升，进入民国形成定局。后世有人观察到，今日上海街道名称少有来自福建县市的名称，也与这段历史有关。

造成如此的局面，与三个因素有密切关系：一是上海的贸易及税收结构，二是两地商人对洋务的熟悉程度及鸦片贸易的态度，三是政商两界的背景。

上海商业由商埠间贸易、中外贸易和城市零售贸易三大块所组成。在19世纪60年代之前，埠际贸易地位最为突出，闽商主要以食糖、棉、棉布、纸、木等沿海埠际贸易为主，自然具有地位。之后，中外贸易取代埠际贸易，占据大头。福建人没有及时跟上这种贸易的变化，并在小刀会起义中，以传统和抗争的背影，有意无意地站在代表近代工商业的对立面。

福建人到上海最早，且数量最大，但他们在上海商界的力量仅限于糖、海味、棉布、纸茶等帆船贩运和批发代理业务，不如广潮帮与各色洋商存在千丝万缕的联系。

上海在近代的兴起充满着铜臭和肮脏。鸦片走私在广州被判为非法，在这里却畅通无阻。英商宝顺、怡和和美商旗昌洋行都靠鸦片走私起家。怡和是英商四大集团中规模最大者，在沪的全部资产占英商在华全部资产20%以上，初进上海时，其有12艘鸦片走私船。宝顺和旗昌的规模、装备与此大致相仿。这些鸦片走私船往来于印度和中国香港、上海之间。

到1851年，怡和洋行进上海港的船只共25艘，有18艘全副武装的鸦片走私船，其余的运销棉织品和杂货。这一年，怡和洋行输入的鸦片占上海走私输入鸦片1200万西班牙元总量的32%，而1849年的1.8万箱仅仅用8年时间就激增到3.1万多箱。

1857年，浙江人吴煦被派往上海主持捐厘总局。为筹集军饷，清朝官方在太平天国战争中推出厘金制。吴煦所要解决的就是，保证对抗太平军的清军的粮饷问题。

在他看来，只有得到广潮帮的协助，才能化危为安。他就奏准官方设立广潮义捐，让上海广潮商人承办鸦片捐税：每贩出一箱鸦片，向清朝官方捐税10两银子，抽出2两作为给予广潮土商、巨户分享的回扣。

他深知，如果没有商人团体介入征收程序，将无法控制走私和逃税。

1857年全年，广潮义捐53万两，1858年和1859年140余万两，占同时期上海捐饷总量的25%，最后上海地方政府给予广潮土商以垄断权。[1]1858年，清朝官方与英国代表在上海签订《通商章程善后条约》，无奈同意将鸦片以洋药名义进口，此举标志着清朝承认鸦片贸易的合法化。

随后，在上海这个中国最大的鸦片贸易城市，广潮帮烟商垄断鸦片零售及烟膏的制造与贩卖长达60年之久。[2]这样一来，广东商民在上海的地位并没有因小刀会起义而受到太大影响，而且获得了承办鸦片捐税的垄断权。之后，广东人在上海的人数上升到20万以上，称雄上海30年。

在镇压太平天国运动中，还有一位香山人，就是叶廷眷。他深得清政府的赏识，在1864年受李鸿章委派主持上海会捕局，制订《中外会捕章程》，使得上海治安有所改善。这一年夏，广东人丁日昌升任上海道台。1867年，叶廷眷被委任为上海知县。1872年，在叶廷眷、徐润等的倡议下，广肇帮改头换面，将会馆予以重建而为广肇公所。

在接下来的洋务运动中，作为徽州政治势力的代表，李鸿章在徽商坍塌的情况下，通过寻找新区域的利益代言人，试图维系其影响。于是出现了其将早期洋务交由香山商人统筹的一幕，粤人也因此保留了在上

---

[1] 宋钻友、叶斌：《一部研究同乡团体的佳作——读顾德曼教授的〈籍贯、民族和城市〉》，载《史林》，2000年第2期。

[2] 苏智良：《中国毒品史》，上海人民出版社1997年版。在"东亚病夫"的噩梦称呼中，清政府于1906年9月20日，颁发禁烟上谕："著定限十年以内，将洋土药之害一律革除净尽。"从此，禁烟运动在全国展开，但鸦片并没有因此而从中国禁除。在之后的中国历史上，鸦片仍成为革命缓和财政拮据的一大法宝。孙中山在广州时曾开征烟馆税，1927年4月18日，以蒋介石为首的南京国民政府成立，随后通过《禁烟暂行章程》，公布自1928年起限3年内鸦片烟在全国完全禁绝。名为禁烟，实为专营。鸦片烟瘾富有者每年要缴纳30元的注册费，一般公民12元，如此则可在禁烟局买到鸦片并可免被拘留，临时吸食者每袋征收0.3元。

海的应有存在。

1879年9月5日《申报》记述:"广帮为生意中第一大帮,在沪上尤首屈一指。居沪之人亦推广帮为多,生意之本惟广帮为富。"

徽商走向下坡路

盐商一向是徽商的中坚,但1832年票盐法实施后,徽州盐商一败涂地,徽商势力整体受到重挫。不仅如此,徽商先后在茶、丝两个传统大宗外贸商品领域失手,影响逐渐式微。

一首徽州民谣袅绕在18世纪初徽州的山间小路上,反映着盐业等衰败后徽州人去处的微妙变化,歌词写道:前世不曾修,出生在徽州。年到十三四,便多往外溜。雨伞挑冷饭,背着甩溜秋。过山又过岭,一脚到杭州。有生意,就停留,没生意,去苏州。转来转去到上海,求亲求友寻路头。同乡多顾爱,答应肯收留。两个月一过,办得新被头。半年来一过,身命都不愁。

"徽杭锁钥",人称"江南第一关",位于绩溪伏岭,翻过这条崎岖的山道,徽州人由此可通达江浙。这是徽州人去杭州、苏州的陆地交通要道。

杭州是丝业中心,徽州、杭州一水相连,地相邻,习相近,人相亲,作为江南两大都会、丝织业中心之一,两浙盐运司所在地,杭州成为很多徽州人闯天下的第一站。苏州是布业中心,还是办铜官、民商局的所在地。16世纪初到18世纪末,苏州西北边"金门"和"阊门"两座城门,以及城门附郭的南濠一带,始终是米豆、丝织绸缎、加工棉布和种种海外之货的集中地。

经销绸缎的杭州商人以苏州为最重要的绸缎转运市场,然后将绸缎发售到河北、山东、陕西、山西、两湖、四川、云南、福建、广东等地。[1] 徽州祁门、黟县经营布匹、杂货为多。在晋商北方对俄贸易中,绸缎和布匹也一度是紧俏的大宗商品。光绪年间,晋商财富排名前两位的介休侯家和太谷曹家主营业务都少不了绸缎和布匹。

休宁人在外多从事典当业,绩溪人见长于开菜馆。在苏州经营徽菜的徽馆,在同治年间光苏州一地就占数十家,其中以绩溪伏岭下人最多,在商界闻名的苏州"状元潘""酱园潘",几乎是歙县大阜潘氏家族在苏州兴隆的标志。

但 1851 年起历时 13 年的太平天国战事,让苏杭两座城市的命运从此不再掌握在自己手中。

作为太平军与清军搏杀的疆场,苏州遭受了前所未有的破坏,经济上的富庶与繁华随风而逝,文化上的精致与优雅亦如梦幻般消失。到 20 世纪 20 年代,郁达夫从上海到苏州旅游,他所看到的苏州已变成夸示"颓废美"的"sleepy town"(沉睡的古镇)。

和苏州的命运相似,杭州从 19 世纪中叶开始加速地走向衰落。1853 年太平军"闯入"江南后,封锁了大运河上的交通运输,切断了贯通南北的经济大动脉,清廷和商人只好发展途经上海的海上运输,杭州因此而丧失了以京杭大运河为南北命脉的古老商业网络中的战略地位。不仅如此,战争让 1860 年初号称天堂的杭州,城市人口从 80 余万骤减至 20 万,一度仅剩下数万人。[2]

---

[1] 邱澎生:《由苏州经商冲突事件看清代前期的官商关系》,载《文史哲学报》,1995 年第 43 期。
[2] 2004 年 12 月上海社会科学院研究员周武在东华大学以《近代史上的江南与上海》为题的演讲。

徽商在制墨领域的开拓止步于绩溪人胡开文，后者于1808年去世。盐、茶、木、典是徽商所涉及的四大行业，木业和典业足以腾挪的空间不大。以典业来说，如果不能超越苏杭，就意味着不可能真正走出去，充其量作为徽人的谋生手段而已。

上海开埠后，外资在中国的外贸生意链条基本是以鸦片及工业品换购中国茶、丝等手工业品或特产。1844年底，上海英租界设立的英国和美国洋行近11家，1854年外商在上海开设的洋行增加到120多家。所有规模较大的洋行基本都分设多个部门，首要的就是茶叶部、蚕丝部、布匹部。

鸦片战争前，出口茶价高，但茶商将茶叶由江南产区翻越大庾岭运到广州，耗时长，费用大，利润尽由十三行和洋商所夺，但五口通商后，这种局面不再。徽州绿茶集中屯溪，由新安江经杭州转上海；祁门红茶或经屯溪，或经九江运上海；水运都不过10日。浙东平水茶由绍兴起运，经杭州到上海，只需5日。武夷山茶，由福州出口，只需4日。上海、福州成为两大茶叶口岸，1856年，上海出口44.5万担，福州出口30.7万担，两者共占全国海运出口量的77%。[1]

徽商主要收购安徽、江西两地名茶，内销以川、赣、皖、苏等地为重，但外销茶占据80%—90%的比重，徽州茶商迎来短暂发展期，不过劣势明显。在广州十三行时期，洋行只能困坐十三行商馆，任由行商将采购商品清单交给他们采办。也就是说，原与十三行打交道的徽州茶商并不直接接触外商，但上海开埠后，徽州茶商可以直面外商，但他们并不具有熟稔的人脉，两眼一抹黑，难以把握商业潜在趋势的脉动。

---

1 许涤新、吴承明主编：《中国资本主义发展史（第二卷）》。

更重要的是，洋行可以一头扎到终端，直接去产茶地收茶，徽商则随时面临中转角色被取代之虞，几无竞争力可言。道光年间，徽商在茶业领域残存着一点生机，但与晋商贯穿南北的万里茶路相比显得微不足道。尽管后来晋商从茶叶领域遁形，但香山买办又不失时机地在1868年前后大肆投资这一领域，封锁了徽州茶商潜在的机会。

即便没有粤商在茶界的强势，徽州茶商也未必能挺立潮头。相反，粤商携绝对优势的存在，映衬和加速了徽州茶商的式微。直到清末民国，徽州茶商才慢慢找回一些感觉，但较之新兴工商业来说，茶商已然显得传统。

徽州茶商的没落因素是多重的，以税收来说，出山税在逐年递增。1853年，每引茶的出山税在9钱3分，1862年已经提高到每引2两零8分，1863年后则达2两4钱8分。外销用茶还要收取每100斤2两5钱的关税，而洋商运茶缴纳的子口半税[1]远低于徽州茶商所缴之厘税[2]，茶商隐受亏损，而无可奈何。

更为致命的是，光绪时期，竞争者出现。这些竞争者不是来自国内，而是来自印度、锡兰（今斯里兰卡）、日本。这些地区大面积引种茶叶成功，为提高竞争力，印度、日本对茶叶免税，锡兰不仅免税，而且每磅还有补贴，以推广种茶量，从而对中国茶叶在国际市场上的地位发出挑战。

更为不利的是，中国茶叶质量下降，让中国茶的销售价格大幅降低

---

[1] 子口半税，是第二次鸦片战争的产物，是19世纪中叶至20世纪30年代进口洋货运往中国内地销售，及自内地运送土货至通商口岸出口的货物，在运途首经之子口所纳的抵代通过的税款，税率为正税的一半。依靠凭据，在途经其他子口时，货物不必再行纳税。

[2] 厘税是清时的一种商业税，因税率按货值多少抽取若干厘，故称厘税。

最高在50%以上。19世纪70、80年代，徽州婺源、浙江天台、绍兴平水、安徽徽州等地成为上海出口绿茶的主要货源地，所占比例分别为35%、25%、15%、15%。这些茶叶2/3运往美国，原本途经钱塘江、大运河直达上海，但茶叶经过杭州时要增收"海塘捐"或"堤防税"。茶商为避开杭州的关卡，绕道九江或宁波等地运到上海，从而使运费和出口成本增加。

1874年，宁波岸出口茶叶上升到9556吨，也就是这一年，宁波绿茶因茶叶色泽问题受到英国检验部门的非议，宁波口岸的绿茶出口增长势头开始减退。

到光绪中叶以后，中国茶叶出口跌到空前的最低点。对此，前来中国考察的英国海军少将、下议院议员贝思福在其《保华全书》中直言不讳地说，中国对出口茶加重税率，无异于自弃其土产，自绝其利源。而外国炒茶用机器让手工操作的中国茶制作了无效率的缺点一览无遗。

清政府对茶叶市场行情格外关注，统筹南方通商事宜的两江总督更是亲自调研、引导。1888年，两江总督曾国荃奏及安徽产茶区情况："近年以来，印度、日本产茶日旺，售价较轻，西商皆争购洋茶，以致华商连年折阅，遐迩周知。据皖南茶厘总局具详，……统计亏累将及百万两，不独商贩受累，即皖南山户园户亦因之交困。"

1896年，两江总督刘坤一意欲借鉴外国机械制茶经验，明确下令以机器制造外销茶，但徽州茶商害怕费多效微，激烈反对，此事最后只得作罢。这样增加资本投入让很多茶商望而却步。缺乏适应工业化进程的开拓意识也是徽茶落魄的很重要原因。[1]

---

[1] 张海鹏、王廷元：《徽商研究》。

就这样，在生产方式无可比较、洋茶倾销、税收有所区别等的情况下，欧阳昱在其《见闻琐录》后集中写道："二十年来，以业茶起家者，十仅一二；以业茶破家者，十有八九。"

19世纪80年代，以徽商标志性人物胡雪岩在丝织领域的完败为标志，传统徽商在茶、丝两个领域都走向下坡路。

"买办三剑客"转型

买办原本是一个相对中性的职称，但当顶着这一职称的人与一群鼓吹用炮舰、鸦片打开中国门户的外国资本勾搭在一起时，其不可名状地被赋予了复杂的负面情感。但当清朝官方举办洋务的旗帜被高擎时，一代买办在官督商办的召唤下转投洋务企业，为国所用，完成了从边缘到主流的历史演变。

五口通商后，以鸦片来说，1849年突破1.8万箱，到1857年已达到3.1万余箱，价值1300多万元。[1] 因为很多洋行最初将贩卖鸦片作为主业，所以替洋人效力的买办的身份和地位在上海开埠之初注定其非主流的色彩，而朝廷内外也多有诟病。

1841年秋，主和派琦善被任命为钦差大臣前往广东，多方寻觅和英国侵略军接线的人物，他找到鲍鹏。鲍鹏充当宝顺洋行买办多年，据英军一个大佐记载说："我方和琦善之间的前前后后的一切接洽中，联络媒介就是……买办鲍鹏。"[2]

---

[1] [美]马士：《中华帝国对外关系史》，张汇文等译，上海书店出版社2000年版。
[2] [英]义律·宾汉：《英军在华作战纪》第2卷，中国史学会主编，《鸦片战争》第5册，新知识出版社1995年版。

琦善擅自和英国侵略军签订《川鼻草约》，割让香港，被锁拿、解京问罪，林则徐斥之为"汉奸"。主战派裕谦奏称，"有买办鲍聪（即鲍鹏），系买办中最为可恶之人"。[1]

对于近代买办的历史地位，极而言之者，列买办、通事、娼妓、流氓为一类，属社会败类，最卑鄙无耻之徒。曾国藩不无嘲讽地称买办是"奉洋若神者"。章太炎按社会职业分道德人品高下，将洋行之"雇译"归入末位，贬之为"白人之外嬖"。

法国全权公使刺萼尼观察到，"在厦门、福州、宁波和上海，几乎没有一个受尊敬的中国商人，没有一个资本雄厚、有信誉的人敢和外国商人建立直接的联系。……这难道不是因为那些薄有资财的人知道，和外国人做生意，虽然表面上受到地方当局的鼓励，而实际上受歧视的。"

香山人容闳 1855 年回国后，先后在广州美国公使馆、香港高等审判庭、上海海关等处任职。1859—1862 年曾为上海宝川洋行做过短时间买办，但他认为买办名声不好，后入曾国藩幕府。

就清朝内部来说，对洋务及买办这一群体也有重新认识的过程。尽管内部充满争议，但当外部的窘迫——财政捉襟见肘、新兴市场被外夷瓜分、关税不能自主——变得时不我待，对内部尝试有所容纳时，以自强为愿景，以"师夷长技以制夷"为核心诉求的洋务运动上路了。

原来商人参与公众事务多通过报效朝廷。面对财政的困境和人口的持续增长，清政府增开捐官项目，鼓励包括商人在内的各界通过捐资获得一顶虚衔，给予相应的政治和社会待遇，不少买办认同这种政策。但在洋务运动中，如何创造一种既能平息官方内部的纷扰，又能够为民资、

---

[1] 陈诗启：《从明代官手工业到中国近代海关史研究》。

民智的参与让路的实务机制，显然比报效和捐官更为长久。

政府也认识到如果没有民间资本、智力的参与，仅凭一己之力也不可能举办好洋务，但作为大清首个民办的洋务项目，由李鸿章操刀的轮船招商局从一开始就面临难产的局面。因不通洋务，轮船招商局最初的操办思路是官办，官方统筹，推动本土沙船商深度参与，所以朱其昂、朱其绍兄弟进入李鸿章的视野，但事后证明这种思路南辕北辙。

当原来官办框架和顶层设计遇到不可逾越的天花板时，李鸿章不失时机、富有耐性地综合各方利益、兼顾各方诉求，将官督商办推上台面，由官背书、引导，由商运营，官不干扰商。最终，轮船招商局如愿以偿，成功让上海滩最具商业影响的粤籍商人入股，且引来的是上海滩最强买办组合，堪称"买办三剑客"的唐廷枢、徐润和郑观应。

早在1864年，在举办洋务方面，李鸿章就已经与粤籍人士有过深度合作。由曾国藩规划、李鸿章创办的江南制造局总局，其第一任总办就是时任上海道台的广东人丁日昌。江南制造总局是中国近代最大的军工厂，也是李鸿章在上海创办的规模最大的洋务企业。丁日后一路晋升为福建巡抚，并主持架设中国第一条自建电报线。

清政府对洋务的态度及演变进程为洋务的未来展现了一幅美好的画卷。

1852年上海有外资洋行41家，1868年103家、1880年100家、1895年116家，稳步上升。买办也由1854年的250人，增加到1870年的700人，1900年的2万人。1842—1894年，买办的全部收入大约是5.3亿两，而1902年外国人在华的全部投资也只有5.84亿两[1]。也就是说，

---

1 [美]费正清、刘广京：《剑桥中国晚清史（1800—1911年）（下卷）》。

这时的买办已经不是原来跑腿办事意义上的买办所可比拟。"买办三剑客"入局所引发的舆论效应及关注度是洋务举办之初所稀有的。当然，这也是近代买办难得的转型机会，他们都有心为国效劳，转型进入主流社会，这看似是两全其美的结局。

在介入官方洋务之前，"买办三剑客"已经以投资者的身份在茶、丝或船业等行业中有所斩获。与徐润侧重地产、茶叶领域投资不同，唐廷枢在船业及相关产业布局颇多。进入怡和的第五年，他就附股于谏当保险行。他是华海轮船公司的最大股东之一，占有近1/4的股本。他的附股活动并不限于怡和洋行旗下企业，也附股于1867年成立的公正轮船公司和1868年成立的北清轮船公司、美国琼记洋行的苏晏拿打号轮船，以及马立司洋行、美记洋行两家小洋行的船队，所以在轮船招商局中，唐廷枢是总办，他人唯其马首是瞻。

洋务派在清政府政治格局中所处的地位和分量直接决定着洋务运动的走向及洋务企业可操盘、腾挪的空间大小。洋务大员的洋务意识是否笃定不二，坚韧不拔，决定其洋务实践是否具有成效。就此而言，李鸿章的格局和魄力还是首屈一指的，而究其一生的洋务实践，无论轮船招商局、开平矿务局，还是天津电报局、上海机器织布局等，都有香山派买办的倾情参与。尤其是轮船招商局，早期基本是围绕三位香山人而转。他们不仅是投资者，也是经营者（淮系集团创办民用企业表见附录表3）。

除轮船招商局，唐廷枢还是中国开平煤矿的筹办者、中国第一条标准轨距的唐胥铁路的创建者。李鸿章评价他说，"中国可无李鸿章，但不可无唐廷枢"。能够把首件民办洋务的大旗高擎在世人面前，怎么评价唐廷枢都不为过。

1892年，唐廷枢去世，十三国领事馆下半旗致哀。当时上海的《北华捷报》发表文章，赞扬他的一生标志着中国历史上的"一个时代"，"他的死，对外国人和对中国人一样，都是一个持久的损失"。当然，也有外国人指责他，在东方一家第一流的外国公司任职，获得丰富而广阔的经验，然后运用这个经验去损伤这些外国公司。

徐润是唐廷枢的助手，他的一个雄心就是要开拓国际轮船航线，让龙旗在美国和欧洲的港口上飘扬。1873年，轮船招商局派"伊敦"号航行至日本的长崎，这是中国自己的商轮第一次开辟国外市场。

1879年，招商局派船航行到美国檀香山，第二年派船航行到美国旧金山，第三年招商局轮船的龙旗终于飘扬在英国伦敦的港口。招商局的远洋航行虽然由于西方的干扰很快停运，但这在国运不昌的晚清属于一件彰显国威、鼓舞民心的大事。

轮船招商局购并旗昌轮船公司是徐润一手筹划。他以220万两收购旗昌全部财产，使得中国轮船的吨位猛增到400万吨，占进出口中外船只吨位总数的36.7%，从而奠定了中国航运事业的基础。

徐润本人参与创办的近代新式企业多达40余家，其中属于国内或地区首创的就有八九家。徐润家族祖籍河南，除投资洋务企业和茶丝，他还是上海地产大王、中国近代印刷出版业和保险业的先驱。他在上海拿地2900余亩，曾建房320余亩，共造洋房51幢2222间，住宅2所、当房3所，平房街房1890余间。1876年，他与多人创立仁和水险公司，1878年又创立济和水火险公司。上海实业界人士经元善评价唐、徐，说他们"声望素著，非因北洋增重"，尤其对"唐之坚忍卓绝"印象深刻，"尤非后来貌为办洋务者可比"。

但香山三买办日后被从轮船招商局扫地出门，不可否认是事出有因，但是自取其咎，还是落井下石；是秉持公心，还是为争权夺利排挤之，值得考量。轮船招商局的专利权及对香山买办商人的驱使，就仅搭建官方与商界的关系来说，是留有遗憾的。

在"买办三剑客"中，郑观应除独资开设过揽载之类的商务机构，投资过许多企业，他没有独自开过一家工厂。与唐、徐家族世承买办不同，郑观应并没有将买办身份传予后代。他自称，谨守父亲教诲，"积金玉以遗子孙，子孙未必能守；积诗书以遗子孙，子孙未必读；不如积德以遗子孙"[1]。

他与洋务企业的缘分虽然时断时续，却藕断丝连。可以说，郑观应与洋务始终不离不弃，几乎从头到尾参与了半数以上淮系主要洋务企业的创办或经营。除客串过粤汉铁路购地局、粤汉铁路商办公司总办，他先后当过电报局、机器织布局、轮船招商局的总办。这得益于他与苏系盛宣怀的情同手足，形影不离，心气相通，但在有粤派投资的洋务企业中，他又是粤商的影子和利益代表。盛宣怀需要这样的中间人。

郑观应不仅是商人，也是中国近代最早具有完整维新思想体系的理论家。他与传播西学的李提摩太，与通晓西学的容闳、王韬、何启、胡礼垣、伍廷芳、陈炽等人有广泛交往，却也没有放弃国学，只为"涉足孔孟之庭，究心欧美之学。方言略晓，漫诩通才"。

他所著的《盛世危言》引起朝野及坊间上下关注。礼部尚书孙家鼐等将其推荐给光绪帝[2]，而且无论是清流兼洋务的张之洞，还是维新派康有为、梁启超，革命派孙中山，都读过此书。张之洞大受裨益，评论此书，"上而以此辅世，可为良药之方；下而以此储才，可作金针之度。"不论

---

1 [清]郑观应：《香山郑慎余堂待鹤老人嘱书》。
2 白寿彝主编：《中国通史》，上海人民出版社1989年版。

如何,《盛世危言》影响到中国几代人。

郑观应一生命运多舛,他坚守"唯有忍耐顺受之",但晚年他的生活并不宽裕,他多次提出辞职养病,要求招商局给予半薪养老,甚至张振勋、林羲年、叶舜琴、陈文田等粤闽籍股东致书盛宣怀[1],为之援引,最终招商局董事会坚决挽留,不予其辞职。有分析称,离不了其扮演的角色故也,以至于1922年他以81岁高龄病逝于上海招商公学宿舍内,次年迁葬于其故居所在地澳门的前山。

---

[1] 夏东元:《郑观应传》,华东师范大学出版社1981年版。

第十七章 甬商站稳上海滩

18世纪晚期，甬人已在上海崭露头角。1853年上海小刀会起义，是甬商在上海发展的拐点。小刀会起义后，宁波人在上海的人数快速增长达到6万，仅次于广东人。李也亭和叶澄衷是逆势上扬的在沪甬商的杰出代表。他们的人生轨迹是甬商在上海态势的缩影，他们在萧索中昂首前行的智慧是130多年前中国商人留给后世的珍贵遗产。

尤为难得的是，叶澄衷不仅是卓越商人，也是近代史上屈指可数的首善商人。在晚清民初掀起的商人办学序幕中，他堪称标志性人物，也可视为迄今为止侨商公益慈善乃至近代中国商人慈善的原始起点。

甬商站稳上海滩的过程，具有明显的由苏商起承转合而来的脉络感。这一脉络的关键人物，于苏商是盛宣怀，于甬商为严信厚。起承转合的点在于，盛宣怀授权严信厚组织的中国大陆最早的商会组织上海商业公议公所，虽然几经演变，但万变不离其宗，绝大多数会长来自甬商，为甬商站稳、崛起上海滩，提供了强有力的背书。

慈镇商人活跃上海滩

明朝实行海禁之后，舟山群岛出现大批走私的海盗集团，宁波人也参与了以许栋、王直等徽商为首领的海盗活动。嘉靖年间，海盗集团受到沉重打击，甬商更多将目光转向国内贸易。

当时宁波府辖浙江省东部沿海的鄞县、镇海、慈溪、奉化、象山、定海等七县。在宁波帮中，出走营商最为活跃的是慈溪商人。

北京是宁波人初去闯荡较多的地方。明朝后期到清初，宁波商人先后在北京创办鄞县会馆、浙慈会馆。前者为宁波鄞县药业商人所建，北京同仁堂，天津达仁堂，上海童涵春、冯存仁、蔡同德，都是由甬商经营而流传至今的药铺（见表17-1）。后者是由宁波慈溪裁缝组成的成衣会馆，这是宁波商人由成衣匠转变为"红帮裁缝"的蓄积阶段。1771年，宁波人又在江苏常熟设立宁绍会馆，1780年在汉口设立浙宁会所。

表 17-1 甬人开创的药铺

药铺名称	创始人	创始时间	所在城市	创始人籍贯
同仁堂	乐显扬	1669年	北京	慈溪
童涵春	童善长	1783年	上海	庄桥
冯存仁	冯映斋	1851年	上海	慈溪
蔡同德	蔡嵋青	1882年	汉口—上海	宁波
达仁堂	乐达仁	1914年	天津	慈溪

宁波码头，历来是南来北往船只的栖息港。沙船，既是宁波人走南闯北的工具，也逐渐奠基了甬商在明清沙船业的地位。慈溪商人最初沿着运河北行，到天津经商。

严应翘是入清后较早到天津的慈城人，其子入乡随俗，成为盐商；其孙严克宽，继承家业，从1870年起担任长芦盐区总商达10余年，"遇事侃侃守正，无少偏倚，争者平，求者遂，人无间言"[1]。值得一提的是，严克宽的儿子严修被称为"南开之父"，他认为周恩来有宰相之才，资助他旅欧。到乾隆年间，以慈溪人童承初、冯氏、董氏、孙氏、郑氏为主的宁波"北号船帮"船队频繁往返于甬津两地海路，许多慈溪商人长住天津客货栈内。

与连接宁波与天津的载体一样，沙船拉近了宁波与上海的距离。在乾隆嘉庆年间，慈溪人董棣林就载着江南的粮食、棉花、纸张、瓷器、绸布等南货，运往辽东，采办参药、大豆、杂粮，到宁波或上海销售。到他儿子那一代，董家已在上海设立大生沙船号，往来南北装运土产。

上海早期因船业而存在，各地船商次第建起体现其存在及影响的会馆：徽宁会馆（1754年）、泉漳会馆（1757年）、潮州会馆（1783年）。1819年，浙江人在上海所建的船业会馆——浙宁会馆的倡办者董萃记，也是慈溪人。

比浙宁会馆更早20多年，1790年旅沪的甬籍缙绅发起"一文愿捐"活动。所谓一文愿捐，就是旅沪甬人每人每天捐输一钱。1797年，旅沪宁波人钱随、费元圭、潘凤古、王秉刚等在沪集资购地建置厂屋20多间以寄柩，将多余的30亩地辟为义冢，1802年加盖一座关帝庙，俗称"宁波会馆"，又名"四明公所"（旧宁波府管辖的会稽山主峰上有四个穴，像窗户一样透着光线，俗称"四明山"，"四明"因此成为宁波别称）。日后，四明公所成为宁波人在上海展现影响力的中枢机构。

---

1 严修自订，高凌雯补，严仁曾增编：《严修年谱》，齐鲁书社出版社1990年版。

19世纪20年代以后,镇海人前往上海开始活跃起来。柏墅方家和小港李家就是他们中的杰出代表(宁波各区域代表性商业家族或人物见附录表4)。

方家第一代创业者是方亨宁和方介堂族兄弟。方亨宁,12岁因贫辍学,"鬻贩以佐薪水",稍长赴沪,"典衣被为资",忍饥劳苦,积数年始开设方泰和糖行,兼营南北货,遂后招同族前来,方介堂因之来沪。也有说法是方亨宁随方介堂而来,初到上海在方介堂的义和糖行当伙计。

来沪前,方介堂在舅父资助下,已在家乡开设"粮食杂货肆",兢兢业业六七年,积银数百两。方介堂来沪后在沪甬之间运销砂糖,"获利倍蓰",遂开设义和糖行,以上海为经营中心,向津、杭及武汉三镇、长沙、宜昌等城市发展,经营范围也扩展到粮食、南北货等领域,并召集侄子方润斋、方仁荣、方性斋等族内亲戚来沪协助管理,成为方氏家族第一代奠基人。晚年,方介堂回乡颐养天年,将沪上产业交给方润斋、方梦香打点。这个家族拥有方本和、元泰恒、裕大恒、元益、元裕、元惠等10余家糖业商号,业务辐射东南亚、日本、中国香港等地。

小港李家创始人李也亭,1823年15岁时来到上海滩南市码头。他早年丧父,与兄长、寡母度日如年,无奈背井离乡,只身来到上海。

他先在一家糟房做学徒,有时船工需要酒水,他也会被派往送酒,就是最原始的买办们所做的工作。他手脚勤快,踏实肯干,拾金不昧,没满学徒期,就被一沙船商看中。船主给了酒店老板一笔钱,将他怂恿到自己船上工作。

沙船业虽是冒险的事业,也是发财的捷径。如果平安无事,南北洋来回跑几趟,获利很可观。因工资不高,船主也会让出一部分舱位,供伙友带货,额外挣些花销。李也亭节衣缩食,年复一年,稍有余资,他便投资沙船，积资渐多，就独资开设久大沙船号，拥有沙船10多艘，并加入上海老城厢郁家、慈溪董家的北号船队。不久，他买下黄浦江边码头，命名为久大码头，生意越做越大，成为上海沙船业巨擘。

1854年，生于镇海的叶澄衷来到上海，一开始的工作性质与李也亭差不多。到上海第三年，叶澄衷花两块墨西哥鹰洋币，买了一艘小舢板，自己做起买办：外国船进出港口，不能直接上岸，船上所需要物品，包括蔬菜、鱼、肉、蛋类及其他日常用品，由他代为购买。日后，叶澄衷成为上海五金业最早开店的中国人。

从"郁半天"到"李大王"

当西洋的轮船开进上海港，沙船无法与之匹敌而渐趋衰落，码头仍然兴旺。湖州丝商顾福昌，与买办唐廷枢一样成为美国旗昌洋行股东，并建造唯一的外洋轮船码头——金利源码头，独占上海进出口货物装卸和打包业务。

1415年，当永乐帝决定开通从杭州到天津的数百里大运河时，漕粮取代海运，通过京杭大运河运送。1826年，运河淤积，海运漕粮映入决策层的视野，由沙船海运粮食被纳入清朝的南北运输体系，"苏松太二府一州"的部分漕粮改由上海沙船业海运。由于外国船舶还很少进入北洋航线，上海沙船业控制了北面海洋的豆麦南运业务，迎来难得的发展契机。[1]

同年，有上海首富之称的"上海大郁家"郁润桂去世，享年54岁。郁润桂13岁到沙船当学徒，后独立经营，专事海外贸易，把中国货物运

---

[1] 王昌范：《回望商船会馆》，载《现代工商》，2008年第1期。

到日本、爪哇、安南、菲律宾等地销售，再从当地办货，运回国内贩卖。最多时，郁润桂、郁润梓兄弟拥有七八十艘沙船，雇工两千多人。他们还开设许多商号、钱庄，企业遍布松江，人称"郁半天"。

1851年，仅宁波商船就有112艘投入北洋航线。1853年，李也亭受命经办苏（州）、松（江）、常（州）粮道和浙江的漕粮海运任务。清军和太平军战事频仍，航路很不太平。《镇海县志》记载，有一次碰上海盗，"督运者有难色，容所部船独先进，余艘从之"[1]。

与日本三菱早期靠战争发家一样，李也亭也是因战争逆势崛起，奠定家族百年的兴盛。虽然有兵船保护，但因经常遇袭，而帆船又不尽安全，宁波船帮领袖费伦志、李也亭、盛植琯等集资，于1854年冬在广东向英商购买大轮船一艘，定名"宝顺号"，设"庆成局"，延聘鄞县卢以瑛主持，慈溪张斯桂督船台勇，镇海贝锦泉司炮舵，全船79人。[2] 这是中国最早的万吨轮船[3]，也是中国本帮机器轮船之肇始。

本着减少政府干预和规避沙船业主反对的考量，这艘轮船打的是美国宝顺洋行的旗号，这也是宝顺洋行开拓船业的开始。应该说，从沙船向轮船转变，甬商引领时代潮流，但这种积极进取的势头，被扼杀在时代保守的大氛围和日后洋务运动时轮船招商局的专利权之下。这一幕，令中国民营船业投资窒息近半个世纪。

郁润桂死后，他的32岁长子郁彭年继承父业，承办海、漕粮运，并在商船会馆中被公推为总董，将家族事业推向高峰，但郁彭年本来患有

---

[1] 容即李也亭。张永祥等文，《发财太公买下中国第一艘轮船》，《东南商报》，2009年3月22日A10版期。
[2] 《宁波市志》第九卷694面。见2009年3月22日《东南商报》《发财太公买下中国第一艘轮船》。
[3] 王静：《商店栉比，轮埠林立：宁波江北岸的历史记忆》，载《宁波晚报》，2008年10月12日。

气喘病，加之多年劳累过度，竟在1853年病发死去，弟弟郁松年继承家业，这也成为郁氏家族发展的转折点。

此时，小刀会起事初占上海，富户士绅避之不及，纷纷进入租界，郁松年却选择留在城中，为兄长守柩。

在清军围城、民食艰难时，他出资赈济，民感其恩，作歌谣颂之。官府闻听，示以兵饷军需之目录。内捐"贼匪"，外捐官军，郁家这步棋走得很被动。1855年2月，清军攻陷上海县城。因与"贼匪"关系微妙，郁家被官府苛罚，认捐20万两白银，方幸免于事。[1]

郁家的跌宕与李也亭的逆势上升，形成鲜明对照。上海开埠前，沙船商资本和利润在各行业中首屈一指，规模较大的船主拥有四五十艘船。民国时期编写的《上海百年史料初稿》称，"当时沙船号商有王信义、沈万裕、郭万丰、严同春、陈丰记等家，唯有李大是宁波帮之后起者，声势独盛"。李大即李也亭。

当李也亭在船业走出别样人生时，镇海人叶澄衷听从一位英商洋行经理人的建议，在1862年开设了中国人在上海独资经营的第一家五金店：顺记洋货号，主营五金杂货、洋油、洋烛、洋线团等。房产业，伴随上海开埠和太平天国运动，快速崛起，叶澄衷借五金业成为巨富，商号遍及各商埠，并在多个领域大显身手。

1867年，李也亭的沙船队在海上遭遇飓风，一部分船只不幸失事，损失极大。沙船为李也亭一生心血所系，得此噩耗，他精神备受打击，竟抑郁而去。死后，另一部分沙船又满载而归，大获其利。如此际遇，令人唏嘘。

---

[1] 饶玲一：《清代上海郁氏家族的变化及与地方之关系》，载《史林》，2005年第2期。

上海道台多浙籍

在浙宁会馆创立时，上海知县就是宁波定海人叶机。叶机曾出资募集义勇，与胞弟叶槐一起和福建漳州海盗蔡牵作战，为此，龚自珍曾亲自拜访叶机，写下《书叶机》一文。1813年，叶机出任上海知县，1921年高升。继叶机之后，浙江人出任上海知县或道台者为数甚多。被小刀会击毙的上海知县袁祖德就是浙江钱塘人。1854年8月，作为折中人物，蓝蔚雯成为吴健彰之后的上海道台。他原籍广东大埔，寄籍浙江定海。

1836年，徽州人汪忠增出任上海道台时，曾发动徽商出资建造土地免税的徽宁会馆。在蓝蔚雯任道台时，四明公所董事谢心、庄巨、方椿等人呈请，将四明公所划入官图，免去税收，得到成全。蓝蔚雯还欣然撰写四明公所义冢碑文。

1859年，另一位浙江人吴煦督理上海海关兼上海道台，1860年为钦命盐运使署上海道台。在镇压太平天国运动中，吴煦干了两件在洋人及清政府眼中可圈可点的事情。一件是在任上海道台前，他奏请由广潮商人协助收取鸦片捐税，成绩不菲。另一件是他与同乡买办丝商杨坊，组织洋枪队，用西洋方式训练士兵，并组织菲律宾雇佣兵参战，发挥了应有作用。不仅如此，杨坊甚至将女儿嫁给洋枪队首领华尔。

1874年和1898年因为拒迁棺材，四明公所和法租界公董局两次互不让步，僵持不下，导致流血冲突，及至清政府介入，方才了事。两次事件事发时的上海道台都是浙江人。前次是沈秉成，后次是蔡钧，一个湖州人，一个余杭人。其间，余姚人邵友濂任职时，虽因迁棺一事有过交涉，但并没有引起波澜。

上海道台的浙籍化，既是宁波人在上海影响力的逐步体现，也无形吸引着更多宁波人走向上海。

柏墅方家：执牛耳而立

柏墅方家在宁波帮里是一个特殊的存在。不仅因为这个家族起步早，转型早，传承有脉，也在于它在上海钱业的地位及由此对四明公所如影随形地掌控。

钱业公所是上海资金流通的机关，方家在其中地位举足轻重。四明公所是宁波帮抱团和凝聚力的体现，也是事关宁波帮全局的决策中枢场所。柏墅方家，左执钱业牛耳，右抓四明公所的牛鼻子，其声势一时无二。

柏墅方氏，与中国海商势力推到最顶峰的郑芝龙、十三行历史上的灵魂人物潘启、广东买办徐润，以及宁波帮郑氏家族等，都是"望出河南"的客家人。

在鸦片战争前后，方家在向钱业拓展方面，在甬人中一马当先，这种拓展在方家第二、第三梯队创业者手中完成。方家第二梯队创业团队由方介堂的侄子方润斋（即仁照）、润斋四弟方仁荣（即梦香），以及方健康独子方乔扬构成，他们在上辈去世前已经帮办左右。

方润斋是方氏家族的奠基人。他先后与方仁荣开设方萃和糖行，将方家产业由糖业延伸向钱庄、生丝、土布、杂货等，又开设专营生丝业务的振裕丝号，并顺势设立方振记字号（后改名方镇记），专营茶、丝等进出口贸易。

钱业是方润斋布局的重点。1830年，方润斋和兄长仁和在上海老城区南市开设方家在上海的第一家钱庄履和，兼营土布、杂货，也是日后上海九大钱业家族中开设最早的一家钱庄。上海开埠后，英法租界所在的北市发展前景看好，方润斋又开设履和分庄，又叫北履和，专营钱业。

方乔扬继承父业方泰和糖业后，经营得法，也进入钱业，1870年开设元大亨，1904—1910年间相继开设晋和、元益、敦和、元祥、会余、益和、森和7家。在宁波，他也一口气开设同和、咸和、祥和、谦和、恒和、大和、元亨、元通8家，在杭州开设豫和、赓和2家。

方家第三梯队创业团队（更多方家创业梯队情况见附录表5），主角是方润斋七弟方性斋，及辅佐他的方润斋的儿子方黼臣。方性斋继承经营方萃和糖行、振裕丝号等字号及钱庄，于1866年将北履和钱庄改名为安裕钱庄，于1870年将履和改组为安康钱庄。此外，他及后人还独资或和人合伙在上海创办同裕、尔康、元康、义余（后改组为汇康）、延康、五康、允康、钧康、承裕、和康、赓裕、庶康、乾康、复康等钱庄。其中，安康、安裕和1908年成立的赓裕，一直经营到1950年才歇业。其中，安康存在80年，是上海影响最大、营业时间最长的钱庄。

方性斋还在南市郭仁里、北市兴仁里等地方买下很多地产，使方家事业达到前所未有的全盛时期，而方润斋及其后裔方选青、方季扬等人，又与上海金山的富商黄公续及其子辈伯惠、仲长、季玉等合伙投资开设安裕、承裕、赓裕、复康4家钱庄。

方介堂、方润斋、方性斋这一脉在沪经营的钱庄最多时达17家，位居上海九大钱业家族之首，在外埠也有所扩张，开设有汉口同康，杭州慎裕，宁波郭裕、益康、瑞康、义生、成裕。

至此，柏墅方氏在上海钱业的地位无以撼动，也无人企及。更为关键的是，方家在这个节骨眼上大举布局钱业，吻合钱业在上海潜在的发展脉络，并推动钱业跻身上海百业之首，以至于市场有说法，钱业成为南北市巨擘，起点是七老板。此七老板，即上海人对方性斋的称呼。

作为商议钱业公共事项的场所，钱业公所早在康熙四十八年（1709年）就已存在于邑庙东园，即今豫园内园，只是其办公场地直到乾隆四十一年（1776年）才在方维馨、王聚安倡议下被购置下来，即钱业总公所，也称内园钱业馆。钱业与船业一样，在上海是一个厚重而具有传承的行业。

钱业总公所以秦裕伯为祭神，公所的会员是汇划钱庄，不是所有钱庄都能入会。钱业公所不定期推举出10余名钱庄老板为董事，董事采取轮值制主持会务。太平军逼近上海时，钱业也形成南市和北市，分别于1883年和1889年设立南市钱业公所和北市钱业会馆，日常事务由各庄每月轮流主持。钱业总公所仍然是南、北市钱业重大事项的商议场所。

在北市钱业会馆发起人中，陈笙郊和谢纶辉都共事于柏墅方家的延康钱庄。延康钱庄由方润斋的七弟方性斋开办，陈笙郊任经理。1894年，当陈笙郊与方性斋等合办承裕钱庄时，他推荐谢纶辉转任承裕钱庄经理。

不仅如此，1897年中国自办的第一家银行——中国通商银行，前两任华大班不是别人，正是陈笙郊和谢纶辉。

而南市钱业公所翻新后于1906年竣工。在立碑为记的碑文中，所列34家钱庄的前三位元大亨、安康、安裕都是柏墅方家所开。其中，安康、安裕是由方润斋成立而由方性斋改组而来。排在第四位的钱庄立余是小港李家与慈溪商人赵朴斋所开。柏墅方家及方性斋在上海钱业的影响可见一斑，而专断四明公所更赤裸地体现出方家在甬商的地位。

1831年，四明公所董事谢绍心、方亨吟等发起募捐，方亨宁、方介堂等四人出面集资，主持其事，改造义冢，添建殡舍，组建赊棺会，开始执掌四明公所的领导权。

1855年，四明公所与其他商帮会馆被吴健彰一把火烧掉后，仍是由方氏家族方润斋弟兄捐资发起重修，进一步夯实了方氏家族对于四明公所的主导权。

1860年，为便于上海宁波同乡往生者停放棺木，杨坊、李也亭、冯征祥、赵朴斋等旅沪宁波帮人士，曾集资在沪北创建敬梓堂义所，供同乡停放棺木，但始终不能与四明公所相提并论。

四明公所是一个开放的组织，虽然不断有其他甬商家族加入，但方氏家族一直是主要董事。1836年，方介堂去世后，其侄子方仁荣等继任。1855年，方润斋接替方亨宁成为董事。1874年，方仁荣去世，其侄子方继善继任到1898年去世，尔后首席董事地位转归严信厚，第一年也是第二次四明公所事件发生之年。但方家的方式如仍是公所司年董事。民国后，方舜年、方椒伯仍担任四明公所的董事。

不仅如此，方氏家族在四明公所的存在及传承一直实行长房继承的原则。如继承方介堂的方仁荣，继承方亨宁的方仁照，均非他们的儿子，而是长房方亨学的第四子和第二子。方继善虽是方仁照的长子，但是仁字辈长房方仁和早死无嗣，方仁照已由二房继承为长房，方积钰则是方继善的儿子。直到民国以后，才由仁字辈七房方仁孝的第三子方舜年、第二子方崇年的长子方椒伯进入四明公所董事会。

如此，方家如影随形地左右着四明公所半个多世纪左右。1898年，第二次四明公所事件时，严信厚走马上任总董，局面有所改观。但公所董事会被左右的局面并没有得到根本改变，以致1912年四明公所经理沈洪赉发起组织公义联合会，扬言要以之对抗少数富商专断的公所董事会。

当时董事有朱葆三、周金箴、沈敦和、虞洽卿、严义彬、方舜年、方积钰、周鸿孙、葛恩元9人。公义会虽主持公所的日常事务并监督所内会计，但重大决策仍由董事会裁决。1914年后，由董事会与公义联合会共同召集常年大会，推选值年董事，选举公义联合会董事等。

之后，四明公所的职能逐渐弱化，同乡纷纷以行业或同县为单位分别组织工商社团和同乡会，四明公所仅"以建丙舍、置义冢、归旅榇、设医院等诸善举为宗旨"[1]。因为这一宗旨是经费大而小团体办不了的事业，所以每逢有事关甬人的重大事故时，甬人仍以四明公所为大本营。

做人当如叶澄衷

叶澄衷是一个苦命的孩子，在兄弟姐妹五人中，排行第四，6岁丧父，在去上海前，11岁就在油坊铺里做学徒。其自身的成长也是传奇，靠拾金不昧在人生关键时刻获得转机，走出很多草根梦寐以求的人生。

叶澄衷是名忝《清史稿》的人，该书记载说："西人有遗革囊路侧者，成忠[2]守伺而还之，酬以金不受，乃为之延誉，多购其物，因渐有所蓄。"

叶初给停靠在沪的西方轮船做纯粹的代购、买办角色，也有艘小船做摆渡生意。因西人经理将钱包落在其船上，他坐等西人返回寻找，西人告诉他，五金业在上海将会有大发展。[3] 叶澄衷就开始每天用货物，向外国军舰和商船上的水手，换取缆绳、铁锚、罗盘等船头五金，以及铁钉、工具等器材。

太平天国战争期间，无数江浙绅商涌入上海租界，上海人口骤增，

---

1 《上海四明公所廿八征信录》中"上海四明公所修订章程"第一条。
2 叶澄衷原名。《清史稿》记载："叶成忠，字澄衷。"
3 《"启蒙种德"的叶澄衷》，载《财经界（管理学家）》，2008年第2期。

房屋需求勃兴，叶澄衷便在吴淞江北岸的虹口美租界设摊，将日积月累收集的五金器材卖了出去。

尔后，叶澄衷开设了中国人在上海独资经营的第一家五金店，这是百老汇路上开设的第一家，也是上海最有名气的一家五金店铺。顺记是叶澄衷商海的起点，他以此为基础，顺势开设南顺记、可炽顺记、新顺记、义昌成等商号。股东拆伙或职员辞职而开设的店铺瑞昌顺、新顺泰、锦和、同义和、锦昌祥等就多达数十个，以至于上海70%的五金店铺聚集在这条街上，并辐射周边大名路、长治路、闵行路、塘沽路等，让这一片成为上海最大、最早的五金市场。

叶澄衷因此成为上海五金界的祖师，更为重要的是，五金这个产业被中国人牢牢攥在手里。

1870年，普法战争爆发，一名德国商人被召回国，他开设的可炽煤铁行盘给了叶澄衷，叶将其改名可炽顺记煤铁行。这是上海滩最早以经营进口煤和旧铁为主的商号，也是第一家华商经营的钢铁企业。

同年，美国洛克菲勒创立5人起家的美孚石油公司。10年后，美孚进入上海，他的对手是英国亚细亚石油和美国德士古石油。此时中国的照明工具是蜡烛和豆油灯，除租界，使用煤油灯的人不多，市场空间巨大。叶澄衷以Ching Chong的英文商号和美孚签订10年代理合同，他建议美孚做一种体积小、装油少、燃油少、能省油又不影响照明亮度的灯，采用买一箱油送一盏灯及玻璃灯罩的方式配合销售，效果显著。

1883年上海金融危机之时，工商业刮起停歇倒闭之风，无数中国商行、洋行和手工作坊受累。叶澄衷凭着敏感，抢先抽回存放在银行或钱庄的资金，又火速催讨客户欠交的煤油货款，尽一切办法回笼所有的欠款。对于美孚柴油的销售，他及时地调整经营思路，避开多事之秋的上海，先在宁波、温州、镇江、芜湖、九江、汉口、天津、烟台、营口、广东等地设立顺记的分号或联号多达18家，并乘机拓展金融风潮波及不到的农村市场。

不仅如此，他还趁上海棉花行纷纷倒闭之机，用低廉价格收购10多艘运棉的沙船，建立船队，将运输环节的一部分利润也掌握在自己手中，综合成本及竞争力大增，美孚煤油的销量也因此骤增。[1] 最多时，其船队沙船达100多艘，往来于沿海和长江航线。

当时，《中外日报》报道叶澄衷的分号说，"遍于通商各埠，北达辽沈、南既交广、东渡渤海、西极巴渝"，"不独五金事业之权利在其掌握，即他行之土货、洋货欲行销内外各埠者，价值高下，无不视成（澄）忠（衷）为转移"。时任上海道台邵友濂在回忆这段历史时，称叶"商战取胜，夷夏震惊"。

1894年甲午战争爆发，叶澄衷指示顺记派人长驻江南制造局，保证军火生产中的煤、铁、铜等燃料的供应，又叫义昌成号经理樊棻帮助清政府向欧洲订购军火。因战争，叶澄衷的生意链顺势扩大。另一方面，叶澄衷感慨中国贫弱，"商之不能合群以握奇赢之柄"，所以不断拓展新的产业领域，"以隐收其利权"。[2] 于是，在五金、火油、航运业、军需业之外，叶澄衷又投资进入火柴、钱业、银行、保险等行业（见表17-2）。

---

[1] 刘锡汉、李宗琦主编：《中华长江文化大系》，武汉出版社/中国言实出版社2008年版。
[2] 马雪芹：《叶澄衷：宁波帮的先驱》，中国社会科学出版社2009年版。

表17-2 叶澄衷投资表

投资行业	载体	经营范围
五金业	顺记洋货号（1862）	中国人在上海独资经营的第一家五金店，主营五金杂货、洋油、洋烛、洋线团等
火油业	南顺记洋货号（1870）	美孚（1883-1894）、英国亚细亚、俄国火油，上海之外在通商口岸等地设立18家商号
军需业	可炽顺记（1870）	近代上海最早经营进口煤、铁的商号，也是上海民族钢铁业的开拓者，为山西大同煤矿、河南焦作煤矿等推销产品，为内外资祥生船厂、耶松船厂、江南制造局、江南造船厂、福州船政局、天津机器局、安徽枪械所等提供煤、铁等原料及置办军火
	义昌成（1890）	海陆军军装、部队所需五金器械和其他军用物品，同乡樊棻任经理，长女嫁给叶澄衷六子
房地产	树德地产（1873）	
进口食品	新顺记（1876）	外国罐头水果、鱼肉等，及用铁皮盒子包装的饼干、糖果等
火柴	上海燮昌（1890）	与族叔叶安新投资5万纹银所建，叶安新任经理，三年后病故，由同乡宋炜臣接任
	汉口燮昌（1897）	宋炜臣任经理，后在汉口创办既济水电、扬子江电器、燮昌烧碱等企业
	苏州燮昌	族人叶世恭任经理，其女婿为刘鸿生，刘的火柴业从苏州起家，后合纵连横，收购苏州燮昌等，成为中国火柴大王
航运业	推销进口小火轮（1875）收购沙船，组建船队（1883）	沙船数量最多时110多艘，旗下全国商号间运输之需
	鸿安轮船公司（1890）	鸿安因李鸿章不许进入船业，让利30%打英商旗号处理，后处处受排挤退出

（续表）

投资行业	载体	经营范围
票号/钱庄	上海、杭州、宁波、芜湖（1872–1897）	上海：大庆元票号、升大、衍庆、义生、恒裕、正余、余大、瑞大、志大、承大（四大与亲家许春荣合伙） 杭州：和庆、元大 芜湖：怡大 宁波：余大、瑞大、志大、义生、恒裕、正余等
丝业	纶华缫丝厂（1894）	甲午战前上海规模最大的缫丝厂，同乡武棣森为厂长
金融业	中国通商银行（1897） 三元保险公司（1897）	中国通商银行是近代中国第一家银行，三元为独资公司
煤矿	南太武山煤矿（1898）	闽人徐楚南筹办，煤质欠佳关闭

船政大臣沈葆桢之子沈瑜庆认为，"海上通商以来，中国商人能抗衡外国者，首推宁波。而其间又以胡君雪岩、叶君澄衷为之领袖"，近代经学大师孙诒让则以"中外商务系君为轻重者将三十年"，用以描述叶在中国商界的分量。[1]

与同时代的其他商人相比，叶澄衷身上最为淋漓尽致的一面是成功培养、提携了一批宁波同乡。慈溪人王铭槐，原在叶澄衷上海老顺记商号任司账，1879年被叶派到天津任刚开设第二年的分号经理。天津顺记的重要任务就是承接李鸿章的军需品订单。在天津，王铭槐通过叶澄衷的人脉、同是宁波人的严信厚，奔走在李鸿章门下，在甲午战争前为李鸿章购买鱼雷等军火，深得赏识，先后由李鸿章推荐到德商泰来洋行、华俄道胜银行任买办，成为天津四大买办之一，其家族有"一门三代六

---

[1] 马雪芹：《叶澄衷：宁波帮的先驱》。

买办"之称。

除王铭槐外，荷商恒丰洋行首任买办徐企生、德商逸信洋行陈协中、德商兴隆洋行叶星海、德商美最时洋行买办杜宪章、美资华顺洋行买办吴荫庭、怡和洋行买办陈吟漱、永丰洋行买办王品南、天利洋行买办李炳志、禅臣洋行买办周宝瑛、永兴洋行买办严逸文，都在顺记学习或工作过。[1] 时人有言：老顺记是洋行买办的摇篮。[2]

1896年，叶澄衷决定在武汉创办燮昌火柴二厂，他派同乡宋炜臣独当一面，开创了民营资本在武汉投资近代企业的先河。宋炜臣原在宁波一杂货店当学徒，1882年叶澄衷回乡扫墓，在这间杂货店购买祭品，多给了钱却没有留意，买完转身就走。宋炜臣数钱时发现钱给多了，就跑出老远，把多给的钱退给叶澄衷。扫墓结束前，叶澄衷征得店主和宋同意，把宋带到上海。

张之洞对燮昌设厂非常重视，批准了宋炜臣十年之内禁止中外厂商在汉口设立火柴厂的请求，汉口燮昌的规模很快超过上海燮昌，一度成为全国最大的火柴厂，产品行销华中、西南等地，甚至垄断湖北、河南等地市场。

到1906年，宋炜臣已经可以一呼百应，他邀请鄂、赣、浙等省商人筹资300万，又筹官股30万，在汉口创办了既济水电股份有限公司，自任总经理，叶澄衷的另一位得力助手王予枋任协理。武汉三镇1.8万盏电灯，在1908年夏照亮武汉夜空。1909年电厂建成发电，成为当时全国最大的商办水电企业。

湖广总督张之洞曾邀请叶澄衷办理汉阳铁厂，叶参观后婉拒，之后

---

[1] 马雪芹：《叶澄衷：宁波帮的先驱》。
[2] 同上。

才有了盛宣怀的介入。叶盛二人则交集于中国首家银行中国通商银行的创办上，位于汉口的全国最大机械厂扬子机器公司就是宋炜臣与盛宣怀的外甥顾润章等集资40万两所办，资本里就有由汉阳铁厂供给的旧机器设备以及5万银两。

除此之外，宋还在武汉投资兴办富池口铜煤矿、华胜军服厂、五丰铜矿公司。由于成就突出，宋炜臣被张之洞誉为"汉口头号商人"。世人只知张之洞之于汉口洋务的历史地位，殊不知身后还站着一个叶澄衷、一个宋炜臣。

第一次世界大战前后，为解决燮昌火柴厂的原料问题，宋炜臣同吴蕴初合伙，分别在上海和汉口建立燮昌烧碱厂。28岁的上海宝山人吴蕴初，1919年在汉口燮昌火柴分厂任工程师兼厂长，后来离开，在1923年创办了天厨味精公司，成为味精大王，而燮昌火柴苏州分厂经理叶世恭就是后来上海煤炭大王、宁波人刘鸿生的岳父。

叶澄衷之所以能培养出这么多人才，一是因为他的视野开阔，格局高远，商业敏感性强，立于产业之巅，善于把握机会，而且事业做得规模大，对人才的吸纳量大；（叶氏旗下商号达43家，有人撰写上海近代五金商业史，曾做过统计，一个规模稍大的商号需要配置工作人员大约45名。如果顺记商号按每家25人算，仅顺记商号就能容纳千余人就业。）二是因为他介入的行业近代化、市场化程度高，开拓性强，所培养出来的人才水准高，为时所需，自然高人一等；三是因为他知人善任，最重要的一点，他在企业内部开办商务学馆，培养了一大批为国家为市场所急需的人才。

不仅如此，叶澄衷对宁波帮后起人物也有所提携。他与朱葆三同是14岁来到上海，最早从事的也是五金，但叶澄衷比朱葆三大8岁。朱葆三来到上海的第十个年头左右,他任经理的那家店铺因老板去世而解体。他就在上海新开河边开办了一家小五金店,但发展缓慢。

有一天,叶澄衷邀请朱葆三到自己在福州路、四川路口大楼里经营,一则地段好,二则铺面大。借助叶的资历、地位和声誉,朱葆三扶摇直上,不但使他的起家商行慎裕五金累年获利,还由此跃居上海五金行业的领袖地位。尔后两人一同参与了对中国通商银行的投资。

叶澄衷与虞洽卿的相识、相交是在1898年第二次四明公所血案中。在这次事件中,叶澄衷与严信厚一道是领袖人物,但两人年事已高,而时为德商鲁麟洋行买办虞洽卿,血气方刚,有智谋,就格外被倚重。事件结束后,两人成为莫逆之交。作为重要的事件参与人,加之叶澄衷的赏识和倚重,虞洽卿声名鹊起,甚至在叶死后,两家成为世家并联姻。

叶澄衷是中国最早通过企业内部及面向外部的教育,来培养和发现人才的近代商人,这是叶澄衷比同时代其他商人的敏锐和高明之处,也形成其他商人无以比拟的叶式口碑。叶氏商务学馆,堪称中国企业大学的鼻祖。

1866年,闽浙总督左宗棠奏准兴办福州船政局,专门制造和修理水师所用的各种轮船和设备,与顺记产生业务往来。尽管叶澄衷与骨干精通英语,但负责办事者大多不懂英语,无法和外国人打交道,甚至骨干也有力不从心之感。面对福州船政局送来的订单,因不熟悉外国零件和机械名称,订货单上满是"奇形诡异"的零件图形和名称,即便是顺记经理陈瑞海,也差不多研究一个通宵才搞清楚要货的名称和要求。一同熬夜的叶澄衷,就萌生聘请精通五金的洋人专门教授顺记员工英语、五金、关税及商务知识的想法。两人一拍即合,随即开始执行。

叶澄衷的这个想法受到上海夜校英语培训学校的启发,唐廷枢等就曾以西方惯用的赞助方式资助过上海英华书院，但叶氏的操作手法明显高人一筹。顺记商务学馆就从夜校形式，慢慢成形：每晚打烊后，顺记商号员工聚拢上课，教室由顺记14间仓库改造而成。

同年，左宗棠奏请设立船政学堂，开始培养专业人才。在国家层面，船政学堂堪称近代中国船政第一新学，顺记商务学馆则是与国家需要共振而萌生的社会办学的楷模。

之后，顺记商务学馆也面向社会上的青年人招生，以招收小学毕业生为主，免费学习，学期一年，授课内容主要是西洋会计、商务、报关、英语等，完全学以致用。毕业后由顺记号录用，实习后大多数分赴各地分号工作，这些学子中有一批成为上海、汉口、天津等地洋行的买办与协办。

福州船政学堂为中国培养了一批船政专业人才，顺记商务学馆则向社会输送了一批商务人才。除跳槽做买办的那批人，福州船政局主持者沈葆桢的儿子沈瑜庆在为叶澄衷写的悼文里说，"上海各商务所任使者"，连年"强半是从老顺记习业而来者"。他还回顾说，当今士大夫热衷兴建商务学堂，"不知君于二十年以前已为之发凡起例矣"。他甚至举例说，尔后"湖北铁政局、南北洋海军，推至于各省有机器局者，无不资以转运"。

国人主办新式学校的最早范例，当数1878年由张焕纶创办于上海的正蒙书院，稍后有1896年由教育家王培孙创设的育材书塾（1904年定名南洋中学堂）。同在1896年，汉阳铁厂总办郑观应建议盛宣怀在厂内设立学堂，招考略懂算法的学生40名，上午读书，下午进厂实习操作。但他的这种想法到1905年才由苏州人李维格接任铁厂总办时实现。

1899年，叶澄衷一病不起，感到去日无多，在去世前半年，决定在上海兴建澄衷学堂，在家乡兴办叶氏义庄，以教贫家子之不能就塾者，

"大则可望成才,小亦得以谋业"。"生平仅九岁读,半年遂辍,每自恨,谓多假数年读,所就宁止此乎?"[1]而所以以其名字命学堂之名,叶澄衷以此表达自勉、期人共勉之意。

当兴建校舍时,美国福开森前来劝说叶氏,说中国人少持久性,有头无脚,难以善后,不如把土地与资金委托上海租界内的英国工部局办理,叶氏婉言谢绝。

叶澄衷没有亲眼看到他的嘱托变为现实的一天,于 1899 年 10 月去世,享年 59 岁。办学的事情都由他的追随者及家人按照他的遗嘱办理。澄衷学堂于 1901 年 6 月开始招生,叶澄衷成为上海第一个独力捐地并出资兴办学校的商人,清政府督学部颁发匾额"启蒙种德"以勉,系清光绪帝御笔。

澄衷学堂的规制除南洋公学外,无与伦比。其虽有西学,但中学特色明显,用叶澄衷的话说,希望其"延聘名师,专以教授中国经书为做人之根本",这是叶澄衷一颗拳拳中国心的鲜明体现。

中国文字中蕴含着中国的根与魂。由澄衷学堂第一任校长刘树屏亲自动手编写的《澄衷蒙学堂字课图说》,就是一套立足中国文字的教材,共选用 3000 多字,涉及天文地理、人事物性、金属化学、乐器武器、花鸟鱼虫、各国知识等,每字集中国书法艺术与绘图艺术的臻美,精美程度令人叹为观止。

胡适于 1905 —1906 年曾就读于此,他日后说,《澄衷蒙学堂启蒙读本》是中国自有学校以来第一部教科书。他在这里第一次读到《天演论》,"高兴得很",也在此打下英文和算学的基础,"澄衷的好处在于管理的严格,

---

[1] 汤寿潜:《第十世讳成忠公家传》,见马雪芹:《叶澄衷:宁波帮的先驱》。

考试的认真……学校办事的人能注意到每个学生的功课和品行"。

澄衷学堂培养出一大批各学科杰出人才，譬如近代气象奠基人竺可桢（1905—1908年，指入学时间，下同）、血液病学和骨髓移植专家陆道培（1938—1943年）、航空医学家和生物医学工程家俞梦孙（1948—1951年）、空气动力学家乐嘉陵（1954年毕业）、地质学家於崇文、法学家倪征燠、胡适、获国际小行星命名的旅港实业家李达三（1934—1937年）、上海严氏家族二代严庆祥、上海华成烟草公司创办人戴耕莘等。

就商业影响来说，比澄衷中学更厉害的是叶氏义庄。如果说澄衷中学承载的是叶澄衷在上海的办学夙愿，那么叶氏义庄承载的是他对家乡的浓情。这所学校走出一批商界名流，如"世界船王"包玉刚、影视巨商邵逸夫，香港实业家赵安中、叶庚年、包从兴、包玉书、包玉星、叶谋彰、叶谋遵，台湾实业家朱之信、楼志章、叶谋升及西班牙华人侨领林连水等。[1]

设立义庄、义塾在中国古代社会是凝结士大夫情怀的通行做法，只是叶氏义庄在社会大变革的晚清，以古之形式，输以新学，无心插柳所产生的不同凡响的效果，无意放大了其影响。澄衷学堂第二任校长是蔡元培。在为叶澄衷写的祭文中，他称，叶澄衷普及平民教育及创办银行[2]，体现了文明的高度。"兴学后不一年，湖州庞氏、杭州胡氏已相继捐资立公学"，"怀德堂之法，上海多名贾，亦必有闻风起者"。

---

[1] 2012年10月曾来往寻访，在方圆三五公里范围内，密集地分布着包玉刚、邵逸夫等多人故居，即便过去七年，仍觉得叶澄衷创造的这段历史，堪称传奇。

[2] 叶澄衷是由盛宣怀创办的中国首家银行中国通商银行的投资人之一。

蔡元培的结论是,"富教两界,皆自君创始"[1]。

那个时代的首善之人非叶澄衷莫属。促学、扶掖同乡、家国情怀,构成他的三重境界。如果用一句话来评价他,那就是"做人当如叶澄衷"。

两次四明公所事件

19世纪70年代,当晋商在恰克图茶叶贸易中接连受挫时,在上海,甬商也在面临一场持续30多年的大考,并决定其是否能够真正在上海滩站稳。这是他们进入这座城市以来所面对的第一次大考,也成为他们蓄势上海的开始。

这次大考在法租界公董局和四明公所之间展开。宁波籍上海道台蓝蔚雯在职责范围内曾给予甬商一定关照,譬如1844年后免除四明公所的纳税之责。1847年后,法租界不断扩界,四明公所被纳入其中,两个问题被摆上租界大人的议程:一是免税有损租界利益;二是公所内的义冢有碍租界环境卫生,要求予以搬迁。

法租界公董局认为,公所是传染疾病的根源,他们在1862—1863年该局年度报告中就提出,"为了消灭这些坟墓,决不在任何尝试面前后退,不管这种尝试有多么艰巨"。其间,法租界多次提出交涉,最后都不了了之。但在拉锯的30多年中,双方因此产生芥蒂,酿成1874年及1898年四明公所与法租界之间两次流血的"四明公所事件"。

1874年1月,第一次四明公所事件逐渐发酵。法租界公董局以修路为由,提出借用四明公所义冢内的13亩地皮,所借地皮之内的坟地要全

---

[1] 蔡元培:《第十世讳成忠公墓志铭》,见马雪芹:《叶澄衷:宁波帮的先驱》。

部迁出。双方僵持不下，法租界公董局提出，路可以不修，坟可以不迁，但埋在坟里的尸骨要移到别处，激起旅沪宁波同乡愤慨。在抗议中，法国巡捕受命开枪，1名宁波人被打死，场面失控，宁波人放火烧掉40多间法人住宅。法国军舰上的水手、英国巡捕及美国水兵聚集到法租界，又造成中国人6死20伤。

四明公所董事方继善、严信厚多次与法领事协商解决办法，均无结果。

1878年，上海道将此事件作为外交事件上交清政府总理衙门解决，双方才坐下来谈判：中国赔偿法国37650两平银，法国支付7000两作为7名死者家属的抚恤费；法租界公董局放弃原筑路计划，继续免除四明公所及其附属地的一切捐税，冢地之内永不得筑路、开沟、造房、种植，但严禁四明公所寄厝棺木。事件告一段落。

其间，法租界公董局多次就棺材提出交涉。1885年9月，他们要求迁走四明公所内停放的2100具棺材。1890年上海发生鼠疫，要求对棺材进行消毒，并迁移。1895年初夏，北京、香港等地瘟疫爆发，人口大量死亡，上海中外人士谈"疫"色变。[1]法租界再次提出诉求，但都不了了之。

1898年1月，法国公董局制定租界管理章程，明确提出禁止租界边沿堆寄棺柩，并照会四明公所，限六个月内将所有寄柩搬迁干净。四明公所在西边另辟地方修建殡房，转移了绝大部分棺材，法租界公董局又以修建医院和学校为名，擅自占用四明公所土地，双方争议再起。

---

[1] 《四明公所的厝柩问题》，上海社会科学院历史研究所网站，2003-10-28，https://www.sass.org.cn/2003/1028/c1282a36374/page.htm。

第二次四明公所事件发生后，法兵悍然强占四明公所，浙江籍上海道台蔡钧因对法方要求态度强硬，甚至被撤职。

第一次四明公所事件参与者上千，第二次声势更不一样。官方的软弱让广东同乡会等也参与到宁波籍工商界组织的抗议。一些愤怒的市民用石块将法大马路一带路灯全部击碎，洋泾浜（今延安东路）以南一片黑暗。

第二次四明公所事件由严信厚和叶澄衷牵引、主导，深受他们器重的虞洽卿积极奔走号召各界罢工罢市，担当交涉翻译，一战成名。叶澄衷的气愤不打一处来，他不无愤怒地说："吾等乃甬人，首先代表着甬人之利益。但是，吾等更是中国人，更应该有中国人之骨气，岂能让洋人轻视吾辈！小人死于利，君子亡于义，今日是也！"

最高潮时，一、二十万旅沪宁波人及各界人士掀起抗法浪潮，叶澄衷经营的商号和钱业率先停止营业。在底层民众中极负盛名的宁波人沈洪赉性情勇烈，重义轻利，他一手组织的长生会，会众大多数是在西洋人手下工作的厨师、保姆、洗衣工等，在叶澄衷、虞洽卿穿针引线下，参与了罢工罢市。[1]

一时，商人罢市，工人罢工，水手上岸，受雇于洋人者，一律辞职。[2] 法租界内中国店铺总罢市，少数不愿关门的店铺被群众捣毁。上海其他地区各业群众也纷纷罢工罢市。

但在冲突中，上海市民被杀害17人，伤数十人，被捕十余人。江

---

[1] 清朝时的上海，各行各业都有会，渔业有同善会，酒业有济安会，木作业有年庆会。沈洪赉以华人无合群力，事事受辱于西洋人，于是集上海为西洋人干活的中国人为长生会，长生会内部以处理丧葬事、赈济鳏寡孤独为公益。

[2] 南伯庸：《上海大亨虞洽卿》，海南出版社1996年版。

苏布政使聂缉椝介入交涉。1898年9月2日，中法政府签署《解决四明公所案四项谅解原则》，原则上维持四明公所土地权，成全法租界扩张要求，公所内不得掩埋新尸或停棺柩，原有旧坟应陆续起送回籍。

法方最终如愿以偿，尽管结果让人黯然，并没有助长中国人志气。但从此，宁波人用一个铿锵有力的声势，证明他们有能力对这个口岸的根本利益施加影响。[1]

1898年，四明公所首席董事之位落到严信厚身上，而叶澄衷对待洋人的态度有了十分明显的变化，他不再出席洋人举办的社交聚会，也不亲自与洋行或外国银行打交道。这个多难的国度让每个商人都承受了抹不去的酸楚。

次年，叶澄衷病逝。

拐点人物严信厚

如果说柏墅方家、小港李家、叶澄衷等在上海滩打拼积累的是宁波商帮的能量的话，1910年前后对宁波商帮来说便是一个由量变到质变的年份。所谓质变是指宁波人在上海滩的话语权、影响力等达到超越其他商帮而成为一座高峰的临界点。

最终助推宁波商帮实现这种转变的，是慈溪人严信厚。严信厚初在宁波鼓楼前恒业小钱肆当学徒，因三餐能尽数升之粮，被主人辞退。此时，严信厚年仅17岁，乡人将他介绍到上海小东门宝成银楼供职。

受父亲耳濡目染，严信厚常临摹名家书法，尤善画芦雁。严信厚以

---

[1] 朱国栋：《沪甬双城记》，载《瞭望东方周刊》，2006年第4期。

自绘芦雁团扇赠胡雪岩，胡雪岩大喜，赞其"品格风雅，非市价比也"，特书荐于李鸿章，李鸿章当时正在督军镇压捻军，委派严信厚在上海襄办转运饷械。1877—1878年，一场被称作"丁戊奇荒"的千古奇灾席卷山东、山西、河南、河北等地，饿殍遍野，人尚相食，受灾死亡人数保守估计达1000万之多。值此之际，严信厚与盛宣怀一道受命在津沪筹办赈灾事宜。

除郑观应外，江苏苏州人谢家福、浙江上虞人经元善、江苏无锡人李金镛等绅商也是这次赈灾的积极参与者。日后他们被李鸿章认同而走上洋务之路，经元善、谢家福与盛宣怀、郑观应一道，在津沪苏等地参与初创电报局，李金镛则被派往黑龙江筹建漠河金矿。

1885年，严信厚署天津盐务帮办。此前后，因经常接触，对照家谱，他发现自己与200多前由慈溪到天津的严氏家族是同族的远房亲戚，甚至与严克宽是同辈。严克宽家族已融入天津人的生活，自从祖父到天津后，再没有回过慈溪。

次年，严信厚在天津东门里经司胡同自设同德盐号，由此发迹。洋务起家的这批人往往游离于政商之间，成就巨富。同年，他集资在宁波北郊湾头，把一个手工轧棉工场改建为通久源机器轧花厂，将从慈溪、余姚收购的籽棉加工为皮棉，运销各口岸，甚至外销香港或出口。这是宁波第一家近代工厂。之后，严信厚的投资一发不可收：在慈城创办浙江第一家火柴厂，在宁波创设通久源纺纱织布局和通久源面粉厂，在杭州创设通益公纱厂、萧山通惠公纱厂，在上海开设源丰润票号、老九章绸缎总店，投资华新纺织新局，在天津开设物华楼金店和老九章绸缎分店。

严信厚的活动重心也逐渐从天津移至上海，除被聘为盛宣怀控制的华新纺织新局协理外,他还获得掌管上海道的公款收支事宜的道库、惠通官银号经理的角色。他近水楼台先得月,在上海创办起源丰润票号,经营国内总汇和商业拆放业务,并吸收官僚存放款。

除上海总号外,源丰润先后在北京、天津、广州、福州、杭州、宁波、汉口、香港等地开设 13 余处分号。其与胡雪岩的阜康、云南人经营的天顺祥、李鸿章及东山席氏家族入资的义善源,构成南帮最具声望的四家票号。

除票号外,严信厚在钱业方面投资颇大,开设有上海恒隆、德源,杭州寅源、崇源,汉口裕源,兰溪瑞亨、宝泰,金华裕亨慎,以及宁波信源、衍源、永源、五源、泰源、鼎恒、复恒、泰生等。

严信厚真正的留名,主要在于他围绕江苏人盛宣怀,在执行层面做了两件对整个中国商界都具有划时代意义的事情,一件是筹办 1897 年成立的中国第一家银行中国通商银行,一件是 1902 年倡导成立上海商业会议公所。

早年李鸿章的商界影响主要倚仗广东香山势力,当盛宣怀得到李鸿章授意将他们从轮船招商局一个个扫地出门后,他们或许没有预料到一个负面后果,那就是相当长时间内,缺少香山买办所给洋务事业带来的遗憾没有迅速被其他区域商人弥补,加之政策层面对各种洋务事业实施的专利权,从此到甲午战争成为近代中国商人投资工商业欲望最为压抑、沉闷的十年。相反,轮船招商局靠滚动发展,成为诸多洋务的投资平台。

甲午战败激发中国下一轮投资潮。1895 年之后,招商局向外投资 286 万银两,涉及煤矿、纺织、铁厂、银行、铁路等领域,几乎囊括晚清时期所有的洋务行业。新政层出不穷,盛宣怀奏请举办新学,创办铁路公司和中国通商银行。在中国通商银行成立一事上，李鸿章和盛宣怀将目光锁定在严信厚身上。严信厚被赋予的官衔及使命远不如盛宣怀重要，但在李鸿章的幕僚中，严信厚可圈可点，洋务投资涉及机器轧花、纺织、面粉、火柴等领域。他的背后，站着实力正在凸显的甬商、浙商群体，而严信厚又保有对他们应有的号召力。于是，严信厚就成为实现李、盛意图的最理想人选。

中国通商银行对标汇丰银行，计划首批投入资金500万，第一期250万，由政府拨款100万，作为第一批存款。接到筹办任务之初，严信厚本来打算以源丰润等票号、钱庄为基础，改组加入但未果。从投资金额来说，首期剩余资金，盛宣怀私人及名下控制的招商局、电报局占到大头，达73万，其余77万由李鸿章、王文韶等投资，严信厚、张振勋、叶澄衷、朱葆三、刘学询、杨彝卿、严潆、陈猷、杨廷杲、施则敬等股东或派驻人员10人，被盛宣怀个人而非选举推举为总董。

在总董中，刘学询、严潆、陈猷、施则敬来自招商局，杨廷杲由上海电报局提调，杨彝卿供职芜湖关道。刘学询虽是广东人，但寄籍在杭州，也是李鸿章幕僚出身。总董盛宣怀控盘大局是显见的，但通商银行兼顾了多地商股的加入，一大亮点是吸引了粤籍侨商张振勋的资金。

体现严信厚影响的是，商股参与者以甬商居多。早年叶澄衷在军需贸易中借力严信厚甚多，两人关系密切，且对同乡朱葆三多有提携，三人携手成为主要发起人及股东，而除洋大班是英国人美德伦外，核心经营层均来自浙江绍兴府[1]。

---

1 山阴、会稽、萧山、诸暨、余姚、上虞、新昌、嵊县八县归绍兴府管辖。新中国成立后余姚划到宁波，上虞也曾划归宁波，后复归绍兴。

前两任华大班是绍兴上虞人陈笙郊、余姚人谢纶辉，他们是柏墅方氏家族输出的钱业经理人。第三任华大班改称华经理，由谢之子谢光甫接任，稍后是宁波人傅筱庵。大班掌握着银行内一切存款、放款、资金运用、签订合约、选用职员等大权。前期中国通商银行的大权实际操纵在严信厚、叶澄衷、陈笙郊、谢纶辉等人手中。以此为标志，宁波帮开始向新式银行转化。

1902年初，身为商务大臣的盛宣怀奏准成立上海商业会议公所，其肩负着"明宗旨、通上下、联群情、陈利弊、定规则、追逋负"的宗旨，对内处理华商争端，对外负责与洋商交涉、联络商情、挽回利益。虽然1900年香港中华总商会是我国第一个地方商会组织，但上海商业会议公所一直顶着中国"第一商会"的荣光，它的第一任总理是严信厚，副总理是浙江宁波人周金箴和江苏太仓人毛祖模（上海商业会议公所首届总董及议员籍贯等情况表见附录表6）。

上海商业会议公所首批会员75人，代表20多个行业或企业，由各会馆公所或行业推举的行业代表占会员的绝大多数，遇事参与会议，但无决策权。会员中浙帮占主要比例，尤以甬商为多，办事机构以总理、副总理为核心。毛祖模疑还未到任，甬商基本主宰上海商业会议公所。

1904年1月，清政府正式批准在各地成立商会，严信厚又率先遵办，以会议公所的名义筹款12 000两作为经费，并修正章程，将上海商业会议公所改为上海商务总会，并成为续任总理。之后，天津、京师商务总会先后成立，它们成为中国最早诞生的一批商会。

两年后，严信厚及独子严子均发力在上海密集投资龙章机器造纸公司、同利麻袋厂、中英药房、吴淞防疫华医院、华兴水火保险、上海内地自来水公司等。锦州天一垦和景德镇江西瓷业公司也是他们的投资。

周金箴先后与严家参与对通久源轧花厂、华新纺织新局的投资,并投资轮船招商局,1908年与李云书、虞洽卿、陈子琴集资创办四明商业银行,是首届董事会总董。

之后,曾铸、李云书、周晋镳、陈润夫先后担任上海商务总会总理。除第二届曾铸和第七届陈润夫外,在上海商务总会有限的历史上,其总理一职均由宁波人掌握。曾铸是福建同安人,海味业代表,而陈润夫是江西人,代表南帮汇业天顺祥票号(见表17-3)。

表17-3 上海商务总会历任总理及协理

就任时间	总理及其籍贯	协理及其籍贯
1904.5	严信厚(宁波慈溪)	徐润(香山)
1905.12	曾铸(福建)	朱葆三(宁波定海)
1906.12	李云书(宁波镇海)	孙多森(安徽)
1907.12	周晋镳(慈溪)	李厚祐(镇海)
1909.3	周晋镳	严义彬(慈溪)
1910.2	周晋镳	邵琴涛(江苏)
1911.2	陈润夫(江西)	贝润生(江苏)

辛亥革命后,因商务总会领袖系由清政府商部委任,新政府决定解散商务总会。上海商务总会又于1912年6月11日改组为上海总商会,首任会长是周晋镳,1913年兼任第一届中华全国商会联合会[1]会长。

虽然上海商业会议公所先后更换两次,内部人事、组织结构却变化不大,商会的领导权基本掌握在甬商手中。1912—1929年,上海总商

---

[1] 该会发起于1907年,宁波人周晋镳和苏州人贝润生担任正副会长。

会进行过9次会董选举。除第五届和第九届外，其他各届会长均由甬商执掌。

从这一脉络来说，严信厚被誉为宁波帮的开山鼻祖似乎也实至名归。当严信厚接过盛宣怀递过来的交接棒时，以宁波、绍兴、湖州为代表的浙商在上海总商会等平台上脱颖而出，以当仁不让的姿态独立执掌上海乃至全国工商业之牛耳。

法国著名学者白吉尔近乎开玩笑地说："上海总商会似乎只能算是四明会所的一个分所。"[1]至于在上海其他各种商会和一些主要行业公会，如上海钱业公会、闸北商会、上海县商会等团体，宁波商人无不占有重要地位。

三地买办，甬帮后来居上

中国买办群体具有明显的商帮化，粤籍买办以香山买办为绝对的集大成者，苏州洞庭、无锡苏办在苏商中独占鳌头，最引人瞩目的浙江买办来自湖州、宁波。粤帮买办、江帮买办、浙帮买办基本代表近代最高水准买办群体的籍贯走向（这些代表性买办群体的成员见表17-4）。这三个区域买办基本以核心人物外加一个买办群体作为标配，形成香山买办、洞庭买办和宁波买办三峰次第鼎立之势。

---

[1] [法]白吉尔：《中国资产阶级的黄金时代（1911—1937）》，张富强、许世芬译，上海人民出版社1994年版。

表17-4 中国代表性买办群体／世家

帮派	父子／兄弟／三代／叔侄	一门数名
粤帮	莫仕扬－莫藻泉－莫干生 潘波－潘志铨 陈可良－陈雪阶 郑廷江－郑观应／郑翼之（叔侄）	何东／何福／何甘棠－何世荣／何世耀／何世光／何世亮／何世基 唐廷枢／唐茂枝（胞兄）／唐瑞枝、唐国泰（族弟）－唐杰臣（侄）－唐纪常（侄孙） 徐钰亭／徐荣春－徐润／徐渭南、徐关大（堂兄）／杨梅南（表弟）－徐少之／徐元生／徐叔平（子）
苏帮	沈二园－沈吉臣－沈子华 席嘏卿－席裕康－席德溚 董桂庭－董仲生 严怀瑾－严兰卿 王宪臣－王俊臣（胞兄） 周渭石－周仲石－周文石	席正甫－席裕成／席裕光／席裕美／席裕奎－席德浚
湖帮	吴少卿－吴登瀛－吴申伯 王一亭－王孟南、王叔贤、王季眉（子）	杨涵斋（公平洋行）－杨叔良、杨季良（子）／杨少莲、杨尔梅（侄） 顾福昌－顾寿岳（子）／顾寿乔（侄）－顾叔苹（孙）－顾怡康 许春荣－许品南／许杏南／许葆初
甬帮	朱志尧－朱鲁异 刘鸿生－刘星耀 叶星海－叶庸方 傅筱庵－傅品圭 王容卿－王肇元 杨信之－杨奎侯	王铭槐－王采臣／王毓臣－王步洲／王云洲 虞洽卿－虞顺恩－虞鲁伯 朱葆三－朱子奎／朱子蕃／朱子衡／朱子昭－朱启丰
其他籍	胡寄梅－胡筠籁／胡筠秋／胡筠庄（徽州） 朱云佐－朱鲁异（中法实业银行）（上海） 李辅臣－李志年（天津） 朱云佐－朱志尧（东方汇理银行）	

上海开埠后的半个世纪内，粤籍买办一枝独秀，在上海、天津、香港等多个城市占据先机。唐廷枢离开怡和洋行去招商局做总办时，他的胞兄唐茂枝及侄儿唐杰臣、侄孙唐纪常，相继接替他的位置。香山唐氏家族在上海怡和一干就是四任三代，历时半个世纪以上。在唐廷枢的介绍下，他的族弟唐瑞枝、唐国泰也进入洋行当上买办。

徐钰亭与徐润是宝顺洋行伯侄买办。当上买办后，徐润也像父辈那样为几个家族成员担保。在他引荐下，他的堂兄徐渭南充任九江宝顺洋行买办，堂兄弟徐关大任上海怡和洋行买办，表弟杨梅南做了烟台太古洋行买办。他的长子徐少之任九江宝顺洋行买办，次子徐元生任上海宝顺洋行买办，三子徐叔平任一家德国洋行的买办。

郑观应与徐润家存在世交关系，同宗叔父郑廷江是英商上海新德洋行买办，亲戚曾寄圃是上海宝顺洋行副买办，堂兄郑济东也在宝顺洋行做事。

1882年郑观应离开太古轮船公司时，与李秋坪等人共同担保香山同乡杨桂轩，出任太古轮船公司总买办，1884年杨桂轩亏空太古洋行10万两银，无力赔偿，郑观应被索同赔，弄得非常难堪。

郑观应多子，但后代少有买办。不过他的异母五弟郑翼之，在16岁时跟随他来到上海，后经莫仕扬推荐，进入太古洋行，在账房作练习生。1881年，太古洋行在天津设立分行，他随同经理斯维尔北上。1887年，26岁的他成为天津太古洋行买办。

之后，郑翼之与佛山同乡、怡和洋行买办梁炎卿，一道成为天津四大买办中的两位粤籍人士。在天津四大买办中，梁炎卿的财富位居四大买办之首，乃粤帮在天津首富。

香山买办以洋务报国，契合一个时代的脉搏，其声势和影响在上海开埠后的半个世纪内几无区域买办群体能与匹敌。他们被无法抹去地写入中国洋务运动历史，而且引领了买办投资时代的到来。

更为关键的，考虑到上海首任商人道台吴健彰，中国留学生之父容闳，买办、洋务先锋与思想家三栖而立的郑观应，三民主义倡导者孙中山，民国首任内阁总理唐绍仪等均来自香山，徐润的小妹徐宗汉是革命家黄兴的夫人，香山买办及南粤之地所自带的这股能量的影响，远不只在经济层面。

这些处于波澜中的政治人物，不仅是时代的旗手，也以灯塔的姿态存在，照亮一个时代，成为时代的精神支柱。几乎所有的区域商帮都站在了捍卫清朝的反面，他们簇拥在三民主义旗帜之下合力埋葬了清朝。尔后，江浙买办虽然成功站队蒋介石国民政府，在政治上占据了制高点，但其及国民政府的实际取向，却走在与最为广大的民情、民意对立的道路上。

丝在中国出口中的位置，决定了湖州丝商出身的买办及湖商在上海滩应有的地位。湖州顾福昌任旗昌洋行买办后，安排其侄顾寿乔出任旗昌丝厂买办，其子顾寿岳后继任旗昌洋行买办，又任乾康洋行买办。顾福昌后出任怡和洋行买办，并入股怡和打包厂任总经理，其子顾寿岳之子顾叔苹，接任怡和洋行买办，再之后顾叔苹之子顾怡康继任。

湖州杨涵斋先后任新时昌洋行、公平洋行买办，长子杨叔良为新时昌洋行买办，次子杨季良为达昌洋行买办，侄杨少莲为永兴洋行买办，侄杨尔梅为福来德洋行买办。其子侄9人均任洋行买办，有"一门九买办"之称。吴家吴少卿、吴登瀛、吴申伯祖孙三代世袭德商瑞记洋行买办。王一亭三个儿子王孟南、王叔贤、王季眉先后继任他的日清公司买办一职。许春荣家族祖籍宁波，出生、成长于湖州，其及子许品南、许杏南和孙许葆初，三代都是买办。

甬帮买办在20世纪后来居上，整个群体规模无其他区域能及。有人统计，在20世纪20年代上海90名著名买办中，浙江籍买办达43人，约占48%，以朱葆三、虞洽卿、刘鸿生、王铭槐等为代表。

朱葆三为上海平和洋行买办，长子朱子奎为三井洋行买办，朱子藩是汉口平和洋行买办，朱子衡是上海平和洋行买办，幼子朱子昭为天利洋行和汉口礼和洋行买办，其孙朱启丰曾任三井银行和平和洋行买办。

朱志尧与朱鲁异、刘鸿生与刘星耀、叶星海与叶庸方、傅筱庵与傅品圭、王容卿与王肇元（法商东方汇理银行）都属于父子买办。虞洽卿是华俄道胜银行和荷兰银行买办，他的儿子虞顺恩、虞恩铭，孙子虞鲁伯也都是买办。甬帮的开山人物之一叶澄衷是美孚公司的买办，经营燃油起家，尽管有七个儿子，但仅叶子衡日后成为日商台湾银行买办。

俄道胜银行买办王铭槐是天津四大买办之一，他的家族四代买办。他的儿子王采臣（青岛德华银行、天津中法工商银行）、王毓臣，孙子王步洲、王云洲，重孙王义范（天津永丰洋行）都是买办。

甬帮买办所具有的行业开拓之功，碾压香山买办，在晚清民初投资中国的浪潮中，甬帮买办一马当先，视野开阔，引领多个领域的投资，夯实了甬帮进入民国在沪的影响力，并在此基础上，铺垫了蒋介石政商合体政权一时的成功。

如果说香山买办是铺路石和奠基者，后续者、开拓者就是甬帮买办。他们继承了香山买办血统里转投新式工商业的血统，又带动整个甬商对近代工商业的投资，成为晚清民国后中国商帮史上绕不过去的群体之一（1877—1938年买办投资工矿企业情况表见附录表7）。

上海第一家机器厂发昌厂由香山人方举赞于1866年创办。甬商在近代上海新兴工业方面的最初尝试,是从船舶与机器修造业开始的。1882年,董秋根在虹口外虹桥开办永昌机器厂,拉开甬商在上海举办工业的序幕。之后,何德顺、郑良裕、周梦相分别在上海开办广德昌机器厂(1885年)、公茂机器船厂(1885年)和大昌机器厂(1888年)。[1]

此前后,黄楚九于1887年接盘中西大药房,1890年创办中法药房;严信厚1888年参与设立恒丰纱厂,1889年与朱葆三参与创办上海第二家华人西药房华英药房,1894年投资中英药房,并与周晋镳、汤仰高、戴瑞卿、周熊甫等沪甬富贾集资45万银两,在轧花厂的基础上创设浙江省最早的一家纱厂——通久源纺纱织布局。叶澄衷1890年涉足火柴行业,1892年创办纶华缫丝厂。

严信厚还与叶澄衷、朱葆三参与投资中国最早银行通商银行,并与周晋镳等人参与创建华新纺织新局和中国第一家保险公司华兴保险,尔后创建华通保险、中易信托等。

如果说粤帮买办是以投资航运、棉纱、丝绸和茶叶等为主的贸易而成为上海商界的主宰者,那么从19世纪最后15年到20世纪30年代,甬帮买办超越粤帮买办,与非买办甬商一起,在上海产生巨富的五金、颜料、航运、钱业、银行、保险、影业等行业都占据了压倒或较大优势。

船业以小港李家为代表,钱业以柏墅方家为代表,五金以叶澄衷、朱葆三为代表,颜料以周宗良、虞洽卿为代表,钢铁大王是余名钰。另外,近代上海第一家五金店、第一艘轮船、第一家银行、第一家保险公司、第一条公交线、第一个证券交易所等的投资都由甬商参与或主导。镇海人胡

---

[1] 《上海船舶工业志·大事记》,2003-01-23, https://www.shtong.gov.cn/difangzhi-front/book/detailNew?oneId=1&bookId=4514

西园创办中国第一家灯泡厂，制造出中国第一只自制灯泡，是中国照明电器工业的开拓者，被誉为"中国灯泡之父""中国电光源之父"。

当甬商在新式工商业中小试牛刀时，山西太谷曹氏家族正在坐吃山空。全家老小每日山珍海味，还吸食鸦片。雇用佣人多达370余人，家兵500余人，每年家用开支10余万元。除购田置地外，山西祁县富商渠源浈坐拥三四百万两资产，不是让它们增值，却窖藏起来，当了守财奴。还有晋商或聚古玩，或买狡童于吴间，或购美玉于燕赵，过着奢侈而无所追求的生活，毫无创业意识和动力，坐失机遇，逐渐被时代所抛弃。

甬帮长期占据上海总商会会长一职，基于影响及肩负着无以回避的责任等因素，每遇重大时刻都难免被曝光在闪光灯下。尤其在辛亥革命后的北洋军阀及国民政府统治期间，时事艰难，少数甬帮领袖穿行于利益的丛林，试图在犀利矛盾中做出两全的选择，几无可能。最终，他们失之于对民情民意的关照不够，倾向过于偏斜，走向大势的反面，动摇了甬帮在沪的民意基础。

相较甬商买办，洞庭席氏家族及姻亲少有人抛头露面，虽在上海外资金融圈无处不在，却又处处不在，低调之情状可见一斑。就形象而言，甬帮买办不如香山买办，无论朱葆三、虞洽卿，还是傅筱庵、顾履桂，都面目晦暗。

第六部分

沪上王者的沉浮：

1843—1948年（下）

以开埠为标志，上海逐渐成为中国经济新的引擎。以苏州、镇江、无锡、常州等地为代表的苏商和以宁波、湖州、绍兴等地为代表的浙商，凭借近水楼台之利，成为继粤帮北上之后争雄沪上的两大商帮。

以甬人为主要班底的上海总商会坐地起势，不断延伸影响力，将甬帮由一隅之帮推向具有全国影响力的商帮，并与粤商、苏商等一道在推翻清朝及袁世凯统治中发挥了革命性的作用，但在五四运动和蒋介石北伐入主上海后，以上海总商会、钱业公会和银行公会为大本营的江浙大商的地位日益尴尬。

因为立场、观念乃至派别不同，同一商帮内部及跨区域的中小商人组织不断涌现，分散了大商的影响，由此所造成的乡情撕裂，让区域商帮凝聚力顿失。浙帮内部派别水火不容、核心人物隐退，为已然酝酿甚长时间的粤帮卷土重来提供了隙缝。

以1916年袁世凯复辟倒台为时间节点，以香山帮为核心的粤帮，再度活跃上海滩。他们视野开阔，纵横东南亚，得时代之先，二度崛起上海滩，在百货业独步天下，为粤帮挽回迟到的颜面。相较甬商在电影业的影响，粤帮有过之而无不及，而兄弟烟草、永安纺织、开林油漆、广生行则代表了粤帮在工业领域的实力。

伴随政经大环境的变化，商帮内蓄积的矛盾和商帮间不容调和的对垒，形成死结，为商帮败落乃至曲终人散，埋下伏笔。

第十八章 正统苏商

当山陕盐商纵横驰骋于中国商业史时，江苏商人以洞庭商人为先导，在中国商帮史上"小荷才露尖尖角"。

苏商比闽粤商人稍晚找到自己的历史坐标。上海开埠之初，闽粤移民居于优势地位，在数量上仅次于上海本地人，分列二、三位，苏浙等省移民比例相对较小。

但太平天国运动和小刀会起义让这种局面发生逆转，苏浙商人为避战火蜂拥进入上海租界，而发生于上海的小刀会起义以闽粤人为主，一俟其失败，闽粤人被清算，闽粤人尤其是闽人在沪的生存环境遭受破坏。这一进一出，形成上海移民新格局。[1]

---

[1] 在上海公共租界中，1910年江苏、浙江籍人口分别为141 855、109 419人；1930年分别增加到500 576、304 544人。20年间两省在租界中的人口总和增加了320.4%。徐雪筠等译编：《上海近代社会经济发展概况（1882—1931）》，上海，上海社会科学院出版社，1985。

钻天洞庭人走向上海滩

江苏商人的魂魄，肇始于苏州洞庭。

苏州洞庭分东山与西山，即今吴中区的东山镇和西山镇。东山（即古胥母山）为伸入太湖之半岛，西山（即古包山）在太湖中。在今人眼里，有山有水，恬静安详，是一个休闲度假的好去处，在古代，这里也是人们避世而居的绝佳场所。

出生河南南阳的一代"商圣"范蠡，助越王勾践卧薪尝胆灭吴，庆功的喜悦还未散去，怀抱着鸟尽弓藏、狡兔狗烹的朴素想法，匆匆急流勇退。他将家产充公，从政界转入商界，埋名隐姓来到沿海，发展农牧业，居无几何，致产数十万。他带着心爱的西施，泛舟于烟波浩渺的太湖、洞庭湖，直至因富惊动齐王，推辞不过再次被拜卿相，但他认为，此布衣之极。在"久受尊名不祥"的自我暗示下，他再次散财，举家迁往山东定陶。

虽只是短暂的交集，但范蠡的超脱、低调、极致及政商两栖，是观察江苏商人的绝佳视角。东山和西山，面积分别在 80 平方公里和 90 平方公里。面积之小，让日后形成的洞庭商帮成为地域范围最小、能量却不容小觑的商帮。

洞庭人最早的商业启蒙商品是基于农牧业的棉布、丝绸。两者是江南地区生产量最多、销路最广的大宗手工业品。明代中叶以后，洞庭东山人纷纷借此外出经商，甚至外迁，"王、翁、许、席"为其杰出代表，洞庭商帮初步形成。

东山王氏王惟贞是赫赫有名的大商人，深谙积著之术，善于理财，打下王氏家业的基础。他的曾孙王鏊官封文渊阁大学士，为太子太傅，是明代宪宗、孝宗、武宗三朝元老，其《亲政篇》入选《古文观止》。画家唐寅赞其："海内文章第一，山中宰相无双。"

东山的"翁百万"翁笾，"江北闻其名，非翁少山（即翁笾）布勿衣勿被"，在其父辈时即已营商到临清。翁百万去世时，嘉靖时的苏州状元、后位居首辅的申时行为之作传。

东山许氏许冲宇，善于治产居积，在东山有"言富者，必首称翁、许"之称。东山席氏，在康熙年间，席左源、席右源已经北走齐燕，南贩闽广，以致"布帛衣履天下，名闻京师、齐鲁、江淮"[1]。明人李维桢曾说："东山多大贾，走江、淮间。"康熙时，洞庭东山人汪琬说："西山之人商于湖广者多。"明末文学家、吴江人冯梦龙在他的《醒世恒言》中也曾写道："两山之人，善于货殖，八方四路，去为商为贾。所以江湖上有个口号，叫作'钻天洞庭'。"

苏商经营的商品相对固定，而且活动区域较为集中。东山商人家族主要活跃于以山东临清为中心的华北地区，以经营布匹贸易为主；西山商人家族主要活跃在以长沙、汉口为中心的长江中游地区，以经营米粮、绸布贸易为主。

洞庭商人活跃的区域一定程度上取决于对外交通的方式。东山商人多通过一条从南向北的大运河，以江南松江府的朱家角镇等为起点，以运河重镇山东临清为终点，过江涉淮，北走齐鲁大地，中转后将丝布供应京师，通达边塞九镇。

西山商人多通过长江，经湖广、四川而沿途分销于闽、粤、秦、晋、

---

[1] 生于东山的清初文人翁澍于清康熙二十八年（1689年）修撰成书的《具区志（卷一三）·人物》，记载了明至清初洞庭商人的行踪轨迹。明人李维桢对东山人的说法，便出自其记载。

滇、黔广大地域。苏州是起点，南京、汉口、长沙、芜湖是他们最重要的活动场所。明嘉靖、万历年间，西山商人在长沙建立金庭会馆，还与湘潭、益阳、常德、宁乡四地的西山商人一道，在汉口建立金庭会馆。

因为在商业活动领域名声大噪，江湖上将东、西两山的商人与徽商合称"钻天洞庭遍地徽"。当以扬州为中心的两淮流域令山西、徽州盐商大放异彩时，苏商在以吴县（今吴中区）为中心的苏州，悄然积蓄着商势。

1684年，江苏解除海禁。次年，上海设立海关，各地商帮相继涌入。此时更多苏州商人来到上海开设行铺，但直到上海开埠前，苏州与上海的关系仍是"大苏州，小上海"。洞庭商人的目光多是向北、向西的，当中国的经济中心由广州向上海转移被日渐坐实时，祖辈们为躲避战乱而逃难于洞庭两山的洞庭后人，再次因避太平天国之乱，走向近在咫尺的上海，并牢牢抓住这一堪称千载一遇的机遇，乘势而起。

明末清初，富甲天下的扬州在战争中遭到惨重打击，一蹶不振。苏州则迟至晚清太平军与清军搏杀之时，才因战争而变成沉睡的古镇。太平天国运动，让扬州再次遭到重创。异常喧闹的苏州城西一带，以及通和坊东口至瓣莲巷北一带，繁华不再，一派寥落，沦为荒郊。

无论是沿运河一线，还是长江一线，洞庭人赖以行商的重要通道，都因战火蔓延而断绝，他们将视线瞄向东方上海。原籍安徽的苏州程衡斋以典当业起家，他的四子程卧云此时携带10万两白银来到上海经商，并开设钱庄，跻身上海九大钱业家族之列。

苏州久居江南经济、文化中心之位，也是全国货物集散、转运和信息交流的重要中心，上海只是它辐射圈中的一个棉布贸易中心和不起眼的口岸，但伴随上海开埠和太平天国运动，苏州已经难以望上海之项背，两者角色发生对调。

日本汉学家宫崎市定对上海的繁荣有过一个铁口直断："近现代上海的繁荣，无非是以太平天国为契机，苏州的繁荣转移过来的结果。"[1] 此话未免夸张，但民间藏富、富有底蕴的苏州，基于地缘对上海的经济、文化影响，犹如澳门之于香山，是不可能撇清的，但苏商真正在上海发力，还是在 20 世纪初以后。

东山席氏：沪上第一买办世家

尽管香山、宁波买办在上海风行一时，但沪上第一买办世家的地位，却非苏州席氏家族莫属。

当太平军横扫江南的时候，洞庭东山席嘏卿、席正甫兄弟先后来到上海，日后他们分别成为席氏家族的引路人和灵魂人物，并将买办身份做到三代世袭的程度，名扬上海滩。

席父生前在离家不远的昆山从事典当生意，此业在 20 世纪初的苏州一带处于鼎盛时期。席正甫，3 岁时母亲去世，席正甫的舅舅沈二园的妹妹沈氏，被席父继娶为继室，又为席氏兄弟生了两个弟弟。

席父生前很少回家，只在岁末年终时，回乡祭扫宗祠祖墓。1850 年，父亲席元乐和祖母都走了，17 岁的席嘏卿开始一个人勉力支撑破碎的家庭。席嘏卿 13 岁还在学习珠算，一年后就习业于本乡典当，因典当歇业，他又奉父命转投浙江鹤沙典当行。三年勤学，"尽得业中要领"。之后，太平军所到之处，当铺尽皆歇业，他就改营布业，往来于今上海浦东的

---

[1] [日]宫崎市定：《明代苏松地区的士大夫和民众》，见刘俊文编：《日本学者研究中国史论著选译》第六卷，栾成显、南炳文译，中华书局 1993 年版。

周浦、川沙一带，不久重操钱业，操纵裕如。

1859年，席嘏卿当上沙逊洋行司账，1860年去了英商上海麦加利银行（即渣打银行前身），并于次年当上该行买办兼司账，为东山人在洋行任买办之首，在职17年。

麦加利银行1853年创办于伦敦，1858年在上海建立分行，而沙逊洋行由英籍犹太人大卫·沙逊1832年创办于印度孟买，以贩卖纺织品、鸦片起家。

1844年，他的儿子伊利亚斯·大卫·沙逊移居香港，以此作为在中国拓展业务的基地，1845年将业务开办到上海，并于1850年移居上海。1872年，他在孟买成立新沙逊洋行，同时在上海建立分行，席嘏卿的舅舅、洞庭东山人沈二园成为新沙逊洋行的首任买办。[1]

席正甫1857年跟着哥哥来到上海，耳濡目染，在哥哥和舅舅沈二园影响下，他青出于蓝而胜于蓝。1860年席正甫自办钱庄，1866年在英商上海汇丰银行做跑街。清政府面临沿海防务危机，福建船务大臣沈葆桢出面，向汇丰银行提出"福建台防借款"，数额200万两，由席正甫成功办理。1874年，他接替第一任买办、浙江人王槐山成为上海汇丰第二任买办。19世纪80年代，汇丰银行一大班与席正甫发生冲突，席正甫一气之下辞职，汇丰银行总行不惜撤换该大班，以挽留席，尔后席稳坐买办交椅长达30年。

沙逊家族是汇丰银行的创始股东，上海是汇丰银行的发迹地，1865年上海分行成立伊始，营业额就远超香港总行，一段时间后，它的业务

---

[1] 也有一种说法，席氏兄弟到上海是来投奔舅舅沈二园的，但沈二园首任买办的新沙逊洋行成立的时间，并不比席氏兄弟中的哥哥早，所以本书倾向于否定这种说法。

重心转移到上海。晚清至民国，上海汇丰是中国政府偿还外债和赔款的主要经收机关，以及代总税务司收存、保管中国内债基金和收存中国关税的主要银行。

从1847年丽如银行在上海设立办事处起，英国人在中国实际垄断近代银行业达半个多世纪。麦加利和汇丰是两家作为抓手的银行。在出任汇丰买办后，席正甫利用汇丰的影响和手中的权力，使这间银行扮演了外商银行与各钱庄之间"总清算"的角色。[1] 上海的汇票价格原由麦加利挂牌决定，后来汇丰的汇兑业务超过麦加利，遂取而代之。1935年前，上海市场的官方外汇汇兑率，根据汇丰每天的行情做出。某种程度上说，汇丰控制了上海市场的银根松紧，对本土金融机构具有绝对的影响力。

汇丰银行，在列强瓜分中国的一份份赔款条约上，是如影随形的名字。以清朝海关税收作担保，经营战争、赔款及铁路等各种贷款业务，让汇丰银行在清朝赚得盆满钵满。中日甲午战争2亿两白银的赔款，让清政府大借外债，汇丰银行和德华银行联合与清政府谈成1896年《英德借款》和1898年《英德续借款》。之后，席正甫居中斡旋，汇丰银行先后经理沪宁、广九、沪杭甬、津浦、京奉、湖广、浦信等主要铁路干线的贷款，获利惊人。

1874—1890年，清政府向汇丰银行借款17笔，绝大多数由席正甫一手经办，而1877—1895年，席正甫代表汇丰银行，投放给清政府的贷款达610万英镑，他与洋务大员李鸿章、左宗棠、沈葆桢等关系密切。

当英商怡和洋行买办唐廷枢、宝顺洋行买办徐润等转型为洋务做事时，李鸿章也曾保举席正甫当官，要他为中国人做事，但席没有接受。

---

[1] 潘新新：《一个苏州家族的金融传奇》，载《姑苏晚报》，2006年1月28日。

不过，在李鸿章保荐下，他以二品衔赏穿黄袍马褂，和胡雪岩一样成为上海滩有名的红顶买办。

1904年，席正甫离世，长子席裕成接任。1905年，席裕成代表汇丰银行同清政府签订了100万英镑借款合同；1911年，清政府与美、英、德、法四国银行1000万英镑借款合同，但资金才到位10万英镑，清朝已经倒台，袁世凯政府希望将此贷款改为"善后大借款"，以盐税为担保，并把四国银行团列为北洋政府借款的优先权国家。

1913年4月26日夜至27日凌晨，袁世凯派国务总理赵秉钧、外交总长陆征祥、财政总长周学熙为全权代表，在北京汇丰银行大楼与英、法、德、俄、日五国银行团进行最后谈判，签署2500万英镑的《中国政府善后借款合同》。合同规定：借款总额为2500万英镑，年息5厘，期限47年；债券9折出售，扣除6%的佣金，净收入2100万英镑。借款指定用途，并以中国盐税、海关税及直隶、山东、河南、江苏四省所指定的中央政府税项为担保。

民国初年，孙中山将总统之位让予袁世凯，除手无兵权外，最大的原因便是经济。孙中山曾试图以路矿税收抵押，向外资银行贷款，所得甚微。他虽认为除举债之外，别无二途，但对善后大借款，却以未经国会表决为由，向袁世凯发难，但各省都督，只有4省反对借款，通电赞成者高达17省。

1874—1927年，汇丰银行向中国政府提供政治及实业贷款共82笔，共计银3.5亿多两。这些贷款都是在席正甫与他的儿子席裕成在汇丰任期之内的事情，从此奠定席氏家族在洞庭帮中的核心地位。

席裕成之后，汇丰银行买办之职由席裕成次子席鹿笙继承。这种局面直到席鹿笙1929年被人枪杀，方才终结。自此，席正甫祖孙三代在上海汇丰的发展历史上当了55年的买办,并与各种豪门大商的姻亲形成错综复杂的庞大关系网络,形成令人叹为观止的席家势力。

席正甫兄弟四人。席正甫三弟席素荣先在汇丰银行买办间跑腿,后做有利银行、德丰银行、华俄道胜银行买办。日本横滨正金银行1893年设立时的买办、无锡人叶明斋是席素荣的女婿。其家族成员叶慎斋1914年前后任德国西门子买办。

老四席素恒被过继给舅舅,改名沈吉成,继任父亲新沙逊买办之职。沈吉成去世后,他的儿子沈子华继任。沈二园祖孙三代在新沙逊洋行的买办职位上,一待也多达35年。

沈二园的妻子是徽州绩溪人胡氏。胡氏的两个侄子胡笛栏、胡寄梅也成为外资银行买办。其中,胡寄梅在中华汇理银行和麦加利银行任职,后任有利银行、华俄道胜银行买办和1901年成立的比利时华比银行的首任买办;汇丰银行上海虹口办事处几乎由胡笛栏、胡仲华包揽,前者在汇丰银行前后干了50年。

沈吉成的女婿、东山大族后代王宪臣先后任职中华汇理银行买办、新沙逊洋行副买办、麦加利银行买办,其胞弟王俊臣曾任花旗银行买办。

19世纪末期,沙逊与汇丰、太古、怡和等一道,号称英资在中国的四大垄断集团。席家与沈家的姻亲关系让汇丰与沙逊在业务上互通有无,显得更为强势、霸道。

席正甫哥哥的儿子席锡藩在席正甫的引荐下进入英国麦加利银行,先在写字间任职,后从副买办、买办的位置上接替三叔席素荣,担任华俄道胜银行、中法工商银行买办。席锡藩次子席涵深先任中法工商银行高级职员,后转任瑞士商人开办的轮船公司买办。席裕康三子席德洼任信济银行买办。

席锡藩有五个女儿，次女嫁给胡寄梅次子胡筠秋为妻，胡筠秋与宋子文弟弟宋子安是姻亲。宋子安先后就任中国国货公司董事、广州银行董事会主席。三女席德芳嫁给来自洞庭东山望族之子、中法银行买办叶振民。

席正甫育有八子两女，除长子席裕成及孙子鹿笙继任汇丰银行买办，席二子席裕昆娶四叔沈吉成的女婿王宪臣的姊姊为妻，王宪臣先任新沙逊洋行收账员，后任中华汇理银行买办、新沙逊洋行副买办、麦加利银行买办。沈吉成另一女婿黄振之，任华俄道胜银行副买办。

席正甫三子席裕光，先后任宝信银行买办以及户部银行上海分行副经理、大清银行上海分行协理。席裕光娶湖州许春荣三女为妻，许春荣是著名钱庄主，许家人三代买办。席裕光次子席德炳，曾任上海江海关监督、中孚银行董事长兼总经理、上海中央造币厂厂长，抗战胜利后还担任过上海阜丰面粉厂总经理。

席正甫四子席裕美任台维银行买办，五子席裕奎历任大清银行汉口分行经理、英商汇丰银行副买办、日商住友银行买办、英商有利银行买办达32年。户部银行成立时，席正甫多个儿子参与入股。户部银行更名大清银行时，席家还有四个儿子于其中任职。大清银行改为中国银行时，席家同样是股东。

1935年，国民政府对抗江浙民间银行家时，席家作为宋子文系的同盟，站在政府一边。

19世纪末有句谚语："徽帮人最狠，见了山上帮，还得忍一忍。"席家对洞庭帮在上海的影响，功可不没。就全国来说，席家与四大家族关系密切，是四大家族的重要支柱家族之一。20世纪前后，上海35家左右外资银行中有17家出现过席氏家族及姻亲的身影，主流银行几乎一家不落。无论是英国汇丰、麦加利、有利、德丰、宝信、中华汇理银行,法国中法工商银行,德国德华银行,俄国俄华道胜银行,还是比利时的华比银行,美国的花旗、运通、信济银行,日本的横滨正金、住友、三菱银行,意大利的华义银行等,莫不如此(更多席正甫家族、姻亲及东山富家上海内外资任职情况见附录表8)。

除东山本地及无锡,席家的姻亲囊括中国几大区域商帮,譬如徽商、浙商、粤商(海南时属广东管辖)。研究席家的专家马学强说,席家把中国传统商帮的地缘、血缘、亲缘观念发展利用到了极致,"我曾经无数次带着外国朋友从外滩外白渡桥走到延安路高架那边,一路上很多大楼都是当年的席家买办办公的地方"。

同样是蔚为大观,香山是以一地买办而胜出,席家则是以一家族而成翘楚。席氏家族毫无悬念是上海滩当之无愧的"第一买办世家",其与姻亲所在上海外资金融圈织就的这张网络,可谓前无古人,也或难再有来者。

香山买办颠覆者

与席正甫一样,在中国商帮史上,江苏常州人盛宣怀也是一位无论如何都难以被落下的人物。

外资银行虽与票号、钱庄构成竞争关系,但好歹三者相安无事。与席正甫不同,盛宣怀扮演了终结者的角色。是他,颠覆了以唐廷枢、徐润等为代表的广东香山买办势力和祖籍徽州而发家杭州的丝商胡雪岩的事业,从而开创了中国洋务运动史上由幕僚商人主办洋务的时代。

盛宣怀是洋务大臣李鸿章的如影随形者。他前后三次乡试不中,遂绝意科举。1870年，26岁的盛宣怀在无锡人杨宗濂的推荐下进入天津府，开始他的幕僚生涯。初入幕府，盛宣怀在李鸿章的淮军大营中有过一段戎马生涯的历练。

李鸿章举办轮船招商局时，盛宣怀跃跃欲试，"每欲有所陈说"。尽管盛宣怀拟订了轮船招商章程，但李鸿章并没有采纳。与一纸章程相比，李鸿章更看重的是资源调动力，所以无论是沙船主出身的上海朱其昂兄弟主导招商局招商时，抑或唐廷枢、徐润、郑观应等洋商买办入局洋务时，盛宣怀都只是配角。

轮船招商局是在官督商办的治理结构下诞生的，但在官与商有所为、有所不为的边界上，代表官方意志的盛宣怀与代表商人利益的香山买办充满交锋，但一开始，天平是朝向唐、徐一面的。

在任会办的5年里，盛宣怀过得并不如意，也有说他1875年就已离局。他试图取得经营权，因此与实权人物唐廷枢、徐润矛盾不断激化，李鸿章考虑到"办事在和尤在专"，将招商局的发展排在首位，因而未能让其得手。甚至李鸿章也批评他"多龁（倾轧之义）"，盛宣怀提出辞职要求，李鸿章表示，若再求退，听其自去，以免意见歧出，风浪暗生。

最后，盛宣怀挂职在招商局，但在李鸿章指引下，他的视野逐渐由轮船延伸到铁路、煤矿等领域。在湖北主办煤铁矿期间，李鸿章对其寄望甚殷，要求他徐缓图进，不要贪功躁动，但不久李鸿章的哥哥、湖北总督李瀚章给李鸿章写信说，盛宣怀办矿"上损国税，下碍民生"，建议裁撤停办。李鸿章因此训斥盛宣怀"办理荒谬"。盛宣怀写信为自己辩护，又被李鸿章认为是巧言令色为自己开脱责任。

盛宣怀从配角到主角、从落魄到顺风顺水的转换，始于1880年创办电报总局。尔后，在李鸿章奏请下，盛宣怀以天津为大本营，将中国电报事业从津沽线逐渐扩展到津沪、江浙、闽粤乃至两广、云贵、四川、西北、东北等地。这是盛宣怀卓有成效独当一面的开始，但他执掌轮船招商局却始于1883年中法战争。

这年春天，洋务企业轮船招商局总办唐廷枢奉命赴英考察商务、船务，亲历西洋，"眼界为之一宽，所见外人商业、船务、铁路，一意经营，不遗余力，殊深钦佩"[1]。

5月18日，中式庭院、凉亭和小桥出现在了在伦敦召开的世界渔业博览会上。参会的两名大清工匠在博览会宣读一篇关于中国渔业的论文，题目是《中国在这几千年与世隔绝之后》。闭幕时，中国获得3枚金牌、3枚银牌，《泰晤士报》称："中国满载荣誉。"

同年年底，正当唐廷枢豪情满怀，回国准备大干一场时，上海正在酝酿的一场金融风暴，将他的种种构想重重地摔在了地上。

1880—1883年，上海掀起中国首次工业投资高潮。外商建立了15家工厂，近20家新设的官督商办工矿企业也登陆上海招股。轮船招商局成为中国首家按照股份制设立的近代企业。由其开始的股市，股价总体一路上行，展现了欣欣向荣的投资机会。1882年9月，股市涨到最高峰，风险也在骤然增加。

徐润在茶叶生意上有诸多投资，此外，在上海、天津、塘沽、广州、镇江等沿江口岸进行的一系列房地产投资，是他更大宗的投资。他在上海所建的寓所"愚园"，就是以别号命名，也是今日上海愚园路之名的由来。

徐润在上海的房产项目多集中在其名下一家叫作"地亩房产"的公司。该公司名下房产总成本为220万两白银，总市值为350万两白银，

---

[1] 徐润：《徐愚斋自叙年谱》。

每年可收租金12万两白银，回报率约5%。在徐润的计划里，他准备将名下的地产资产打包上市，折合为400万两白银，分为40万股，每股10两，先发行一半，融资200万两白银。

就在徐润对上海的房地产市场充满更多期待的时候，法国人将军舰炮口对准大上海，中法战争爆发，上海的股市和房地产市场遭受重创，从高潮跌入谷底。市面上的钱庄或票号也只收不贷，收紧银根。很多企业的资金链为此断裂，招商局会办徐润的产业运作也戛然而止。他及唐廷枢所投资的企业股票大幅缩水，深度被套牢。

尤为紧要的是，如果这些资金全部是自有资金也好，但不幸的是，其中还包含挪用招商局的流动资金。尽管徐润的主要资金来自自有，以及以房地产和股票抵押从钱庄等处的融资，但这并不妨碍对他的假公济私的认定。

徐润所受到的冲击比唐廷枢更大。在外界看来，徐润长袖善舞，但一时陷入困顿，22家钱庄找上门来索要贷款。在无法从钱庄再贷到救急款的情况下，他以寻找新股东入伙为策略予以应对。甚至，他在情急之下，试图以一半的股份，说动他与唐廷枢在招商局的竞争对手盛宣怀入伙，但事与愿违，引火燃身。

一场人事清肃接踵而来。李鸿章将盛宣怀派回招商局，让其"创始蒙谤之身"，肩负"维持整顿之命"。徐润对盛宣怀的入股拉拢，也无意泄露了天机。盛宣怀清查后禀报朝廷，说徐润"假公济私，驯至亏欠局款，实属瞻玩"，所以应该革职处分，并令其照数抵赔。

李鸿章亲笔批示："唐、徐二道，因开平、承德矿务，擅自挪移局本、息款八十余万，几致掣动全局，实有应得之咎。即添造金利源码头及南洋轮船两事，用款一百二三十万之多，亦属铺张太过，毫无成算，直是锐意罔利贪得，自贻伊戚，危险之至。"

在官场，盛宣怀的父亲与李鸿章是同年进士，曾共事于曾国藩幕府，谋划军需军务。不仅如此，盛父曾任庐州府知府，而庐州府治所即是李鸿章故乡合肥。盛宣怀进入李鸿章的淮军幕府，既是同乡的推荐，也是这种交情的发酵。在某种程度上，盛宣怀是作为李鸿章自己人和体制内的人被看待的。而盛宣怀与唐、徐两人之间的龃龉，被李鸿章的竞争对手刘坤一所利用，引发李鸿章对唐、徐两人产生成见，所以对他们毫不手软，手起刀落，利索无比。

对于照数抵赔，徐润提出，他在招商局的11年中，仅领薪水2.5万两，局中尚有其股款等余款70万两。不仅如此，作为股东，按照既定章程，他可提取两成分红。他提出，可不可以用这笔分红抵消所欠局款，但遭到盛的拒绝。

不仅如此，徐润职权被夺，股权尽失，可以说是两手空空地"裸出"招商局。无奈之下，他只得将投票和地产贱价脱手，套现解困，直接经济损失高达近90万两白银，茶叶等生意也深受影响。唐枢廷也迎来人生的重大变故，不得不离开招商局。尽管他仍委身自己创办的开平煤矿，但扮演的角色已大为逊色。

郑观应也因织布局案和太古轮船公司追赔案，被迫离开洋务系下的织布局。尔后他上前线、隐居澳门从事《盛世危言》写作。转了一圈再次浮出水面时，他的人生轨迹仍主要围绕盛宣怀及其抱负旋转。

以盛宣怀上位轮船招商局为标志，一批幕僚出身的商人以主角的身份登上中国商帮大舞台。

胡雪岩垮台

与徐润囤积房产和地产不同，胡雪岩在囤丝大战中毁于一旦。与香山买办们一样，徽商胡雪岩在此次危机中被盛宣怀在紧要时刻，踹了一脚，最终导致破产。

胡雪岩草根出身，原籍徽州绩溪，寄籍杭州市，没有显赫的家庭背景。他一生倚仗两位人物崛起，一是王有龄，一是左宗棠。两人与胡雪岩的商业交集，都始于浙江巡抚一任上。

胡雪岩曾私拿任职钱庄的资金，资助王有龄进京候补小官。[1] 王有龄投桃报李，在上位浙江巡抚后，为胡开办的阜康钱庄大开方便之门，令各县上交的粮饷、税收，必须经过阜康钱庄汇兑。在镇压太平天国运动中，他又让胡办理粮械和漕运事宜。1862年，王有龄困守杭州城两月，城破，以身殉节。

随后，左宗棠以浙江巡抚身份全面署理浙江事务。起初，他并不器重胡雪岩，但因军需事急，逐渐倚之以为己用。胡遂在湘军负责后勤，以熟谙洋务而成为左宗棠的钱袋子。

左宗棠调任陕甘总督，平叛新疆，收复伊犁，胡雪岩在上海主持采运局局务，为左筹供军饷及向洋商采购军火。同时，胡雪岩在杭州开起胡庆余堂中药店，以上海为中心经营出口蚕丝业。

胡雪岩先后六次为左宗棠向洋商、丽如怡和银行、汇丰银行借款。左宗棠屡为胡请奖，1866年上奏请破格奖赏胡雪岩、叶文澜二人布政使衔。其奏称，杭州克复后，（胡雪岩）"在籍筹办善后，极为得力，急公

---

[1] 也有人说此系无稽之谈。

好义，实心实力，非寻常输岩抚劳绩可比"，平时转运军需，"无不应期而至"，"劳烈备臻，实为军中不可少之员"。

1878年，应胡雪岩之请，左宗棠又上折，不吝对胡雪岩的褒奖："（军饷）催领频仍转运艰险，多系胡光墉一手经理；遇有缺乏，胡光墉必先事筹维借凑……其好义之诚，用情之挚如此，察看绅富独力呈捐，无如其多者"，提请皇上赏赐胡雪岩穿黄马褂，以示优异。

赏赐黄马褂要有军功，左宗棠极言此次平定新疆，"核其（胡雪岩）功绩实与前敌将领无殊"，得皇上应允，胡雪岩引以为称意。

胡雪岩的红顶商人身份，中国无人不晓。不过，他与徽商鲍志道和晋商范毓馪、平遥的日升昌票号东家李箴、洋务干将徐润的叔叔徐瑞珩相比，获得的只是从二品通奉大夫之职。

赐授正二品资政大夫，是商人更高一级的政治荣誉。有清一代，山西灵石"王家大院"主人王肯任、祁县"乔家大院"主人乔致庸，淮北富商程开聚，江苏同里"退思园"主人任兰生、亦商亦官盛宣怀以及福建富商蔡资深、李雨亭、蔡浅，广东香山莫裕嘉等，都是享此殊荣的商人。侨商张弼士更是赐授正一品光禄大夫，并补授侍郎太仆寺正卿。

19世纪70—80年代，胡雪岩观察到生丝有意可图，但在沪洋商，日益掌握丝价主动权，抑价收购，使华商吃亏过甚。于是，他集结散户，合力对付洋人，以图扭转局面。

要对付洋人，当然离不开与湖州丝商的合作。发迹丝业的张颂贤与胡雪岩同为徽州人，只是两人发迹地一人在湖州，一人在杭州。张颂贤是湖州商人"四象八牛"中的"四象"之二。他的孙子张静江是国民党四大元老之一，曾介绍蒋介石结识孙中山。

从1882年5月开始，胡雪岩大量贩进生丝，到10月达到2.2万两，外商想买一斤一两也不得,生丝价格大幅上涨。外商就向胡说愿加利1000万两,将其手头的生丝如数转买,胡非要1200万两不可,双方没有成交。1882年丝季伊始,人们估计收成近8万包,但实际收成只有6万包。胡雪岩邀请丝业同行合议,收尽各地生丝,共进退,迫使外商高价收购,以图厚利。

在英国驻沪领事麦华佗看来,过去中外贸易是冒险事业,但在电报使用和苏伊士运河开通之后,"它将被只有最低利润的稳健商业代替"。1843年11月,作为英驻上海领事巴富尔的翻译来沪,他目睹一批洋行先后倒闭,才说出这番话。仅以1866年从英国伦敦掀起的全球金融风暴来说,不到一年时间就让投机过盛的宝顺洋行、汇隆银行、利昇银行、利华银行、汇川银行、利生银行等相继倒闭。当胡雪岩试图坐庄时,风险正向他聚来。

1883年1月,著名的金嘉记丝栈倒闭。2月11日,大约50家商号、41家钱庄关门。1883年,中国生丝再度减产,估计只有3.5万包,但意大利丝再获丰收,尤甚雪上加霜的是中法战争爆发。11月,胡雪岩与江浙丝商的价格同盟不攻自破,胡雪岩损失惨重。

事不凑巧,胡雪岩为左宗棠筹措军需向汇丰银行的贷款中,有一笔80万两的借款到期,这笔款项以各省协饷做担保,每年协饷一到,上海道台就会把这笔钱补给胡雪岩,但盛宣怀事先给上海道台、宁波余姚人邵友濂打招呼:李中堂想让你迟20天划拨这笔资金。邵友濂照办。

此间发生的故事虚虚实实。随后,盛宣怀又串通同乡席正甫操持的汇丰银行向胡催款,胡雪岩想协饷会及时到位,不过晚20天,就从阜康票号调出80万两资金,以备急用。盛宣怀通过电报局,对胡雪岩的调款行为了如指掌,就托人到银行提款挤兑,并放风说,胡雪岩囤积生丝赔了血本，挪用阜康存款。上海局面一时失控。胡雪岩向左宗棠发报求救，电报却被盛宣怀叫人暗中扣下，胡雪岩不明就里，一筹莫展。

胡雪岩亲自去上海道台府催讨，邵友濂要么外出视察，要么避而不见。无奈胡雪岩把他的地契和房产抵押筹款，同时以亏损150万两的代价卖掉积存的蚕丝，希望能够挺过挤兑风潮，但为时已晚。12月1日，阜康上海总号倒闭。消息传开，各地分号关门，引发当地挤兑风潮。

据传，恭亲王奕䜣、协办大学士文煜在胡丝一案中折亏百余万两。清政府立即出面干预，各省开报胡雪岩亏欠公款以及亏欠两江与江海、江汉关采办经费总计达240多万两。11月，胡雪岩被革职查抄。

胡雪岩创办的阜康票号倒闭后，对胡雪岩惩一儆百的声音，甚嚣尘上。先是户部在次年的奏请让胡雪岩的命运雪上加霜，"胡光墉所开阜康及胡通裕票号，倒欠公私款项极多，尤为可恶！"

户部尚书阎敬铭恶评胡雪岩，"最善交结官场，一身兼官商之名，遇事售奸贪之术，网聚公私款项，盈千累万之多"，起意侵占。让阎尚书不忿的是，阜康在各省市的字号突然全行闭歇，造成人心浮动。

对于欠款，"胡光墉居心狡诈，任意宕延，迄今已满三年"，仍没有完缴，仅浙江追讨的公款就达20.81万两。"若任其亏空，不予严惩，年复一年，公款必致无著"，因此造成的影响是，各省奸商，以亏空之人未受严惩，逍遥事外，都心怀无所忌惮之心，辗转效尤，甚至到时也玩起倒闭歇业之伎俩，流弊就没有个头了。他提出将胡雪岩提交刑部追查治罪，将其原籍及各省财产查封，变价处理，以备偿还所拖欠之公私款。

1884年8月，法国偷袭停泊在马尾军港的福建水师。作为中国第一支也是吨位最大的一支舰队，福建水师几乎全军覆没。1885年左宗棠病逝福州。在沈葆桢儿子沈瑜庆的笔下，他听说，左宗棠"得胡某之力，而不能救其败","每引以为咎"。同年，胡雪岩黯然离世。

暮年，胡雪岩靠开办的胡庆余药店收入，维持余生。与胡同样落魄的还有唐廷枢，1892年花甲之龄的唐廷枢病逝天津，身后"家道凋零""子嗣靡依"。招商局从公积金中拨银1.5万两，以示格外体恤。

无论从官方还是民间，当世人对胡雪岩的评价都不高，甚至有人预测他会轰然倒塌。所以如此，一说胡雪岩淫逸，二则说其失信。四川总督刘秉璋三子刘体仁在其《异辞录》中称，如果清史中要列《货殖传》的话，非胡雪岩莫属。他在上海、杭州建有大宅，尤以杭宅为富丽，"中蓄姬亲辈十余人"，并称其"选艳，唯爱幼孀"。

有关胡雪岩倒台的故事，充满尔虞我诈的阴谋论。有一种说法，胡雪岩与盛宣怀之间的过节背后是利益集团的倾轧，他们只是站在前台的代言人。胡的后台是左宗棠，盛的后台是李鸿章。轮船招商局举办之前，胡雪岩曾有意入股，但最终没有下文，让李不快。宁波人严信厚入李鸿章幕府，胡雪岩有推荐之功，却无人能为胡雪岩尽释前嫌。

有两点是肯定的，胡雪岩的背后靠山、时任浙江巡抚左宗棠，因淮军追击太平军不打招呼就过境浙江，引发左宗棠与李鸿章终生不睦，此一。第二，胡雪岩先后多次为左宗棠向洋商、丽如怡和银行、汇丰银行借款，被指暗吃回扣，大发国难财。

以胡雪岩失手生丝贸易为标志，徽商在长江流域的光芒日益被苏商及尔后的甬商所遮掩。当上海政界以吴健彰和叶廷眷为代表的粤籍势力相继被来自浙江定海的蓝蔚雯和杭州的吴煦两任道台所取代时，粤商的风光无意被苏商和甬商逐步取代。

误国首恶

当李鸿章将轮船招商总局的主掌权交到盛宣怀手中时,他嘱托盛宣怀说,希望他将这项洋务"做成铁板模样",使"来者确不可移","至于寂寞身后之名,不知谁何之誉,一笑置之可耳"。

盛宣怀感念李鸿章的发现和提携之功,向李鸿章表白忠心,"竭我生之精力,必当助我中堂办成铁矿、银行、邮政、织布数事",并且他时常想到,"督抚姓名得传后世者几人哉?遑论其下"。如果能够将名字附列在李鸿章之后,他足慰平生。

从此,到1903年袁世凯任直隶总督兼北洋大臣,不得已离职为止,盛宣怀一人把持轮船招商局近20年。不仅如此,盛宣怀游刃各方,将清朝诸多洋务事务揽于股掌,尽管不断遭到弹劾,却仍平步青云,官越做越大,长袖善舞于政商两界。

甲午战败和签订《马关条约》,李鸿章由此被万民唾骂,一蹶不振。盛宣怀虽有请辞,但他对洋务无可替代的作用,让他扮演了越发重要的角色。当以张之洞为首的清议派真正走上举办洋务的舞台时,盛宣怀仍是他们不二的选择。

张之洞对商人的脾气也逐渐有所领教。1894年,湖广总督张之洞筹办湖北织布局,后决定继办缫丝局、汉阳铁厂等,但汉阳铁厂是一个烫手山芋,张之洞不想把这手牌烂在自己手上。1895年底,清政府决议商办兴建卢汉铁路,但华商"各怀观望",仅有的选手也是矮子里面拔高个,没有完全中意的。最终经过权衡,张之洞将橄榄枝抛向盛宣怀,经过讨价还价,1896年盛宣怀同意接手督办汉阳铁厂,但作为交换,张之洞与北洋大臣王文韶一道上奏,让清廷改变既定的铁路商办政策,转而成立以盛宣怀为督办的官督商办性质的铁路总公司，并由其负责筹建卢汉、粤汉、沪宁等铁路。

于是，盛宣怀被保举担任全新职务——全国督办铁路事务大臣。与此同时，他开始筹备设立中国通商银行。一个集全国轮船、铁路、邮政、电报、矿业、银行的管理大权于一身的盛宣怀，呼之欲出。中国经济命脉，几总揽于盛宣怀一人之手。晚清中国政商两栖的头面人物，非盛宣怀莫属。他包揽了一段历史的主角。

洋务派本代表着冲破传统的新兴势力，他们有志于打破一个旧世界，建设一个新世界，但他们一边打破，一边又沦为既得利益集团，将洋务事业固化为效忠一个人、一个集团而非一个朝代，这是洋务运动无力挽救清朝于水火而失败的根本原因。尤其是授予官督商办洋务企业以专利权，从一开始让其成为惠及少数人的私利品，阻塞了民间资本的投资渠道，让洋务不能在短时间内普及，延误了近代社会的发展。

不论当世还是现世，盛宣怀都是饱受争议的人物。盛宣怀提出了一个跨越时空的旷世命题：做官的如何照顾商人，经商的如何考虑国家。即便130多年后的今天，这一命题仍历久弥新。盛虽是开题者，但他远没有给出答案，且有辱没这一命题之嫌。

晚清官督商办的体制设计，未能解决官商不通的问题。甲午战争后，工商不通的弊端再次凸显，官督商办走向破产边缘。盛宣怀准备用商股、官股、官款、洋款并举的方式筹集资金，但实际操作时，商人对洋务投上不信任票，盛不得不倚重举借外债修办铁路。1896—1906年，盛宣怀举借外债高达1.8亿余两，共修建铁路2100多公里。

自此，盛宣怀在幕僚、官商之外又多了一重身份——买办，这是胡雪岩曾专事替左宗棠向国外贷款所扮演的角色。当香山买办转型洋务时，作为官僚或大清钱袋子的胡雪岩、盛宣怀却摇身一变为买办，也颇值得玩味。

最终，由于过分倚仗举债，历史又将盛宣怀和清朝一同挤进死胡同。

1908年11月，光绪、慈禧相继去世，政坛风云突变，袁世凯失势。在立宪派推动下，清朝废除军机处，成立责任内阁。1911年5月8日，13人责任内阁成员公布，奕劻领衔，满族占9人，其中皇族7人，汉族官僚占4人，引起哗然，时人讥为"皇族内阁"，已由邮传部尚书转任邮传部大臣的盛宣怀是4名汉族官僚之一。

第二天，邮传部颁布铁路干线收归国有的上谕。盛认为，"既借款，不应令商造；既商造，不应再借款。民情可用，不顺用之恐激变。"[1]他主张借外债，将铁路归国有。盛认为，向外国借债虽非万全之策，但只要政府在与外国谈判并签订合同时，能做到"严定限制，权操于我"，使外人有投资得息之利，无干预造路用人之权，如此借洋款，利大弊小。

5月22日，盛宣怀与英、德、美、法四国银行团签订600万英镑借款修路合同，由此激发民变，但盛宣怀不为所动，姿态强硬，不惜四处活动弹压。更深的危机一步步酝酿，直到覆水难收。10月10日，武昌起义爆发，各省迅速响应独立。

作为走向立宪而成立的过渡权力机构之一，资政院于10月25日齐聚各省议员。1910年9月成立的资政院，被赋予了对公债的议决权，但盛主持的邮传部发布的有关铁路干线国有办法，并没有经过资政院乃至责任内阁，引起资政院的强烈反对。议员们将焦点集中在盛宣怀身上，火力之猛，让邮传部派出的多位接受质询的特派员显得毫无招架之力。

---

1 [清]赵尔巽等撰：《清史稿》卷四七一，列传二五八"盛宣怀、瑞澂传"，中华书局1977年版。

在这次会上，一位议员的用词甚至到了非"明正典刑，无以服人心而平乱事"的程度，另一议员疾言，"非诛盛宣怀不足以谢天下"。最后119人付诸表决，全体赞成对盛宣怀的弹劾，盛被劾奏为"误国首恶"。前来接受质询的特派员将发生的实情告知了盛宣怀，盛当夜开始撰写辩白奏折。第二天天亮，奏折尚未写完，朝廷的旨意已到——盛被革职，永不叙用。

由此形成的波澜，一览无遗地显示出盛宣怀的行为触发了众怒，并将清王朝置于岌岌可危的地位。有人说，盛宣怀是替罪羊。可悲的在于，只有盛宣怀有资格充作替罪羊。他翻云覆雨，鼓吹商办者是他，收回商办者也是他。要害在于，盛的每种取向背后都加塞着自己的巨大盘算。他的能量之大，让他成为可以捆绑一个朝代，且这个朝代却无法拒绝的人。过于踌躇满志和精于计算，让盛宣怀聪明反被聪明误。过往背靠大山、独揽利权所形成的权势与名利，是非不清、众口不一的口碑，让他在与清朝半推半就的两情相悦中，共绝于天下。

状元实业家张謇：形神张之洞

与盛宣怀幕僚从商，尔后走上官职，亦商亦官不同，张謇是晚清下海从商的杰出代表。

1896年初，张之洞奏派南通人张謇、苏州人陆润庠、镇江人丁立瀛分别回乡设立商务局。尔后，张謇与陆润庠分别在南通和苏州创办大生纱厂与苏纶纱厂。在中国历史上，状元出身的宰相为数不少，可状元出身的实业家寥寥无几。张謇、陆润庠都是状元出身。

三人兴办实业是晚清版的官员下海。陆润庠33岁中状元时，张謇才是一介举人。没有放弃的张謇连续4次参加进士考试都名落孙山，发誓不再参加科举考试，但家族骨子里未曾完全摆脱为官求名、光宗耀祖之念想。23岁那年，仅是秀才身份的张謇成为吴长庆的幕僚文书。其间，他为吴起草的政论文章《条陈朝鲜事宜疏》《壬午事略》《善后六策》等，以对外国侵扰采取强硬政策的立场，受到两位苏州人、"清流"南派首领潘祖荫、翁同龢的赏识。他与后来投奔吴长庆的袁世凯，构成吴的文武两大幕僚，这是他与袁世凯渊源的开始。在壬午兵变中，吴庆长听从张謇建议，起用新人，并推荐袁世凯，袁从此在军营中渐渐崭露头角。

1884年，如袁世凯所预言，中法在越南开战，战事往北蔓延。5月，吴长庆率三营淮军回防中国北方，日使和朝鲜国内亲日派勾结发动政变，劫持国王，处决亲华派，这就是朝鲜的"甲申政变"。

在来不及向国内请求的情况下，袁世凯一人带队直冲王宫，苦战一日一夜，将朝鲜国王救出带往清军大营。此事让袁世凯引起清政府各方关注，时年尚不足25。

但在主战和主和立场选择中，袁世凯背弃主战的吴长庆，示好、投靠主和的李鸿章，让张謇气愤不已。他亲自执笔，联名哥哥等两人给袁世凯写了一封长达8000余字的谴责信，不久和袁断交。[1]到李鸿章甲午一役身败名裂后，袁世凯又马上巴结荣禄。及至荣禄一死，他又搭上庆亲王奕劻。这样，袁世凯一步步登上权力的巅峰，这是后话。

1894年春天，时值慈禧60大寿，官方破例多开了一次考试，张謇在祖父和父亲的逼迫下，走进考场。这一次，主考官、江苏常熟人翁同龢，事有所期地点了张謇中头名状元，张謇很快成为一位翰林院负责修撰的

---

[1] 王晶晶：《南通张氏，中国民营企业第一家》，载《环球人物》，2010年第5期。

六品官员。

甲午战后，李鸿章签订《马关条约》，这一丧权辱国之举遭到清流派、维新派的强烈谴责。时值18省1300多名举子在京会试，37岁的广东南海考生康有为在一夜之间赶写万言书，提出"拒和、迁都、变法"，强烈要求光绪皇帝"下诏鼓天下之气，迁都定天下之本，练兵强天下之势，变法成天下之治"，这就是震惊天下的"公车上书"。

正在守制的张謇也义愤填膺，对软弱的清朝更加失望。在张之洞相邀之下，张謇最终带着"舍身喂虎"和替书生争口气的心态，走上兴办实业这条道路。从此，他的主要精力都与投身工商业、举办教育等公益事业紧紧联系在一起。

如果说人生的前42年里，翁同龢是张謇生命里的贵人的话，那么后半生能称之为张謇贵人的便是张之洞。张之洞与张佩纶一道，是清流派的代表人物，都来自河北。两位与清流为伍的官僚在生命的最后20年里，都顺应时势、不自觉地擎起洋务大旗。

张之洞与曾国藩、李鸿章、左宗棠，并称晚清"四大名臣"[1]。对于刚中状元不久的张謇来说，张之洞就像一面旗帜，冥冥中成为他生命的坐标。

换句话说，同样的清流、同样的主战、同样的转型，张謇对于张之洞的认同，无意中让张之洞成为中国历史上洋务思想向更进一步的"实业救国"思想过渡历程中的一位关键人物。尽管张之洞在招揽才干商人方面，与李鸿章相去甚远，但对张謇的指引却是其识人的一大亮点。

到第一次世界大战前夕，张謇已兴办各类企业二三十个，形成一个

---

[1] 一说曾国藩、左宗棠、胡林翼和彭玉麟。

以轻纺工业为核心的企业群，一个在东南沿海地区独占鳌头的新兴的民族资本集团。这么多企业集中在南通城北外6公里的小小唐闸，有人说这里俨然一个"小汉阳"。

只不过，张謇不像张之洞那样能调动国家投资，作为开埠城市，汉口活跃着外国资本势力、晚清湖广督府、武汉近代民族工商业阶层，而南通主要依靠民间投资。张之洞在武汉主持的多是重工业，张謇在南通是轻工业和民生工业。武汉三镇历史悠久，在三国、汉末和明末前，武昌、汉阳及汉口三镇已分别形成，而在张謇经营下，南通也奠定一城三镇的城市格局。唐闸是工业区；西北的天生港办有码头、海关、火柴厂、电厂等，是港口区；城南是文教、商贸、金融与休闲区。

开埠以后的汉口市场虽有发展，但比较缓慢。它的真正崛起是在晚清重臣张之洞任湖广总督以后（1889—1907年）。当时汉口"夐超天津、广东，今直位于中国要港之二，将进而摩上海之垒，使视察者艳称之为东洋芝加哥"。[1] 这是人们对武汉的客观评价，武汉人口也由1853年约20万人发展到1908年的80多万人。

张謇在南通20年间所参与的企事业数量高达180余家，囊括工业、垦牧、交通运输、金融商贸、商会民团、文化教育和公益事业。即使到现在，大多数南通人的小学、中学，甚至大学生涯还是在张謇创办的学校里度过的；大多数南通人最常去的电影院是更俗剧场，张謇当年在这里接待过欧阳予倩、梅兰芳、袁克文；大多数南通人都在濠河岸边的公园里散过步，晒过太阳，打过水漂，这个公园是张謇当年规划的5个城市公园之一。

1　周群：《汉口市场发展进程中晚清湖广督府的作用》，载《湖北社会科学》，2004年第2期。

清华大学教授、两院院士吴良镛先生说："南通是近代史上中国人最早自主建设和全面经营的城市典范，其起始之早、功能之全、理念之新、实践意义之强，堪称'中国近代第一城'。"有文章这样评价张謇之对于南通的意义：

如果说城市也有血脉的话，那南通的血管深处，永远活着一个张謇。这个城市里有个说法叫"一山一水一人"——山是狼山，水是濠河，人是张謇。

在20世纪初的中国，南通仿佛是一个黄金城市。举国动荡，这个江苏一隅的县城却在张謇的主持下建立了一个相当完善的城市系统。[1]

尽管在胡适看来，张謇是中国近代史上一位伟大的失败英雄，但他高擎"实业救国"大旗，用一位读书人不同凡响的报国热忱与情怀，共鸣和启蒙了一个时代具有理想和抱负的中国人，为着救亡图存走上实业道路。

江苏连云港人沈云沛与张謇的人生轨迹颇为相似。1894年张謇在4次进士考试失败之后，41岁中状元时，他也在经历了3次失败后中进士，时年40岁，两人同样在次年回乡创办实业。在拜访张謇后，他在家乡先后创办多家企业。他开展农牧种植试验，兴办种植试验场，引进试种湖桑、蓝靛、棉花等，开创了中国农业种植的先河。他一度是全国排名第二的实业巨子，与张謇、同乡许鼎霖一道有"江北三大名流"之称。1920年，沈云沛成立锦屏矿物有限公司，成为中国历史上第一家开采磷矿石的公司。这家公司以科技和人才援建了全国所有的化学矿山，被称为"中国化学矿山的摇篮"。

---

[1] 达摩：《张謇：近代实业第一人》，载《南方人物周刊》，2009年第16期。

荣氏兄弟：君子天行健

相较张謇家族浓厚的科举情结，无锡荣氏家族远无此等牵肠挂肚之心。荣氏兄弟中的弟弟荣德生原本想走科举之路，但父亲荣熙泰打消了他的这一念头。荣父小时候进入铁匠铺当学徒，长大后以会计为生，给人当账房先生、师爷。太平天国运动期间，荣父的3个兄弟、二位伯父家的4个堂兄弟都不幸被抓或被杀，荣父因在外当学徒幸免于难。荣父认为，做官就要做大官，但儿子读书少，这条路行不通。

于是，相差近2岁的荣宗敬、荣德生兄弟，在15岁左右都被送往上海钱庄做学徒。荣父是个明白人，在走向社会之前，两个孩子都在家乡读了八九年私塾。1893年，在上海待了2年多的荣德生随父来到广东三水县（今佛山市三水区），在他的姑父、苏州人、厘金局总办朱仲甫手下做帮账。因病回乡的荣父于1896年与人合资在上海开设广生钱庄，23岁的荣宗敬出任经理，后兼营茧行。次年，荣德生回乡任广生钱庄无锡分庄经理。

这时，荣父病死，给儿子留下遗训：固守稳健、谨慎行事、决不投机。从洋务运动中香山买办投机买股被出局，到四川保路运动前老百姓筹集的修路资金因炒股导致亏空，投机误事是历史投射到现实的影子。

两年后，荣德生再次应邀到广东帮姑父管账。这期间，他读到一本《美国十大富豪传》，书中介绍了美国10个大资本家怎样依靠兴办实业发家致富的经历，他便跃跃欲试。

荣氏兄弟想到一块儿，1901年他们与姑父朱仲甫等集股，在无锡合办保兴面粉厂。但无锡乡绅联名状告，一则"擅将公田民地围入界内"，二则竖立烟囱，"破坏风水，有伤文风"，以致面粉厂被知县责成迁移。

最终官司打到两江总督府，在总督刘坤一主持下，历时10个月的官司方才了结。一年后，因经营不善，朱仲甫撤股，荣氏兄弟将保兴面粉厂改名茂新。

荣氏兄弟为什么会走上实业之路？荣宗敬给出的说法是，自己年轻时崇拜张謇，认为只有多办工厂，发展工业，才能"杜侵略""抵外货"。荣德生平生也处处推崇并仿效张謇。张謇一生最喜欢用的花押是"自强不息"四字，有时简写为"自强"二字。他儿子评价父亲说，"时时刻刻，抱着用世之心和创造事业的大志。他做事，嘴里不说空话，只管做实事，笔下写出来的，也是可以做得到的事。碰到棘手困难的事，只是不声不响，一不求人，二不气馁，终日终夜，想应付解决的方法。有时越碰钉子，越提他的勇气，越经困难，越振作他的精神。他的成功，没有一件不是从劳苦困难中得到。"[1]

张謇曾对下属说过："一个人到了危难的境遇，还是要抱定牙齿打落在嘴里和血吞，连手都用不着去摸肚子。"大生和通海垦牧公司初创时，靠的都是他的这股子劲。

荣氏兄弟的创业历程何尝靠的不是这股子劲？在祝贺兄嫂60岁的文章中，荣德生写道，家兄一生经营靠的不是充实的资本，而是充实的精神，精神才是立业之本，而这个"精神"，就是《易经》里的"天行健，君子以自强不息"。

1905年，荣氏兄弟提议组建了无锡第一家纺织厂——振新纱厂，买办荣瑞馨及乡绅等参与投资。在总股本27.08万元中，荣氏兄弟占了6万元。荣瑞馨是二股东，任董事会总董，掌握公司大权。荣氏兄弟开始在

---

[1] 傅国涌：《大商人：影响中国的近代实业家们》，北京，中信出版社，2008。

企业中并无实职,但振新公司上海经理不管营业,副经理读书,不知生意,企业经营不善,产品积压,不得不请荣德生协助经理。

荣德生不负众望,一月内就将存纱销售一空。到1910年,振新势难支持之时,董事会就商请荣德生正式出任经理,负责企业产销业务。结果,企业连年获利,但矛盾也在酝酿。

振新公司曾将300包棉花栈单押入上海聚生钱庄,以供急需,但后因原棉短缺面临停工。在董事会上,荣氏兄弟要董事垫款赎回栈单,但没有结果,最终通过私人交情取出栈单,用投产售纱贴现取款,周转企业资金。

之后,荣德生认为,只有添机扩充,才能发展企业,董事会虽同意计划,却无人愿意增添资金,荣氏兄弟就自行出面与洋商签订分期付款购机合同。新机装齐后,产品增多,成本下降,当年获利20万元,荣氏兄弟因此提出在上海、南京、郑州增设新厂,将3万纱锭的产能扩大到30万。荣德生还亲赴郑州考察,并定购厂基,却被董事会否决。

至1915年,因荣氏兄弟力主扩充发展,坚持不分红利,双方矛盾日益激化,董事会便将荣德生降职为副经理,并进而借口给予撤职查办。更有甚者,总董荣瑞馨以权谋私,竟以振兴地产押入英商汇丰银行,以垫补他投机股市的巨额亏损,以致企业险被查封厂产。[1]

当时有官股或绅商投资的很多企业,包括盛宣怀执掌时的招商局和张謇执掌的大生纱厂,都分红颇多。对此,美国著名汉学家费维恺评价说,这种投资策略和心态影响了工业企业的发展。费维恺以日本同时代的企业"日本邮船会社"为例,三菱公司的创始人岩崎弥太郎将企业收

---

1 黄汉民:《荣氏家族企业的公司制度变革》,载《近代中国(第十五辑)》,2005。

益源源不断地投入再生产，使日本邮船会社获得了迅速而持久的发展，其速度和持久性都远远超过轮船招商局。[1]

从这个角度来说，荣氏兄弟已具有现代企业家的眼光、气质与胸怀。后来民生公司的卢作孚也在一定程度上继承了荣氏兄弟不分或少分利、不断扩大再生产的做法，力压招商局，让民生公司成为中国最大航运企业。

在茂新面粉厂骨干王禹卿兄弟准备单干时，1912年，荣氏兄弟拉王氏兄弟等人集股在上海创办了福新面粉厂，荣宗敬任总经理。1915年荣氏兄弟从振新纱厂退股，1916年另创申新纱厂。

1917年3月起，荣氏兄弟先后在上海、无锡、汉口创设申新二至九厂，并在上海设立茂新、福新、申新总公司，荣宗敬任总经理。至1931年，荣氏兄弟共拥有面粉厂12家、纱厂9家，分别约占全国民族资本面粉总产量的1/3，纱布总产量的1/5，被称为中国"面粉大王""纱布大王"。

在辛亥革命后10年间，脱胎于传统的新派商人与传统买办、绅商分家再次成为一种趋势。他们或摒弃传统势力的股份，或撤资另设新公司，独立打拼出一片天下。从以唐廷枢、徐润为代表的买办商人，到以盛宣怀为代表的幕僚商人；从以张謇、杨宗濂、周学熙、孙家鼐等为代表的官场下海的绅商，到以荣氏兄弟为代表没有任何官场背景的纯粹商人，构成观察晚清民初顶尖中国商人身份演变的清晰脉络。

---

1 [美]费维恺：《中国早期工业化：盛宣怀（1844—1916）和官督商办企业》，虞和平译，中国社会科学出版社1990年版。

由苏而锡

在苏商中，苏州商人之后，常州帮地位举足轻重。当年的武进与无锡同归常州府，武进出了一个旷世官商盛宣怀，无锡则出了以周舜卿、荣德生为代表的一批商人。

京杭大运河全长1794公里，在无锡境内长40.8公里，流过无锡市区的长度是14.96公里。运河两岸鳞次栉比的这些前店后坊的江南民居建筑，在河水的映衬下，处处荡漾着江南小城的韵味。就是这座小城，100年前相继涌现出杨宗濂、杨宗瀚兄弟，周舜卿，祝大椿，唐骧庭（香港前财政司、政务司司长唐英年曾祖父），薛寿萱（中国驻英、法、德、意四国公使薛南溟第三子）等众多民族工商业的巨子。

当以长途贸易起家的山西贸易商人活跃在张家口、包头、恰克图、朝阳、西宁时，近代江苏商人全然没有晋商的土气、草根和长途跋涉的劳顿，他们的命运更多时候似乎与集股招商、公司章程、中外商战、外资银行等近代的商业元素紧密地联系在一起。人们很难从他们身上再看到传统商人的影子，他们已然打上洋务运动、实业救国及近代商人的时代烙印。

杨宗濂、杨宗瀚兄弟俩曾一同主持上海织布局，父亲是道光进士，弟弟杨宗瀚曾任曾国藩、李鸿章幕僚，以及职户部员外郎。杨宗濂以军功赏戴花翎，后参与创办北洋武备学堂、天津自来水公司、豫晋陕三省盐务等洋务或商业事宜，及至升任山西布政使、按察使。

1893年，织布局一场没有购买保险的大火，让兄弟俩被就地免职。报载，杨宗濂看着大火烧光织布局而无能为力，"屡欲跳火毕命，又欲投河自尽""幸有旁人拖出，一路行走，一路痛哭，涕泗交流，宛似小孩儿一般"。

中日甲午战争后，杨氏兄弟两人在无锡东门外兴隆桥创办无锡第一家近代企业——业勤纱厂。两人以无锡近代工业的奠基人身份，永远融入无锡经济发展史。

在中国商帮史上，兄弟默契配合创立家业的例子不在一二。张謇与张詧弟兄俩情深意笃，配合相得益彰。张謇主外，操控全局；张詧主内，沉稳干练。南洋兄弟烟草公司的广东佛山人简照南、简玉阶兄弟，创办大新百货的蔡昌、蔡兴兄弟，也是如此。影业大亨邵氏兄弟则是由邵仁杰、邵仁枥、邵仁枚、邵逸夫四兄弟打天下，永安百货则是郭标、郭乐、郭泉、郭葵、郭浩、郭顺六兄弟合力经营。

荣氏家族事业尤为特殊，其由茂新、福新、申新三大系统的21家企业集团构成，是三姓六兄弟一起出资、经营打拼出来的，即除荣宗敬、荣德生兄弟外，还有王尧臣、王禹卿兄弟和浦文渭、浦文汀兄弟。一家企业集团由多姓兄弟齐心创办，这种局面较为少见。

周舜卿起家于上海升昌铁行和震昌五金煤铁号，分号遍及汉口、无锡、苏州、温州、常熟、常州和日本长崎等十余处，经营范围进而扩展到油麻、杂粮出口等。

1904年，周舜卿在家乡周新镇创办无锡第一家机器缫丝厂——裕昌丝厂。更让他出名的是，1906年，他按有限公司体制集资50万两，在上海创设信成商业储蓄银行，取"有信必成"之意。这是中国民营银行的鼻祖，也是中国第一家有货币发行权的民营金融企业。

在张謇实践着一位实业家之对于一座城市的理想的时候，周舜卿也在无锡通过辟道路、创工厂、设店铺、开邮局、办中小学校和养老院，使一个名不见经传的小村落发展成一个新兴市镇——周新镇。

而在锡商买办里,祝大椿做得最大。他幼年丧父,1872年就开始在无锡、上海当学徒。他29岁在上海开设商号,专营进口煤、铁、五金,兼营拆卖旧轮船,出售旧机器、旧钢铁等,后成为怡和洋行买办,并在此前后开设或投资了源昌机器碾米厂、华兴面粉厂、源昌缫丝厂、恒昌源纱厂、公益纱厂、公益机器纺织公司等一批近代企业,涉及五金、纺织、米面、公共事业、造纸等产业(见表18-1),他也因此有"旧时上海十大民族工商业实业家之首"的称号。

表18-1 祝大椿投资领域及部分企业时间

投资行业	投资企业及时间
五金	源昌机器五金厂(1883年)
纺织业	源昌缫丝厂(1904年) 怡和源打包厂(1906年) 无锡永康丝厂(1909年) 公益纱厂(1910年) 乾元丝厂(1913年) 振华纱厂(1907年)
米面业	源昌碾米厂(1898年) 华兴面粉厂(1904年) 惠元面粉厂(1913年) 茂新面粉二厂(1916年)
公共事业	苏州振兴电灯厂(1908年) 武进振生电灯公司(1913年) 扬州振扬电灯厂(1913年) 溧阳电灯公司(1915年) 安徽大通振通电灯公司(1919年)
造纸	龙章造纸厂(1904年) 华章造纸厂(1927年)

祝大椿是荣氏兄弟的前辈,他和周舜卿等一道是上海商学会的发起人,是上海商务总会议董、锡金商务分会总理,1913年他就被推举为华商纱厂联合会议长。

与祝大椿多元化发展不同,荣氏兄弟将产业只聚焦在面粉和纺织两行。在产业发展及扩张路径上，祝大椿是先上海再无锡，他在家乡开办了米行、堆栈、面粉厂、丝厂、学堂、造纸厂，并在苏州、扬州、常州、溧阳甚至安徽铜陵开设电灯厂。荣氏兄弟则先无锡后上海，眼光不局限在江苏，并将业务版图扩展到天津、汉口、郑州等地。因股票投机，祝大椿损失惨重，面粉厂后被荣氏兄弟接手。

祝大椿晚年笃信佛教，在家乡修葺龙光塔、保安寺、青山寺，在苏州捐巨资为西园罗汉像塑造金身，于1926年不幸因车祸去世。薛南溟是海归留学派，在美国学的专业是铁路管理和经济管理，归国后选择了丝织产业。不仅如此，他将丝厂从上海迁到无锡发展。唐骧庭是继承父业，以织布和染织起家，尔后打通整个产业链，在无锡拥有毛纺织、印染和自发电能力的全能工厂。

真正让无锡扬名于世的，还要归功于荣氏兄弟。以大生纱厂为起点，张謇建设家乡南通。荣家同样以实业为基础，开发无锡。梁启超说起中国地方自治，常以无锡与南通并举。1943年，荣德生70岁时，有人就将无锡与南通、荣氏兄弟与张謇兄弟相提并论。

1926年张謇逝世后，他的儿子继任大生纱厂董事长，并将南通农科、医科、纺织三所大学整合为南通大学，将张謇创办的图书馆、博物苑划归南通大学，并成立了显赫而庞大的校董会。荣宗敬是19人中屈指可数的来自商界的校董。

清末，无锡新式学堂有120所。20世纪20年代，在锡商的积极参与下，无锡的新式学堂陡增至380所，形成初等、中等、职业教育并举的格局。在公共服务方面，1905年，无锡工商界人士集体捐建了市中心崇安寺附近的城市花园，这是江苏省历史上第一个供市民免费游乐的公园。另外，荣宗敬、荣德生兄弟修建的梅园、锦园，王禹卿修建的蠡园，杨翰西修建的横云山庄、澄澜堂、长春桥，王心如、王昆仑修建的七十二峰山馆等景点，都在建成以后免费向市民开放，使无锡变成被众多公园簇拥的花园城市。

无锡群商争艳，百花齐放，商业生态远较南通深厚。张謇曾说，南通事业由其个人主持，较有系统，维持久较难，不若无锡之能人自为战，可以永兴不败。

在以上海为中心的长三角城市经济体系中，苏商依托苏州、南通、常州、无锡，跨越天津、汉口等区域经济中心，向北、向西等区域延展辐射，迎来苏商在中国商帮史上全面开花的历史格局。

苏商三大气质

纵观中国商帮史，与其他商帮相比，苏商具有三大挥之不去的气质。

第一，苏商具有极致气息。

晚清民初，至少五位苏商在某一领域做到了无人能及、无以复加的程度。他们就是买办商人席正甫、幕僚商人盛宣怀、锡商投资家祝大椿、状元实业家张謇和面粉、纱织双料大王的荣氏兄弟。

席正甫与唐廷枢、徐润、郑观应并称"晚清四大买办"，但三位香山买办无论做买办还是后半生转做实业，他们的生意或者说事业都没有被家族继承、延续。席正甫家族则承袭买办血统，屹立上海滩半个世纪不倒。

盛宣怀是那个时代幕僚出身的商人中最为显赫的人：做官做得最大的商人，从商最富有的官僚。作为跨越官商的两栖商人，他也是那个时代争议最大的商人。最懂工商业的官僚背后是他的另一面——最不受商人欢迎的官商。

盛宣怀隐忍持重,能屈能张,游刃在旧氏沙船商人、买办商人以及官场的不同派系之间。他谋定而后动,以实干家的角色演绎了传奇。但在商业伦理上,他又极尽能事,近水楼台,以红顶商人的身份,亦公亦私,以公营私,化公为私,与胡雪岩大发国难财一道,结出的是商业恶之花,这种影响是有脉络可寻的。

纵观整个中国买办投资史,祝大椿参与的投资面之广、投资数量之多、投资时间跨度之长,无人能及。张謇的事业在苏商里并非做得最大,他弃官从商也并非最早,也非唯一的以状元身份投身商界之人,但他在国内的影响最大,远远超越商业的范畴。同为状元实业家,陆润庠热衷仕途,最终脱商返仕,其他人多也如此,只有张謇一条道走到了底。

荣氏兄弟也是不干则已,一干就把面粉、纱织两个产业做到了中国最大。

苏商的这种气质,在其他商帮中很难看到,譬如"蔚字五联号"的山西侯氏家族,籍贯广东、在香港起家于买办的何东家族,及以张石川、邵氏兄弟为代表的宁波影业人物,即便醒目,也只是一二人物。山西票商、粤浙买办、电影人,以及粤商在百货业的地位,都无其他商帮能及,但这种厉害基本是以一地商帮的集群效应体现出来的,不像苏商除集群效应外,还存在多个在某一个领域做到极致,且放在全国层面几无人出其右的人物。

第二,苏商是不拘一格的。

民国时的上海滩,有"宁波人掌金融,无锡人掌实业"之说。此言有一定道理,苏商在实业领域的深耕和影响远非浙商所能相提并论,协同创办亚洲第一座纯碱工厂永利碱厂的技术实业家、苏州吴县人陈调甫等,是苏商在这一领域的出类拔萃者。

在金融领域,苏商也占有一席之地。曾任上海银行公会会长的上海商业储蓄银行创办人、镇江海归银行家陈光甫,出生淮安的海归银行家、金城银行创办者周作民,都是银行家出身的苏商代表。

不仅如此,中国银行业在晚清民国还出现一个"镇江现象"。大清银行董事长严炳生,上海盐业银行经理倪远甫,大陆银行创办人谈荔孙及总经理许汉卿,中南银行董事长徐静仁,金城银行总经理吴蕴斋和徐国懋,国华银行创办人、后曾任交通银行董事长的唐寿民,中南银行筹办总经理胡笔江,曾任交行总经理的赵棣华等,都是出自镇江的银行家(民国苏商代表人物见附录表9)。

江苏商帮史上有"三甫"之说,即席正甫、陈调甫、陈光甫。陈光甫还是中国人自办旅行社的开创者。一开始,旅游是作为一个部门出现在上海储蓄商业银行的组织架构中,尔后发展成为享誉全国的中国旅行社。他的一个理念是,"本行欲在某地发展,先在某处办旅行社……故旅行社为银行之先锋队。"[1]

如果从不同维度给晚清民国商人建立一个身份系统,那么离不开这些标签:官商、状元实业家、区域自治、买办、近代实业家、银行家、慈善家等。

每个标签背后都对应着一个放在全国层面足具分量的苏商代表。

对于一个社会动荡、英雄不问出处的时代,苏商个个带着鲜明的个性被写进历史,这一群体的角色包容度之大是其他商帮无可比肩的。

---

[1] 新中国成立前后,民生公司创始人卢作孚出走大陆前往香港,就住在中国旅行社经营的新宁招待所里。

第三，苏商领袖是中正且传承有脉的。

以今观之，浙商叶澄衷本可以成就一脉，与其有交集与传承节点的浙商分为两枝，一枝是大陆浙商虞洽卿等，一枝是走向香港的包玉刚、邵逸夫等。前一枝整体并未继承叶澄衷的衣钵，这是浙帮的遗憾；后一枝不遗余力举办慈善，颇得叶澄衷遗志之神韵，显示了传承的正统性。

苏商在上海滩具有与浙帮并驾齐驱的潜在实力，只不过苏商耀而不华，为而不争，顶天立地。不仅如此，除盛宣怀外，苏商称得上领袖者，无论是席正甫、张謇、荣德生，还是陈调甫、陈光甫、周作民，总体呈中正之态，不出格，少有人物像浙商群体中的虞洽卿、朱葆三、傅筱庵等，存在诸多争议。

苏商至少有两个坐标式人物，一个是以状元身份投身实业、探路区域自治的张謇，一个是国学功底深厚、坐等解放军入城的荣德生。两者的举动，在那个时代都具有石破天惊之效。他们存在的价值，都超越了单纯的物质而触及与时代的共鸣与同频，进而体现在他们与时俱进的抉择之中。就商脉传承而言，浙帮与苏商至少差一个张謇、一个荣德生，换句话说，差一个人间正道。

新中国成立前，当诸多资本家对共产党避之唯恐不及，纷纷离开大陆、告走海外时，荣德生与时代的相向而行奠定了一个家族后世的荣耀。在公私合营的历史潮流中，荣氏家族后代尽显大局意识，荣德生之子荣毅仁被推举为上海市副市长，及至改革开放后出任国家副主席。

蒋介石生于浙江奉化，祖籍江苏宜兴，以甬商为大头的商人簇拥着他，在江苏南京登上权力顶峰。他虽取名"中正"，做事却顾此失彼，最终坐失天下。

甬商的领袖人物虽具有全国影响，但某种程度上只是甬商领袖。苏商领袖不一样，他们不仅是苏商的，也是中国的，无形中代表着中国商界潜在的走向，中国商业的主脉也因他们的承载而赓续。

第十九章 沪津商人

晚清、北洋政府及国民政府时的上海,归属江苏管辖。从1805年起,上海就形成了上海、青浦、金山、嘉定、崇明、宝山等10县1厅的格局。鸦片战争后,上海滩容纳了潮涌而来的各地富绅、商人与企图改变命运的人,成就了北上的粤商、东进的苏商,以及后来居上的甬商。作为本帮的沪商,也堪称醒目。

天津作为中国经济次中心的地位是在19世纪八九十年代确立的。元、明时,天津以漕粮北运的枢纽而存在。清初,长芦盐运使司衙门由沧州迁到天津,盐行的专利和粮行的垄断让盐商与粮商一道成为天津巨富产生的行当。

之后,天津工商业发展经历了买办、官僚及海归投资三个阶段。

沪商的四个圈

本帮沪商由两部分组成，一部分是本土沪商（含时属江苏后归上海管辖的沪商），一部分是生于上海的异地沪商。前者由沙船世家朱其昂、商务印书馆创始人之一夏瑞芳、银行家张公权、实业家吴蕴初、实业家胡厥文构成；后者由酱园业巨子张逸云、棉业大王穆藕初、火柴兼毛纺业大王刘鸿生及宋氏家族宋子文等组成（晚清民国沪商代表人物见附录表10）。

沪商近水楼台，具有较为强烈的时代引领意识，上海第一家华人西药店由沪商顾松泉设立于1888年，吴蕴初是中国氯碱工业的开创者，穆藕初也是西方科学管理思想最早的中文翻译者。中国银行公会的前身是"星五聚餐会"，又称"银行业午餐会"，后者由中国、交通两家国有银行与上海商业储蓄银行、浙江兴业银行、浙江实业银行为代表的"南三行"等五家民营银行高管，于1915年7月以定期聚会、座谈为主要活动方式组织起来。该午餐会的重要发起人就包括时任中国银行总经理的上海银行家张公权。

总体而言，沪商存在四个若隐若现的圈子，即出版圈，管理、棉铁圈，市政建设圈和实业、金融圈。

中国现代出版事业发端于1897年创立的上海商务印书馆。商务印书馆对近现代出版业及新旧文化传承具有里程碑意义，它是中国人文建设的一座丰碑。

在四个创始人中，夏瑞芳和高凤池是上海人，另外两人是宁波鄞县的鲍咸恩、鲍咸昌兄弟。夏瑞芳是鲍氏兄弟的妹夫，四人都在鲍父任教的教会学校清心书院读书，并学习排印技术，毕业后又都在报馆、书馆做事，与印刷出版业结下不解之缘。

商务印书馆旗下有庞大的杂志矩阵，譬如《小说月报》《东方杂志》《教育杂志》《学生杂志》《妇女杂志》《自然界》《新教育》等，其不仅有印刷厂、编译所、东方图书馆，还创办了尚公小学、上海国语师范学校、华东机器制造厂、国光影片公司等延伸产业。其名气之大，孙中山、廖仲恺1916年曾到馆参观，陈独秀则在1921年被聘为馆外名誉编辑。

商务印书馆发展史上出现过一批可圈可点的人物，这奠定了其难望项背的历史地位（见表19-1）。先后任《小说月报》主编的茅盾、郑振铎、叶圣陶，在这里发起文学研究会，老舍、巴金、丁玲则通过这一刊物走上文坛。更为关键的，张元济、陈云、陈叔通、茅盾、郑振铎、叶圣陶、竺可桢、顾颉刚、周建人、蔡元培、王云五、蒋梦麟、陈布雷等的人生履历，都与商务印书馆存在交集，而张元济是商务印书馆的灵魂人物，他既是股东，也是编者、管理人员及中国教育会首任会长，黄炎培、马寅初曾任印书馆董事。

表19-1 商务印书馆历史人物表

人物	入馆时间	籍贯	备注
张元济	1902年	浙江海盐	印书馆股东（1901年）、中国教育会首任会长（1911年）、上海文史馆馆长、商务印书馆董事长，出席第一届中国人民政治协商会议，第一届全国人民代表大会代表
蔡元培	1902年 / 1907年 / 1913年	浙江绍兴	三进商务印书馆，任编译所所长，华法教育会（1915年，周恩来、邓小平由此海外留学）发起人，北京大学校长（1916—1927年）、中华民国首任教育总长

（续表）

人物	入馆时间	籍贯	备注
徐珂	1904年左右	浙江杭州	印书馆《东方杂志》首任主编，《清稗类钞》作者、晋商财富榜第一人、袁世凯天津小站练兵时幕僚
高凤谦	1903年	福建长乐	印书馆国文部长、编译所所长、出版社社长，郑振铎岳父
陆费逵	1908年	浙江桐乡	印书馆国文部编辑，出版部部长兼《教育杂志》主编、讲义部主任，中华书局创办者（1912年），上海书业同业公会主席
孟森	1908年	江苏常州	印书馆《东方杂志》主编，清史学科奠基人
胡愈之	1914年	浙江上虞	练习生、印书馆《东方杂志》主编，赴新加坡帮助陈嘉庚办《南洋商报》（1940年），中华全国世界语协会理事长，第一至第五届全国人大常委会委员、新中国首任国家出版总署署长、《光明日报》总编辑、全国人大常委会副委员长、全国政协常委
陈叔通	1915年	浙江杭州	印书馆董事，出席中国人民政治协商会议第一届全体会议和开国大典，全国人大常委会副委员长，中华全国工商联合会第一、第二、第三届主任委员
茅盾	1916年	浙江嘉兴	《小说月报》主编、印书馆国文部，新文化运动先驱、中国革命文艺奠基人，中国作协主席、首任文化部长

（续表）

人物	入馆时间	籍贯	备注
蒋梦麟	1917年	浙江余姚	印书馆《教育杂志》编辑、《新教育》杂志主编，协助孙中山制定实业计划，北大校长（1930年）、国民政府第一任教育部长、行政院秘书长
陈云	1919年	上海	印书馆学徒、印书馆职工会第一届执行委员会委员长和罢工临时委员会委员长（1925年），中国社会主义经济建设的开创者和奠基人之一
胡孟嘉	1919年	浙江宁波鄞县	印书馆外文编辑，交通银行总经理、民国中央银行国库局总经理、中国实业银行总经理
万籁鸣	1919年	江苏南京	先后在美术部、活动影戏部任职，主要创作广告画，并为杂志绘插图和封面，后成为中国动画电影创始人，代表作有《大闹画室》《铁扇公主》《神笔马良》《龟兔赛跑》《大闹天宫》等
陈布雷	1920年	浙江宁波慈溪	印书馆编译《韦氏大学字典》，国民政府军事委员会副秘书长，有"国民党第一支笔"之称
郑振铎	1921年	福建长乐	茅盾推荐，印书馆《小说月报》主编，文化部副部长，全国文联全委、主席团委员

(续表)

人物	入馆时间	籍贯	备注
周建人	1921年	浙江绍兴	鲁迅推荐，鲁迅三弟，印书馆《东方杂志》《妇女杂志》和《自然》杂志编辑，编写中小学动植物教科书、自然科学小丛书等，出席第一届中国人民政治协商会议，第一、第二届全国人大常委会委员，第三、第四、第五届全国人大常委会副委员长
杨贤江	1921年	浙江余姚	印书馆《学生杂志》主编，马克思主义教育理论家，《革命军日报》社长（1927年）
王云五	1921年	祖籍香山，生于上海	胡适推荐，商务编译所长、印书馆总经理（1921—1946年），科学管理法推行者，国民政府经济部部长、财政部部长
顾颉刚	1922年	江苏苏州	编撰《现代初中教科书·本国史》（1920），现代历史地理学和民俗学的开拓者、奠基人
谢六逸	1922年	贵州贵阳	复旦大学中文系主任（1930年）、中国现代新闻教育事业奠基者之一
朱经农	1922年	浙江浦江	印书馆编辑、总经理（1946年），国民党政府教育部普通教育司司长、教育部常务次长，齐鲁大学校长、中央大学教育长，中国出席联合国文教会议首席代表（1948年），1948年后留居美国
竺可桢	1922年	浙江绍兴	印书馆编译所史地部部长、浙江大学校长、中国气象学会理事长、中国地理学会理事长，第一至第三届全国人大常委

（续表）

人物	入馆时间	籍贯	备注
唐钺	1922 年	福建闽侯	印书馆编辑部哲学教育组组长，中央研究院心理研究所第一任所长、研究员，中国心理学会北京分会第一届理事长，第二至第六届全国政协委员
叶圣陶	1923 年	江苏苏州	印书馆《小说月报》主编，作家、教育家，人民教育出版社社长、中央文史研究馆馆长、民进中央主席，第一至第五届全国人民代表大会常务委员

商务印书馆是各方知识分子汇集的中心，在1949年6月新政协筹备会第一次全体会议选出的21位常务委员会委员中，陈叔通、茅盾在列，张元济、陈叔通、胡愈之、竺可桢等则成为第一届全国人民代表大会代表，他们与茅盾、郑振铎、叶圣陶、顾颉刚等都成为新中国文教、科学或经济领域的一代宗师。

与他们不同，无产阶级革命家陈云是上海青浦人，其在经济领域之最早历练来自1919年到商务印书馆当学徒，一干就是八年。他从这里走上革命道路，介绍他到此的老师张行恭也是上海人。

因阻止陈其美在上海福州会馆设立讨袁军司令部，商务印书馆沪籍创始人夏瑞芳于1914年被暗杀，他没能看到商务印书馆的未来走向。祖籍香山但生于沪的新上海人王云五，他在印书馆坚定不移践行科学管理的思想和理念，树立了印书馆在国内文化出版界的地位，在国内企业界产生了广泛而积极的影响。这就不得不说沪商的另一个圈：管理圈。

王云五在出仕任国民政府经济部部长之前，1930—1946年任商务印书馆总经理长达16年。上任伊始，他到国外考察并向董事会提交了3万余字的《采行科学管理计划》草案。他亲拟《编译所编译工作报酬标准试行章程》，将编译工作分为著作、翻译、选辑、校改、审查5种，分别列为8个等级，每一类别等级都详定千字计酬标准，按工作量计酬。他将西方现代学科分类逐渐取代中国传统学科分类法，极力罗致专家学者。他甚至成立研究所，兼任所长，以推行科学管理法。印书馆因此减人增效明显，以1929年为基准，1932年仅用47%的设备和43%的工人，就完成157%的排字量和185%的印刷量。

但王云五推行的管理改革遭到内部强烈抵制，几近废止。1932年，"一·二八"事变爆发，日机炸毁商务总馆，东方图书馆藏书"尽化为劫灰"。王云五受命复业，根据企业实情及对科学管理思想的理解，从组织架构、流程等方面重塑印书馆。

他取消编译所建制，代之以编审委员会，但编审委隶属生产部，他兼任生产部部长和编审委员会主任。编译人员以审稿质量与字数计酬，改过去自撰书稿计酬为审外稿，用出书效率倒推生产、编译环节。所有人员先行解雇，根据复兴进程及需要再行返雇，均由总经理直接聘用。增设秘书处、人事委员会和清理委员会，作为横向协调部门。

商务印书馆由总馆、各处分馆和各地印刷厂组成，商务总馆以出资人身份控股，拟订出版计划，负责重大决策和大型项目，而各分馆、印刷厂实行股份制，独立经营，自负盈亏。员工福利待遇优厚，共享盈余。

不仅如此，王云五将在企业的管理心得、实践用于尔后的政府管理中去，他甚至写下《工商管理一瞥》，介绍科学管理方法，并开训练班，将之用于对党政军各职能部门人员的系统培训。1946年，王云五之所以能够进入国民政府先后担任经济部部长、财政部部长，与其在印书馆实践科学管理密不可分。

商务印书馆是各种管理思想酝酿、实践的大本营。1915年，陈叔通进馆后，发现编辑、印刷、发行三所各自为政，缺乏协调，即建议董事会成立总务处，作为馆内最高行政决策机构，由他担任总务处处长。陈叔通是浙江兴业银行董事长叶揆初的表姑父，随后受邀担任兴业银行董事。叶器重先行一步到印书馆担任外文编辑的胡孟嘉，陈叔通曾受其之托，欲挖胡入行，未果。胡后任交通银行总经理、民国中央银行国库局总经理、中国实业银行总经理。

1953年10月，中华全国工商业联合会正式成立。成立前，上海工商界代表提出要将总部设在上海，天津工商界代表则希望设在天津，暴露出工商界南北之争。最终，陈叔通被推选为中央及南北工商界都能接受的主任人选，一当就是三届。

说到科学管理在印书馆的践行，就不得不说另一位祖籍苏州但生于沪的穆藕初。穆是留美生，在美国威斯康星大学、伊利诺伊大学、得克萨斯农工专修学校先后学习农科、纺织和企业管理专业知识。他有一个标签就是唯一与美国"科学管理之父"泰勒有过切磋与探讨的中国人，是他于1916年将泰勒的著作以《工厂适用学理的管理法》的名字翻译给中国读者。

西方科学管理思想来到中国，首推之功在于穆藕初。但泰勒的科学管理原来主要用于工厂和体力劳动群体，王云五将其改造用于出版、编译乃至政府职能部门工作中去，让其为官方所认同，令人耳目一新，更有开一代风气之作用。

穆藕初的另一重身份是实业家，归国后他投身实业，先后创建上海德大纱厂、厚生纱厂和郑州豫丰纱厂。不仅如此，他将科学管理法推行于厂内，一时成为上海滩新派商人的代表人物，沪商管理圈与棉铁圈就这么交织在一起。1920年，穆不仅成为上海总商会会董，而且荣任上海华商纱布交易所理事长，但他在人生最接近顶峰时，实业之路走向下坡。他在三年间相继辞去厚生、德大纱厂总经理职务，豫丰纱厂无奈被美商接办。随后，穆藕初入仕，辗转国民政府工商部、实业部、经济部等，度过其人生最后15年，于1943年病逝。

穆藕初的豫丰纱厂最终接盘者是原籍同为苏州的上海人严裕棠、严庆祥父子。严家是纺织机械行业起家，严裕棠初为英商老公茂洋行学徒，后进铁厂任至副经理，1906年独营合办的大隆机器厂，历经修配纺织机件、仿制农具和机器制造多个发展阶段。1916年，严庆祥17岁临时代父管理厂务，父见其才，让其辍学正式主持厂务。1920年，严庆祥任大隆厂长，严家实现二代交接。到1934年，严庆祥已成为大隆、苏纶、民丰、豫丰等6家公司的总经理。

严庆祥是状元实业家张謇"棉铁主义"的践行者，张謇于1910年提出"棉铁主义"，认为以发展棉纺织工业和钢铁工业为切口来振兴实业，"操经济界之全权"，减少外贸逆差。在严庆祥"以铁业为本，以棉业为辅"的铁棉联营思想建议下，严氏家族租办状元陆润庠下海创办的苏州苏纶纱厂，试水纺织业，后购进并连续接办郑州豫丰、常州民丰等纱厂，成为上海滩继无锡荣氏、粤籍侨商郭氏家族后又一大纺织业巨头。

不仅如此，在工商业者兼营房地产的大鳄中，严氏家族与荣氏家族申新系统荣鸿元、永安郭氏兄弟一样拥有大量房产。严裕棠拥有各类房产达431幢（座），从质量和数量上都位居工商业者房地产大业主的前列。

不得不提的是，以上海青浦朱家与来自江苏丹阳马家及陆家为代表的沪商家族，还因信仰天主教，在太平天国战乱时聚居于上海董家渡天主教堂附近，结成了一个紧密的社交、姻缘、市政建设圈。

在这个圈子里，朱家、陆家各出了一位实业家——朱志尧、陆伯鸿。朱求学徐汇公学及初就业服务轮船招商局时，得益于后来创办震旦大学、复旦大学的二舅马相伯。三舅马建忠是李鸿章幕僚，赴英法美诸国考察机器工业时，他得以随同前往。1897年，创办德大油厂时，盛宣怀委任的总办是朱志尧。朱走向实业家角色始于1904年创办求新制造机器轮船厂。他眼界开阔，善于接受新事物，除大通仁记、中国合众两航业公司，投资范围还涉及油业、纱业、米业、布业、矿业、电业、水业、面业、书业等，是一个隐形投资大鳄。

这个圈子保持着与周围非天主教徒不同的宗教信仰和生活习惯，处于法国文化辐射范围，少时上徐汇公学，大时上震旦大学，毕业后或在法商洋行任买办，或在上海法租界公董局谋职。徐汇公学由法意传教士创办，震旦大学由担任法国天主教神父的马相伯创办，朱曾兼任法国东方汇理银行买办。而生于沪的陆伯鸿，1927年是上海法租界公董局首批5名华人董事之一，杜月笙、张啸林等人在1930年以后才取得法租界的这一资格。较之英商的影响，法商偏弱，这个圈子起步较晚，又赶上社会大动荡时期，影响较小。

陆伯鸿在航业方面，与朱志尧于1924年有合资，其航线与张謇、沙元炳1903年创设的大达轮船公司产生竞争，后双方联营，垄断"小长江"航线。但陆伯鸿在沪商界主要扮演的是上海电业和钢铁投资的引领者角色。他创办和兴铁厂，后引进德资扩建，所产竹节钢用于南京中山陵、江海关大楼、法商自来水厂、沙逊大厦等的建设。

陆在电业领域的成就，更多得益于同生于沪的苏州人李平书的提携。李平书在花行、米豆行当过学徒，学过中医，做过报纸笔政，在广东三县当过知县，与时任两广总督的张之洞产生交集。1902年，他入张之洞幕，开启人生的商业乐章，初任湖北武备学堂总稽查、提调。次年，张之洞由湖广总督复调两江总督，李平书随之回到家乡，转任江南制造局提调，兼任中国通商银行总董、轮船招商局董事、江苏铁路公司董事。

李平书虽在医疗、保险、牧业、面粉等方面有所投资，但其最引人瞩目之处还在电业投资和清末上海地方自治运动的推动者角色。1905年，李平书获得官方认同，以总董身份统管城厢内外总工程局，参照租界模式，以商业手段开启上海非租界区的道路、路灯、中小学堂、治安巡逻、拆建桥梁等市政建设并纳入统一管理。1909年，清政府颁布《城镇乡地方自治章程》，城厢内外总工程局改称上海城厢内外自治公所，李平书仍为总董，堪称上海市政建设第一人。上海非租界区第一家电灯公司由官办改为商办后，仍经营不善，濒临倒闭。1911年，由李平书推荐陆伯鸿接办，电灯公司扭亏为盈，数年内成继英资、法资后第三大发电公司。英法租界有意将电车线路延伸到华界，李平书又力推陆伯鸿出面集资设立南市电车厂，这是"华人破天荒之自办电车"之始。1918年，电车公司与电灯公司合并。民国时期，陆以其电业成就担任全国民营电业联合会委员长。

1905年，甬商虞洽卿在沪公共租界创办近代最早的商人武装团体华商体操会。1907年，由上海南、北市五个体育会组成南市商团公会，李平书任会长。1911年初，商团组织遍布南市、闸北各行各业，甚至伶业。4月8日，全国商团联合会成立，李平书任会长，沈缦云、叶惠钧为副会长，虞洽卿为名誉会长，会员有5000之众。在辛亥革命中，李平书在协助陈其美光复上海中发挥了重要作用，尔后出任上海市政厅民政总长。在陈其美讨蒋时，与夏瑞芳反对稍有不同，李平书以中立立场不愿战火再波及南市，最后逃亡日本。

日后，上海出了位中国公路与市政工程的奠基人赵祖康，他毕业于唐山交通大学土木工程专业。抗战初期，由他组织抢修前线军用公路和桥梁，筹建滇缅、甘新、中越等国际道路，先后主管川、滇、黔、陕、甘、宁、康、青、藏各省后方公路的修建。抗战胜利后，他担任上海工务局局长，新中国成立后先后任上海市规划建筑管理局局长、上海市副市长，是全国人大第一至第六届代表。

沪商另外一个圈子由晚清进化而来，不受晚清民初过多的羁绊，最为明显地体现在吴蕴初、刘鸿生、宋子文、张公权等人身上。

武汉是吴蕴初的福地，他在中国最早、最大的兵工厂汉阳兵工厂因解决技术突破而被提升为炸药课课长。国内生产火柴所需原料氯酸钾多购自德国，"一战"前后，德国战败，原料来源成为问题。为解决燮昌火柴厂的原料问题，有"汉口头号商人"之称的宋炜臣对吴蕴初发出邀请，由他出资，吴出技术并任总工程师兼厂长，合办炽昌硝碱公司，利用兵工厂的废液生产氯酸钾。但当吴蕴初将整套技术工艺研究成功，并付诸生产时，德国携氯酸钾卷土重来，炽昌被迫停产。

1920年，吴蕴初回到上海。同年，祖籍宁波、生在上海的刘鸿生手里稍有积蓄，在苏州投资创办了华商鸿生火柴公司，资本12万元，他占3/4。不无巧合地，燮昌火柴厂在苏州设有分厂，由宁波人叶澄衷族人叶世恭任经理，而叶世恭就是刘鸿生的岳父。

因不听从圣约翰大学校长让其去美国学习神学的安排，刘鸿生被学校开除，后混迹职业学校、巡捕房、上海英租界会审公廨、意籍律师事务所，先后做教师、翻译等工作。直到1909年，他经同乡推荐，为英商开平矿务局服务，两年后转为买办，代销煤矿，赚得第一桶金。因不愿久仰外人鼻息，他开始自办企业。

吴蕴初托人转达欲与刘合作生产火柴所需原料牛皮胶的这一想法，两人一拍即合，上海日晖港一个名叫新炽昌的牛皮胶厂很快建起来。但牛皮胶并未如愿打开市场，两人已到山穷水尽的地步，吴蕴初打算用电解食盐的方法生产盐酸烧碱，但刘鸿生醉心于打造他的第二支柱产业水泥，两人就此分手。

吴蕴初不甘失败，将目标瞄向日用化学用品。这次他所找的合作对象是酱园业巨子张逸云，与刘鸿生一样，张也是祖籍宁波、生在上海的新沪商。

1923年，吴张创办天厨味精厂，这是中国第一家味精厂，所产"佛手牌"味精在吴蕴初宣布放弃味精国内专利后，逐步打破日本产"味之素"的垄断局面。除在东三省，中国其他地区再难见"味之素"的踪影。

尔后，吴蕴初相继开办中国第一家氯碱厂、第一家耐酸陶器厂和第一家硝酸厂，天厨、天原、天盛、天利4个"天"字号化工集团，在轻、重化工业形成自身体系，完全打破日本在中国化工行业的垄断。在中国化工业，吴蕴初与起家天津的化学家兼实业家范旭东，有"南吴北范"之称。

刘鸿生也没有落后，先后创办章华毛纺织厂、上海水泥厂、华丰搪瓷厂、中华码头公司、大中华火柴公司、华东煤矿公司等，最终构筑起以火柴、水泥等为核心的产业帝国。到公私合营时，他已成为仅次于荣氏家族的最富有实业家。宋子文是生于上海的海南文昌人，他与刘鸿生是上海圣约翰大学同学。不过，刘鸿生是辍学生。刘鸿生父亲曾在招商局任轮船总账房，但在他7岁时去世，宋子文则出生于传教士及富商家庭。1933年，国民政府想更换招商局总经理时，宋子文考虑后认为刘鸿生是最适合的人选。

相较而言，宋子文与上海本土银行家张公权互动更多。张公权出生在儒医兼商人家庭，祖父是晚清县官，兄妹12人（八男四女），二哥张君劢有"民国宪法之父"的称号，二妹张嘉玢是徐志摩的首位妻子。张公权留学日本，攻读财政学，回国后初就职媒体，后进官场。因厌恶官场习气，1914年他回到上海担任中国银行上海分行副经理，时年28岁。

依托星期五聚餐会，张公权与江浙籍银行家李馥荪、陈光甫、叶景葵、钱新之等成为莫逆之交，这也是他成为宋子文和蒋介石都格外倚重的人物的原因之一。在民国银行家中，张公权是屈指可数被委任以部长之职的银行家。

代表性沪商有一个显著的特征，多与大型洋务企业搭边。朱其昂之所以成为轮船招商局首任总办，除沙船世家的背景，还在于其"熟悉南北各口岸情形""熟悉海运事宜、轮船生意"。早在1860年，他就与美商在烟台开设的清美洋行经营贸易，贸易往来于上海、烟台、天津各口岸，并设华裕丰汇银票号，在北京、天津、上海等地开设分号。他还是天津机器工业的拓荒者，贻来牟机器磨坊的创办人。

其他沪商，要么家庭，要么个人从业经历与著名洋务企业相关联。刘鸿生的父亲刘贤喜在招商局工作，刘鸿生发达后还在宋子文邀请下当了两年多招商局总经理。张公权曾就读于江南制造局的广方言馆学外语。吴蕴初15岁考入上海兵工学堂半工半读学化学，成为其人生转折点。毕业后，先在上海制造局实习一年，后回兵工学堂任助教，尔后进入汉阳兵工厂。

曹汝霖祖籍浙江湖州，但生于上海，曾任交通银行行长。他曾就读于汉阳铁路学堂，但比较另类的是，八国联军侵华后，他感觉学堂有名无实，就取道去日本早稻田专业学校和东京法学院留学去了，五四运动中成为被声讨到一辈子抬不起头的卖国贼。1917年，宋子文于哥伦比亚大学博士毕业后，最初受聘于汉冶萍公司上海办事处任秘书。次年，胡厥文从北京高等工业专门学校机械科毕业后，经人介绍做了汉阳铁工厂的学徒工，尔后走上实业救国之路，先后创办上海新民机器厂、合作五金公司、长城机制砖瓦公司、大中机器厂。

总体而言，沪商并没有形成突出的商帮形态，但在一定范围存在多个潜在的基于家庭、信仰、同乡、行业等关系的网络，具有一定的辐射力和影响力。

津商：风起北洋

19世纪50年代，天津有巨富八大家之说。其中，经营盐务的有益德裕高家、振德黄家、长源杨家、益照临张家四家，杨柳青石家、土城刘家、正兴德穆家从事粮业，天成号韩家从事海运。

天津开埠后，成为北方洋务中心、近代邮电通信的发祥地以及北方工商业中心。与上海相比，天津比上海晚开埠16年，两地同于1861年设置了对总理衙门负责而由两区域总督兼任的通商大臣一职。只是后者管辖区域的富庶程度及所辐射腹地的广度远不如前者。

上海是外资及粤闽甬资本北上的首选地，天津更扮演了交涉外交的政治角色。在全国八督之中，直隶总督居首位，集防务、行政、盐务、河道及北洋大臣于一身，且权势渗透到南洋通商大臣的地盘。最有作为的直隶总督兼北洋通商大臣是李鸿章、袁世凯，尤其在李鸿章从1870年开始的长达28年的经营期间，天津洋务渐有声势。生产出中国第一艘潜水艇的天津机器局、中国最早机械化采煤的开平矿务局，是天津早期由官方主办的洋务成果。

天津是近代中国铁路、邮政、电报、电话的发源地。中国第一条运营铁路津唐铁路、最早的铁路公司天津铁路公司、最早的邮政天津海关书信馆、第一套邮票大龙邮票、第一个电报局、第一条自建长途电话线、第一条铁路邮路、第一次航空邮运、第一个自建自动电话局等，都创始于天津。天津还是早期中国钱币铸造中心，铸造银钱总局由清政府户部于1903年设立于天津，两年后建成的户部造币总厂，分厂遍设南京、上海、武昌、长沙、成都、广州、云南、辽宁等地。

在一系列投资下，天津基础设施逐渐完善，外贸仅次于上海，跃升为全国第二大对外贸易中心，以买办为代表的津商趁势而起。

香港是上海买办的输出地之一，上海则是中国买办的输出地。天津的四大买办——汇丰银行吴调卿、太古洋行郑翼之、怡和洋行梁炎卿和华俄道胜银行王铭槐，及诸多洋行首任买办，基本由在上海的洋行或国内著名商号培养、转调而来。

吴调卿来自徽州，9岁与家人逃避太平天国战火，辗转苏州，17岁到了上海。他一开始给外轮当跑舱、干杂活，给汇丰银行赶马车，后来学会洋泾浜英语，当上汇丰上海副买办。1880年，他被派往天津创办分行，首任买办做了25年之久，是天津最早的银行业买办。

他为洋务所用，受李鸿章之命督办关内外铁路局，总办淮军银钱所，督理农工商总局，先后创办天津乃至中国早期的火柴厂（1887年），电灯、自来水厂（1888年），毛纺、打包（1897年），硝皮厂（1900年）等工厂，是天津金融及工商业的开拓式人物。"戊戌变法"失败后，吴退出政坛。

尤其值得一提的是，1896年他总办位于山海关的北洋铁路官学堂，是中国近代土木工程、矿冶工程教育的发祥地。这所学堂后更名唐山交通大学，是西南交通大学的前身。在1916年的中国，唐山交大是最好的大学之一。在1937年"庚子赔款"留学考试8个名额中，唐山交大毕业生考取7个。时至今天，该校毕业生有50多名被评为中国科学院或工程院院士，包括工程先驱杜镇远、赵祖康、胡博渊、李温平、侯家源、庄俊、庆承道，著名科学家茅以升、李俨、黄万里、林同炎、何杰、林同骅、周惠久、张维、严恺、刘恢先、肖纪美、钱崇澍等。"两弹一星"功勋奖章获得者姚桐斌、陈能宽，以及竺可桢，陈嘉庚女婿、华侨实业家李光前，也从学于此。

与吴调卿一样与李鸿章有诸多交集的是出身于甬商著名商号老顺记天津分号经理的王铭槐。他搭上同乡严信厚的关系而与李鸿章产生交集。因这层关系，王随后离开老顺记，成为德商洋行买办，专事军火及机器生意，1896年由李鸿章推荐出任俄道胜银行天津行买办。

王铭槐是甬帮在天津早期领袖，其子、孙、曾孙四代在洋行任买办，子王采丞任青岛德华银行、天津中法工商银行买办，孙王品南任天津永丰洋行、中法工商银行买办，曾孙王义范任天津永丰洋行买办，堪称天津一大买办世家。

天津买办势力最大的仍当数粤帮。天津怡和洋行买办系出广东，长期由香山唐廷枢胞兄唐茂枝、唐廷植长子唐杰臣把持，及至后来由蔡子英及梁炎卿出任。梁1872年随唐廷枢进入上海怡和做练习生，后由上海怡和调到天津，又历经16年，到1890年已38岁才当上买办，一坐就是25年，方居家养老。他的儿子梁贲奎、梁联先后进入怡和洋行，成为梁家二代华人大班。以此来算至1945年，梁氏父子三人效力怡和长达73年。

与天津四大买办中其他三人不同的是，梁毕业于香港皇仁学院，受过系统的商业知识培训和英语训练。据梁的同乡、曾任北洋大学校长的好友蔡绍基估计，梁坐拥2000多万银圆的财产，不仅高踞天津买办之首，而且有"广帮首富"之说。在津广东人修建广东会馆时，他个人出资最多，捐银6000两。

与吴调卿积极投资新式工业不同，梁是房地产大王，炒房高手，广置土地，建而出租。他于1901年成立了天津历史上第一家真正意义上的房产公司——先农房产，股东包括兴办北洋大学的美国人丁家立、后任美国总统的胡佛、美国驻华代理驻沪总领事田夏礼、天津前海关道蔡述堂等，房产遍布天津开封道、徐州道、大沽路、建设路等区域8万多间，以及花园大楼、先农大楼、新泰兴大楼、先农大院、荣华里、先农里、跃华里，占外国人在天津房产总数44%。

在津四大买办中，郑翼之是最年轻的，二十多岁就当上买办。他随郑观应去了上海，经香港太古洋行买办莫仕扬介绍，在太古洋行账房做练习生，1881年被派往天津辅助筹备设立分行，5年后成为买办。

在四大买办之外，天津英商仁记洋行第一任买办是广东人陈子珍，其得益于怡和洋行买办蔡子英的提携。尔后由天津人李辅臣接办，此职落入北方帮之手，由其子李吉圃、李志年相继继任直到1933年，李家任仁记买办近半个世纪（晚清民国在天津经商者的代表人物见附录表11）。

及至袁世凯和北洋军阀时代，天津成就了一批在津乃至中国商业史上占据一席之地的商人，譬如来自本地的王郅隆、宋则久、孙冰如，来自安徽的周学熙、孙多森，来自湖南的技术型实业家范旭东、李烛尘，来自山东的"抵羊"领袖宋棐卿、帽业泰斗刘锡三，来自江苏的银行家谈丹崖、周作民、胡笔江及技术型实业家陈调甫。

如果说常州人盛宣怀是安徽人李鸿章的钱袋子，那么安徽人周学熙就是河南人袁世凯的钱袋子。周父周馥与盛、袁一样是李鸿章的门生，官至两广总督。与盛宣怀路径如出一辙，周学熙亦官亦商，曾为官浙、鲁两地，捐山东候补道员，初围绕官方规定洋务动作而动，尔后一步步自选动作、走上兴办实业之路，其间两次短暂担任袁世凯政府财政总长（1912年7月—1913年5月和1915年3月—1916年4月）。

盛宣怀早期独当一面的洋务活动，譬如创建电报局，是在天津展开的。甲午战争后，盛宣怀的商务活动南迁至沪。伴随袁世凯的升迁，及与袁家结成姻亲，周学熙以天津为大本营，创造了一个以启新水泥、滦州矿业、华新纺织为核心的庞大周氏企业集团。启新生产的水泥1919年在全国市场占比高达92.02%。周学熙俨然是天津实业的奠基人，与南通张謇有"南张北周"之称。

袁、周及后北洋政府时代，一批寓居天津的北洋军阀、官僚和清朝遗老遗少，掀起投资工业的高潮。启新洋灰先借官款开办，第一年股息红利高达18%，尔后引资转变为私营企业。最初的投资人除一批军阀官僚外，主要是周学熙、袁世凯及盐商李颂臣、卢木斋，直到新中国成立前它一直是中国最大的水泥厂。

华新纺织也是周学熙举办的重要企业，第一厂设在天津，第二年获利几乎将股本收回来，便在青岛、唐山、卫辉陆续另建三个纱厂，工人数9000余人，一时成为华北最大的华商纺织企业集团。周学熙一口气创办了二十多个近代企业，形成一个资本额高达4000多万元的周学熙资本集团，其中周氏投资约占2/5。

有统计显示，有86位官僚投资了涉及16个门类的近代天津工业企业44家，企业资本总额占同期工业全部资本额的84%，八成创办于1915

年后。除 1 家官僚独资经营、3 家中外合办，其余 40 家全为官僚与商人合办。

到 20 世纪 30 年代，天津 1200 多家工厂汇聚了 20 多万产业工人，形成纺织、化工、面粉、造纸、印刷、机器制造等比较完整的工业体系，工厂总数和工业投资总额仅低于上海，位居全国第二。这与官僚的投向高度正相关，他们将 54% 的资本投向纺织、面粉和化工三个行业。其中，官僚资本投资了天津六大纱厂、八大面粉厂中的半数，所承载的资本基本占天津纺织工业、面粉工业资本总额的 80%。

以纺织业来说，天津纺织工业始于 1898 年天津关内外铁路局督办吴调卿创办天津机器织绒局，起步比上海晚 9 年。20 世纪 20 年代前后，天津华新、裕元（1915 年），恒源（1917 年），北洋、宝成（1920 年），裕大（1921 年）六大纱厂相继建成。由此，天津近代纺织工业初步形成。

其中，裕元纱厂由安徽督军倪嗣冲等安福系军阀和官僚投资、金城银行总董事王郅隆等创办，裕大纱厂是北洋政府财政总长王克敏、中国银行总裁冯耿光、盐业银行总经理吴鼎昌、京剧演员梅兰芳等创办。恒源纱厂由曹锟的弟弟、直隶省长曹锐，陆军总长鲍贵卿，实业家章瑞廷、边守靖、王鹿泉等创办。

清末到北洋政府时期，上海相继出现以荣宗敬、刘国钧、穆藕初、郭棣活等为代表的纺织大王，天津虽有六大纱织厂，但几无灵魂人物，这或与天津纺织业资本主要由军阀政客构成不无关系。及至 1931 年后，天津在毛呢领域方出现朱继圣、宋棐卿两位领军实业家。

除周学熙，在所有寄居天津的北洋官僚中，投资最多的当数安徽督军倪嗣冲，其在天津集资创办近代工业的资本高达 800 万元。天津人王郅隆深得倪的信任，由其创办了一系列近代工业、商业及文化企业，堪称周学熙之后近代天津商业史上另一位纲举目张的实业家。王郅隆少贫，辗转东北、唐山等地，先做粮店学徒、跑街，后开设杂货铺、木行，渐有起色，及至与皖系政治力量结合，方才发家。王的发家稍显灰暗，军商结合经营军饷和盐务，大发其财于与徐树铮、段芝贵等合谋侵占长芦盐商何炳宗等人资产，进而组织天津长顺盐业公司以及井陉、正丰煤矿公司。

王郅隆先后创办华昌及丹华火柴、《大公报》、边业银行、裕兴面粉、裕庆公银号以及筹措资金与银行家周作民创办金城银行等，倪家现身王投资的大多数企业。其中，《大公报》成为皖系喉舌，金城银行成为北四行之一。

尽管日后北四行分支机构遍设于北京、上海、汉口、大连、南京、济南、郑州、石家庄、哈尔滨等地，但金城银行表现最为抢眼，1928—1937年在国内及香港的分支机构多达53个，1936年存款额超过上海商业储蓄银行，居中国私营银行首位。

由王郅隆集资创办的裕元纱厂，是天津资本最为雄厚、纱锭最多、获利最丰的纱厂。1914年，他亲往上海申新纱厂拜访棉纱大王荣宗敬，次年纱厂成立时，国务总理段祺瑞、安徽督军倪嗣冲、陆军次长徐树铮、王揖唐、段芝贵等日后安福系成员，曹汝霖、吴鼎昌、王克敏、陆宗舆等浙江亲日派，及银行家周作民等，组成强大董事会。

为保证裕元纱厂的原料供应，倪家和王郅隆在汉沽茶淀接办开源农场，在盐碱地上种植棉花；为保证资金周转，除与周作民等创办金城银行，倪幼丹还与卢子嘉、朱葆三等合资创办中法振业银行。

1920年直皖战争皖系失败后，王被视为"安福十大祸首"而被吴佩孚通缉，逃往日本。他死心不改，商洽借款，借以为安福系发动政变、与直系作战之用。及至签字时，王意外死于关东大地震。死讯传来，安福系要人痛心疾首，直呼"失败乃天意"。

王死后，为避免裕兴面粉被直系没收，倪嗣冲出资20万元接办，改名大丰面粉，由其子倪幼丹接任总经理，也包括裕元纱厂总经理一职。

倪家在面粉业也有大宗投资。上海人朱其昂1878年在天津创办贻来牟火磨制粉厂，首开天津机磨面粉之先河，但天津面粉业的影响力把持在孙家和杨家，两家联合创办了天津几乎最早的行业公所"三津磨房公所"，1903年与时俱进改组为三津磨房同业公会。与其他行业组织轮流坐庄不同，这一组织由孙、杨两家祖孙三代孙治、孙俊卿、孙冰如，杨立成、杨志清、杨西园沿传。

倪家携手孙、杨两家，通过收购1915年江苏丹徒人朱清斋创办的天津第一家机制面粉厂寿星面粉厂，以及民生天记面粉厂，于1933年与后来由倪幼丹独资经营的大丰面粉厂整合，成立天津寿丰面粉股份有限公司。寿丰面粉几乎垄断天津面粉业，在华北具有首屈一指的影响力，而在寿丰全部170余万资本中，倪家投资占半数左右。

天津是中国重化工产业重要的起源地，这一地位是由湖南人范旭东、李烛尘，江苏人陈调甫及福建人侯德榜领衔创造的。官僚资本在永利制碱厂、丹华火柴厂等12家化学工业企业的投资占化工总投资的66%。

范旭东曾被北洋政府派赴西欧考察英、法、德、比等国的制盐及制碱工业，他一生心无旁骛，精研技术。他创办了诸多企业，成为中国精盐制造第一人，亚洲第一座纯碱工厂、中国第一家专业化工科研机构、中国首座合成氨工厂的创始人（见表19-2）。

表19-2 范旭东创办企业的情况汇总

举办时间	投资地区	公司名称	备注
1914	天津塘沽	久大精盐	中国第一家现代化工企业，与盐政官僚景韬白、袁世凯幕僚杨度等创办
1917	南京	永利碱厂	亚洲第一座纯碱工厂
1922	天津	黄海化学工业研究社	中国第一家专业化工科研机构，范旭东任董事长，美国哈佛大学化学博士学位的孙学悟主持
1923	青岛	永裕盐业公司	下有永大、裕大两家工厂。永大承办大小19所制盐工厂，永裕是外销青盐的专商
1926	汉口	信孚盐业运销公司	销售青岛永裕盐业公司生产的海盐
1935	南京	永利铔厂	中国首座合成氨工厂，生产出中国第一批化肥，侯德榜任首任厂长
1938	四川自流井	久大自流井盐厂	
1938	四川犍为	永利川厂	

最初办碱厂时，中国培养的第一个化学硕士陈调甫与在苏州开办端记汽水厂的吴次伯、王小徐都有志于在这一领域有所成就，苦于没有资金。当范氏挑起这面大旗时，他们经实业家张謇介绍，与范旭东走到一起。陈调甫初任永利碱厂技师长，在赴美考察制碱技术时，发掘出侯德榜、刘允钟、刘树杞、吴承洛、李得庸等十几位留美技术人员。经陈推

荐，侯德榜上位技术负责人，后因独创"侯氏制碱法"而闻名世界。他们在诸多领域打破卜内门等外国公司的技术垄断，而1922年成立的"黄海化学工业研究社"，所聘请的主事人孙学悟也是留美化工博士。

范旭东将纯碱、烧碱和硫酸、硝酸视为中国化学工业的两翼，为中国化学工业的腾飞贡献一生。

在征得范旭东同意和兼顾永利碱厂的情况下，1928年陈调甫独创天津永明漆厂，后同时协助范旭东创办永利铔厂。1952年，永明漆厂的油漆产量跃居中国首位。1953年1月1日，永明漆厂率先成为中国涂料行业首家公私合营企业。

在久大精盐工作的李烛尘，天津解放前是天津工业会理事长。他与周学熙的侄子、启新洋灰总经理周叔弢，寿丰面粉经理孙冰如等，对稳定天津工商界及恢复生产发挥了重要作用。

颇值一提的，范旭东选用了一批留美技术人员，而他本人是日本冈山第六高等学校和京都帝国大学毕业，他与毕业于东京帝国大学的边守靖、东京高等商业学校的吴鼎昌和谈荔孙、京都第三高等学校的周作民，以及美国布朗大学的卞白眉、芝加哥西北大学的宋棐卿等一道，组成了在天津创业的海归实业家或银行家团体（见表19-3）。其中，"北四行"的操盘手基本由海归构成。[1]

---

[1] 由南方派系所组建"南三行"（兴业、浙江实业、上海商业储蓄银行），也是如此。

表 19-3 在天津创业的海归实业家、银行家

人物	留学学校及专业	留学时间	归国时间	关联企业
范旭东	日本冈山第六高等学校和京都帝国大学化学	1900	1911	创办久大精盐、永利碱厂等
边守靖	日本东京帝国大学法律	1903	1910	参与创办天津恒源纱厂
吴鼎昌	日本东京高等商业学校	1903	1910	曾操盘中国银行、金城银行、盐业银行等
谈荔孙	日本东京高等商业学校银行经济学	1904	1908	创办大陆银行
卞白眉	美国布朗大学政治经济学经济学	1906	1912	筹办中国银行、中孚银行
周作民	日本京都第三高等学校经济学	1906	1908	创办金城银行
李烛尘	日本东京高等工业学校电气化学	1912	1918	久大盐业总经理及黄海化学工业研究社创办的建言人
侯德榜	美国麻省理工学院化工、普拉特专科学院制革化学、哥伦比亚大学研究院制革硕士和博士	1913	1921	历任永利塘沽碱厂、南京铔厂、川西化工厂及永利化工厂厂长
朱继圣	美国威斯康星大学经济学和货币银行学硕士	1915	1921	天津仁立毛纺厂经理
宋棐卿	美国芝加哥西北大学商学院攻读工商管理兼修化学课程	1918	1925	创办东亚毛呢公司

银行业中的官僚资本也无处不在，由侨商黄奕住投资的中南银行总经理、扬州人胡笔江是少见的学徒出身的银行家，其与李鸿章之子及花旗天津买办王筱庵等有交集，后得益于梁士诒提拔而成为交行北京分行经理。1933年，胡为宋子文所用，任改组后的交行董事长。

除中南银行，北四行中的三行——中南银行、金城银行、盐业银行，主要业务为承购北洋政府公债、库券和对政府机关放款，其主要投资人都有北洋军阀的背景。盐业银行由袁世凯表弟张镇芳等创办，安武军后路局总办王郅隆等创办，大陆银行由谈荔孙、张勋、冯国璋、两淮盐商等创办。

尽管湖州人吴鼎昌和江苏人谈荔孙、周作民都有大清银行从业背景，但吴由粤派梁启超、梁士诒提携，后为段祺瑞所用接管盐业银行。吴是官费留日海归，初任中日合办江西本溪矿务局总办、大清银行总务局局长。袁世凯死后，他历任中国银行总裁、金城银行董事长、盐业银行总经理兼天津造币厂厂长，参股周学熙在天津、卫辉等地设立的华新纱厂等。

1922年1月，吴鼎昌成为盐业、金城、中南、大陆北四行储蓄会主任，1926年盘购《大公报》，自任社长，以张季鸾为主笔、胡政之为经理，形成《大公报》历史上的"三驾马车"。

谈荔孙的支持者是直系冯国璋，周作民背后则是皖系督军倪嗣冲。虽然由侨商黄奕住创办的中南银行总部在上海，但业务依附于北洋政府。同为天津本地人，边守靖是直系曹锐、曹锟家族的智囊或灵魂，王郅隆则是由段祺瑞、倪嗣冲、徐树铮等组成的皖派安福系的钱袋子。与粤、甬、苏、绍、湖等地商人以帮的形式齐舞上海有所不同，津商"帮"的特点并不突出。相对而言，皖帮势力较为齐整，一则因皖派有李鸿章长期经营的政治遗产及皖系军阀的存在；二则皖帮深耕于津，几以政商家族的形式得以传承，最具代表性的是周学熙家族和孙多森家族。

但北四行抱团打天下，联合成立四行准备库、联合营业事务所、储蓄会，联合建造上海国际饭店（1934年）、投资太平保险（1933年，无盐业银行，另有交行和国华商业银行），本身又表明一种跨地域与南帮争锋的姿态。

第二十章 沪上王者

如果用一条轨迹来显示宁波帮在上海的成长路径，前期的代表人物首推方介堂、李也亭，严信厚、叶澄衷是甬商成帮的奠基式人物，接下来的代表人物为严、叶器重的朱葆三、虞洽卿等，后期代表人物则以李也亭的孙子李云书、刘鸿生及方家后代方液仙等为主。

在上海的本国商人之势力，宁波商人居于王者之位，这是辛亥革命前夕一家上海报纸的评论。上海是一个典型的移民城市，外省市人口占上海居民总人口的比重，1885年为85%，1910年为82%，1936年为79%，到1948年上升到85%。1890—1927年，上海人口激增到264万余人，这一时期也正是宁波人大量移民上海的一次高潮。据不完全统计，此时旅居上海的宁波人已达40多万人，而到上海解放前夕的1948年，上海总人口约498万，每5个上海人中就有1个宁波人。[1]

---

[1] 朱国栋：《沪甬双城记》。

晚清、北洋政府及国民政府时期，苏州商人与绍商、甬商在钱业占据举足轻重的地位，镇商、绍商与甬商在银行业三分天下。绍籍钱业经理人和镇江籍银行家尤为引人瞩目。锡商在实业领域几无人能及，甬商则在买办领域全面超越香山买办，且在五金、颜料、轮船等行业一枝独秀。最为关键的，甬商一度把持上海总商会的权柄，几不容外来商帮置喙，但以香山为代表的粤商以1917年为时间节点再度发力，大有碾压甬商之势。

钱业大商非甬即苏

柏墅方氏奠基了甬商钱业在上海的影响力，但甬商在钱业方面更大的影响在于，在上海九大钱业中，宁波一地就占据5家，独领风骚。如果再加上苏州3家，甬苏两地就独霸8家。与此一样令人叹为观止的是，他们都在钱业投下重金（见表20-1）。

表20-1 晚清民国上海九大家族钱业投资表

籍贯	姓名	钱业投资	家族起家
宁波	方家（镇海）	方仰乔：元大亨、晋和、元益、敦和、元祥、会馀、益和、森和（上海）同和、咸和、祥和、谦和、恒和、大和、元亨、元通（宁波）慎裕、豫和、赓和（杭州）方润斋：履和、安裕、承裕、赓裕、复康（与黄公续家族合伙）方性斋：同裕、尔康、元康、义馀（后为汇康）、安康、延康、五康、允康、安裕、钧康、承裕、和康、赓裕、庶康、乾康、复康（独或合）	糖业

(续表)

籍贯	姓名	钱业投资	家族起家
宁波	李也亭（镇海）	立余、慎余、崇立、同余、会余、恒兴、仑余，恒巽、渭源、敦余（孙辈）	船业
	叶澄衷（镇海）	上海：大庆元票号、升大、衍庆、义生、恒裕、正余、余大、瑞大、志大、承大 杭州：和庆、元大 芜湖：怡大 宁波：余大、瑞大、志大、义生、恒裕、正余等	五金
	董棣林（慈溪）	泰吉、会大、晋大（均后代）	沙船、杂货
	严信厚（慈溪）	润丰源票号、恒隆、恒贵、永聚、恒大、恒祥，源吉、德源（子辈）	盐业
	秦君安（鄞县）	恒兴、恒隆、恒大、恒赉、恒巽、永聚、同庆、慎源（独家或与严康懋、柳笙源、徐庆云合资），晋恒、鼎恒、复恒、泰源（宁波）	颜料
苏州	严兰卿	镇昌、协升（与席正甫合）、德昌、裕祥、久源、德庆、庆昌	买办（敦实洋行）
	万氏家族	万梅峰：宏大（与许春荣合）、久源（与严蟾香、席立功等合）、森康（与王驾六合）、德庆（与严养和、叶翰甫合）、志庆（与沈子华、王驾六合）、庆祥（与杨信之、陆寅生、施少初合） 万振声：庆成、庆大（与王驾六、陆寅生合）（子创）	白泥
	程氏家族（原籍安徽）	协源、协大、安培、成泰、延源、豫源、福源、福康、顺康（协源、协大曾不断改组）	典当
湖州	许春荣（原籍宁波）	阜丰、鼎丰、通余、通源，余大、瑞大、志大、承大（四大与亲家叶澄衷家族合伙），宏大（与苏州万梅峰家族合伙）、正大钱庄（与亲家苏州席氏家族合伙）	洋布 银行买办（德华、花旗）

尽管粤籍买办在粤沪经济转移过程中占据先机，但宁波商帮在沙船业、五金、颜料等产业中涌现出一批大商家族。他们善于交际，并伺机进入新领域，钱业就是他们不约而同看好的一大产业，为其接下来向银行业挺进埋下了伏笔。

"小港李家"创始人李也亭利用沙船利润，先后与慈溪人赵朴斋等开办立余、慎余、崇余钱庄。赵朴斋初到上海做钱庄跑街，李也亭沙船需要南北带货，所需资金量较大，就让赵朴斋帮他筹款，两人结为兄弟。因业务来源稳定，知根知底，两人就合伙开办钱庄。毕竟航运风险太大，储户忌讳钱庄放款给沙船，钱庄经营就由赵立诚主持。之后，李也亭又先后开设同余、会余、恒兴、仑余等钱庄。孙辈后代又开办恒巽、渭源、敦余钱庄。

叶澄衷发家后，20多年间在上海先后开办大庆元票号，升大、衍庆、义生、恒裕、正余等钱庄，与许春荣合股开办余大、瑞大、承大、志大等钱庄，在杭州开办和庆、元大，在芜湖开办怡大，在宁波开办余大、瑞大、志大、义生、恒裕、正余等钱庄。

鄞县秦君安发家于颜料行业，上海最早经营染（颜）料的是林魁记胭脂店，时间可追溯至1840年。1850年后，德制"靛青"开始以专营合成染料的方式登陆上海，植物性天然染料在成本上不敌合成染料，伴随国内纺织工业的发展，合成染料需量日增。1914年"一战"爆发，德商纷纷回国，并将沪地存货悉数售予中国商家。因一时无人接手，一位德商无奈一船染料低价匀给老朋友秦君安。战争期间，日、美商人因本国需求到上海抬价收购德国染料，染料价格狂涨10多倍，沪地染料商大发其财，秦君安暴富。秦投资有恒丰颜料号，并与贝润生等合伙开设瑞康盛颜料号。

恒兴钱庄成立于1905年，为秦家所设钱庄的第一家。之后，秦君安先后与严康懋、柳笙源、徐庆云合资或独资，在上海开办恒隆、恒大、恒赉、恒巽、永聚等8家钱庄，在宁波开设晋恒、鼎恒、复恒、泰源等5家钱庄，盛时拥资1000万元。

慈溪董家由沙船业起家，家族最早于1878年开办泰吉钱庄，1884年歇业。清末，其后裔又先后在上海设立会大、晋大钱庄，在杭州设阜生、阜源钱庄，在汉口设同大钱庄，在宁波设祥余、瑞余、正余等钱庄。

许春荣虽是湖州人，但祖籍宁波，起家于1867年开办的大丰洋货号，专门经营洋布，后开办阜丰、鼎丰、通余、通源等7家钱庄，但由于经营不善，全部于1883年的经济风暴中倒闭。之后，他在钱庄的投资基本以与人合资的方式展开，譬如与叶澄衷家族合办四大：余大、瑞大、志大、承大，与亲家苏州席氏家族合伙正大钱庄，与苏州万梅峰家族合伙宏大。

在上海九大钱业家族中，苏州一地也占据3席，显示出不俗的实力。其中，严家、万家来自商业氛围及积淀深厚的洞庭帮。苏州帮在上海经营钱庄是在太平天国运动之后，最早为程家。程家起家于典当业，万家靠经营洋布和典当业发家，严家起家于买办。

富二代程卧云在太平天国运动时来到上海，从延泰（后改名安培、咸泰）钱庄开始，一口气开设协大、延源、豫源、福源、福康、顺康等钱庄。程卧云死后，其后代继承家业，将咸泰改名协源，经多次改组而延伸出协大、延源、豫源、福源、安滋、协康、永康、福康、顺康等钱庄。1919年后，程家钱庄尚有福源、福康、顺康3家，股份全归程霭士、程觐岳二人所有。

严家严怀瑾是公平洋行买办，其子严兰卿担任敦裕洋行买办，手头阔绰后，严兰卿在上海开设镇昌、德昌、裕祥、久源、德庆、庆昌6家钱庄，和席正甫一起开设协升钱庄，并在苏州、常熟、吴县等地也有所涉及。严氏后代严锡繁创设中国商业银行，严敬舆创办东南植业银行，严筱泉拥有万兴豫、宏兴成两家粮号，为上海杂粮业巨子。

万家万梅峰上海开埠时在洋行当伙计，曾收进白呢甚多，被认为冷背货，无人需要，几遭辞歇。1861年咸丰皇帝去世，官吏都要白呢做礼服，致白呢价飞涨，号中以重金奖赏，顿成巨富，自行开设恒兴洋号，办起钱庄。其子万振声又在上海、苏州分设钱庄数家，以信用闻名苏沪。万氏经营钱庄，基本以合资形式展开，这与许春荣后期的理念一致。

万梅峰于1892年与许春荣合资创设宏大钱庄，1904年与严蟾香、席立功等合资开设久源钱庄，1906年与王驾六合资开设森康钱庄，1909年与严养和、叶翰甫合资开设德庆钱庄，1913年与沈子华、王驾六合资开设志庆钱庄，1921年与杨信之、陆寅生、施少初合资开设庆祥钱庄。

万家还与人合伙开设10多家典当，在苏州拥有田产5000多亩，是江南地区有名的富商。

除此三家，苏州席家、王家和叶家也参与到钱庄投资中来，他们主要使用在洋行和外资银行当买办时的收入作为资本。席家主要职业是充当洋行或外资银行买办，但同时也利用雄厚资金以及业务便利投资钱庄业，席家多人开设了惠丰、协升、正大、慎益、鼎元、荣康等钱庄。另外，邱玉如集资自创聚兴钱庄，前后开设大小钱庄40家，事无巨细，亲自过问，曾担任钱兑业同业公会主席。

据不完全统计，洞庭商帮在近代上海至少开设或投资65家钱庄，而1934年在上海市钱业同业公会入会同业一览中记载的上海钱庄共65家，苏州人合股或独资占16家。

上海早期的钱庄均开办在南市，开埠后，钱庄重心逐步北移至租界区内，这里聚集着外资所办的最早的保险公司和银行。在国内尚无银行之时，资金的融通全赖钱庄支撑及与外国银行的业务往来。南帮票号与山西票号难以匹敌，但南帮钱业无人能敌，不过一场风暴让南帮票号及钱业一地鸡毛。

在1910年的橡胶风波中，约合中国银60两的100荷兰盾面额股票被炒到1000两。正在筹设中的上海蓝格志拓殖公司大发广告，许以发放股息等优惠购股等手法，招揽投资者。大量中国商人、地方官鱼贯而入。外国银行、上海钱庄也推波助澜，承做股票押款，买进股票。但当这场击鼓传化的游戏传不下去时，股票被高位抛售，外国银行不断收回已贷款项，不再承做此项抵押贷款，踩踏无数，最终股票等同废纸。

正元、谦余、兆康3家钱庄首先倒闭，森源、元丰、会大、协大、晋大等大钱庄停业清理。严氏家族经营的润丰源票号、李氏家族经营的义善源票号，分别于1910年和1911年倒闭。义善源票号总、分号21家一齐倒闭。因公私不分，挪用交行资金周济义善源银号，加之交行业绩不佳，李鸿章的侄子李经楚被追责，1907年上任的交通银行首任总理一职被罢免。

上海钱业元气大伤，自动清盘的钱庄多达七成。上海九大钱业家族遭受重创，方家方仰乔一脉开设的诸多钱庄用甲庄资金开设乙庄，又以乙庄资金创办丙庄。各钱庄根底不深，基础不固，都遭到波及。整个方家在上海的钱庄数量则由1911年前的24家，减少到只剩5家。

叶澄衷家族开办的票号、钱庄在鼎盛时期多达100余家，广泛分布于全国各地，资本多不过银5万两，少则2万两，但放账却多至百万，数十倍于其资本，几遭灭顶之灾。其中，叶氏与许氏所办的升大、余大、瑞达、承大钱庄被笑谈为"四大皆空"，全部停业清理。因此拆欠同业的票款多达 60 多万两，直到 1913 年仍未了结，以至于南北市钱业组织因此决定钱庄暂缓复市，引起金融风潮。

由怡和洋行买办容瑞馨、西门子洋行买办叶慎斋、茂生洋行买办张麟魁、横滨正金银行买办叶敏斋及荣宗敬投资的裕大祥商号，在这场风波中倒闭，各钱庄纷纷上门索债。在危急关头，荣氏兄弟决定停歇父亲创办的广生钱庄，集中资金用于面粉、纱织工业，方才转危为安。

华俄道胜银行买办席锡蕃、茂和洋行买办陈逸清等持有大量橡胶股票，使洞庭帮钱业大受打击，一齐倒闭。但苏州程家在上海滩的地位却很牢固，其仅顺康钱庄遭遇停顿清理，8 个月后又予复业。

1907 年上海票号尚有 30 多家，到 1914 年仅剩 8 家勉强维持。1911 年初，上海 100 家上市钱庄仅剩 51 家。1912 年 2 月，上海钱庄已从 1908 年的 115 家锐减为 28 家。辛亥革命前后，上海钱庄数量的急骤变化，可以从表 20-2 中一览无遗。

表 20-2 上海钱庄数量（1781—1937 年）

年份	新开	歇业	实存	年份	新开	歇业	实存	年份	新开	歇业	实存
1781			18	1909	12	27	100	1924	7	2	89
1796			106	1910	7	16	91	1925	5	11	83
1858			120	1911	2	42	51	1926	6	2	87
1866			116	1912	4	27	28	1927	2	4	85
1873			183	1913	3	—	31	1928	—	5	80
1876			105	1914	9	—	40	1929	1	3	78
1883			58	1915	2	—	42	1930	3	4	77

（续表）

年份	新开	歇业	实存	年份	新开	歇业	实存	年份	新开	歇业	实存
1886			56	1916	10	3	49	1931	4	5	76
1888			62	1917	—	—	49	1932	1	5	72
1903			82	1918	19	6	62	1933	3	7	68
1904	11	5	88	1919	7	2	67	1934	2	5	65
1905	18	4	102	1920	4	—	71	1935	—	10	55
1906	20	9	113	1921	4	6	69	1936	—	7	48
1907	14	16	111	1922	10	5	74	1937		2	46
1908	13	9	115	1923	15	5	84				

钱业领导人的传承脉络

甬商钱业虽家大业大，却都是纸糊的老虎，貌似强大，经营粗糙，难经风雨，导致宁波钱业持续性稍差，后劲不足。但由此催生的钱业氛围下所历练出来的一批钱业经理人，散布各处。

"一战"期间，中国民族工商业获得难得喘息机会，上海钱业在1913—1923年迎来"黄金十年"。除自行收歇外，其间上海钱庄无一家倒闭，在沪甬商又出现一批新的钱业投资者，如徐庆云、徐承勋、严信厚、徐霭堂、薛文泰、孙衡甫、周宗良、刘鸿生等，但甬商在整个钱业的比较优势已经大不如前。

上海钱业向有帮派之分，从经理人来源来看，就有宁波帮、绍兴帮、洞庭帮、苏州帮。仅从1917年由南北钱业公所（馆）改组而来的上海钱业公会的领导人籍贯来看，非甬即绍的现象非常明显，堪称一大奇观。不仅如此，地缘、乡缘、业缘和友情等各种关系交织在一起，使得钱业股东之间、经理之间以及股东与经理之间的关系复杂而微妙。

上海钱业公会[1]首任会长是湖州人朱五楼，宁波慈溪人秦润卿、绍兴府余姚人魏福昌是副会长，主持工作。尽管都是浙江人，但从股东区域看，朱五楼和秦润卿二人皆执业于苏州程氏（程霭士、程觐岳）钱庄，前者任顺康钱庄经理，后者任福源钱庄经理。加之福康钱庄，苏州程家的三家钱庄一直稳居上海行业前茅，奠定了程家在上海钱业的口碑及影响力。

朱五楼连任一届会长，但因病常出缺，他提议秦润卿代理会长，得到上海钱业赞同，苏州程家钱庄在上海钱业公会的稳固地位从此保证。秦的卓越表现让1923年程家程觐岳临终前召集、嘱咐程氏子弟，将福源、福康、顺康三钱庄都交付给秦负责。于是，秦以福源钱庄经理兼任顺康、福康二庄督理的职位，成为苏家及上海钱业当仁不让的领军人物。需要交代的，顺康钱庄首任经理李寿山也来自慈溪，一干就是30多年。

1933年任期届满改选，秦润卿虽辞去福源钱庄经理之职，但仍被选任为公会主席。其间，秦润卿与王伯元、李馥荪等接办天津中国垦业银行，将该行迁至上海，秦任董事长兼总经理。1934年，美国实施白银政策，导致许多银行倒闭，垦业银行则能安然无事。

尽管来自绍兴帮的魏福昌、王鞠如先后担任第一、第二届副会长，但他们代表的是宁波镇海方家。镇海方家安裕庄长期由绍兴帮王若菜、王鞠如父子及徐长椿经营。钱业公会第十一届最高领导人来自上虞邵燕山，但他服务的是宁波小港李家后代李云书。

---

1 从第四届会长改称总董，第七届改董事制委员制，会长转称主席。第十一届改委员制为理事制，主席改称理事长。其中，上海钱业公会先后变更名称上海市钱庄业同业公会（1931年起）、上海特别市钱庄业公会（1943年起）、上海钱商业同业公会（1946年起）。直到1949年12月28日，与银行公会、信托业公会合并组成统一的上海市金融业同业公会筹备会，上海钱庄业不复有独立形态的同业组织。

1917年2月成立到1949年12月28日与银行公会、信托业公会合并组成统一的上海市金融业同业公会筹备会，上海钱庄业不复有独立形态的同业组织，上海钱业公会的会长与副会长职务始终被绍兴、宁波、湖州、苏州东山包揽。上虞、余姚经理人领衔绍帮钱业，慈溪、镇海经理人领衔甬帮钱业。南市钱业公所的重要发起人中就有慈溪人冯莲汀。

其中，会长当的届数最多、最长的是甬帮经理人，仅秦润卿一人就前后干了7届，执掌18年，创造上海钱业纪录，堪称"上海钱业经理第一人"，但他与来自湖州的朱五楼均服务于苏州程家。

从这个角度来说，如果除去秦润卿，甬帮钱业经理人黯然失色，而苏州程家在上海钱业的地位无人撼动。如果说柏墅方家在近代钱业史上具有开拓之功，那么民国上海钱业稳坐第一把交椅的，毫无悬念是苏州程家。如果说晚清上海钱业有以数量论家族实力大小之倾向，民国则看哪家钱业做得稳健而持久。如果不论经营质量，与秦润卿关系密切、祖籍慈溪却生在苏州的王伯元，当是民国钱业的一大玩家。1922年后，他合资或独资创办或参与创办镇泰、元余、同庆、同润、元春、元发、鸿胜、元大、聚康等钱庄，但基本集中在宁波一隅。

不得不提，上海钱业公所14届会长共有8人当选，但源出绍兴上虞一地的就占5位：田祈原、何衷筱、邵燕山、刘午桥、裴云卿。其中，田祈原于上虞人陈春澜开设的永丰钱庄任职经理。陈春澜是钱业大家，早家贫，先后在汉口、武汉做工，后做存物货栈，兼营运输，逐渐发家，转投钱庄。1880年，他开办第一家钱庄，后又以合资、独资或先合资后独资的形式，在沪开设寿丰、兆丰、五丰、宝丰、厚丰、和丰、溢丰、志丰、鸿丰等"丰"字号钱庄多达十家，成为绍帮在沪的杰出代表。其中，宝丰、五丰两个钱庄经营到新中国成立后。

田祈原善于交际，经营有道，永丰业务兴盛，他因此享有很高声誉。直到他退休，永丰钱庄仍要求他挂经理之名，他从第三届到第八届一直是陈家在上海钱业公会的代表。陈家子侄辈陈一斋、陈心斋、陈柏斋、陈立斋和孙辈陈炳耀、陈炳照、陈炳汉等都是沪、汉钱业人物，在钱业担任重要职务或投资者的不下20人，是民国上海钱业数得着的大家族。

何家世代经营钱业，祖父何久峰是颇负盛名的钱庄经理，是上虞崧厦何氏家族在上海钱庄业中的八经理之一。何衷筱为惠昌钱庄、滋康瑞记钱庄的大股东，兼任滋康钱庄经理，1935年11月，他当选为上海钱业公会第十届委员会常务委员并任主席，1936年初去世。

裴云卿，16岁开始从事钱业。他在担任同春钱庄经理、同润钱庄总经理时，对诸多钱庄、银行、医院等邀请他担任董事长、董事、监察人，他来者不拒，实现了自我和企业的双成全，堪称最忙董事长、董事。[1]

从1917年2月到1936年初第十届何衷筱任上去世，上海钱业公会共产生16位副会长。其中，秦润卿、田祈原、裴云卿、俞佐廷、席季明两次出任副会长，在甬绍之外地区的副会长仅出现3人4次，即严均安、席季明、陆书臣。席季明和陆书臣是苏州洞庭东山人，前者任自家惠丰钱庄经理，后者服务于苏州程家顺康钱庄。同期的会董（董事、委员、执委）中，绍兴帮占比基本在50%。其中，余姚人叶丹庭三任会董，王鞠如除任一次副会长外，五任会董（上海钱业公会历届会长、副会长及籍贯等情况见表20-3）。

---

1 裴兼任怡和、慎德、宝昌、泰来、安泰、光大、德丰、济生、开泰、同懋等钱庄董事长，一大、年丰、泰来钱庄董事，金源钱庄监察人，中庸银行、绸业银行、浦东银行、通济银行、太平银行董事，中央信托公司常务董事及其保险部董事，钱业准备库委员，银钱业联合会副主席，绍兴七县旅沪同乡会主席，浙绍医院董事长。

表 20-3 上海钱业公会历届会长、副会长及籍贯等情况汇总

届别	会长	籍贯	任职钱庄	钱庄所属家族	副会长	籍贯	备注
第一届 1917年	朱五楼	湖州	顺康钱庄	苏州程氏	秦润卿	慈溪	
					魏福昌	余姚	
第二届 1919年	朱五楼	湖州	顺康钱庄	苏州程氏	王鞠如	绍兴	
					盛筱庵	慈溪	
第三届 1920年	秦润卿	慈溪	福源钱庄	苏州程氏	田祈原	上虞	秦1920年兼任上海总商会副会长
第四届 1922年	秦润卿	慈溪	福源钱庄	苏州程氏	田祈原	上虞	
第五届 1924年	田祈原	上虞	永丰钱庄	上虞陈春澜	秦润卿	慈溪	
第六届 1926年	秦润卿	慈溪	福源钱庄	苏州程氏	谢韬甫	余姚	谢任第六至第八届上海总商会会董
第七届 1928年	秦润卿	慈溪	福源钱庄	苏州程氏	无	无	
第八届 1931年	秦润卿	慈溪	福源钱庄	苏州程氏	裴云卿	上虞	
					胡熙生	余姚	
					俞佐廷	镇海	
					严均安		
第九届 1933年	秦润卿	慈溪	福源钱庄	苏州程氏	裴云卿	上虞	
					王怀廉	余姚	
					俞佐廷	镇海	
					席季明	东山	

（续表）

届别	会长	籍贯	任职钱庄	钱庄所属家族	副会长	籍贯	备注
第十届 1935 年	何衷筱	上虞	滋康钱庄	上虞何氏	邵燕山	上虞	何任上去逝
					刘午桥	上虞	
	邵燕山	上虞	同余钱庄	宁波李云书	陆书臣	东山	
					席季明	东山	
第十一届 1936 年	邵燕山	上虞	同余钱庄	宁波李云书 余姚谢纶辉			邵任上去逝
	刘午桥	上虞	志丰钱庄				
第十二届 1943 年	裴云卿	上虞	同春钱庄 同润钱庄	无锡匡仲谋、周舜卿，苏州王伯元			
第十三届 1946 年	沈日新	镇海	存诚钱庄				
第十四届 1948 年	沈日新	镇海	存诚钱庄				

绍帮在上海钱业的地位是有历史根基的，这从钱业前辈口口相传的上海钱庄始于绍兴人开设的煤球店一说中可见一斑。用钱业公所会刊《钱业月报》的话说，"据一般的传说，谓当1736—1795年间，上海尚未开埠，其时有浙江绍兴煤炭商人在南市开设炭栈，时以栈中余款兑换银钱，并放款与邻近店铺及北洋船帮，以权子母，以后逐渐推广，独树一帜，遂为上海钱业发起之鼻祖。"上海钱业领袖秦润卿、民国学者潘子豪出版于1931年的《中国钱庄概要》一书都持这种观点。

这种根基在南北市钱业组织存在上也体现出来，譬如南市钱业公所1883年成立时，其第一任首董就是绍兴府上虞人经芳洲，仁元钱庄创办人。他的儿子是经元善，丁戊奇荒赈灾的参与者，以总办身份帮助盛宣怀创办上海电报局。北市钱业会馆的主体也是在绍兴帮占多数下发起的。除慈溪人罗秉衡、袁联清，其他几人——上虞人陈笙郊、屠雪峰，余姚人王冀生、谢纶辉都来自绍帮。可以说，在民国上海滩，银行经理人看镇帮，钱业经理人看绍帮，实不为过。

有人统计，在橡胶风波和辛亥革命双重冲击下，1912年最低谷时上海仅余24家有一定规模的划汇钱庄。其中，12家由上虞人担任经理或主要投资人。再加上民国后上虞人出手钱业，经营低调而稳健，在绍兴钱帮中具有举足轻重的地位。可以说，上虞钱帮不仅钱业经理人辈出，经营钱业也颇具功力，一隅之地扮演了这两重角色，在晚清及民国钱业史上还不多见。

尽管宁波帮长期掌握上海钱业公会会长一职，但绍帮钱庄势力稳定而生猛。《上海钱庄史料》记载，1921年上海有钱庄69家，绍帮占38家；1933年上海有钱庄72家，绍帮占37家。[1] 在1936年上海55家钱庄经理中，来自绍帮最多达27家，甬帮16家，洞庭帮7家，上海本地帮3家，镇江帮2家。[2]

1935年，上海再次发生银钱业风波。这次风波表明，钱庄在上海开埠初期的优势已去，而处理善后事宜的"上海钱业监理委员会"的成立，更表明钱庄已不得不接受官僚资本的控制与监督，钱庄不再是商业贸易赖以进行资金划拨清算的所在。也就是在这时，绍帮取代甬帮占据钱业的头把交椅（新中国成立前上海市钱商业同业公会会务负责人调查表见附录表12）。

---

[1] 杨荫溥：《上海金融组织概要》，商务印书馆1930年版；魏友棐：《十年来（1921—1933）上海钱庄事业之变化》，载《钱业月报》，1933。

[2] 王承志：《中国金融资本论》，光明书局1936年版。

湖绍帮银行业力压粤常帮

在抢占近代银行业的制高点上，作为江苏常州帮重要成员的锡商惊险一跃，只是没能成功，结果还把自己摔得粉身碎骨。

中国第一家银行由常州帮盛宣怀主办，中国第一家商办储蓄银行信成银行由无锡帮所办。信成银行由无锡实业家周舜卿、沈缦云等联手开办于上海，沈缦云担任协理，主持银行日常事务，并先后在南京、天津、无锡、北京等设立分行。

最为重要的是，信成银行取得货币发行权，但货币上印的却是清朝图案，也是辛亥革命后被弃用的重要原因。

太平军围困湖州时，沈的曾祖父举家避迁苏州。沈原名张祥飞，后被锡商沈金士招赘为孙婿，承继家业，改名沈缦云。在荣氏兄弟成名前，无锡在上海滩最知名的商人当数周舜卿。能与周联手开办银行，说明沈还是有能量的。

沈缦云在政治上所呈现出来的气象，远胜于其在商业领域的成就。辛亥革命前后，信成银行以商业银行为掩护，筹措大量经费支持孙中山和同盟会的革命活动。同盟会在上海的联络站，以及由国民党元老于右任主编的同盟会机关报《民立报》的经费，均由沈缦云资助。

沈是同盟会会员，与上海人李平书、湖州人陈其美、湖南人宋教仁等关系紧密。辛亥革命初期，陈其美与黄兴是孙中山的股肱亲信。对于陈其美，孙中山高度评价，"上海英士一木之支者，较他省尤多也"。上海的人、才、物对辛亥大局贡献良多，每天路过上海的革命军就达数万人，"大至一师一旅之经营，小至一宿一餐之供给，莫不于沪军是责"。

而沈缦云是陈其美的钱袋子，也参与商团主力围攻江南制造局战争，孙中山授予他"光复沪江之主功"的匾额。

武昌起义胜利后，以陈其美为首的同盟会联络以李燮和为首的光复会及以李平书为首的上海商团，于1911年11月3日响应起义，次日就取得成功。陈其美当上沪军都督，投桃报李任命沈缦云为都督府财政部长，因为关税"悉掌于外人"，厘赋"多归于苏省"，沈亟需解决机关、军费等收支问题，各银行"凡改易名称及用人行政等均归节制"。

由于沪军都督府开支巨大，信成银行垫借30余万元，犹不足以应付，导致资金周转不上，客户见状纷纷挤兑，信成银行竟而倒闭。11月11日，火烧眉毛的陈其美命沈缦云筹建中华银行，并一再声明"即日后开办中央银行之基"。14日，沪军都督府又为创立中华银行、发行公债票和军用票通告市民，并宣布保护所有华资银行和各银行所发钞票可一律通用的政策规定。

12月，因大部分地区宣布独立，清朝政权濒临名存实亡，在英国驻汉口总领事葛福出面"调停"下，清政府无奈派袁世凯同南方革命党人和谈。同月，中华银行成立，陈其美邀请孙中山出任该行名誉总董，以壮声势，沈缦云担任总经理，朱葆三为董事。中华银行的简章明确指出："财政不修，货泉涩滞，因之农工商业不能振兴，即政治也无从措手"，并将其定位为"兼有中央银行性质，经理国家所入一切赋税饷项。"

中华银行继续行使军政府金融机构的职能，发行军用钞票和公债券，多方筹饷接济，但因没有后备资金而有"空头支票"之嫌，所募资金也是杯水车薪。为筹款伤透脑筋的陈其美，想动用上海道库的存银，但这些存银存放在国内大名鼎鼎的苏州程家钱庄。上海钱业有一个明规则——"认票、认折不认人"，陈其美几次派人与程家钱庄交涉，都遭拒绝。

上海道库存银的存折以及前任移交清单等物被逃入租界的上海道台送交给了上海领事团团长、比利时驻沪领事馆。但比利时驻沪领事馆以西方各国没有承认革命政府为由，拒绝将存折交给陈其美。

与西方人接洽几无通融的可能，陈便与苏州程家钱庄的经理朱五楼相约在闸北湖州会馆见面洽商。朱是他的湖州同乡兼亲戚，陈其美的侄子陈果夫是朱五楼的女婿，哥哥是程家钱庄在湖州的账房。双方谈判多次，并未找到妥善的折中方案，一气之下，陈其美把朱五楼软禁在湖州会馆。

1912年1月1日，中华民国临时政府在南京成立，孙中山宣誓就任第一任临时大总统。

陈其美命沈缦云赴南洋各地为中华银行募股，朱葆三代之以沪军都督府财政部长，道库存款由朱葆三发给出收据核收，如有外人干预，由沪军都督府承担，不使钱庄稍受亏累，于是朱葆三在上海滩曾有"上海道台一颗印，不如朱葆三一封信"的盛誉。而中华银行也成立董事部和执行部。由孙中山任董事部总董，黄兴任副董，董事16人，其中有朱葆三、陈其美、李云书等。

南京临时政府的财政部长是原大清度支部副大臣、广东南海人陈锦涛，他毕业于哥伦比亚大学、耶鲁大学，是位经济学博士，归国后为袁世凯所用，虽与孙中山是同乡，但两人立场并不一致。

沈缦云在南洋筹款时遇到中华银行姓商还是姓官的问题，这为南洋华侨所疑虑。沈在给都督府回复筹款情况的信函中多次提出这一问题，"中华银行应向临时政府请认为中央银行，布告各处，则股份更易招耳"。

但这一问题在临时政府层面并未得到确认。在陈其美看来，凭中华银行的贡献和革命的实际需要，理应被赋予更大的权限及使命。大清银行虽扮演清朝中央银行的角色，但不应再承担新政府央行职能，应清理、没收其官股，注入中华银行，由中华银行代之，但如何处理商股，陈其美等并没有提出令人满意的方案。

如果要将中华银行确认为央行，不可能绕过陈锦涛的意见。陈锦涛对中华银行的创设不屑一顾，"不过为一隅发行军用钞票之机关"，反对陈其美的提议。甚至孙中山要求财政部给予中华银行一半补助，也被陈锦涛据理驳回。不仅如此，陈锦涛策划由大清银行总务科负责人湖州人吴鼎昌、大清银行上海分行经理宋汉章等发起成立大清银行商股联合会，推动将大清银行改组为中国银行。

孙中山虽在名义上被推为临时大总统，但既无军权，也无财权，归国时也没能从国外募集或贷到资金。在南北议和中，他的角色很微妙，因为将他推到总统宝座的南方各省都督府的多数代表在立宪派领袖张謇、汤寿潜等的运作下，更倾向于如果袁世凯能让清帝退位就由袁取代他出任总统。1月20日，受各方掣肘的孙中山不得已接受了这种安排。2月5日，中国银行经孙中山批准成立，陈其美、沈缦云张罗的中华银行至此一败涂地。做得声势浩大的募捐活动，同时因缺乏严格规范的组织与管理而出现各色问题，于2月21日不得不宣告结束。

3月15日，袁世凯上位临时大总统，熊希龄取代陈锦涛出任财政部长。上海道库的存银，在陈果夫奔走下，达成解决办法：由中国银行出具借据，向福康等存有库银的钱庄借款，待存折归还都督府后，由都督府凭存折取回中国银行的借据，但宋汉章以中国银行系官商合股，个人不能做主为由，并不配合。手下给陈其美反馈说，宋汉章桀骜不驯，态度傲慢。

24日，在一个地点及出场人物都应是事先精心设计好的宴请中，宋汉章遭到强行扣押，被关押20多天，并在舆论的关注中，被污蔑捏造假账、私吞巨款、以租界为掩护屡传不到等罪名，史称"宋汉章案"或"小万柳堂事件"。后来，伍廷芳、马相伯等人亲自出动，找陈其美为宋汉章说情，力劝陈以大局为重，不要损害新政府形象。加之，假意的罪名也是捏造的，此事才不了了之。

陈其美不得不致函熊希龄，告以上海财源枯竭，"无一事不需现款，无一日不坐愁城，百孔千疮，万分支绌"。1912年7月，沪军都督府被取消，陈其美失去都督职务。因袁世凯背离初衷，孙中山发起讨袁战争失败，逃往国外，中华银行改组为中华商业银行，由朱葆三任该行总董。因反对袁世凯称帝，1915年，沈缦云被投毒而死，次年5月，陈其美被袁派人暗杀于日本。

中国银行成立后，绍兴人汤觉顿、湖州吴鼎昌先后出任总裁，而围绕交通银行形成了一个交通系，旧交通系以梁士诒为首，新交通系以湖州人曹汝霖为代表。这个交通系既是政治派系，也系金融财团。

1916年6月，袁世凯死后，梁士诒遭通缉外逃。袁死前的4月，在一年前奉命签订丧权辱国《二十一条》的曹汝霖，以财政总长、外交总长的双重身份，兼任交通银行总经理。

自此，中国银行、交通银行一改从前由粤人控制的局面，完全落入绍帮和湖帮之手。

本土银行经理人的源头家族

民国时，绍帮在钱业虽然势头盖过甬帮，但甬帮培养出的最杰出钱业经理人却滋养了中国本土第一家银行——中国通商银行。

此时距离第一家外资银行丽如银行进入中国正好50年。以汇丰、花旗等为首的外资银行垄断上海金融市场,尤其是国际汇兑和华侨汇款,全为其把握;操纵外汇,主宰中国国际贸易,气焰十分嚣张。

1900年前,中国钱业第一家族当数柏墅方家。出自柏墅方家的钱庄经理陈笙郊、谢纶辉以钱业领袖的身份,荣膺中国通商银行前两任华人经理。

柏墅方家在银行业方面的投资并没有规划。由糖业转道钱业后,尤其是橡胶风波后,这个家族的主导产业变得模糊,谢纶辉家族则搭上新兴金融业快车。谢纶辉执掌中国通商银行长达14年,并投资多家钱庄,参股轮船招商局。谢成为上海滩银行业与钱业两栖存在第一人。他的三子谢光甫在其之后继任中国通商银行总经理,二子谢韬甫在1931年与中国金融界的风云人物宋汉章等在上海创办中和银行,自任董事长,并任华安保险公司董事。

在上海总商会第八、第九届会董选举中,谢家三兄弟(谢植甫、谢韬甫、谢光甫)全部入选,这种情况极为罕见。

宋汉章是上海钱业领袖谢纶辉及经芳洲家族后代经元善交集中的人物。宋汉章虽生在福建建宁,祖籍却是余姚,与谢纶辉是同乡。宋父宋世愧曾在闽办盐务,兼营木业,后经旧识、绍兴人经元善举荐,协助后者创建上海电报局,宋家因此迁居上海,宋汉章的人生得以呈现出另一片天地。

宋汉章在上海正中书院毕业后第一站,就进入上海电报局做会计,并在工作之余,继续上夜校,攻读英语。

"戊戌变法"失败后,慈禧欲废光绪。经元善支持康梁维新,密电电报局督办大臣盛宣怀,请他上言挽回。盛无奈回电,"大厦将倾,非一木能支"。经元善遂联合章炳麟、蔡元培、黄炎培等1231名旅沪维新人士和商绅上书总理衙门，声援维新。宋汉章缀名其中，两人遂为清朝追索，宋替经做翻译，同道亡命澳门。

宋汉章原名鲁，及至改名，才在60岁的经元善资助下返沪，重新进入盛宣怀可为之庇护的通商银行工作。宋汉章是穿越绍帮关系网而来的，初在通商银行的角色，一是跑楼，二是充任翻译，陈笙郊与洋大班为居间沟通。

宋汉章职业历程中的另一站是1905年清政府创办的第一家国家银行户部银行。一次，他去香港为通商银行催收一笔呆账，邂逅北京度支部派赴香港办事的要员陈陶遗，一见如故，引为知己，荐为户部银行附设之北京储蓄银行经理，成绩斐然，尔后出任户部银行上海分行经理。户部银行所肩负的国家使命，也让洞庭席氏家族一族多人入股。

近代中国银行业在20世纪初方才起步，继户部银行之后，1907年11月，邮传部奏请设立交通银行，官商合办。户部银行和交通银行在清末起着中央银行的作用。继中国通商银行、户部银行、交通银行之后，以沪杭为大本营的上海商业储蓄银行和浙江兴业银行（1907年）、四明银行（1908年）和浙江实业银行（1910年），以及以京津为大本营的盐业银行（1915年）、中孚银行（1916年）、金城银行（1917年）、大陆银行（1919年）等，共同构成时中国银行业的中坚力量。其中，"南三行"兴业、浙江实业、上海商业储蓄三家银行的出现标志着江浙金融财团的初步形成，以及金融实力的日渐壮大。[1]

1912—1914年间，全国新设工厂115家，上海一地就达40家。洋

---

[1] 姚会元、邹进文：《"江浙金融财团"形成的标志及其经济、社会基础》，载《中国经济史研究》，1997年第3期。

货路阻，民族资本抬头，仅在1912年一年，就有14家私营银行成立。1915—1921年，全国新设银行达124家。在华的外资银行，在资金周转方面出现一些困难。即便一度控制中国金融市场、以实力雄厚著称的汇丰银行，此时也向中国同行求援通融。

1912年2月，40岁的宋汉章出任中国银行上海分行经理，其履历可谓衔玉而生。他同时拥有绍、苏、甬三帮背书的无形光环，具有国家层面的两大行的砥砺经历，进入民国后无可阻挡地成为行业及商界领袖，1918年10月被公推为上海银行公会首任会长。

上海银行公会由中国、交通、浙江兴业、浙江实业、上海商业储蓄、盐业、中孚7家银行发起成立，首批会员还包括聚兴诚、四明、中华、广东、金城5家，占全市国内银行的半数以上。上海商业储蓄银行创办人陈光甫为副会长，浙江实业总协理李馥荪为书记董事，董事还有陶兰泉、盛竹书、倪远甫、孙景西。

早在1909年，信成银行就倡导筹办银行公会，极具眼光，但没有得到应有的响应。9年后，上海银行公会在沪浙商人主导下成立，体现了浙商在银行业势力的扩张。

中行上海分行副经理张公权比他的上司宋汉章更早当上中国银行总经理。除宋汉章不愿依附政治外，张上升更快得益于时任财政总长梁启超的提携，张的留学及学识背景也是宋所不及的，但宋汉章是上海银行公会和上海总商会两栖会长。这种身份在上海金融界再无第二人。除此之外，宋汉章还是中国保险公司创办者和中国保险学会的发起者。

陈光甫是首位为蒋氏政府所用的银行家，1927年初入上海时，蒋与虞洽卿等商谈成立"江苏兼上海财政委员会"，作为受蒋委派的筹款团体，首任主任就是陈光甫。正是苏沪财委会为蒋介石垫款、发行江海关二五附税国库券3000万元，南京政府初期岁月的主要财源才得到保证。

当蒋介石与相对保持独立的宋汉章、叶景葵等银行家因筹款发生冲突时，陈光甫就是从中斡旋者。宋孔都是留美高才生，在主政行政院时，不少留美学生被安排在政府金融部门高层，譬如席氏家族成员，由此一度引起张公权、李馥苏、钱新之、吴鼎昌、周作民等留日海归派银行家群体不满。在海归银行家中，陈光甫是唯一当过上海银行公会会长的人，而张公权与陈光甫是终身至交，陈、张在沟通留日、留美派银行家方面，角色无可取代。其间，陈光甫与以宋子文为代表的南方势力和以孔祥熙为代表的山西势力较早建立了密切关系，也是四大家族及其外界沟通的润滑剂（晚清民国银行家资历、籍贯等一览表见附录表13）。

从之后的情形看，除少数几届，第一届产生的董事基本垄断尔后的银行公会会长。他们是中国金融界冉冉升起的一代中青年才俊。上海人张公权和绍兴人李铭分别任中行上海分行副经理和浙江银行总协理。29岁时，张公权升任中行副总裁，32岁时湖州人钱新之升任交行上海分行副经理，淮安人周作民则成为交行总行稽核课主任。1915年，陈光甫创办上海商业储蓄银行时才34岁，1917年5月周作民创办金城银行时仅33岁。

这批金融才俊分本土派和海归派。本土派以宋汉章、盛竹书、史量才为代表，海归派以陈光甫、张公权、李铭、钱新之、周作民、徐六新等为代表。

就籍贯而言，银行公会会长被绍兴、镇江、宁波、苏州、杭州垄断，不是江苏人，就是浙江人。除第七、第八届会长陈光甫，第九、第十、第十一届会长叶扶霄来自江苏，包括首任会长在内的其他会长均来自浙江，来自宁波镇海的盛竹书，也与叶扶霄一样担任了三届会长（见表20-

4）。副会长或常务委员除安徽孙多森家族外，几无江浙外的其他省人挤进这个圈子。镇海人盛竹书和绍兴人李馥荪分别做了三届会长，前者曾任浙江兴业银行、上海交行行长，后者时任浙江实业银行总经理。

表 20-4 1915—1933 年上海银行公会历届会长及籍贯[1]

届数/年份		会长/主席	副会长/常务委员	备注
第一届 1918 年		宋汉章（绍兴）	陈光甫（镇江）	
第二届 1920 年		盛竹书（镇海）	钱新之（湖州）	
第三届 1922 年		盛竹书	孙景西（寿县）	
第四届 1923 年		倪远甫（镇江）	孙寿西（寿县）	
第五届 1926 年 9 月	1927 年	盛竹书	吴蕴斋（镇江）	盛去世，董事制改为委员制
			宋汉章、胡孟嘉（宁波）、徐新六（杭州）、李馥荪、陈光甫、倪远甫、吴蕴斋、黄明道、叶扶霄	
	1927 年		贝淞荪、胡孟嘉、徐新六、李馥荪、吴蕴斋、陈光甫、孙景西、倪远甫、叶扶霄	

---

[1] 主要资料来源于《上海工商社团志·第二篇 同业公会·第三章 商业同业公会选介·第一节 银行、钱业》，2003-02-17，https://www.shtong.gov.cn/difangzhi-front/book/detailNew?oneId=1&bookId=4538&parentNodeId=56977&nodeId=45332&type=-1。

（续表）

届数/年份	会长/主席	副会长/常务委员	备注
第六届 1931年	李馥荪（绍兴）	贝淞荪（苏州）、徐寄庼（温州）、胡孟嘉、吴蕴斋	
第七届 1933年	陈光甫	贝淞荪、徐寄庼、唐寿民（镇江）、叶扶霄	改称主席，选出多名常务委员
第八届 1935年	陈光甫	陈蔗青（后吴蕴斋）、宋子良、潘久芬、张佩绅（后杨介眉）	
第九届 1941年	叶扶霄（苏州）	银行业吴蕴斋、潘久芬、王伯元、周叔廉、朱如堂、叶扶霄、竹森生、朱博泉、徐懋棠；钱业裴云卿、陆书臣、王怀廉	上海银钱业同业公会临时联合会。此会为1941年12月日美交战的消息传到上海，上海市面立即陷入恐慌与萧条情况下的临时组织。会长是两个月后确立的
第十届 1943年	叶扶霄		
第十一届 1944年	叶扶霄		上海特别市银行业同业公会
第十二届 1945年	朱博泉（杭州）		
第十三届 1946年	李馥荪		上海市银行业商业同业公会
第十四届 1947年	李馥荪		全国银行业商业同业公会联合会

(续表)

届数/年份	会长/主席	副会长/常务委员	备注
第十五届 1949年	项叔翔（杭州）		上海市金融业同业公会筹备会（由上海市银行、钱庄、信托三业合并成立）。1952年12月，私营金融业全行业公私合营，上海金融业同业公会正式退出历史舞台

江苏籍银行家还是颇为惹眼的，淮安籍银行家就有周作民、大陆银行创办人谈荔孙及总经理许汉卿。镇江帮银行家简直就是一个群落，除陈光甫，上海盐业银行经理倪远甫、上海金城银行经理吴蕴斋、中南银行董事长徐静仁及总经理胡笔江、交通银行总经理唐寿民，均跻身近代上海十大银行家之列。也就是说，这十大银行家中，镇江人占有六席。

此外，镇江人严炳生、赵棣华、徐国懋还分别担任过大清银行董事长、交通银行总经理、金城银行总经理。严炳生的儿子严菊甫是大有银行创办者，李锡纯、陆小波、严惠宇等则是钱庄出身的银行家。

相较镇江银行家群落而言，湖州人在北四行中地位显赫。北四行以四行联营为最主要标志，四行联合营业事务所、四行准备库、四行储蓄会是四行的统一领导、协调和调剂中心，吴鼎昌曾集此三个机构主任于一身。北津的内陆腹地显然没有沪汉产业带的辐射能力强大，北四行业务重心逐渐转向上海。1926年初，与浙帮各银行关系密切的另一个湖州人钱新之则担任四行准备库及储蓄会副主任，主持四行在上海的统一行动。两个湖州人很大程度上掌握了北四行经营大权。

绍兴帮在信托业投资颇为惹眼，仅一家中央信托公司就扎堆了一批绍兴帮大佬，譬如绍兴帮巨子田祈原（上虞）、田时霖（上虞）、宋汉章（余姚）、王晓籁（嵊县）、胡熙生（余姚）、谢伯殳（绍兴）、裴云卿（上虞）、孙铁卿（余姚）、陈一斋（上虞）、胡莼芗（余姚）、周星堂（绍兴）、李济生（上虞）、严成德（余姚）。

中国商人对近代金融业的投资是从保险业开始的。最早投资保险业的是以买办商人唐廷枢、徐润为代表的粤商，他们主导轮船招商局之时，也是他们开创中国保险业之始。最为明显的是中国早期的三大保险公司——保险招商局、仁和水险公司、济和水火保险公司都是在他们统筹下成立，但这一阶段持续的时间很短，很快便因唐、徐挪用公款炒股失利而戛然而止。

随后，中国区域商帮对金融业的投资有两个明显的分水岭。第一个分水岭出现在19世纪后20年，以1886年仁和水险与济和水火保险合并成立仁济和水火保险、1897年中国首家银行中国通商银行成立为标志，以盛宣怀为代表的苏商走上前台，主导了这一时期。此间，盛宣怀不遗余力将以严信厚、叶澄衷、朱葆三为代表的甬商拉拢进其阵营。第二个分水岭出现在20世纪初，以周晋镳、朱葆三、宋汉章、田祈原为代表的甬商，在诸多区域商帮势力中脱颖而出，引领这一时期的银行、保险业的发展，也成为证券、信托等行业的开创者或领跑者（具体情况见近代区域商帮投资金融业一览表附录表14）。

宁波帮在整个金融产业投资方面不是一般的可圈可点。至1935年，国内共有147家民族银行。其中，由中央和地方当局开设47家。在剩下的100家商业银行中，11家由甬帮独资经营，13家为主经营，28家参与经营。除中行、交行和盐业银行是官办银行外，浙江兴业银行、浙江实业银行、上海商业储蓄银行、中孚银行、四明银行、新华储蓄银行等都与宁波帮息息相关（甬帮银行投资情况表见附录表15）。甬帮对保险业的投资数量最为明显，像华通水火（李云书等）、华兴水火（朱葆三、傅筱庵、严信厚、周晋镳等）、华洋人寿（周晋镳）等。

20世纪20—30年代，宁波帮在经营形态和商帮性质上已不同于以往的山西商帮或者徽州商帮，而转变为一个近代资本主义工商业集团，并成为以上海为中心的江浙资本家的核心及中国第一大商人群体。20世纪30年代，曾有人对当时的上海工商界名人做了一番统计，在所涉及的1836人中，宁波籍就多达453人，占据1/4。

宁波人在钱业中的优势也逐渐转移至银行业中，而钱庄处于银行的从属地位。1934年浙江兴业银行的调查报告说："全国商业资本以上海居首位，上海商业资本以银行居首位，银行资本以宁波人居首位。"上海的银行资本为2.421亿元，与宁波人有关的银行资本为1.968亿元，占80%以上。同年，上海共有丝厂97家。在已知经营者籍贯的90家中，浙江人经营的达58家，占64.4%。

不仅如此，江浙资本在金融业彼此渗透趋势明显，形成了盘根错节的关系网络。浙商研究专家陶水木经过不完全统计发现，1934年有11位浙籍银行家在上海5家以上银行中担任董监事，有23位浙籍银行家同时在上海3家以上银行董监事会中任职[1]。以钱新之来说，除任四行准备库及储蓄会副主任外，同时身兼交通银行常务董事，又是浙江实业银行驻行董事、上海市银行理事，大陆银行、中国国货银行、中国农工银行、金

---

[1] 陶水木：《浙江金融财团的形成及地位》，载《中国经济史研究》，2001年第1期。

城银行、盐业银行、辛泰银行董事。

以中国银行来说，其董监事和经理人员有李馥荪、徐寄、宋汉章、卢学溥、冯仲卿（余姚，副经理）、史久鳌（余姚，副经理）、潘寿恒（余姚，副经理）、程慕灏（桐乡，副经理）。其中董事长李馥荪又兼任浙江实业银行董事长兼总经理，交通银行、中国垦业银行和上海商业储蓄银行董事；徐寄又是浙江兴业银行常务董事，中国银行、中国垦业银行、浙江实业银行董事和上海绸业银行监察人；宋汉章又兼任新华储蓄银行及中和商业储蓄银行、永亨银行董事；卢学溥又任浙江实业银行驻行董事、永亨银行董事；冯仲卿又兼任中和商业储蓄银行常务董事，上海绸业银行、上海至中商业储蓄银行董事；史久鳌又是惠中商业储蓄银行、上海至中银行董事，信通商业储蓄银行监察人。

1918年，应浙江省省长吕公望、宁波省立四中校长励建侯的邀请，孙中山前去浙江考察。在省立四中，宁波各界举行对孙中山的欢迎会。孙中山对宁波商人给予高度评价："宁波人素以善于经商闻，且具坚强之魄力"，并说，"宁波开埠在广东之后，而风气之开通不在粤省之下，且凡吾国各埠，莫不有甬人事业，即欧洲各国，亦多甬商足迹，其能力与影响之大，固可首屈一指者也。"

回望1912年梁启超对晋商的赞誉，也就是几年时间，商帮的更迭随着荏苒光景而发生着残酷的变化。在上海银行公会会员中，人们已然看不到晋商、粤商的身影。

如果以省域来看，国内银行业、钱庄呼风唤雨的不是浙江人，就是江苏人。江浙势力绝对称霸中国金融业。总体而言，甬帮称雄上海滩。虽在银业公会、钱业公会方面，甬商实力分别稍逊于镇江帮和绍兴帮，但他们掌握着执各行业之牛耳的上海总商会的实权。买办势力超过粤帮后来居上，在包括银行在内的金融业及诸多行业的投资上也处于引领状态。甬帮综合实力无人能及，登临上海滩王者之位。

两位世界船王的宁波读本

1862年，"商战"一词第一次出现在曾国藩的书信中。也是在这年，太平军围攻上海，另一位浙江永康人应宝时进入李鸿章的视线。应宝时以候补知州身份，与当地士绅联合外侨设立会防局，筹措械饷，引起李的注意。

1864年2—7月，应宝时以候补松江知府身份代理上海道台，1865年9月接替广东人丁日昌署理上海道台。而丁日昌在任时，曾降低中国帆船的税收，以便在牛庄（今辽宁营口）—上海的豆类贸易上同外国船舶竞争。

1863年，由曾国藩组织、中国人制造的中国第一艘国产轮船"黄鹄"号在安庆下水，1866年左宗棠创办福州船政局。1867年10月3日，清政府公布《华商买用洋商火轮夹板等项船只章程》。这一章程主要针对华商附股外资企业，清政府想借助民间资本发展机器轮船业，但兴办轮船和采用轮船运漕或导致沙船工人失业所引发的反对之声稍显强烈，再无下文。

华商附股外资最早见于19世纪30年代，到60年代左右，华商附商再度兴行，且比较集中于航运，华商投资已遍及美商的琼记、旗昌、同浮和英商的公正、怡和等几乎在华的所有洋行。经营漕运起家的上海朱氏兄弟于1860年与美国人在烟台合资开设清美洋行，往来上海、烟台、天津各口岸经营海运业务，而在旗昌轮船公司100多万元的资产中，华商的投资估计占一半以上。除入股，华商还采用购买或租赁轮船挂靠在洋商名下，介入航运业。这种方式挂外国旗，在进出口报关纳税的时候，由洋行出面，只需要完税，无须捐项。

但华商进入轮船业时机并没有随之到来，《洋务运动史》一书提出，较早提出试办轮船航运的是商人吴南昌等，他们在1868年提出愿意购买轮船4艘，充运漕米之用，但未获批准。[1]

在此前后，香山人、候补同知容闳和曾任常镇道的许道身也先后计划模仿西方公司、用招商的方式设立轮船公司，但都成为泡影。容闳在英商宝顺洋行当过买办，也曾给曾国藩赴美国购买过机器，这种身份背景让总理衙门担心洋商参与其中，甚至曾国藩也认为，"若无此辈，未必能仿照外国公司办法"。

晚年，曾国藩对轮船公司很热心，但政府并没有放开航运业，其心迹在于官商纠葛。在曾看来，民营资本进入的火候应该在轮船被官方倡导之后，他的预期是，"十年以后，轮船必可通行于中国"。

1871—1872年，李鸿章与曾国藩曾就此往复函商，由商人雇买各局轮船实行货运等事。之后，李鸿章缜密筹划，快速落地而成为首创之人。航运业被用作首宗民用洋务实践摆在最高层的案头和大清子民面前，轮船招商局承载着大清及主办者李鸿章万无一失、只许成功不许失败的改革预期。

最初，甬商虽在船业领域具有深厚积淀，但受阻于洋务派所主导的专利权限制而没能将其比较优势体现出来。譬如因看到新兴的轮船业有利可图，叶澄衷曾请求集资成立私人轮船公司以与外商竞争，但被李鸿章拒绝。

这种局面直到清末才得到扭转，1891年，镇海商人戴嗣源创办戴生昌轮船公司，成为长三角地区开办最早的民族内河轮船企业。到1896年，

---

[1] 夏东元：《洋务运动史》，上海，华东师范大学出版社，2010。

公司拥有轮船9艘，活跃于长江沿岸。

近代中国轮船业的主导权，有一个明显的由广东人向宁波人过渡的演变过程（见表20-5）。1906年，朱葆三与同乡陶祝华、杨晨、朱似兰、李秀松、俞梧生等合资创办越东轮船公司，从1916年起三年内，他又联合同乡蘁鳃、盛省传、傅筱庵等，先后创办顺昌轮船公司、镇昌轮船公司、同益轮船公司，并组建轮船集团。1922年，同样是通过同乡力量，他与许廷佐、丁梅生、陈箴堂、范锦章等人合作创建舟山轮船公司。

表20-5 近代轮船业主导权演变[1]

买办姓名	籍贯	所属洋行	投资企业
郭甘章	广东香山	大英轮船公司	甘章船厂（1858年）
唐廷枢	广东香山	怡和洋行	轮船招商局（1872年），公正轮船公司（1867年）、北清轮船公司（1868年）、华海轮船公司、美国琼记洋行苏晏拿打号轮船等
徐润	广东香山	宝顺洋行	轮船招商局（1872年）
郑观应	广东香山	宝顺洋行 太古洋行	公正轮船公司（1869年）、轮船招商局（1873年）
陈竹坪	浙江湖州	旗昌洋行	旗昌轮船公司（1877年）
叶澄衷	浙江宁波	美孚石油	鸿安轮船公司（1889年）
祝大椿	江苏无锡	怡和洋行	上海—新加坡—日本轮船航线（1898年）
劳敬修	广东广州	泰和洋行	同记轮船公司（1906年）

---

[1] 杨荫溥：《上海金融组织概要》；魏友棐：《十年来（1921—1933）上海钱庄事业之变化》。

（续表）

买办姓名	籍贯	所属洋行	投资企业
虞洽卿	浙江宁波	鲁麟洋行	宁绍商轮公司（1908年）、中意轮船公司（1938年） 三北轮船公司（1913年）、鸿安商轮公司（1918年）
朱葆三	浙江宁波	平和洋行	越东轮船公司（1906年）、顺昌轮船公司（1916年） 镇昌轮船公司（1917年）、同益商轮公司（1918年） 舟山轮船公司（1922年）
傅筱庵	浙江宁波	长利洋行 美兴洋行	顺昌轮船公司（1916年）、镇昌轮船公司（1917年）轮船招商局（1918年）

1923年，朱志尧与苏北巨商杨在田合办大通记航业公司，专驶沪杨线。他向中法求新厂定做千吨级隆大轮一艘，后抵押借款再造鸿大轮，一年之中成船二艘，价值40多万元。虞洽卿所创办的宁绍轮船公司和三北轮埠公司，一度在近代中国轮船业处于主宰地位。1935年，我国轮船总吨位为67.5万吨，虞洽卿一人拥有大小船只65艘，吨位9万吨，约占13%。[1]到抗战前，虞洽卿对轮船业的投资多达450万元。

日本学者后藤朝太郎曾考察中国各地的航运业。1926年，他在《中国的社会现状》中说：无论是长江航运还是沿海航运，轮船上上至买办、驾驶员，下至伙夫、水手，几乎全是说着宁波话的宁波人，[2]中国海运业完全由宁波人支撑。

---

[1] 文史资料研究委员会编：《浙江籍资本家的兴起》，杭州，浙江人民出版社，1986。
[2] 姚公鹤：《上海闲话》。

也是在这年，重庆卢作孚东拼西凑筹足 5 万元创办的民生公司，在 6 月才以一条船的规模行进在川江。此时，日后成为世界船王的宁波人董浩云才 15 岁，包玉刚才 8 岁。

董浩云的祖父以制衣为业，父亲董瑞昌先开办印刷所，后在上海南市大东门开设源森玻璃五金店。董浩云曾在一篇文章中如此表明心志，他对海洋的兴趣达到以船为第二生命的程度，从小就对航海心驰神往，对郑和七下西洋的故事尤其兴趣浓厚。当父亲生意受挫返回老家时，董浩云一人留在上海，并于 1927 年考入由江苏银行家周作民兴办的亚洲航运训练班，1931 年毕业被派往天津航业公司工作[1]，这成为董浩云事业和爱情的转折点。

董浩云自学英、法、日三国文字，并能运用自如。一天，一艘来自浙江宁波的货轮在天津港靠岸。董浩云携着小提包奔向轮边，放出钢缆，系紧。轮靠岸，他不慎被绊倒，将提包内英文字典等抛出。这一幕正好被该船船东看见，船东把董浩云叫住，问了他的姓名、籍贯。

董浩云离去时，这个船东指着他的背影对身边的人说，此子年纪轻轻，如此好学，将来前途不可限量。这个船东就是当时海运大亨顾宗瑞。顾同样是宁波人，13 岁辍学到上海当学徒，后任海关报关员直到 1920 年他创办自己的报关行。董浩云考入航运训练班的第二年，顾才涉足航运业。之后，董一路高升，并在 1932 年成为顾的女婿。到 1934 年 3 月天津航业同业公会成立时，22 岁的董浩云已经以天津航业公司董事会秘书长的身份入会，并被推为九名执行委员兼常务委员。

---

[1] 《上海侨务志·第二章 从事行业·第二节 交通运输业》，2007-03-02，https://www.shtong.gov.cn/difangzhi-front/book/detailNew?oneId=1&bookId=74226。

1935年，他利用外交手段，与天津英工部局、港务局周旋数月，将"九号码头"收归天津航业股份有限公司名下。从此，天航有了自己的码头，结束借租洋人码头、长期受外国人无端刁难的历史。

同年，卢作孚通过联合国轮、一致对外、小鱼吃大鱼的方式，先后整合重庆上下游到宜宾的所有华商轮船并入民生公司。1936年，董浩云以《整理全国航业方案》上书国民政府交通部代理部长俞飞鹏，主张以金融力量促成航业合作，以保息制度控制无序竞争，建议发起成立中国航运信托公司。后因抗日战争爆发，这一想法成为镜花水月。

1937年抗战前夕，民生拥有轮船46艘，吨位1.87多万吨，承担了长江上游70%的运输业务。抗战成为卢作孚跃升的拐点，民生成为中国最大的民营轮船公司。

而1933—1941年，董浩云先后三次创业，其间辗转上海、重庆、香港，皆因日本侵华原因，公司要么破产，要么被接管。

1947—1948年，董浩云的万吨巨轮"天龙"号试航大西洋，这是有史以来中国人第一次用自己的轮船横渡大西洋。对于这次划时代的远航，多年后董浩云和友人回忆起来依然豪情满怀：

"那时候的期待心情，并不亚于英国这次在伊丽莎白二世女皇加冕时，听到额士尔菲峰被人类征服兴高采烈而感慰得下泪。当时这种情况与感觉确是如此，至少，对我本人是终身不能或忘的一件大事。"[1]

与董浩云逆父之意考取航运训练班不同，包玉刚在13岁那年被父亲送到中国创办最早的航海高等学校上海吴淞商船专科学校。包玉刚的父亲包兆龙也是一位鞋业商人，但常年在汉口经商，后到上海设立钱庄。

---

[1] 朱国栋：《沪甬双城记》。

抗战爆发后，吴淞商船专科学校成为一所流动学校，与家人辗转重庆的包玉刚并没有按照父亲意愿继续深造，而是自作主张跑到一家银行当上一名小职员，他的父亲也转身成为重庆工矿银行经理。抗战胜利后，包父曾任上海银行的业务部经理，并与人合资开办造纸厂。

1948年后，大批宁波商人从上海等地迁移到香港。董浩云、包玉刚与厉树雄、宋汉章等一样离开上海。1967年，宁波旅港同乡会成立，众多宁波人开始在香港各个领域崭露头角，厉树雄、陈廷骅、曹光彪等在纺织业，包玉刚、董浩云等在航运业，丘德根、邵逸夫、袁仰安等在影视业，李达三在酒店业等。[1]

作为宁波籍的两位世界船王，董浩云和包玉刚虽非在上海发家，但他们成长背景抹不去的是宁波商人在近代航运业的独领风骚。

中国电影业的甬商力量

张石川是宁波人中最早涉足电影的。在35年的职业生涯中，他编导156部影片，这在中国电影史上是绝无仅有的。[2]

张石川的父亲是一个经营蚕茧生意的小商人。15岁时，父亲去世，张石川辍学去上海投靠舅舅经润三。经润三是一位洋行买办，张石川初在洋行做一个类似文书类的小职员。他白天上班，晚上去夜校学英文，两年后便能讲一口洋泾浜英语。

经润三对新鲜事物特别敏感，20世纪初，留日学生王钟声被日本话剧

---

[1] 杨荫溥：《上海金融组织概要》；魏友棐：《十年来（1921—1933）上海钱庄事业之变化》。
[2] 朱国栋：《沪甬双城记》。

的舞台样式深深打动，回国在上海与马相伯、沈敦创办中国第一个话剧社团——春阳社，后上海掀起新剧社团成立热潮。经润三成立了立鸣社，之后，已经小有历练的张石川出任经理，组织管理当时如火如荼的新剧演出。中国的第一部电影上演于1905年，至今已有百年历史。中国电影之父是一位祖籍山东的照相馆商人任庆泰。1874年，他曾自费去日本深造照相技术，1892年回国在北京开设了中国人创办的首家照相馆丰泰。他以拍合影和戏装照闻名京师，尤以摄制出售戏曲名伶照片为重头经营项目，颇受老北京人的欢迎。他曾数次应召为王公贵族拍照，被慈禧赏赐四品顶戴。

1905年，适逢京剧老生表演艺术家谭鑫培六十寿辰，任庆泰忽然来了拍摄中国人自己的电影的冲动，于是就有了《定军山》的诞生。与当时中国所有影戏楼一样，他的大观楼放映的全是舶来品，任庆泰痛感"所映影片，尺寸甚短，除滑稽片外，仅有戏法与外洋风景"，就动了自己拍片的念头。之后，谭鑫培成为中国第一位电影演员，任则成为中国电影事业的开山鼻祖。

张石川在电影行业的第一脚与一家叫亚细亚的影视公司有关。这是中国第一家影片公司，由美籍俄人本杰明·布拉斯基创办于1909年。也是在这年，北京丰泰照相馆失火。从此，中国电影的地域重心慢慢从天子威严的皇城根下转向十里洋场的上海滩。[1]

1912年，布拉斯基因经营不善，将公司转让给上海南洋人寿保险公司经理美国人依什尔。布拉斯基是第一个被允许拍摄紫禁城的西方人，他在香港投资的短片《偷烧鸭》被视为香港电影的开山之作。在回国前，他带走了黎民伟拍摄的《庄子试妻》等片，无形中完成了中国电影的首

---

[1] 杨荫溥：《上海金融组织概要》；魏友棐：《十年来（1921—1933）上海钱庄事业之变化》。

次出口。[1]

依什尔总结本杰明失败的原因，决定聘请中国人来当顾问。他首先找到在美国洋行做事的经营三，经营三是张石川的另一个舅舅。在舅舅的推介下，23岁的张石川成为亚细亚影视公司顾问，专事电影拍摄事务。张石川回忆说，差不多连电影都没看过几场，就不假思索地答应下来，只是为了一点兴趣和好奇。

1913年，中国首部电影故事片《难夫难妻》问世。之后，张石川与他的团队创造了中国电影史上的诸多第一：第一家国人自主投资的电影公司——幻仙影片公司（1916年）；与郑正秋、周剑云等"五虎将"合作创办中国第一家真正电影股份有限公司——明星公司（1922年）；创办中国第一所专门培养表演人才的电影学校"明星影戏学校"；导演中国第一部商业艺术故事片——《孤儿救祖记》；导演中国第一部多集系列武侠电影——《火烧红莲寺》（18集）；导演中国第一部有声电影——《歌女红牡丹》，开创中国有声电影时代。

其间，张石川的电影梦想几经打断。"一战"中，因进口电影胶片断档，亚细亚公司关门歇业。无奈之下，张石川加入舅舅经营三掌管的民鸣社，做起文明戏来。在摄制中国首部喜剧片《掷果缘》和揭露鸦片毒害的《黑籍冤魂》的过程中，曾因资金不足，幻仙公司停业。当时上海电影市场外国滑稽片走俏，美国笑星卓别林、罗克风靡银幕，张石川决定仿拍滑稽短片，作为明星公司创业片样式。但他的得意之作在影戏院上映时，观众寥寥，连成本都赚不回来，后改拍正剧长片，方挽救了明星公司。

为增强明星公司的实力，1928年张石川向社会招股增资20万元。这

---

[1] 朱国栋：《沪甬双城记》。

次投资者不请自来,一举将资金招足,张石川就注册了明星影片股份有限公司。他以总经理兼导演的身份,主持业务达17年之久。[1] 在此过程中,张石川推出的演员签约制、电影明星制、演员试镜、投资与制作分离等举措,都因开创历史先河而被载入中国商业电影的历史。

时上海电影院线市场受西班牙人雷玛斯操控,他1903年带着一架半旧电影放映机来到上海,不断滚动发展,先后在乍浦路、海宁路口建造了一座铅皮建筑的影戏院(今胜利大戏院),在海宁路、北四川路口建立维多利亚影戏院(今儿童公园),以及夏令配克影戏院(今新华电影院)、恩派亚(今嵩山影戏院)、卡德、万国。其经理古董培又在梧州路开设中国大戏院,在中华路(方浜桥)开设共和影戏院(今中华大戏院),形成辐射全上海的电影院线布局。雷玛斯因此被称为"上海电影院大王"。

为解决影片的出路问题,"不愿意给外国人操纵电影太过",1925年,明星影片公司自办电影院,与同是甬商创办的百代公司会商收买北海路、云南路口的申江共舞台,改建为中央大戏院,并吸引到上海、百合、国光、长城、神州、中华等制片公司将影片交付明星放映。"五卅"惨案发生后,国产片产量大增,雷玛斯于1926年挟其20年来在上海经营电影事业的盈余,满载返国。明星公司立刻招股,承租维多利亚、恩派亚、万国、卡德四院线,吸收以提倡国产电影为标榜的中华、平安电影院,在中央大戏院的领衔下组成中央影院公司,一举扭转原来被动局面。

张石川广纳贤才,特别是千方百计将一些有名望有实力的导演和演员罗致进明星公司,组成一支强有力的创作班子。他平生最得意的两大"杰作"是挖来红极一时的大明星张织云和银幕美人胡蝶。两位演员后来

---

[1] 朱国栋:《沪甬双城记》。

都被观众戴上"电影皇后"桂冠,为明星公司赚取巨额财富。张织云主演的明星公司影片《姐妹花》,票房收入高达20万元,超过《空谷兰》,双双创下中国电影票房之最。

张织云是大中华百合影片公司的主演,胡蝶是宁波人创办的天一影片公司的主演。之后,明星公司联合大中华百合、神州等五家电影公司组成"六合影片营业公司",与发行商签订排他性的合同。如与六合签约,就绝对不准购买天一公司出品的影片,这给了天一影片公司以致命打击。一时,六合影业几乎占据60%中国电影市场份额,财大气粗,无人敢惹。中国电影史上的第一次大规模商战,就这样以天一公司创办人被迫出走海外而结束。[1]

被逼走的这家电影人就是邵逸夫的兄弟们,邵氏兄弟的父亲是上海锦泰昌颜料公司的老板。当时,上海剧院"笑舞台"的老板因无力还债,只有把"笑舞台"折抵,邵玉轩就派当律师的长子邵仁杰接收该剧院。邵醉翁走通俗路线,大演武侠戏,"笑舞台"一时颇受欢迎。

1925年,邵氏兄弟在上海成立天一影片公司。公司成立前,邵家已经趋于败落,所有家业中只剩下一幢房子和"笑舞台"一家剧院。邵氏兄妹八人,邵逸夫排行老六,他们都没有继承父业,而是毅然卖掉房子,举家搬进"笑舞台",挺进影视业。老大是制片兼导演,曾有买卖电影片子到放电影的从业经历,妻子陈玉梅是领衔主演,老二擅长编剧,老三精于发行,老六邵逸夫也来帮忙,在摄影上找到自己的用武之地。于是有了兄弟们通力合作摄制的第一部影片《立地成佛》,以及《女侠李飞飞》《梁祝痛史》《义妖白蛇传》《孟姜女》等黄梅调古装戏。

---

1 牟家和、王国宇:《亚洲华人企业家传奇》,新世界出版社2010年版。

在张石川明星公司的挤对下，邵氏兄弟的破釜沉舟之举，最终换来的是远离上海、前往新加坡开拓电影市场的结局。因人手不够，1928年，邵逸夫刚中学毕业，就到新加坡协助兄长。

最使邵逸夫难忘的是，他和哥哥一起到新加坡和马来西亚搞流动放映。他们扛着电影机和影片，在烈日下长途跋涉，深入到华侨众多的农场去放映露天电影。那时放映设备还很落后，要手工一格格地摇片子，一场电影放下来，放映人都累得腰酸手痛。更要命的是蚊虫叮咬，奇痒难忍。

1930年，邵氏兄弟公司挂牌成立，这是兄弟俩走遍新加坡和马来西亚的大小乡镇的回报。为专门放映天一公司的新影片，他们还出资收购了两个影院。此时恰值全球经济危机（1929—1933年），为数不少的影院关门停业，这对邵氏兄弟来说也是一大考验。

当时国内及南洋的电影还是无声电影，邵氏兄弟决定寻找突破口，上马有声电影设备。1931年，张石川旗下的明星公司率先推出中国首部蜡盘发音的有声片《歌女红牡丹》，胡蝶领衔主演，引起轰动。邵氏兄弟拍摄的有声电影《白金龙》直到1933年才上市，但在香港、广州、泰国等地巡演时，万人空巷，令邵氏兄弟大赚一笔。

到1937年，邵氏兄弟称雄东南亚电影市场，以110多家电影院和9家游乐场的拥有量建立了覆盖东南亚的电影发行网络，但随后的"二战"摧毁了邵氏兄弟苦心经营20多年创立的产业。

邵逸夫熟悉电影制作的每一个环节，从剧本、摄影到导演、演员的选聘，从化妆、剪辑到影片推广发行、剧院管理样样在行。他工作勤勉，精力过人，年轻时曾创造了1天看9部片子、1年看700部片子的纪录。他说："我晚上只睡1个小时，其余时间便是工作。"1945年抗战胜利后，盛年的邵逸夫雄心不减，决心重振邵氏家业。1957年，50岁的邵逸夫从新加坡来到香港，以实现他对电影事业的理想。两年后，邵氏兄弟（香港）有限公司成立，直到1987年5月宣布停止电影生产。

其间，李丽华、林黛、陵波、李翰祥、邹文怀、张彻等无不出自邵氏门下，而由邵氏公司拍摄的影片在历届亚洲电影节中共得包括金马奖、金像奖等的大小奖项46项，创下中国电影史纪录。其中,《江山美人》《貂蝉》《倾国倾城》《梁山伯与祝英台》《大醉侠》《独臂刀》等影片都曾享誉海外，在华人世界引起巨大反响，倾倒无数观众。

张石川并没有比邵氏兄弟走得更远，身处国内的他，在抗日战争爆发后没有比邵氏兄弟少受磨难。先是新建的枫林桥总厂被日寇占领，后因张石川拒绝出山为日寇掌管电影厂，在马路对面眼睁睁看着明星总厂被日寇一把火烧掉。

1942年12月8日，太平洋战争爆发，日寇占领上海租界，操纵汪伪政权。留在租界内的新华、国华等12家中国资本的电影公司被强行合并为中华联合制片股份有限公司，张石川被留用为分厂厂长、导演和制片部长，这为其后与柳中浩、李丽华等一批留沪影人被指控犯有汉奸罪埋下了伏笔。

在上海沦陷前，张石川从总厂抢运出来一批电影器材和底片，以此作资本，他以制片和编导的身份加入设在租界内的国华影业公司。而这家影业公司的执掌人同样是宁波人，即柳中浩、柳中亮兄弟。

柳氏兄弟最早起家于南京，一开始并非电影专门人士。面对上海影业激烈的市场竞争，选择南京试水影业也有降低风险的意味。与邵逸夫一样，柳中浩出生在上海，他的父亲曾是轮船招商局一位高级职员，可惜英年早逝，好在还留给三个儿子一笔遗产。

南京新街口世界大戏院的开创是柳氏兄弟介入电影的开始，时是

1929年秋天，柳中浩刚满19岁。当时最时髦的文艺消遣就是电影，柳中浩的妻子是电影迷，对柳中浩选择电影行业产生了重大影响。

1934年2月后，柳氏兄弟登陆上海，先后创办金城、金都等大戏院。与世界大戏院主放映外国电影不同，金城、金都以播放国产影片为主。其中，金城座位数高达1788位，在1935年仅次于融光和大光明影院。1938年，电影《渔光曲》在柳氏兄弟戏院首映，连映84天，创当时国产片上映最高纪录。同年，柳氏兄弟成立国华影片公司，不到4年拍摄《风流冤魂》等40多部影片。[1]

抗战期间，柳氏兄弟与日寇保持若即若离的关系。抗战胜利后，兄弟俩又办起国泰影业公司，11年间拍摄《无名氏》《忆江南》等近40部影片。

1948年，柳氏兄弟分家，柳中亮与儿子成立大同影片公司。1952年2月，在公私合营中，国泰影业公司加入上海联合电影制片厂。

另一位宁波籍的影视大家袁仰安，于1947年旅居香港，接办濒于倒闭的长城电影制片厂，从此介入电影产业。他导演的第一部作品《孽海花》获选参加英国爱丁堡电影节，其后又导演《阿Q正传》《迷人的假期》《渔光恋》等多部电影，《阿Q正传》荣获瑞士罗加诺国际电影节银帆奖。1960年初，他退出电影界，改营玩具工业。

如果说宁波商人在近代轮船业的投资与后来宁波籍出现包玉刚、董浩云两位世界性船王具有一脉相承性的话，很难说张石川在上海滩电影业方面的独树一帜没有对宁波籍影视巨人邱德根、邵逸夫兄弟、柳中浩兄弟、袁仰安产生一点影响。

---

[1] 上海文广新闻传媒集团纪实频道、上海三盛宏业文化传播发展有限公司编写：《百年商海》，上海人民出版社2006年版。

第二十一章 粤帮逆袭

上海开埠后，没有来上海混过的商帮，几难称得上是主流商帮。从晚清到民国，主流商帮从没有落下过试图在上海滩占有一席之地。

粤帮买办首先拉开众商帮逐鹿、称雄上海的历史，但粤帮在上海的经历一波三折，尤其在以甬商为主的浙帮碾压之后，粤帮一度沉寂。民国后，粤帮再度来袭，在电影、百货、烟草、纺织、化妆品、化学工业等领域，全面开花，并占据举足轻重的地位。

这次来袭以1916年袁世凯之死为界限。最具看点的是香山帮再度活跃。

粤籍电影人全产业链开花

尽管甬商雄霸沪上，但在局部产业，甬商日益面临挑战。以在上海盛极一时的电影产业来说，以张石川及柳中浩兄弟、邵氏兄弟为代表的甬帮影视人和以郑正秋、罗学典、黎民伟、蔡楚生、何挺然、罗明佑、冼星海、胡蝶、阮玲玉等为代表的粤帮影视人，形成双雄对峙。可以说，在中国电影事业的拓荒年代，中国电影业教父级人物几出于甬粤两帮。

但相较而言，活跃于粤港两地的粤帮电影人，阵容更为强大。其中不仅有一流的编剧兼导演郑正秋、蔡楚生，撑起上海电影演员半边天的粤籍明星，还有电影院线投资、发行大鳄罗学典、罗明佑、何挺然，纵横捭阖的电影战略家兼资源整合者黎民伟。无论是编剧、导演、音乐创作、演员、院线、投资人等，粤帮都有中国最杰出的代表人物。粤帮在上海影业具有全产业链的比较优势，即便甬帮也望尘莫及。

明星电影是上海营业时间最长的电影公司，但创始人不只张石川一人，而是包括张在内的五虎将一同创办。其中，郑正秋来自广东潮汕。他们都是中国第一代电影导演的中坚人物，但郑正秋还扮演着另一重角色——中国编剧第一人。

张石川导演了很多创造历史的电影作品，譬如中国第一部短故事片《难夫难妻》、引起轰动效应的长故事片《黑籍冤魂》、中国第一部在商业和艺术上获得巨大成功的国产片《孤儿救祖记》、第一部有声故事片《歌女红牡丹》、第一部妇女题材电影《玉梨魂》等。其中，《难夫难妻》《孤儿救祖记》《玉梨魂》由郑正秋编剧。从这个意义上说，明星影业是粤甬合作的典范，是之前少见的两地完美合作。

张石川一开始主导拍摄的几部电影并不成功，在现实面前他不得不听从郑正秋的意见，放弃凶杀血腥类影片，改拍正剧长片。在此思路指导下所拍摄的《孤儿救祖记》一炮走火，挽救了明星公司，由此确立张石川在中国电影导演界的地位。沿着拍正剧长片的路子，明星公司在3年时间内接连拍摄《玉梨魂》《空谷兰》《最后之良心》等17部影片，确立了在影业的霸主地位。

从某种程度上说，郑正秋是明星公司的灵魂人物之一，他同时兼任明星影戏学校校长。郑的祖父郑介臣是广潮帮领袖，靠做政府授予的鸦片特权生意而成为烟土业大亨。目睹鸦片对正常人和家庭生活的种种悲剧，郑正秋毫不留情面地编写了《黑籍冤魂》反映这种现实。

从邵氏兄弟旗下出走的邹文怀也是祖籍广东大埔的电影人，后合资创办嘉禾电影（集团）并任主席，其与邵逸夫同被视为香港电影业的泰山北斗，2008年获香港电影金像奖终身成就奖。嘉禾旗下栽培过成龙、李连杰、梅艳芳、张曼玉等，粤籍电影人则包括演员李小龙，导演吴宇森、徐克，喜剧之王许冠文，后徐克和许冠文自立，活跃于影坛。

1913年，当张石川和郑正秋将《难夫难妻》搬上银幕时，生于日本、原籍广东新会的黎民伟开始与美籍俄国人及其兄黎北海，在香港合资创办影片公司，走上电影之路，并于同年推出电影《庄子试妻》。其中，扮演侍女的严姗姗有"中国影史上第一位女演员"之称，日后成为他的第一任妻子。

1923年，黎民伟又在香港铜锣湾创办民新影片公司，拍摄北伐纪录片、梅兰芳舞台艺术等纪录片，1926年将民新公司迁往上海。

生于香港的番禺人罗明佑是华北电影的执掌者。成立仅两三年，华北电影就在天津、太原、济南、石家庄、哈尔滨、沈阳等地拥有影戏院20余家，控制北方5省的电影放映和发行事业。罗的父亲是香港洋行买办，叔叔曾是北洋政府的司法部长。

1930年，罗明佑、黎民伟联合大中华百合的吴性栽、上海影戏公司但杜宇联合成立联华影业，总管理处设在香港。罗任总经理，董事长是大名鼎鼎的粤籍何氏买办世家的奠基人何东，股东有香山籍茶商后代唐季珊，董事中有张学良的夫人于凤至。不仅如此，他还与上海印刷商黄漪磋合作组建了联华影业制片印刷有限公司。

一时，联华影业成立横跨编剧、导演、拍摄、制作、放映、院线为一体的电影托拉斯组织，聚集了蔡楚生、孙瑜、史东山等导演，编剧是田汉、夏衍，拥有阮玲玉、金焰等著名演员，制作班底精良。

黎民伟是电影正能量的倡导者和赋予者，主张电影救国，提出"复兴国片、改造国片"的口号，提倡电影艺术化，宣扬文化与正义，以启发民智，挽救影业。他拍出《野花闲草》《蔡公时》《祖国山河泪》《母性之光》《三个摩登女性》《小玩意》《神女》《新女性》《迷途的羔羊》《慈母曲》《联合交响曲》等一系列中国电影史上的不朽杰作。他曾有"香港电影之父"的美誉，甚至死后多年，仍被1994年第十三届香港金像奖追授最高荣誉奖。

粤籍明星演员也在上海电影业占据半壁江山。张石川所引以为豪挖来的两位电影明星张织云和胡蝶，都是粤人，胡蝶的姑父是唐绍仪。明星公司旗下明星阮玲玉是香山人，其他名角如蔡楚生、张慧冲、严珊珊、林楚楚等，也是粤籍。张慧冲是出生于沪的香山人、海派魔术创始人，1924年参与创办上海联合影片公司，1928年获得世界魔术比赛冠军。到2009年，张慧冲海派魔术还被评为上海市非物质文化遗产。他们几为有粤帮创始人的公司所用，成为粤帮在影业地位的一张王牌。其他如编剧袁文殊、黄佐临，导演陈铿然、侯曜，电影音乐创作家冼星海，演员冯喆、陈波儿、杨耐梅、郑小秋等，都是粤人。

1889年，由邝新华等成立于广州的八和会馆成为粤籍演员的培养基地。主演武术家黄飞鸿传记系列电影的关德兴、邓永祥、麦炳荣等大批粤籍演员，活跃于粤港等地。

一开始，沪港两地的电影人是互有往来的。上海的电影容量远比香港大，为数不少粤籍但生于香港或国外的电影人就从香港流向上海。抗战爆发后，大多粤籍电影人转战香港，上海电影产业的势能一时涌向香港，催生了香港电影产业半个多世纪的爆炸式发展。

抗战胜利后，上海最主要的电影公司昆仑影业由潮汕人蔡楚生和香山人郑君里主持。之前，蔡、郑二人都曾供职联华影业，前者任导演，后者任演员，在《火山情血》《奋斗》《大路》《新女性》《迷途的羔羊》等近20部影片中担任主要或重要角色。

由他们共同完成的电影《渔光曲》《一江春水向东流》是中国最早具有世界影响的两部电影，前者在中国电影史上首开发行音像产品占领市场的先例。蔡楚生则被法国电影历史学家乔治·萨杜尔在其名著《世界电影史》中誉为中国最杰出的导演。在新中国建立前所拍摄的1300多部电影中，最卖座的4部电影——《一江春水向东流》《渔光曲》《姊妹花》《都会的早晨》，除《姊妹花》是郑正秋的作品外，其他三部都出自蔡之手。

在电影界，蔡楚生有"中国现实主义电影的奠基人""中国进步电影先驱"之称。新中国成立后，他先后任中国电影联谊会主席、中国电影家协会主席、中国文联副主席等职，但"文革"中他与郑君里先后被迫害致死。粤帮在电影产业的优势也延伸到影院产业。在雷玛斯垄断上海院线市场时，粤商曾焕堂以大股东身份，联合新爱伦活动影戏园英国人林发、意大利人罗乐璇，在同庆戏院旧址创办上海第一间华资电影院——上海大戏院。曾焕堂，顺德人，出身富商家族，圣约翰大学毕业，通英文，是余姚人黄楚九的二女婿。

1916年，黄楚九开设大世界游戏场时，电影一项即归曾主持。当时所映者，大都为侦探影片及卓别林、罗克、劳莱、哈台等所演滑稽影片。[1]后在岳父帮助下，曾创办中华电影公司（1924年），并购买上海大戏院全部股权，成为上海名副其实的华商独资经营影院第一人，后又创办中华电影学校，胡蝶、孙敏等从这里毕业。

而香港历史上第一家全部华资的新世界戏院由黎民伟与其兄黎北海、黎海山创建于1921年，一家三兄弟共闯电影业，颇有些邵氏兄弟联手打天下的味道。吴朝和、潮州人高永清与梁湘甫、梁海生兄弟创办广东大戏院、大光明剧院和融光大戏院。张慧冲的父亲张志村在1929年创办好莱坞大戏院，后改名胜利电影院（晚清民国粤人投资影剧院一览表见附录表16）。

最初有"上海第一影戏院"之称的卡尔登影戏院是由位于天津的中国影戏公司开设于1923年，其规模、陈设、装备位居上海所有影院之冠。英美烟草公司买办陈伯照不仅经营奥迪安电影公司，美国派拉蒙片归其经营，而且独资创办奥迪安大戏院，设施足以与卡尔登媲美。1925年10月奥迪安开映时，卡尔登大受威胁。他继而落子东区建立百老汇大戏院，在中区建立新光大戏院。

因经营不佳，卡尔登后归入英籍香山人罗学典的卢根集团。罗学典起家香港，最初经营冰块生意，1919年与友人合股开设香港一间电影院，不久开设联利影片公司经营西片的发行业务，在很长时期内垄断香港与内地的西片发行。他在香港拥有皇后、新世界、平安三家影院，在广州兴建南关、明珠、模范等影院，1925年收购在天津等地拥有四家影院的

---

[1] 陆若严：《上海早期的三家影片公司》，载《20世纪上海文史资料文库7》，上海书店出版社1999年版。

英商平安电影公司，在上海掌握卡尔登、光陆、上海、融光、巴黎、华德6家影院的排片权。

1927年，罗明佑成立华北电影公司，董事长就是他的好友卢根。1932年，卢根与中外友人发起联合电影公司，募股额白银300万两，计划收买上海及外埠大电影院至少40家的管理权，其新建的大光明影戏院建筑规模、装饰设施在全国乃至亚洲负有盛名，曾有"远东第一影院"之称。1935年，融光和大光明的座位数分别以2000个和1986个，分居上海电影院前两名。

尔后，国泰、卡尔登两家影院也被卢收入囊中，加上融光、上海、巴黎、明珠、华德等多家中小影院和8家影院的管理权，建立了20世纪30年代上海影院业最大院线网络。1933年9月，因债务纠纷，联合电影解体。

中学教师出身、曾任上海大戏院经理兼干事的何挺然挺进院线领域，大展拳脚，"数年前所有电影院悉操之西人，嗣称稍有华人自办者，因陋就简，无与外商电影院抗衡之可能"。本着尽善尽美的考虑，1926年后他相继集资新办北京大剧院、南京大戏院、美琪大剧院，接办大上海电影院。其中，南京大戏院是一座古典豪华型的建筑，建筑、设备水准压倒卡尔登、奥迪安；大上海电影院的建筑、装饰足以媲美大光明。

1932年淞沪抗战中，上海大戏院、奥迪安大戏院、世界影戏院、闸北影戏院、中兴大戏院等都在战火中被毁，更凸显出何挺然作为20世纪30年代中期上海电影院业中坚力量的分量。时《申报》评出12人的"中国电影事业领袖"，何挺然名列其中。

1941年12月8日，太平洋战争爆发，上海全部沦陷，很多影院被迫停业。由何挺然投资的美琪大戏院是"孤岛"时期建成的最后一家影院，是继大光明、南京电影院之后的又一座大型、高档的电影院。

1917年、1918年的不约而同

与何挺然一道，作为院线领域代表名噪"中国电影事业领袖"的，还有曾焕堂。1917年，就在曾焕堂创办上海首家华资主导的电影院上海大戏院时，侨商马应彪从澳洲回国，在上海创办了先施百货，成为上海首家华资百货公司。

中国最早的百货商场是会展形式的商场，是晚清劝业场的产物。最早是张之洞于1902年在武汉创办的两湖劝业场，尔后是1905年载振在北京劝工陈列所中附设的劝业场和1907年袁世凯在天津建成的劝业会场，上海首家百货公司由英商在1906年开办。

先施百货一炮走红，"华人惊为此前未有之大观，即西人亦叹为观止"。最具效应的是，次年郭乐、郭泉兄弟开办的永安百货，1926年刘锡永、李敏周开办的新新百货和1936年蔡昌、蔡兴兄弟开办的大新百货，次第落地上海。他们有一个共同的身份——粤籍侨商，由此组成了中国百货业的粤帮军团（晚清民国粤帮侨商开设百货表见附录表17）。上海百货业几被粤帮所垄断。

一隅独占上海滩一个领域之先，这种情况放在其他产业还是比较稀奇的。[1]

这四大百货公司都占据上海南京路最繁华的地段，各国特色与时尚用品汇聚于此，包括英国的毛织品，日本的人造纤维，德国的五金、皮

---

[1] 杨荫溥：《上海金融组织概要》；魏友棐：《十年来（1921—1933）上海钱庄事业之变化》。

革,法国的化妆品,美国的电器用品,澳洲的罐头食品,捷克的玻璃器皿,瑞士的钟表,不一而足,南京路因此真正成为上海名副其实的商业一条街,成为世界风尚在中国的窗口和中国消费潮流的风向标。

百货作为一种业态的地位被确立,重塑了上海商业的面貌及格局。其被认可及追捧也标志着工业日用品的极大丰富。上海消费水平的水涨船高,背后潜藏着工业日用品从无到有的民族力量的诞生及崛起,又反过来带动中国制造业的发展。

1918年,日籍华侨容子光、容祝三兄弟与粤籍同乡潘声甫、潘惠明兄弟,合伙在虹口开设了上海第一家橡胶厂——中华制造橡皮有限公司。同年,兄弟烟草公司创始人简照南、简玉阶兄弟将两年前在上海创办的工厂改为总厂,香港变为分厂,工人多达上万人。

简氏兄弟是广东佛山籍侨商,早年辗转中国香港、日本、泰国等地,初帮叔父简铭石在海外料理瓷业生意,后自做杂货、轮船等生意,无大获,最终将眼光锁定烟草业。他们见日本和中国香港出品的香烟销路不错,有感于"烟草一项国人吸者日众,不塞漏卮,涓涓成河",便产生兴办烟厂之意,遂筹资与越南侨商曾星湖等于1905年在香港设立广东南洋烟草公司。

为接近北方市场及原料产地,兄弟俩就向归国粤籍侨商陈启源的儿子陈蒲轩了解国内办厂情况,并经其介绍,结识在沪知名粤商劳敬修[1],吸引资本,最终落子上海。

西方工业生产不断冲撞着中国各个行业,从纺织、茶到烟草莫不如

---

[1] 劳敬修,1905年任泰和洋行买办,颇为看重对新式工商业的投资,曾参与创办广东银行、上海保险公司、上海先施、大用橡皮公司等。新中国成立后,他当选第二、第三届全国政协委员。

此。早年中国烟草制品以旱烟为主，占全部烟草制品的3/4，此外还有水烟、鼻烟和嚼烟，但大多手工作坊生产，规模小。兄弟烟草从一出生，所面临的竞争对手就是1902年进入中国的全球烟草业托拉斯英美烟公司[1]。日后它成为唯一稍有能力与英美烟公司抗衡的中国烟草公司。

上海时有广生堂、先施、香亚、中国工业化学社四家生产国产品牌的化妆品企业，除中国工业化学社由甬商方液仙创办，其他三大企业均由粤帮创建。香亚初创于美国，1919年迁厂到沪。香亚所产的芝兰霜1928年时被称为沪上化妆品之王。先施公司生产的白兰霜、千里香等，也颇受青睐。

由南海人冯福田于1898年创立于广东的广生行，是中国第一家化妆品公司，是中国最早大规模采用机械设备和化学方法制造化妆品的企业，1903年在上海成立发行所。广生堂旗下"双妹"品牌产品从修饰保养容颜的雪花膏、艳容霜、润容膏、香水等，到花露水、牙膏、爽身粉等日常生活用品，一应俱全，成为上海滩首屈一指的经典品牌。它改变了只能进口和少数人才能消费得起的局面，从名媛明星、名门闺阁，到中产小资乃至寻常百姓无不以此为美颜恩物，1915年在美国旧金山巴拿马太平洋世博会上荣获金奖。1930年，广生行将工厂建到上海，产品辐射汉口、南京、天津等地。

1941年10月，广生行正式在香港股票上市。1933年，梁崧龄创办裕华化学工业，生产三妹牌香皂，"在国产之肥皂制品中，足称冠军而无

---

[1] 英美烟公司垄断中国卷烟业长达半个世纪之久，自1902年成立到1941年为止累计账面利润约8.78亿多元，这还不包括此期汇兑储备金、保险基金等高达2.8亿元的隐蔽利润，1934年改为颐中烟公司，1952年成为上海卷烟公司的一部分，终结在中国市场的经营。苗利华：《垄断旧中国烟业的英美烟公司》，《20世纪上海文史资料文库3》，上海，上海书店出版社，1999。

愧""出品遍销全国"。

佛山人梁日新、梁日盛兄弟创办的梁新记兄弟牙刷厂，1926年走出家乡来到上海设厂，以"一毛不拔"广告闻名上海滩，风靡一时，成为20世纪二三十年代华资著名牙刷品牌。

伴随粤帮在沪的活跃，粤派饮食、小吃等一并登陆上海，尤其粤帮四大百货相继开通，各方各展神通，吃喝玩乐一应俱全，登陆上海经营食品、饮食的粤商达到一个高峰。

首先，先施和永安直接把旅馆、娱乐业带进百货大楼内，两家分别设立东亚饭店和大东旅舍，后者有大东酒楼、大东茶室、舞厅、酒吧、弹子房，设有中西餐，可送酒菜至房间。由徐渭泉、徐渭卿创办的一品香改良番菜馆及旅舍，也是粤人所创。东亚、大东、一品香与远东第一高楼国际饭店，合称"三东一品"，是上海公认的早期最好的四家新式大旅馆。

杏华楼的创办者徐阿润、新亚大酒店的创办者冯达纯和冼锡鸿、上海扬子饭店的创业董事兼第一任总经理张翰材，都是粤人。上海著名的新雅粤菜馆一改中国传统餐饮脏、乱、吵的形象，营造高雅用餐环境，引进火车卡座式座位，引得上海餐饮店纷纷效仿。

马玉山、马宝山兄弟是南洋著名甘蔗园主，顺势创办制糖厂、糖果饼干厂。他们先在香港，而后在1916年来到上海创办马玉山糖果饼干有限公司，因运营状况良好，又购地兴建马玉山公司大楼，筹资兴建中华制糖厂，后者成为上海第一家机器制糖厂。潮汕人郭唯一1919年接盘英商屈臣氏下属的汽水厂，成为上海第一个经营汽水生产的华商，主要生产汽水，附带制冰，每日冰产量18吨。

佛山人冼冠生初在影院门口摆摊，1915年与人合办冠生园，生产糖果、糕点、罐头食品等产品，果汁牛肉、橘味牛肉、陈皮梅等零食，并在沪南京路开设大型饮食部，兼营粤菜、粤点心和广东腊味。他还将原为种植无花果的冠生园农场改为一座规模颇大的餐厅，仍贯以"冠生园农场"的名字。

1918年，冼与薛寿龄将冠生园改组为股份有限公司，冼任总经理，食宿均同职工在一起。1933年，他出访日本，回国后制出杏华软糖、鱼皮花生等产品，雇用外国技师制作果酱夹心糖，均属国内首创。

广氏月饼在国内普受青睐，是品牌和历史沉淀而来的。在上海月饼市场，时广东酒家杏花楼和冠生园的月饼就占据半壁江山。冠生园甚至聘请同乡明星胡蝶拍摄月饼广告，"唯中国有此明星，唯冠生园有此月饼"。

永安百货创始人郭氏兄弟不甘于在百货业的发展，顺势进入纺织业，从1922年开始以平均每两年一家厂的速度匀速发展，成为上海民族棉纺织工业中仅次于无锡荣氏家族的设备先进、集纺印于一体的大型纺织业企业，并近水楼台在永安百货销售。

在橡胶行业，除上海首家橡胶厂中华制造橡皮公司，还有邓风墀于1929年创立的广东兄弟树胶公司上海分公司，职工1000余人，日产上万双飞马、双飞剑运动鞋；劳敬修于1931年创立的大用橡皮厂，职工850人，生产八角胶鞋、热水袋、日产胶鞋8000双。在抗战爆发前，粤帮商人在橡胶行业占据一席之地。

1915年是中国近代涂料工业的诞生之年。粤商阮霭南、周元泰作为开山鼻祖，创办上海开林油漆颜料厂，让涂料业迎来中国时刻。与任何其他行业一样，国产油漆的崛起与外资品牌产生了激烈交锋。之后，他与1916年由甬人邵晋卿创办的振华油漆、1926年永固造漆和1929年陈调甫创办的天津永明漆厂，与英商永光、俄商敖利马等展开了激烈的角逐。1935年，当英商永光微利倾销，以图独霸市场时，开林、振华、永固3家厂签订合约，一致对外，开发多品种，与洋漆抗衡。

缘何又见香山帮

小刀会起义让粤帮暂时受到重挫，有退潮之势，甬、苏、绍、湖等区域商人顺势群起，粤帮的比较优势下降，但这种情况在清末民初发生逆转，侨商闻风而动，搅动粤帮存在及生机。

甲午战争后，如何沟通官商掀起一股反省浪潮，诸多大佬参与其中。

1896年，张謇提出设立商会，由各省督抚予以保护。康有为也曾奏请光绪帝创设商会，以使"上下通气，通同商办，庶几振兴"。

李鸿章也现身说法，1900年上奏称，开埠通商60年，利权外溢，几如江河日下，不可挽回；而造成这种情况的原因在于官薄待商，商不信官，遇事隔膜。他的判断是商情之屈，商业之衰，至今日为已极。

1901年，袁世凯条陈变法见解。他认为，中国商业之所以日趋疲敝，在于"官尊商卑，上下隔阂，官视商为鱼肉，商畏官如虎狼"，进而提出应"使官商一体，情意相通"。凡商家"有限于财力权力者，则为之扶掖以助成之，有受人抑制凌轹者，则为之纠察而保护之"[1]。

1901年以后，清政府不断推出新政，商业领域的关键词就是通商惠工、奖励实业。上则成立商部，下则成立劝业公所和各级商业机构、组织，一时举办和参与"博览会""赛奇会"成为新时尚。

---

1 天津图书馆、天津社会科学历史所编：《袁世凯奏议》（上），天津古籍出版社1987年版。

1902年，历时5年，亚当·斯密的《国富论》[1]在出版126年之后，经严复翻译与中国读者见面。这本书强调商务应按市场规律自由运行，并指出政府干预的利弊。

最为关键的，此间清政府先后出台《奖励公司章程》《商标注册试办章程》《华商办理实业爵赏章程》《商人通例》《公司律》《破产律》等一系列规章、制度和政策。鼓励海外侨商投资兴办实业，保护侨商，也破天荒地出现在政策之中。

之前，中国几无承认流浪海外侨民为子民的传统，更谈不上保护。清朝前中期，闽粤海外移民都会受到政府多方阻拦。无视阻拦者，即被政府视为弃民，不准许再回来。中国门户洞开以后，清朝的统辖力渐弱，尽管无形的约束在事实上已经不复存在，但并没有获得官方确认。从事后看，对侨商的承认并保护其归国投资兴业，具有石破天惊之效。在某种程度上可以说，孙中山早期的活动及革命成功，基本建立在侨商支持、香山势力活跃、国内舆论对清不满及因此营造出的倒清氛围中。对于侨商在革命中的作用，孙中山甚至以"华侨是革命之母"称之。

但好景不长，在各方情状下，袁世凯窃取革命成果，几以孙中山、唐绍仪等香山籍政治人物的失势为标志，粤帮势力再度顿挫。但峰回路转，1916年当袁世凯复辟不成倒台后，被压抑的粤帮势力再趋活跃。

1917年，粤籍政治领袖孙中山于广州就任军政府大元帅，痛斥政府拒绝恢复《临时约法》和国会，表示要尽大元帅之职，戡定内乱。次年，由香山人叶廷眷、徐润、唐廷枢等人成立的旅沪广肇公所，也与上海总商会及无锡、苏州等地商会一样，发生了新派、旧派董事的冲突。旧派

---

[1] 严复译本名为《原富》。

董事年纪越大，越关注自己身后殡葬、坟墓及气派等事宜，对新派大办义学和医院等新诉求置之不理。

当年上半年的一天，广肇公所新派人物霍守华、冯少山带着200多名刚从训练场上下来的精武兄弟，冲进正在开会的广肇公所，旧董事被吓得一跑了之。从此，广肇公所陷入分裂状态，三分之二的旧董事因不满激进派愤而退出公所，但他们不甘寂寞，另组粤侨商业联合会，以示存在。

粤侨商业联合会扩大广肇公所的覆盖范围，第一次实现广肇和潮汕商帮在沪的大联合，出生澳门的陈炳谦担任首任会长。潮州会馆、潮州糖杂货联合会、肇庆同乡会、南海会馆、顺德会馆、东莞保安会馆等都聚拢在联合会旗下。

陈炳谦也是香山人，祥茂洋行买办，是新中国成立前上海买办中投资房地产最多、置产最广的房地产大鳄。他成立申达经租处，经租包括大楼、公寓、仓库、里弄等房屋845幢，几乎全部是他所留下的产业。虽然甬籍买办晚清民国时后来居上超越粤籍，但粤籍买办瘦死的骆驼比马大，还是很有一些颇具实力的买办，譬如劳敬修和英美烟公司买办郑伯昭等，后者也是香山人，并在1919年与外商合办了永泰和烟草公司。

也就在这个时间节点前后，以香山籍为代表的本土粤商和侨商的投资热情被激发（北洋政府时期粤商代表人物表见附录表18）。上海电影院线的竞争，在曾焕堂首开华资独办电影院之后，基本在陈伯照、罗学典、何挺然三位香山人的推波助澜下，走向顶峰。香亚创始人郑藻森、刘电生也都是香山人。

这次激发有三个显著特点：

一是香山籍的本土商人和侨商最为醒目，换句话说，无论沪粤籍商人，还是侨商，都以香山籍为最。沪上第一华商百货创办者马应彪，20岁辗转到澳大利亚谋生，后受到孙中山影响，抱着"实业救国"之心回国投资，先在香港，尔后到广州、上海。曾焕堂和马玉山、马宝山兄弟也是孙中山的忠实支持者，后两者与马应彪一样，先在香港设立糖果饼干公司，但将大部分资金投到上海。

二是香山人沐风浴雨200年，从其得天独厚的地缘优势中所占据的先机及熏染而来的时代先风，不可能一朝散去，在走南闯北或海外留学中，香山人视野高远，非甬、绍、湖等区域商人所及。

三是政商联动。在辛亥革命前，以孙中山、唐绍仪等为代表的香山籍政治领袖与粤帮尤其是香山籍侨商就有初步互动，这种互动如影随形近半个世纪，但孙、唐上位时，正是粤帮在沪实力退化、不济之时。孙虽力图扭转，却没再等到这一天就抱病而逝。

蒋与曾国藩、李鸿章、袁世凯一脉相承，继承了手握枪杆子的传统，又从孙中山革命成功却退位的大功与落魄中，深刻体味到政商联动的重要。所以当蒋介石守得机会时，他不遗余力推动国民政府与江浙商帮的深度融合，尤其在与金融界的合作上，青出于蓝而胜于蓝，远胜于孙。

粤帮在沪第一轮冲击波，主要来自捷足先登的香山籍买办，他们主导了主流英商用鸦片、工业制品与中国茶、丝等交易的进出口贸易，为洋务所用又放大他们的整体影响力。香山人在丝、茶等领域以其先手，一度搅得徽州等区域商人找不到北。当甬、绍、湖、苏等地商人在五金、颜料等贸易以及钱业、银行业、船业等找回华资久违地位之时，在化妆品、油漆、橡胶等的工业生产领域，及百货、电影院线等流通消费领域，粤帮再次得时代之先，夺得华资首创之功。不得不说，粤帮在沪的两轮冲击波都是以香山帮为主体发起，这是香山在中国近代史上不可替代的独特存在决定的。当湖州、绍兴、宁波、苏州人在上海钱业、银行业的优势牢不可破时，粤帮在细分实业及商业流通领域找到突破口，大有与苏浙商帮并驾之势。

到1930年，旅沪广东人同乡会共有5903名会员。从以县为单位的籍贯来看，中山（1925年香山县改名为中山县）人以1601人、占比27%位居首位，其次是潮阳人。这一数字也侧面印证香山人在粤帮的实力存在。

1927年，上海道台改称上海市市长后，只有黄郛和傅筱庵两个浙江人短暂任过这一职位。黄郛的时间不到两个月，汉奸傅筱庵则是两年。不无巧合地，1932年1月，孙中山的门徒、祖籍香山的吴铁城调任上海市市长，一干就是5年。1940—1944年间担任上海市市长的同是广东人、汉奸陈公博。

第二十二章 巅峰对决与商帮没落

1853年，当上海道台吴健彰把四明公所、徽宁会馆、泉漳会馆、广东会馆、潮州会馆、嘉应会馆等一把火给烧掉时，与其说焚烧的是小刀会起义的大本营，勿如说是对基于世俗人情的整个中国帮派及商帮文化的一次集体焚烧。

到1919年，在五四运动的风口浪尖上，中国商帮则面临另一层面的撕裂。

被撕裂的乡情：朱葆三坍塌

五四运动时新旧派商人对自我身份认同的不可融合，中国商帮史上第一次出现商人分化、同一区域商人置乡情不顾而互撕乃至对垒的历史事件，也成为很多近代名人名声的分水岭，尤其明显地体现于在上海势力如日中天的甬商身上。

1919年巴黎和会召开，作为"一战"战败国，德国将在青岛的特权转给日本。随即五四运动爆发，北京学生罢课，工人罢工，商人罢市。时值唐绍仪正以南方军政府代表身份，在上海与北方军阀政府代表举行和平会谈。5月8日，上海学生代表拜访唐绍仪。唐绍仪对学生们说："假如你们想成为全国人民的代表，你们必须把你们的团体扩大，全国之人除了学生之外，尚有工人和商人甚多。"

唐透露说，前一天的国民代表大会只有少数的商业团体参加，而且没有一个代表来自上海商会。要想达成这个目标，必须联合社会各个阶层，同时要有明确的计划和组织，有秩序地进行。

在唐说这番话的前一天，上海商业公团联合会已向北洋政府发电，要求严惩《二十一条》的当事者曹汝霖、陆宗舆、章宗祥，释放被捕学生。此三当事者均为浙江人，同去日本留学，1904年同年归国，并被清政府授予主事职衔。北洋政府及国民政府时期亲日派或媚日卖国贼，多与清末赴日留学生激增有关。

上海商业公团联合会由十几家各业同业公会和各地旅沪同乡会组成，成立于1919年3月，首任会长是宁波方氏家族后代方椒伯。他同时兼任上海总商会会董、宁波旅沪同乡会会董，后当选上海总商会副会长、上海公共租界华人纳税会副会长。

另一个由宁波商人掌控的商会组织——中华全国商会联合会，也发出通电，"学生们表达了全体国民之公意……我们要求政府不要惩办他们，否则将在全国引起困难。"

但这些商会终究只是新兴的商人团体，影响力不足以取代上海总商会。上海总商会迟迟没有表态，直到1919年5月9日，才给北洋政府致电，要求中国派员与日本直接交涉归还青岛的问题，并发电支持段祺瑞政府，反对上海工商学界罢工、罢市、罢课，这就是历史上有名的"佳电"风波。

随后，上海总商会成为舆论的靶子，朱葆三被指责为"奸人逆贼"，受到谴责和声讨。在国人看来，收回青岛是我们自己的事，日本无资格与我协商。与日协商，等于承认日本对青岛拥有权利。国民大会上海事务所总务科主任陈公哲甚至将总商会的朱葆三、沈联芳两位会长看作继曹汝霖、陆宗舆、章宗祥之后的"第四、第五卖国贼"。

接着，朱葆三被迫辞职，这是媚日派的下场。一直视朱葆三而动的虞洽卿瞬息而变，以上海商业公团联合会干事会主任的名义，追究"佳电"来源，摆脱干系，而与傅筱庵临时操办商会事务。

在余下的岁月里，朱葆三虽时被人抬出来做背书，但已极少在商界露面，且再没有介入政治。晚年，他致力于社会公益事业，先后创办和投资中国红十字会、华洋义赈会、济良所、广义善堂、仁济善堂、惠众善堂、定海会馆、四明医院、吴淞防疫医院、上海公立医院、上海孤儿院、新普益堂、普益习艺所、妇孺救济会等25个慈善公益事业。同济医工学校、定海公学、尚义学校、宁波益智学校等也是由他创办的。对此，《剑桥中华民国史》这样写道：

由于无力扭转政府的政策方向，资产阶级中的一部分人只得独善其身，梦想在社会中创造出一个繁荣安全的孤岛；在博爱传统的鼓舞下……张謇要把南通建成模范城市；朱葆三在上海郊区买了1000亩地，准备在那里建成一个模范区。[1]

---

[1] [美]费正清：《剑桥中华民国史（1912—1949年）（上卷）》，杨品泉译，中国社会科学出版社1994年版。

朱葆三心中的块垒难消，他在用自己的方式寻找业已失落的东西以及尊严。或者，他在用一吨重的真诚来换取他丢失的一两重的声誉。

古人王通曾说："其名弥消，其德弥长；其身弥退，其道弥进。"用在朱葆三身上，或是恰当的。1926年9月2日，朱葆三病故上海，法租界公董局破例命名朱葆三创办的华安水火保险公司所在的马路为"朱葆三路"（今溪口路）。

尽管朱葆三、虞洽卿等同是上海商业公团联合会的董事，但上海商业公团联合会仍不顾情面地通电反对上海总商会违反民意的主张，方椒伯名噪沪上。中华全国商会联合会也第一时间通电谴责总商会的立场。

5月31日，上海各大中学校学生在上海学生联合会的号召下，连续数日排队到上海县商会（1906年10月成立，前身为沪南商务分所）请愿，要求罢市，进退两难的会长及副会长一并辞职。报道称，他们"对各学校代表，无从援助。反受官厅的拘束，莫可施力，不无抱愧"。

6月4日当天，政府"大捕学生"的消息传至上海，第二天，在工人、学生带动下，沪商参与了罢市，从南市到法租界，从公共租界到南京路店家，都被卷入。上海南北市钱业也决定，停止汇兑。

"三罢"之初，上海总商会、广肇公所、宁波同乡会等团体，分别在报纸上呼吁"一切举动，务求文明"。罢市第三天，虞洽卿担忧地说，"罢市三日，金融因之停滞，人心为之恐慌，危险已甚。若再相持，谁能保地方不糜。"据称，在1919年6月初上海7天的罢市中，商界损失高达2000万银圆。

也有劝和者认为，罢市是商人爱国之心的表现，"既罢市三日，亦自应宣布开市，以谋社会之安宁并各个人之生活，此理至明"。

到6月11日，上海《时报》公开发表时评，呼吁商界从速开市，希望商民将开市与罢免曹、陆、章辞职分别看待，认为延长罢市，并非抗议政府唯一良法，开市与"爱国"亦不发生矛盾。《新闻报》亦有署名评论认为，罢市已使各地牺牲匪细，"苟因罢市而使工厂辍业交通断绝，则于公安秩序大受影响，一致爱国之结果适等于一致自杀"。

之后，上海总商会正式宣布反对罢市，但是商人没有服从这个决定。6月12日清晨，虞洽卿、傅筱庵等陪同地方官员上街劝告商户开业，应者寥寥。同样的一幕曾在1905年时出现过一次，在这年的"大闹公堂案"中，朱葆三、虞洽卿和傅筱庵，与上海道台袁海观，曾挨户劝告租界的中国商人开市。

这时，上海商业公团联合会内部因为开市和罢市问题，也发生公开的分裂。当上海总商会头面人物出面劝告商人开市时，商业公团内部一些人表示赞同，但以各个马路为范围的商界联合会则乘机而起，将天职定为，"以团体之结合，抵制日货，振兴国货，作根本之强国计划"。

1919年11月，上海南京路商联会负责人王才运、陈则民召集其他马路的代表12人，酝酿成立上海各马路商界总联合会。王才运是宁波奉化人，他的父亲是一位成衣商人，早年东渡日本。13岁那年，王才运随父学商，1902年与族人在南京路合开了一家呢绒西服店荣昌祥，后独资。

当时，专为洋人缝制衣服的手工业者被称为"红帮裁缝"，与"本帮裁缝"相对而言。宁波鄞县、奉化人在上海经营此业者人数众多，技艺高超，是"红帮裁缝"的中坚。

1896年，奉化人江良通在南京路开办上海第一家西服店——和昌号。之后，除荣昌祥外，"南京路上六大家"呢绒西服店：王兴昌、裕昌祥、王顺泰、王荣康、汇利等，都是奉化人所开。20世纪二三十年代，陆续在南京路和沪上其他各处开设的西服店及雇用的裁缝也大多来自奉化，并且多是王才运的亲族和门生。

南京路是闻名全国的繁华商业大街，建于 1865 年，到 20 世纪 30 年代进入鼎盛时期，大小商号约 150 家，其中三分之一的商号由宁波商人撑着门面。王才运的号召力和影响力在其间所发挥的作用，不同一般。

之后，王才运当选为上海各马路商界总联合会总董，对商人罢市起到积极的推动作用。在成立大会上，戴季陶、聂云台、黄炎培、穆藕初等 12 人发表主题学说。

作为上海总商会的议董之一，穆藕初在演讲中说，"查上海人民号称百万，而劳动工人居 12%，纱厂工人占最多数。一闻商界罢市，各工人亦有罢工之议。"他忧心忡忡地说，工商罢工最为危险，因此邀请"各纱厂（华商）开紧急会议，竭力遏制"。但他宁愿做必要的妥协，并表示愿意出巨款支持学生运动。

尽管从 1911 年到 1927 年南京国民政府成立期间，政局动荡，但民营工商业在军阀解体过程之中，较少地免去了官方的干预和控制，持续增长。商人们常在省议会和各种地方选举中处于支配地位。

与上一辈的绅商不同，新派领导人无论在学识、经验还是时空心理距离上，都对新思潮秉持了包容和接纳的心态。1919 年，当"五四"学生运动席卷上海时，聂云台、穆藕初和史量才、黄炎培等几乎每天都要和学生领袖见面，交换意见，给学生出主意，希望将学生的爱国热情往理性的轨道上引导。上海各马路商界总联合会与此前的上海商业公团联合会等一样，打破了以地缘、行业为媒介或区隔的商人组织的界限，体现了新的政治经济形势下上海商人社团的多元化，形成了与上海总商会的鼎足之势。区域商帮的生成土壤及凝聚力，开始松动。原来基于家族和乡情为依托的同业组织，也因为新旧势力的角逐而突破同乡、同业的范畴，成为跨行业、跨区域的商业组织。

民国初年，从"二次革命"到洪宪帝制，从护国运动到府院之争，从张勋复辟、护法战争到北伐战争，每件历史大事的背后都交织着清朝遗老、各派军阀、国民党等势力的此消彼长。

五四运动是近代中国诸多社会阶层的矛盾和诉求得以释放的窗口，传统与现代、新派与旧派的碰撞与冲突在这次运动中得到混乱而清晰的传递。商人立场的分歧既透露了较量所在，也蕴藏着新的气象。

这种较量无处不在，在商会改选中得到最为集中的体现。1919年无锡商会改选，引起轩然大波。新旧两派针锋相对，"新派"认为，"无锡商会成立已逾十年，而历届选出之职员大都为接近官僚臭味之绅富，欲觅一富于商业思想之办事人，几如凤毛麟角。故其平日所办之事，除联络官场敷衍商人外，几不知商会本身有法赋之职任，并不知商会为商人之代表，决不能持中立于官厅及商界间之态度，故无锡之商会，除调和诉讼外直谓之未办一事可也。我无锡近年来因商会之不良，蒙其影响者指不胜屈。"[1]

《锡报》登载的文章以诚恳之言谆谆劝告"旧派"应以宽广的胸怀提携"新派"，无锡商会改选前"旧派"和"新派"互控选举权资格存在问题的人员，最后均未当选。后来"旧派"人物薛南溟和"新派"人物王克循分别担任正副会长。

1920年8月25日，上海总商会的换届选举也是如此，聂云台当选为上海总商会会长，荣宗敬、简照南、宋汉章、项如松、穆藕初等成为商

---

[1] 《关于商会选举之谈话（一）》，《锡报》1919年7月1日，引自无锡市工商业联合会、无锡市档案馆等编：《近代无锡商会资料选编》，内部印行。

会会董。除穆藕初等个别人，上届的33个会董绝大多数被选下。

此前一天，《申报》发表评论说："无论何种事业，皆当随世界新趋势而进，若不问世界之趋势若何，仍以数十年前之旧脑筋、旧眼光办理数十年后之新事业，未有能立足于世界者也。商业一事，息息与世界大势相关，又况上海之商业更与世界商业密接，故为商会领袖者，须有世界之新学识、新经验，又能有热心、毅力之作事，而后才能竞争于商战潮流之中。"[1]

辛亥革命以后，代表地方利益的各种组织，譬如省议会、商会、各种教育与农业团体，取代原来的官衙机构，构成新的权力网络。像张謇在1906年被江苏教育总会选为会长，尔后成为中国教育会会长和江苏谘议局议长，但1918—1921年，在浙江省议会中，进举人士人数不超过6%，作用大为减少。

这一时期，城市精英和名流的构成已经发生了显著的变化，商人、地主和新式学校毕业生取代士绅，在各省议会中占据多数，他们的比例在1921—1926年的浙江高达88%。

1922年，宋汉章、方椒伯被选为正、副会长，但宋以"身任银行专职，实属刻无暇晷""才力不济，殊难胜任"等理由推脱不愿就任，方也声请辞职。在总商会再三挽留下，两人方不再推辞。

研究上海总商会史的学者徐鼎新认为，这次换血，标志着旧绅商时代的结束和企业家时代的开始。[2] 从日后看，显然未必尽然。

---

[1] 傅国涌：《十年所见富人，后代全已衰落》，2010-03-11，http://www.aisixiang.com/data/32275.html。
[2] 同上。

宋汉章与傅筱庵：甬绍对决

1924年上海总商会会长选举，是在宁波和绍兴两位商人之间展开的：一位是通商银行总经理兼招商局董事傅筱庵，一位是中国银行业领袖宋汉章。在对待北洋政府的态度上，两人针尖对麦芒。宋敢对北洋政府的不合理诉求说不；傅对北洋政府则有求必应，为北洋军阀卖命不得人心，几为各届共识。虽然宋汉章是绍兴人，但他被劝说临时披挂上阵，对决傅筱庵。

由此可见，傅筱庵的实力和能量不容小觑。聂云台之后，虽然新派备受推捧，但未有理想的人物出面，所以尔后上海总商会又落入旧派之手。从宋汉章被抬出来的那一刻起，这种尴尬就注定开始显现。

改选刚开始，宋汉章称病无意连任，决意摆脱，要求解除会员资格，由中银上海分行改推副行长史久鳌竞选。史是宋的余姚同乡，年方36，年富力强。

据李达嘉考证，无论是清末的上海商务总会还是民初的上海总商会，"历届被举为总理、协理或会长、副会长者，几乎都辞不愿就"。一则商界领袖确实营业繁忙，无暇分身；二则政局动荡，战乱频仍，使得商会领导人难于处事。

另一种可能是半推半就，以退为进。无论如何，宋汉章生活朴素，公而无私，对名利一向淡薄，也是有所口碑的。[1]

傅筱庵对这一职位觊觎已久，自知宋的声望甚高，无力竞争，但在

---

[1] 李达嘉：《上海商会领导层更迭问题的再思考》，载《"中央研究院"近代史研究所集刊》第49期，2005年9月。

得知宋的真实意思时，他决意竞选。说他望穿秋水可能有点过分，但他组织对宋复选的攻讦，显然是以争的姿态考量竞选的。宋汉章素来讲究在商言商，中行并非其个人财产，他不愿依附政治。

傅显然不是这种人，他有逃亡日本的经历，且是通商银行股东和招商局董事，他骨子里希望掌控一个平台，以与各派政治派别和军阀势力保有关系，并为周旋。在这一点上，傅筱庵身上具有盛宣怀抹之不去的气质。

辛亥革命以后，通商银行最大股东招商局、电报局把股票悉数分派给各股东作为股息，使其商股股东人数多达1600户。傅筱庵乘机低价收购商股，低收高抛，拥资自重。

1916年盛宣怀去世后，傅筱庵身兼通商银行和招商局董事两职。伴随通商银行的原发起股东盛宣怀、叶澄衷、严信厚及总董严芝楣、刘学洵等先后去世，张振勋也已辞去总董身份。到1919年，中国通商银行的实权落到傅筱庵手中。

傅筱庵在五四运动中的表现深得北洋政府的青睐。1921年，中国通商银行的存款额和发行的钞票，总共900多万元，仅用公债作抵押借给北洋军阀政府的贷款就在300万元以上。北洋政府发行的十年期公债，由于信用不好，认购者极少，傅筱庵自告奋勇承担100万元。

此时，中国被分割乱治于袁世凯的属下直系军阀冯国璋和皖系军阀段祺瑞手中。在这种情况下，上海商人赵晋卿、叶惠钧，兴业银行董事长、杭州人叶揆初，纱业商人、常州人闻兰亭等六人代表总商会前去挽劝宋汉章，甚至跪求他切勿一走了之，并告诉他有行为卑鄙者已在四处活动。52岁的宋汉章迫于此情此景，只好由中行出面表示史坚辞会员代表，仍由宋汉章出任，由此引发总商会内拥宋派与拥傅派的针锋相对。

宋汉章退而复出，打乱了傅的阵脚。不过，与宋颇有些交情的绍兴余姚谢家并没有站在宋一边。谢韬甫扮演了傅的心腹角色，他受命造访宋汉章，劝其退选。宋汉章显然不可能让他们打响如意算盘，于是傅就指使亲信制造各种舆论，还串通朱葆三的秘书，以朱葆三名义领衔反宋，并取得淞沪护军使何丰林的支持。拥傅派不断在报刊发表文章，强烈质疑宋汉章的资格，认为宋不具备入会代表资格，即使当选并列候补会董之首，也不能递补为会董，更不能被选为会长。拥宋派则在报上接连载文予以反驳。

苏、甬、绍、湖商界在钱业领域，经理人你中有我、我中有你，在浙商的大旗下，大家相安无事，几无撕破脸皮的事情出现。但宋傅之争，暴露了上海总商会内同一区域内的府域之争，甬商甚至不能见容于浙江省内的其他府域，进而成为众矢之的，在接下来有陷于孤立之势。

后经调停，宋、傅均不作为正、副会长的候选人，由第三方出任。最后虞洽卿渔翁得利，甬帮再次执掌总商会，同是甬帮的方椒伯连任副会长。早在宋方搭档的1922年，方椒伯就已为傅所用，辞去原东陆银行职务，就任中国通商银行十六铺南市分行经理。

在接下来一届总商会选举中，傅筱庵有备而来，再次引发拥傅派和倒傅派在报界展开激烈论战。有指责说，傅采取了舞弊行为，把许多不符合会员资格者拉为会员，投票时又冒名代为投票。尽管有多名委员强烈反对，但新选会董中有22名是傅筱庵一派，占据多数，加之孙传芳复电支持傅筱庵，尽管被牵连其中的农商部和实业厅有秉公办事之态度，最后大家只能装聋作哑。

上海总商会是各种商会组织的中枢，甬商在上海总商会的地位是由甬商在钱庄、银行、保险等主导产业的综合地位决定的，但上海总商会也是各派政治势力拉拢、经济代言人隐现的场所，内部人物神通广大，左右逢源，与各派势力都保有接触，无论什么系上台，都能保证有人出面应付。

1924年皖系军阀段祺瑞上台，上海总商会会长一职不无巧合地落到与段关系密切的虞洽卿头上。不过，当直系军阀出身的孙传芳战败皖系，身披浙闽苏皖赣五省联军总司令兼江苏总司令接管上海时，1926年上海总商会会长之职又风云际会地成为傅筱庵的囊中之物，同为甬商的袁履登任副会长。

虞洽卿、秦润卿、方椒伯、胡孟嘉等甬帮人物，以及湖州人王一亭、盛宣怀远房亲戚庄得之、上海人朱吟江等临时委员，当选后就立即提出辞职。如果确是虞等甬帮对傅不满，方椒伯也掉转船头，一隅商帮分裂到如此程度，在中国商帮史上尚没有先例。

不过，如果说这是傅筱庵自绝于甬帮的分水岭，未免武断。虞的态度耐人寻味。日后傅被蒋通缉时，是虞等人帮其安然脱身逃往日本的。两人早在20世纪初就建立交情，很难说就此分道扬镳。

同年7月8日，就在傅筱庵刚被选为总商会会长的第二天，国民革命军在广州举行北伐誓师典礼，重要的讨伐目标之一就是孙传芳。为投桃报李，傅筱庵征调招商局船只为孙传芳运送军火和军队，明目张胆地支持孙对抗北伐军。一年中，招商局共有9艘轮船被征用，以致在1926—1927年亏损高达440万两白银。

傅筱庵盗用上海总商会名义发出函电，呼吁和平，继而以调解人姿态呼吁双方停战，共图家园，以配合孙传芳要求北伐军撤回广东的通电。

但直系军阀吴佩孚、孙传芳，先后惨遭失败，孙传芳由江西逃到天津，投靠奉系张作霖，组成以张为总司令、孙及张宗昌为副总司令的

"安国军"。

1927年3月上旬，为挽回败局和筹集军费，孙传芳欲发行以关税作抵的1000万元库券，责成总商会与银钱业等各业领袖，会商限摊。傅筱庵召集总商会、县商会、闸北商会会长与会董召开三商会联席会议，并与上海银钱两业董事会商，说得舌敝唇焦，但各业、各商代表无一应者，他就从中国通商银行准备金中拨款200万元作为捐赠。

仅从这一结果而言，傅的踌躇满志，换来了包括甬帮在内的商界的群体孤立。就在北伐军挺进上海毫无悬念时，虞洽卿为彻底与其划清界限，于3月22日不动声色地与绍兴人王晓籁、湖州人王一亭、镇江人吴蕴斋等人联合总商会外的19个团体，另组上海商业联合会，以便"国军到达上海之日""商界对外应时势之需要"，后又联合了60余个团体，俨然有与总商会分庭抗礼之感。

于是，上海商业联合会周围又聚集一批原上海总商会成员。虞洽卿、吴蕴斋、王一亭三人同时担任主席，钱新之、顾馨一、荣宗敬等15人任常务委员。在联合会的宣言中，大家一致拥护蒋介石，要求实行政商合作，奠定国家基础，振兴实业，普济民生。

粤甬帮总商会之争

如果说宋汉章与傅筱庵之争是一省之域内跨府商帮的意外对决，那么接下来上演的粤浙总商会领导权之争，就是以粤帮为首的非甬帮有备而来的一次跨省域的明争暗斗。

从1912年上海总商会成立，到1929年的9次会董选举中，除两届外，其他各届会长都由甬商执掌。虽说上海总商会是全域性商会，但一直由一隅垄断总商会领导权，他域商帮早有非议，并欲取而代之。

最有这种心思的就是粤帮，唯一能有实力窥视这一职位的，也非粤帮莫属（上海总商会历任会长及籍贯见附录表19）。上海总商会前身商业会议公所成立时，虽有西帮汇业、鲁帮装载行、徽州质业、江西会馆、蜀商公所等的身影，但均为点缀，仅公所会员中，浙帮就占据半壁江山，其次是粤帮、闽帮、苏帮、徽帮。

当时商业会议公所权力机构由5名总董、3名正副总理和13名议员组成。其中，3名正副总理中2名来自甬帮；13名议员中，甬商占5人，浙商占7人，略过半数，浙商虽有所顾忌，但控盘之心俨然透出。5名总董，除严信厚、朱葆三、陈润夫代表南帮汇业，另外两席是来自粤帮的唐廷枢之弟唐杰臣和南洋筹捐彩票局总办梁钰堂。

这种格局一直如影随形地出现在上海总商会的权力架构中。五四运动后，曾国藩外孙、恒丰纺织及织布厂董事长聂云台，以及绍帮宋汉章次第上位总商会最高首脑，与其说是新派势力对传统商人的取代，不如说是非甬籍商人对甬籍商人的上位。

旅沪粤帮新领袖冯少山推动了这种更替，也因此在聂、宋任会长期间谋得两届商会会董的职位。粤帮在沪大本营广肇公所，逐渐为其控制，他与同乡霍守华逐渐跃升为旅沪粤帮新领袖。

冯、霍活跃的背后，是以香山人为主体的粤籍商人重新活跃沪上的外现。冯少山是有来头的，首先他是香山人，其次他是孙中山同乡，也是身居美洲的援孙华侨领袖。与他同声相和的是霍守华。霍是广东南海人，起家于芜湖米行，但与香山唐氏家族成员、粮商唐耐修情同手足，结为终身挚友。

1923年，当霍配合冯推动"国民自决"运动时，分任董事长和总经理的霍、唐两人在安徽繁昌的裕繁铁矿公司同年成立。"国民自决"运动引发商界较大关注，25个旅沪省区同乡会聚集广肇公所，确定以"民治运动"为"应付时局之目标"，以抗税作为最后的后盾。上海总商会同年也以成立民治委员会，呼应这种诉求。冯、霍跻身该委员会常委之列。

在"五卅"惨案发生后，冯甚至在总商会临时董事会上提出救济罢工工人的主张。虞洽卿则拒绝继续罢市，被人在住所放置炸弹，由此对其内心深处的震动，或只能从日后他不遗余力倒向蒋介石体现出来。从某种程度上说，冯所体现出来的倾向也是孙中山"三民主义"意志的体现。1924年，在共产国际的指示下，孙中山改组国民党，推行联俄、联共、扶助农工三大新政，第一次国共合作开始。

国共合作不仅在共产党内部大起风波，大批国民党元老也持反对意见，部分商人也不能容忍他们成为"共产"主张的拥护者。因为联俄容共，商人不惜与孙中山分道扬镳。同年5月，广东商团似乎嗅出异味，设立全省联防总机关，由广东商团总团长陈廉伯担任全省商团联防总长，佛山商团团长陈恭绶为副总长。

如果因为催饷导致北伐中途夭折，那是一件悲催的事情，但无计可施的孙中山打起了广州慈善组织善堂的主意。他以善产为担保，发行50万元"军用手票"，引起商人全市罢市，但最终因购买军火问题，导致商团与政府的正面冲突。

孙中山以商团叛形既露，命令李福林宣布罪状，令各地民团"协助防乱，毋为所惑"。就这样，商团叛乱被镇压。

尽管如此，并没有动摇孙中山对动员商人参与革命的动力，他转而围绕中小商人展开工作。同年，广州市商民协会成立，这是在国民党领导下的中小商人团体，目的是改变以前商民"在商言商"的心理，动员商民参加政治与国民革命，形成革命化的商民。[1]

为加强国民党与商民的关系，1924年11月，国民党中执委改实业部为商民部。1926年1月，国民党第二次全国代表大会做出《关于商民运动的决议案》，及"本党决然毅然号召全国商民，打倒一切旧商会，引导全民商民为有组织的平民的团结，重新组织可以代表大多数商民利益的商民协会得普遍于全国"的决定。

在北伐前，国民党中央通电宣言说："居今日之中国，除少数军阀、官僚、买办、财阀之外，全国人民入则有老弱待哺之忧，出则无立业谋生之地，行则逢掳身丧命之变，居则罹举家冻馁之祸，灾害深于水火，困苦甚于倒悬，凡此皆帝国主义之侵略及卖国军阀之窃权之所致也。"

远在上海的虞洽卿不可能感受不到这种敌对的风潮对他及买办、财阀意味着什么，但蒋介石在北伐之前就已从中山舰事件中透露出对共产党排斥的小动作，这中间或存在与旧商会、买办交易或中和的余地。据说，1926年在北伐军抵达南昌对孙传芳的领地发起进攻时，虞洽卿就受上海商界部分商人委托，前往南昌拜见同乡蒋介石。

虞洽卿虽为买办出身，但也投资了一些新的产业。他俨然新式商人，骨子里却脱不了旧式商人的思维与做派。1920年，上海总商会旧派人物落选后，1月，虞洽卿纠集慈溪人沈九成、天津人宋则久、绍兴人吴善庆等成立全国工商协会，以谋工商之发展为宗旨。1924年，他上位上海总商会会长后，1920年改组落选的媚日人物顾馨一、沈联芳、闻兰亭、傅筱庵等再获委以会董的角色，特别会董则由朱葆三、王一亭出任。

---

[1] 赵利栋：《党、政府与民众团体——以上海市商民协会与上海总商会为中心》，载《中华民国史研究三十年（1972—2002）——中华民国史（1912—1949）国际学术讨论会论文集（上卷）》，2002年。

北伐军占领湖北后，对安全的希冀让上海短时间内流入2000万—3000万银圆的资产避险，上海的银圆储备高达1.3亿—1.4亿银圆。上海的经济地位比任何时候都重要，但无论外国资本还是江浙财阀都对上海工人武装势力保持警惕。外国资本担心出现用武力及暴动收回租界事件，商人则如坐针毡，对工人潜在的罢工和日趋严峻的劳资冲突丧失信心。

1927年，在进驻上海的第二天，蒋介石就会见了上海商业联合会主席虞洽卿，29日又会见虞洽卿带队的王晓籁、吴蕴斋、谢韬甫、荣宗敬、劳敬修、顾馨一、穆藕初等29人，蒋通过他们回应各界关切。

蒋向资产阶级保证"劳资问题决不使上海方面有'武汉态度'"，向外国资本家传话，保证"解决上海工人武装"，防止在上海出现"用武力及暴动"收回租界的事件。总之，他向租界当局和商人们保证要建立上海的安全、法律与秩序，因此得到外国资本和江浙财阀抱团的鼎力支持。

粤帮一直站在倒甬的第一线。早在宋傅大战时，霍守华就最广泛地团结20多名会员，发起筹备沪商正谊社。该社宗旨定位于消除危机，破除区域观念，促进会务发展。傅筱庵舞弊、操纵接下来一届会长选举前，冯少山、霍守华等竭尽全力，甚至与河北人赵南公等4人联名登报反对，但无济于事。

与虞洽卿、王一亭等作壁上观、静观其变而动不同，冯、霍持续的抗争赢得了人心。虽实力不济，但一俟时运及契机到时，状况为之一变。

4月24日，上海商业联合会募集300万元，作为对蒋军的慰劳。而上海总商会尚在傅筱庵的控制之下，北伐军挺进上海时，傅在孙传芳逃离时亲往送别，又遣人对北伐军的到来表示欢迎，甚至在上海"四·一二"事变前后，以上海总商会名义通电"竭诚拥护"，但蒋并未买账。

26日，国民党中央政治会议上海临时分会发出第1号训令，由钱新之及虞洽卿、冯少山、王一亭等政商界7人组成接收上海总商会委员，筹备改选事宜，并以"结合私人，包揽会务""阻挠义师，确凿有据""阳示归顺，阴谋反动，不独投机，实属叛逆"为名，宣布通缉傅。训令同时公布了傅在其当选的当届会董中大肆安插亲信的调查：通商银行、招商局占8人，兄弟叔侄3人，与傅有业务关系或在傅属下服务者23人，占会董总额的三分之二以上。

当日及次日蒋连发两封电报给虞洽卿，一则指出，原已承诺的500万元军饷是"自动的捐助"，是上海工商界"以尽国民职责"的表示，何以又另生枝节；另一则要求必须在4月底如数筹足，"否则必误大局"。

上海纱厂联合会主席荣宗敬对国民政府要求整个上海华商纱厂认购50万元库券的要求，以"各厂营业不振，经济困难，实无力担负"为由予以拒绝。荣德生劝说哥哥：权当火灾，烧了一家工厂，50万相比之下不算多。但哥哥并不为所动，以致蒋介石心怀芥蒂，将荣家无锡工厂查封，直到国民党元老吴稚晖、蔡元培等出面说话，方才了结。商人郭辅庭因拒绝认购公债，被以反革命罪逮捕，直到交出一笔巨款才保住性命。

同为宁波人的包达三早年与蒋介石结成盟兄弟关系，此时也被要求分摊债券，包达三不从，也遭到敲诈，与蒋产生隔阂。抗日战争前夕，蒋以承认盟兄弟关系，拉拢包欲委以重任，但被包达三拒绝，尔后汪精卫邀其担任政府实业部部长之职，也被其严词拒绝。

驻上海的澳大利亚观察家欧文·查普曼在1928年出版的《中国的革命：1926—1927》一书中说，蒋介石凭借恐怖手段搜刮的钱财，估计达到5000万美元，"现代以前的政权从未在上海有过如此恐怖的统治"。

尔后，在乱云飞渡的微妙境况中，上海总商会领导权落到粤帮领袖冯少山手中。在7人的临时常务委员名单中，赵晋卿、穆藕初、林康侯等上海本地帮大获全胜。

值得玩味的是，甬派不愿再为上海总商会站台，虞洽卿、王一亭、秦润卿、方椒伯等甬派虽被推为临时委员，但无一不辞而不任。甬帮旁落上海总商会核心层，这在上海总商会历史上还是第一次。

5月8日，《建设周刊》以《江浙商界与三民主义》为题，指责江浙籍资本家对于关税库券的承销，"难免又用推诿阻挠的手段""眼光如豆和首鼠两端""总脱不了市侩的本色"，并绘声绘色说，每当危机临头的时候，什么愿也会许，什么哀求都会做，如果事过境迁，或情势转变，他们又是眨着眼若不相识，怀疑是否"真愿与三民主义相终始"。

最后，在总额3000万元左右的关税库券中，上海商业联合会会员仅认购200万出头，非商业联合会企业摊派325万，银钱两业垫款600万，江浙两省摊派1200万，两省绅富摊派700万，两淮盐商摊派300万。

尔后，摊派、认购接连不断，虞洽卿也有口难言。7月，蒋介石宴请绅商、报界人士，认为中国没有资本家，一方面表达对商界的支持，一方面又需要得到商界的支持。

11月，国民党中央商人部又发布通告：旧有商会组织不良，失却领导商人之地位，拟提议撤销全国旧商会，以商民协会为领导之机关。此时的上海总商会正如冯少山回函称，实系中小商人兼容并包。同月，总商会改选前，虞洽卿又以已完成使命，为避免骈枝，解散上海商业联合会。

12月17日，上海总商会在沪举行各省总商会代表大会，蒋介石、孔祥熙等亲临祝贺，冯少山一面攻击共产党，一面要商人全力扶助革命工作，一面号召商界要力谋各阶级间利益之融和。

次年3月，在上海总商会选举中，冯少山、林康侯、赵晋卿当选主席委员，陆凤竹、石芝坤、胡熙生、徐寄顾当选常务委员。孙中山逝世前，鼓励商人走出在商言商的窠臼，但冯少山在商不言商的道路上，尺度过大，为当局所忌，后被视为异己分子遭到通缉。

1929年5月，国民党第三次全国代表大会第七次常务会议决定：所有总商会、商民协会、闸北商会、南市商会等团体一律停止办公，由34人组成上海特别市商人团体整理委员会，由虞洽卿、叶惠均、顾馨一、秦润卿等7人担任常务委员，办理移交而来的资料。

8月，国民政府出台《商会法》和《工商同业公会法》，各种商会、公所等都要改造成为公会方可存在，并重新肯定上海总商会的地位，取消商民协会。

6月，国民党操刀改组上海各种会馆、公所、行会、同业协会以及同业联合会，成立170个同业公会。商民协会不复存在，两会的纷争从形成上获得彻底了断，原来各种商人组织政见纷杂、时有攻讦的现象不复存在。

1930年，上海市商会成立，主席王晓籁、常务委员杜月笙和镇海人金润庠。1949年5月，上海面临解放，徐寄顾离开理事长职位；9月，上海市工商业联合会筹备会接收市商会。

在杜月笙、张啸林、虞洽卿等人的周旋下，1931年国民政府撤销对傅的通缉令。同年，傅筱庵从大连回到上海后，改组董事会，将厉树雄（浙商）、徐圣禅（国民政府北伐军总司令部经理处处长）、朱耐寒（军政部军需署署长）、张啸林、杜月笙等选为中国通商银行董事。

只是，以甬、绍、湖为代表的浙商始终没有呈现出苏商的高度与气象，或过于接近政治和投机的缘故。

1935年，商帮孱弱

国民政府从未放弃对商人、银行家团体重新进行政治构建的意图。[1] 不仅如此，国民政府对事关国民经济各种资源的重新配置和重构也从来没有无动于衷。这种配置和构建的基本轨迹就是关系国计民生的生产资料配置权，越来越被手握政治特权者操控于少数人、少数集团手中，及至垄断，也即以蒋介石、宋子文、孔祥熙、陈氏兄弟为代表的官僚资本手中。这种倾向是对晚清民初以来政治混乱、军阀割据所给国家带来的政治、经济权力的极度分散、国家无力局面的另一个极端的悖逆。

四大家族势力横跨浙江、山西、广东三个区域商帮，彼此交错，蔚为大观。其中，蒋介石与陈氏兄弟来自浙江，前者是宁波人，背后若隐若现的是宁波财团在上海乃至中国影响力的光环。陈氏兄弟出身湖州丝商家庭，叔叔陈其美是辛亥革命的元勋，蒋介石与陈其美是拜把兄弟，后者将前者介绍给孙中山。在国民党内，甚至有"蒋家天下陈家党"的说法，意指蒋控制的是政治，陈控制的是党。

孔祥熙，祖籍山东曲阜，孔子后裔。他生于山西票号大本营之一的太谷县，又被贴上新式商业开拓者的标签。他既是壳牌火油的山西总经销，又将山西铁砂运往天津谋利，并创办银行作为融通资金的枢纽，逐渐成为山西首富。

宋子文家族，来自广东文昌（今海南），晚清民国时期与政治结下不解之缘。宋氏三姐妹宋庆龄、宋美龄、宋霭龄分别与孙中山、蒋介石、孔祥熙成婚。

---

[1] 魏文享：《近代工商同业公会的政治参与（1927—1947）》，载《开放时代》，2004年第5期。

晚清民国，对中国影响最大的两个国家是日本和美国，它们也成为中国人心仪的留学目的地。孙中山在海外的革命活动大多在美国檀香山与日本展开，而四大家族与日本、美国的关系可谓千丝万缕。

除陈果夫没有留洋经历外，蒋介石留学日本，宋子文、孔祥熙、陈立夫留学美国。孔祥熙与陈立夫学的是矿学，后者取得匹兹堡大学硕士学位，前者从学耶鲁大学，除专业之外，还取得理化硕士。孔祥熙曾任东京中华留日基督教青年会总干事，此间结识宋霭龄，并与之在日本横滨结婚。由美国人拨款建在太谷的欧柏林大学分校（即铭贤学校），由孔祥熙担任校长。

宋子文专攻经济学，左手哈佛大学经济学硕士，右手哥伦比亚大学经济学博士。宋氏家族与美国的关系上溯他的父辈。他的父亲宋嘉树从小投靠远在美国波士顿经营丝茶生意的远房舅舅，宋氏三姐妹也接受的全是美式教育，均毕业于美国教会创办的威斯理安女子学院。

四大家族横跨的区域商帮，是民国最具影响力的四个区域商帮中的三个。如果说晚清民国时中国尚存在另一大区域商帮，当属苏商。其实，洞庭席家与四大家族关系紧密。

席正甫三子席裕光因继室沈文兰的关系，与陈果夫、陈立夫成为姻亲。席裕光长子席德懋，毕业于上海南洋公学，1912年自费赴英国留学，银行家徐新六、胡祖同都是他的同学，1925年受聘为上海华义银行买办，1928年中央银行成立时，受宋子文之聘，长期出任中央银行职务，从发行局副局长、外汇局局长、业务局局长做到汇兑局总经理、中国银行总经理，还曾出任中央银行国际货币基金会中国代表，长期从事全国的外汇管理工作，负责管辖中国银行的海外分支行。

席德懋小女儿席梅英嫁给宋子文的弟弟宋子良，形成席宋姻亲。后者 1934 年任由宋子文、孔祥熙及上海 17 家银行及政界要人投资组成的中国建设银行的总经理，后任广东财政厅厅长，国际复兴建设银行代理理事兼中国银行、交通银行董事，中央信托局理事及出席国际货币会议中国代表，其间创办中国汽车制造公司。

宋子文在应孙中山之邀出任中央银行总裁之前，曾在盛宣怀旗下汉冶萍公司驻上海总办事处任秘书，其弟弟宋子安迎娶的是盛宣怀的亲戚胡筠庄的女儿。

在蒋介石基本完成肃清军事割据、完成对工商业组织改造及清除异己之后，1935 年国民政府面临千疮百孔的经济，是开始对金融、工业系统施加影响的拐点之年。

深具西方经济学学养的宋子文，一开始并没有打算从相对强势的银行家口中夺食来建立南京国民政府的央行系统，相反，他以行政院副院长兼财政部部长的身份开始建立独立的央行系统。1928 年 11 月，中央银行开业时，宋子文兼任首任总裁，直到 1933 年 4 月晋商家族出身的孔祥熙取而代之，同年 10 月，孔祥熙又取代宋子文兼任行政院副院长及财政部长。之前，孔先后出任南京政府工商部部长和实业部部长，之后他一路担任财长到 1944 年。1929—1933 年，全球经济危机。1934 年 6 月，美国发布《白银法案》，旨在抬高银价，以加强中国和其他用银国家的购买力，从而推动美国的出口。此法案引发世界银价暴涨，造成中国白银大量外流。1934 年，世界银价比 1933 年上涨 26.7%，中国白银净出口量（不含走私）2.57 亿元。[1]

1935 年 3 月，孔祥熙携手宋子文，以救助金融机构之由，通过发行

---

[1] 国民政府驻美公使施肇基在 1935 年 2 月 1 日致美国国务院的备忘录中的数据。

金融公债入股的方式，来证明国民政府对金融系统施加影响的存在。此举实现了国民政府对中国银行、交通银行的控股，进而实现了于1928年成立的中央银行与后两者三位一体的国家银行的阵营。中行与交行的子银行新华信托储蓄银行，以及广州银行、广州市立银行等，也被重组。1933年成立的豫鄂皖赣四省农业银行，则被改组为中国农业银行。四联总处（中央银行、中国银行、交通银行、中国农民银行联合总办事处的简称）就是北四行联营的扩大版，蒋介石亲任主席。

此前，上海银行同业公会的成员掌握了中国银行业九成资产。中国银行和交通银行资本最为雄厚，占全国银行总资本1/3，是中央银行规模的3倍。

11月，国民政府宣布法定货币改革令，一则废除银本位制，将白银作为法币准备金，规定银钱行号商店及其他公私机关个人都不得保留银币、金银，以国家法律的手段要求限期兑换成法币，实现白银国有化，以解决白银外流所给国民经济带来的恶果。[1]白银外流，造成全国通货紧缩，物价跌落。以1935年的上海为例，物价水平比1932年下跌23.94%，14家银行停业，238家工厂倒闭，839家工厂被改组。[2]

二则规定以中央银行、中国银行、交通银行三行的钞票为法币，其他银行发行的钞票限期兑换成法币，同时解决货币多样和混乱问题，1936年增加了中国农民银行。四家银行的资本占全国的40%左右。法币改革可以看作国民政府挽经济于崩溃的救市之举，也事实上通过把控四

---

[1] 法币改革，先后确立了法币对英镑和美元（1936年）的汇价。至此，中国放弃了早在明朝确立、主导的全球白银本位的货币体系，成为英美重塑世界货币体系的组成部分。
[2] 另一数据显示，仅上海一地，1934年倒闭工商户510家，1935年为1065家，银行倒闭12家，钱庄11家。谢菊曾：《一九三五年上海白银风潮概述》，载《历史研究》，1956年第2期。

行二局（邮政储金汇业局、中央信托局），建立起具有垄断地位的国营金融体系，也是美国托拉斯主义在民国金融领域的体现。中央信托局成立于1935年秋，是作为中央银行的卫星机构而出现的，孔祥熙任董事长，叶琢堂任总经理。

在此过程中，国民政府通过增资入股、人事改组等方式，控制小四行[1]、南三行、北四行、广东银行等具有影响力的区域银行，银行业中国营资本的比例从不到12%猛增到72.8%。

不过，一批职业银行家领导权被剥夺，张公权、吴鼎昌被逐出银行界，而在政界授以实权，张公权任铁道部部长，吴鼎昌任实业部部长。李铭转任中央银行监事会主席，陈光甫则被委以国际交流的重任，在1936年和1939年两度以代表团团长的身份率队赴美考察经济。反倒原来与政治相对隔离的宋汉章，取代张公权而为中国银行总经理，但他在宋子文的指导下行事。张公权则在1944年10月代表国民政府出席在美召开的国际通商会议，并与陈光甫等筹建中国投资公司，稍晚出任中央银行总裁、中央信托局理事长等职位。

通过注资，国民政府把银行产业牢牢控制在自己手中。杜月笙被任命为中国通商银行董事长及中国银行的董事，还与宋子良等人以理事身份进驻上海银行同业公会，从此银行同业公会沦为政治的附庸。

与此同时，国民政府开始工业建设，以资源委员会、建设委员会、实业部等作为组织机构，运筹直接成立或接管了一批厂矿企业。当时，国家资本在工矿业的占比仅有15%[2]，但这一比例随后扩大。

---

1 相对于中央银行、中国银行、交通银行、中国农民银行而言，具体指中国通商银行、四明商业储蓄银行、中国实业银行和中国国货银行。
2 吴承明：《中国资本主义与国内市场》，北京，中国社会科学出版社，1985。

国民政府通过直接成立国有公司，或由四大家族等官僚资本投资了一批公私不尽分明的公司，在铁路、公路、航空、通信、金融、矿业等领域之外，一脚踏入以民营工业占据优势的轻工业领地，出手控制棉业、米业、植物油料、茶叶、火柴、纺织等行业。

一批产业商人在风雨飘摇中变相或被迫交权。在面临资金压力时，15家纺织厂被中国银行、交通银行投资、改组、吞并。中国最大的民营卷烟企业南洋兄弟烟草公司因为多年亏损，被中国银行控制。

荣氏家族企业起家于无锡，在中国银行和上海商业储蓄银行支持下，展开一系列收购，终成中国规模最大的棉纺织企业集团。到1931年底，荣氏兄弟的申新纺织系统发展到9个厂，拥有纱锭46万枚。荣家兄弟继"面粉大王"称号之后，又获得"棉纱大王"称号。

但到1934年，申新资产总值为6800万元，负债已达6300万元，以致荣氏企业大部分被抵押。荣氏兄弟向南京政府请求救济，实业部部长陈公博乘机提出"整理"方案，企图用300万元将申新各厂变成国民政府的"国营"企业。荣德生在无锡联合申新三厂股东和同业通电反对"整理"申新。由于得到吴稚晖的支持，加之南京政府内部的矛盾，申新企业幸免于难。

1936年春，宋子文任中国银行董事长，企图利用债权将申新企业吞为己有，但迫于舆论压力，加上与上海银行有债权矛盾，宋氏目的未能达到。尽管荣氏企业保存下来了，但在资金上不得不依靠银行垫款营运，许多经营管理权为银行所掌握。刘鸿生与荣宗敬彼此走动，刘的儿子刘念智曾讲过一个细节。日本侵沪前夕，荣宗敬曾到刘家诉说，他家在上海陕西北路的大宅由于付不出水电费，将被断电绝水。刘鸿生对他说，"咱两家目前处境是半斤八两，不相上下"。

刘家所住豪宅占地30多亩,四层楼房,雇用6个保镖。表面上看如此豪华,实际上"股票全抵押在各家银行里,每天为筹措开支,煞费苦心"。

一次刘家企业周转不灵时,刘鸿生想起大学同学宋子文、宋子良,前去借钱。宋子文问有何抵押品,刘鸿生拟以股票作抵,宋子文轻蔑地说,"股票还不及手纸有用",拒绝借款。

两位老人相视流泪,20多年过去后,刘鸿生想起此事仍"不胜唏嘘"。

1942年1月1日,国民政府在盐业领域改征税制为专卖制,采取民制、官收、官运、商销政策,取代原有的业商、租商、代商、包商等专商制。中国维系几百年的专商引岸制,终因战火纷飞、交通阻隔、盐源变化等,名存实亡。

商人及商人家族的光环慢慢消退,中国经济正逐步直接或间接地被国家或官僚资本所控制,后者用官僚私人所有的资本、官僚经营管理的国家资本及其支配的其他私人资本三种形式,掌控整个国家,甚至不惜使用大量非常规的政权力量。

自1927年后的近20年间,除暗杀工人领袖、铲除汉奸外,出于让商人交出金银,或认摊税库券、公债、金圆券等原因,绑架、暗杀、胁迫风横行蒋介石治下的上海。

其中,《申报》总经理史量才、买办世家席正甫的孙子席鹿笙等被暗杀。上海酒业商人赵继镛以反革命罪被捕,交20万元后被放。先施百货经理欧炳光3岁的儿子被绑架,及至捐赠50万元了事。商务印书馆编译所所长张元济、南浔"四象"家族成员张石铭被黄金荣、杜月笙绑架过。甚至1946年4月,荣德生也不明不白地遭到绑架。

在枪杆子以及新织就的遮天蔽日的权势面前,包括银行家在内的工商业势力,再没有了往常公然对抗或警告政府的气概。

1927—1937年被称为中国民营资本发展的"黄金十年",但这一切最终被日本侵华战争所打断。正有起色的中国民族工业再次遭遇浩劫。淞沪会战后,上海及周边产业及商业资本双双向内地转移,国脂民膏被大量消耗。抗战胜利后,大多数日伪时期留下的产业被四大家族控制的势力接手。先前显赫一时的民营资本举步维艰,奄奄一息,国民政府借施以援手之机,进一步伺机吞并。刘鸿生在大后方的企业,80%的股份变成国家及官僚资本。

抗战胜利后,社会各界呼吁国共和平建国,国共代表于1945年签订《双十协定》,欲以和平、民主、团结、统一为基础,避免内战,建设独立、自由和富强的新中国。荣德生积极恢复茂新一厂,并于1946年在上海组织"天元实业公司",在无锡开设天元麻毛纺织厂。在荣德生看来,抗战八年,事业"损毁过半"。此时"正是修复时期,能够尽力使修复期缩短,非特本人幸,也为国家社会福"。[1]

他认为,国家复兴需要16年,前8年"恢复战时八年之后退","更欲补足战时八年应有之进展,自更非再加八年之努力不可",所以今后"吾人之任务,异常艰巨,绝非等闲可比"。他还建议国民政府,"将来经济如上轨道,黄金必归公有。国库中累累皆黄白物,以此作准备,发行金券。有一文作准备,即可发行金券二文。而此金券有此准备,亦必信用卓著,为人所乐用"。[2]

1946年,政治协商会议在重庆召开,国共有望实现和谈。上海市200余工商团体于1946年1月14日举行时局座谈会,并致电重庆政治

---

[1] 原文为《荣德生谈人生观》,载《锡报》,1946年6月14日,见上海大学、江南大学《乐农史料》整理研究小组:《荣德生与企业经营管理(上)》,上海古籍出版社2004年版。

[2] 同上。

协商会议，盼望政治协商会议"结束纷争不安之局面，奠定和平建国的方案"，但大家的期盼落空。《双十协定》签订不久，国民党就撕毁协议，再次挑起内战。

1946年11月，国民政府在南京重开国民大会，实际上为国民党一手包办。不仅商会、同业公会代表，除国民党外的其他政党也难有真正的发言权。国民政府按照训政原则对同业公会及整个民众团体体系进行重构和改组，复以改组后的民众团体作为民意代表来宣示训政的合法性，其循环自证的政治设计相当完美，商人团体和其他职业团体也可能由此获得一条制度化的政治参与途径，只不过国民会议及国民大会本身并非真正的民意表达机构，其内在的政治空间也就很有限了。[1]

1947年夏，国民党政府发布所谓"戡乱总动员令"，对国统区共产党人加紧镇压。10月，宣布中国民主同盟为"非法团体"，部分在上海的民主人士被迫转入地下或撤离。

同年，由荣德生控制的茂新厂与上海几家大面粉厂合作组织同业联营组织"五厂公证"，在国民政府粮食部的支持下，垄断小麦的采购，并且操纵面粉的销售。1948年，由荣德生主持将申新二、三、五厂和茂新厂组成总管理处，并出任总经理，但因其子侄们各自闹独立，未能真正统一。1948年8月18日，为挽救崩溃的经济和支撑内战军费，国民政府再次实行币制改革，以金圆券取代法币[2]，用武力强制要求法币须在11月20日前兑换为金圆券，金圆券1元折合法币300万元。禁止黄金、白银和外币的流通、买卖或持有；所有个人和法人拥有之黄金、白银和外

---

[1] 魏文享：《近代工商同业公会的政治参与（1927—1947）》。
[2] 国民政府滥发纸币，导致1935年新确立的法币急剧贬值。

币应于9月30日前兑换为金圆券，违者一律没收并予惩处；严格管制物价，以8月19日价格为准，不得议价；实施仓库检查并登记，从严惩处囤积居奇者。

《中央日报》将此喻之为割除发炎的盲肠，"割得好则身体从此康强，割得不好则同归于尽"。

这次改革由蒋介石的儿子蒋经国主持，他亲自由南京前往上海坐镇，一方面带去一手组建的经济勘建大队，一方面挑选一万多名青年，组成大上海青年服务队，要以武松打虎的勇气，对付那些抵制币制改革的巨商、富户、官僚，所以金圆券改革又称"打虎"运动。

蒋经国鼓励告发，设立密告箱，并在每周二、周四公开接见市民，并标榜"只打老虎，不拍苍蝇！"他表示：

"本人此次执行政府法令，决心不折不扣，决不以私人关系而有所动摇变更。投机家不打倒，冒险家不赶走，暴发户不消灭，上海人民是永远不得安宁的。凡为资本家辩护的，就是资本家的走狗。我们一定要使上海不再是投机家的乐园，而为上海人民的上海。"

从1927年向蒋介石投桃报李，到如今彼此视如路人，中国民族资本家用脚投票，却给自己上了一个套。蒋介石依靠大商上位，然后又重重将大商踩在脚下。大商们试图通过蒋介石寻求保护的意图，竹篮打水一场空。

蒋经国在办公室日夜接见商界人物，或者将他们召集到饭店，借以训话。一次，刘鸿生在邀。蒋经国当着众人的面，对刘鸿生说："请老伯带个头，交出全部黄元、美钞、外汇，向中央银行兑换金圆券。拜托！"在座的李铭被批得"面红耳赤，神色颓唐"，周作民"垂头丧气，情绪紧张万分"。

随后，刘氏四家企业（水泥、码头、毛纺、煤矿）被迫交出金条800根、美元230万元、银圆数千枚，换来的却是几卡车形同废纸的金圆券。[1]到10月，上海共收兑黄金114万两，美元3452万元，港币1100万元，银子96万两，合计价值超过2亿美元。

"打虎"运动主要针对贪赃受贿的官员和投机商人，淞沪警备部科长张亚民、官员戚再玉因勒索罪，商人王春晳因囤积居奇罪，被枪决，一批违法商人被游街示众或逮捕。

荣宗敬长子、申新纱厂经理荣鸿仁因私套外汇嫌疑之罪，被押至特种刑事法庭审理，判处有期徒刑6个月，缓刑2年，后交了100万美元了结。荣鸿仁惊魂难定，携家小去香港另设大元纱厂，最后远走巴西。

此外，米商万墨林，刘念智同学、中国水泥公司常务董事胡国梁，美丰证券公司总经理韦伯祥等60余人被逮捕。其中，胡国梁被敲去25万美元。金城银行创办者周作民出走香港。甚至打到了杜月笙儿子的头上。

9月下旬，蒋经国召集上海工商巨头开会，诘责和威胁部分人阳奉阴违的做派：

"有少数不明大义的人，仍在冒天下之大不韪，投机倒把，囤积居奇，操纵物价，兴风作浪，危害国计民生。本人此次秉公执法，谁若囤积逾期不报，一经查出，全部没收，并予法办！"

与会的杜月笙以其人之道，还治其人之身，将扬子建业公司的董事长和总经理，就是宋美龄的外甥、蒋经国的亲表兄弟、前行政院长孔祥熙的儿子孔令侃，囤积居奇之事，抖落在外。

扬子建业公司一直是倒卖外汇、走私商品的最大官僚企业，金圆券

---

[1] 刘念智：《实业家刘鸿生传略——回忆我的父亲》，文史资料出版社，1982年。

改革以来也不收手,被称为上海最嚣张的囤积大户。

最后此事闹得上海滩路人皆知,扬子公司不得已被查封,孔令侃却并没有因此下狱。"打虎运动"虎头蛇尾,金圆券改革陷于失败。

杜月笙不依不饶,再度反击。他以原料缺乏为词,动员所有的工厂全部停产,并唆使徒众参与黑市交易,掀起抢购风潮。整个社会陷入混乱,3个月后,政府不得已朝令夕改,放弃限价令,致使上海物价如脱缰野马般飞涨。

在高压之下,上海商界没人跳出来公开反对,但很多企业已经无法维持再生产,要么缺乏启动资金,要么原材料不足,要么劳资关系紧张,或者其他原因,大部分停产、破产,不知所终。

1948年,荣德生祸不单行,厄运频频。26岁的六儿子荣纪仁因企业经营中不堪外界干扰自杀。年末,三儿子荣伊仁因飞机失事身亡。加之英年早逝的长子荣伟仁,荣德生经历了三次白发人送黑发人的场景。

此时,荣氏家族内部矛盾重重。作为家族产业主心骨,哥哥荣宗敬离世后,大房和二房发展逐渐各成系统。抗战后,荣氏家族希望进行内部改革,但因意见不一,最终分化成三大系统:大房以荣鸿仁为代表,管辖申新一、六、七、九及福新的一、二、三、四、六、七、八各厂,沿用茂福申新总公司名称;二房以荣德生为代表,管辖申新二、三、五及茂新的一、二、三、四各厂和天元、合丰,称之为"总管理处系统";以荣德生的长女婿李国伟为代表,管辖汉口的申四、福五和战时内迁与新建的各厂,称之为"申四福五"系统。

其中,二房旗下新设立的天元、合丰公司,是抗战胜利后荣德生寄予厚望的实业复兴计划的载体,专注农业生产、工业制造、商业运输,但国共内战令这一计划未能展开。不仅如此,以荣德生及其女婿李国伟为代表的系统内部部分企业开始向广州、香港、台湾等地转移资金和设备。譬如，李国伟委托英信昌洋行在香港九龙设立纱厂，荣德生五子荣研仁抽走天元公司很大一部分资金去了泰国，二子荣尔仁移拆一部分设备到广州开厂。荣氏企业元气大伤。

上海第二大纺织企业集团永安纺织创办者郭氏兄弟，早在抗日战争时就已规避海外。1948年，国民政府采取限价措施，低价收走其棉纱1321吨。9月，其看守负责人郭棣活被警局传押，摊派勒索，仅"美金公债"一项，就交付黄金6208两、美元10万元，以及细布162.4万米。到新中国成立前，永安纺织陷于困顿，濒临瘫痪。

在波澜壮阔的历史进程中，战乱及宏观政策不稳定所造成的外部环境的巨大波动起伏，打乱了中国商人的方寸与阵脚。中国社会结构的重构及社会阶层矛盾的转移，撕裂了传统商帮的区域凝聚力。1935年后，四大家族及国营、官僚资本对民间资本及产业空间的侵蚀，从根本上动摇了商帮存在的土壤与根基。即便曾经显赫一时的江浙商帮，也一盘散沙，零落成泥，风光不再。中国商帮走向式微。

闽粤帮侨化：惊艳的存在

在中国商帮史上，一直隐约存在一个与中国大陆母体藕断丝连的华商群体，他们惊艳崛起，涌现出一批拥有世界级财富的富豪群体。放在历史的坐标系中去审视，他们完成了一场颠沛流离的绝地转身。

黄仲涵与黄奕住

小刀会起义失败后，时任起义军军需官的泉州同安人黄志信远逃印尼爪哇，不久创立建源公司，与上海做两地贸易，由印尼出口食糖、烟草，再从上海进口咸鱼、茶叶、绸缎、药材等。

他生于印尼的儿子黄仲涵1885年开始协助掌管公司，将家族事业推向高峰，他主经营糖业，并创办印尼第一家华侨银行黄仲涵银行、协荣轮船公司，前后购入9艘轮船，往返印尼各地及爪哇、新加坡之间。

一战糖价暴涨，到战争结束时，其大型糖厂已由2家扩展到9家，产品行销全球，遍设分行于上海、香港、新加坡、曼谷、加尔各答、伦敦等地，富甲东南亚。

黄仲涵一直担任代表侨商利益的中华商会名誉会长或特别会长，并支助辛亥革命、云南起义等。1923年时，建源公司的爪哇糖进口量约占上海食糖进口总量的40%。

黄仲涵，与黄奕住（日兴行）、郭锦茂（锦茂栈）和张盛隆（昌隆栈）等成为印尼爪哇最著名的四大糖商。1924年，黄仲涵突发心脏病离世，没有合格的后代继承者和经理人，加之殖民政府的欺压，建源公司江河日下，无力回天。

当年在上海，黄日兴、建源公司、南侨公司都是有名的侨资分号。上海既有像叶澄衷顺记号那样专营西洋进出口贸易为主的西洋庄，也有专营日本海产品和杂品的东洋庄，黄日兴、建源公司属于专营南洋海产品、糖业及其他南洋物产的南洋庄，兼顾代办杂粮、绢丝、中药材等土产品出口。1894年前，上海知名的南洋庄，除本帮同福和，其他是闽帮福裕南、丰兴栈、裕泰号，广帮协泰和，潮帮范德盛等。

与黄仲涵死在国外，几未顾上在国内有所投资不同，黄日兴的创始人黄奕住1919年4月就将所积资金约合2000万美元汇回中国，结束35年的印尼侨居生活，返回福建厦门市鼓浪屿定居。

黄奕住彼时是印尼首富，1868年生于泉州南安，1884年随一批同乡出海，辗转新加坡、印尼苏门答腊岛，及至中爪哇三宝垅市。1914年，他的名字已被编入《世界商业名人录》。

侨商是开放的先锋，也是回乡投资的先锋。在晚清近代工商业投资中，粤籍侨商走在前列。1872年侨商陈启源从安南（今越南）回到家乡南海，次年创办"继昌隆"丝厂，这是中国第一家近代民族资本工厂，也是中国第一家机械丝厂，蚕丝业遂成为广东经济支柱，顺德一度因蚕丝贸易成为广东省金融中心（近代侨商投资企业表见附件）。

黄奕住走的是陈启源的路线。归国后，他与兄弟黄奕伦、银行家胡笔江等一同在上海创办中南银行，是"北四行"之一，并在厦门创办自来水、电话、房地产公司，成为厦门首富家族，并对厦门大学、新加坡华侨中学、广东岭南大学、上海复旦大学等捐资助学，黄家后人黄钦书曾任上海市侨联主席。

从二黄的不同选择基本可以看出，侨商投资大致有两种方式，一是在中国设立分号、分部或投资，虽然侨居在外，但国内是其重要的辐射市场；另一种是直接脱掉侨商身份，定居家乡，进而投资。

张振勋与陈嘉庚

黄仲涵、黄奕住是继粤籍侨商张振勋之后、闽籍侨商陈嘉庚之前的顶尖侨商巨富。张振勋是侨商先驱，陈嘉庚是侨商旗帜。

张振勋1856年赴印尼雅加达谋生，因承包酒税、典当税及部分地区鸦片烟税，积累了原始资本。在黄仲涵刚出生那年，张振勋已经开始广为投资，涉及垦殖、矿务、船业，成为巨富。不仅经商，他还从1892年后当起清政府驻槟榔屿首任领事、新加坡总领事。

到 1904 年，张振勋已获光绪帝三次召见，皇帝委任其为督办闽粤农工路矿大臣和商部考察外埠商务大臣，授予其特殊使命。同年 11 月，张振勋上书商部，提出其吸引侨资的设想。他说："外埠华商，籍隶闽、粤者，十人而九，其拥厚资善经营者，指不胜屈""振兴商务，尤非自闽、粤等省入手不可"。

清政府因此出台吸引侨资的政策，这些政策与国内打破洋务专利权、建立统筹商务的顶层机制、倡导新兴学堂、承认侨商身份等一脉相承，以致晚清民初，侨资返乡投资和办学风起云涌，与国内买办及新式绅商之举动，交相辉映，互为共振。侨商走向前台，中国商帮史进入侨商与国内商帮共舞时代，也标志着鲜见的国内资本、侨商资本及国外资本风起云涌的投资大时代的降临。

张振勋是推动这种转变的核心人物。他在成为投资先驱的同时，也成为清政府眼中的侨商标杆。清政府乐见赋予其应有分量的官衔，譬如督办铁路大臣等，他成为清朝为数不多获得头品顶戴的实业领袖，补授太仆寺正卿。他也因此成为进入清朝体制、补授官衔最高的侨商。

张振勋不断出手，先后投资中国首家近代银行中国通商银行，总办粤汉铁路、佛山铁路，投资兴办烟台张裕葡萄酿酒公司、广厦铁路、广西三岔银矿、惠州福兴玻璃厂、雷州垦牧公司等，1910 年张振勋被名正言顺地推选为全国商会联合会会长。不过，同年，泉州同安人陈嘉庚加入同盟会，成为新加坡中华总商会协理及道南学堂总理。从此，陈的一生与中国辛亥革命、民族教育、抗日战争、解放战争、新中国建设一以贯之地联系起来。

陈嘉庚 1891 年前往新加坡谋生，父亲是一位米店主。1904 年陈嘉庚创办菠萝罐头厂，后来介入橡胶种植，并发家。原产于巴西亚马孙河流域的橡胶，于 1877 年开始引种到马来西亚，陈嘉庚与黎德利、林文庆、陈齐贤是马来西亚橡胶业的四大开创功臣。

20 世纪前期，东南亚国家逐渐形成依赖宗主国的专业化、单一殖民经济体系。尽管华商在橡胶业具有开拓之功，但马来西亚与新加坡一样，都是英属殖民地。在垄断资本和殖民政府双重夹击之下，1930 年后马来西亚大橡胶园基本由英商把持。尽管华商在制糖业、橡胶业等产业，一时出现与西方大公司分庭抗礼的巨商黄仲涵、陈嘉庚，却并不能改变东南亚经济在以西方为主导的全球经济体系中处于从属地位的这一现实。

西方国家通过输出工业制成品，进而逐渐垄断东南亚的橡胶、锡、大米、糖等原料贸易。在美属菲律宾，1948 年华商在批发业，尤其是零售兼批发业中，还占据绝对优势地位。除在唯一没有被殖民的泰国，到 1937 年华商资本还保持着与西方资本并驾齐驱的局面，在其他东南亚国家，华商资本远远逊于西方资本。[1]

华商回乡投资，加注国家昌盛，应运而生成为华商的必选项或情结。有学者估计，1914—1937 年间，仅侨汇就占中国国际收入的 15.7%，厦门地区则 80% 的家庭有赖侨汇，广东江门五邑更甚。[2] 中国与海外侨界的联系，无以阻拦。

侨商也是晚清民初办学大潮的生力军。陈嘉庚从 1913 年开办小学开始，以侨商之大视野，把家乡集美建成"集美学村"，涵盖师范、中学、水产、航海、商业、农林等学校 10 所，幼稚园、医院、图书馆、科学馆、教育推广部，用大成办出特色、体系，是民初华商投资下区域自治的典

---

1 龙登高著，《跨越市场的障碍：海外华商在国家、制度与文化之间》，科学出版社，2007 年 3 月。
2 同上。

范。1923年孙中山将集美村称为"中国永久和平学村"。1921年，陈嘉庚创办厦门大学，创造两个第一：唯一一所华侨创办的大学，唯一一所独资创办的大学。

明清中国封闭时，侨商以走私商的形式经营中国与日本、南洋的海上贸易，甚至不惜以武装为后盾，以维系脆弱的贸易，虽面目灰暗但也不尽隐没于历史。中国开放及至被舰炮打开门户时，他们活跃海上，成为中外贸易的受惠者和搭建中外贸易的使者、纽带和先锋。当中国革命时，他们又成为革命不遗余力的支持者，他们鲜活而惊艳地存在着。

抗战中，陈嘉庚是南洋华侨筹赈祖国难民总会主席，1939年代为招募3200余位华侨机工（汽车司机及修理工）回国服务，在新开辟的滇缅公路上抢运中国抗战急需的战略物资。如此种种，毛泽东以"华侨旗帜，民族光辉"誉之，陈嘉庚也进而成为站在天安门上见证开国大典的侨商领袖。

闽粤侨商：世界级富豪群体

自古以来，闽粤浙沿海生活的居民，素有海外贸易传统。中国每次海路开放，莫不是从三省拉开序幕。从明初复置三大市舶司，到清朝四口通商，都是如此。即便海上贸易通道收缩，也无不在这些地区留下一个缺口，晚明将唯一对外开放港口放在漳州月港，清中期将一口通商口岸放在广州，都呼应了古老的贸易传统。

其中，闽商最为突出。泉州、漳州、福州，都是海上丝绸之路的重要节点。即便在广州一口通商时代，闽商也是一马当先，引领十三行行商时代。闽帮具有先天的放眼海外的冒险血统和格局，以及凡事开放的眼界和胸襟。1864年厦门海关税务局报告说，在爪哇、西贡、海峡殖民地（新加坡、马来西亚等）的中国人，大部分来自福建。

当他们在国内的发展空间被局限后，他们放眼东南亚，并以此为活动半径，形成一个庞大的移民社会，他们也将中国以地缘纽带维系的同乡会馆、以血缘纽带维系的同姓宗亲会、以业缘关系组成的行会与商会，带到侨居区，成为滋长事业生生不息的来自文化和传统的力量。

陈嘉庚的事业，继而在陈的女婿、同为泉州人的李光前家族身上，得到光大和拓展。一个不容否定的事实是，不考虑任何外在因素，只有可持续的积累，财富才可以加速倍增。当年山重水复疑无路的出走，历经一个多世纪的隐忍，换来最近三四十年间的绝地而起。2015年，在《福布斯》东南亚富豪排行榜上，上榜40人中近30人是华人，前10名中更是有9名被华人占据。

就地区而言，福建产生了最多的世界级华商，尤其是泉州籍。闽籍世界级华商主要集中在新加坡和菲律宾。在新加坡，除陈嘉庚、李光前外，泉籍侨商还有丰隆集团创始人郭芳枫；在菲律宾，祖籍泉州的以陈永栽、郑周敏、吴奕辉、郑少坚、施至成为代表。此外，在中国台湾，蔡万霖、王永庆、辜振甫、施崇棠、施振荣，也是泉州籍。与新加坡、菲律宾泉籍侨商家族不同，他们基本出生于中国台湾。

如果说晋商执清朝陆路贸易之牛耳，闽商则在侨居海外中成为翘楚。侨居海外的闽商，是中国商脉传承中一个惊艳的分支。晋闽商帮所演绎的波澜壮阔的财富传承、演变历史，堪称中国商帮史上最为卓越的南北两支商帮。

香港是产生世界级粤、甬籍富商最多的地方。前者以霍英东、郭得胜、郑裕彤、吕志和等为代表，后者以邵逸夫、包玉刚为代表。香港之外，粤籍世界级华商，还有来自泰国正大集团的谢国民。甬籍的海外华商，主要集中于日本、马来西亚。台湾的甬籍商人也为数不少。相较而言，粤甬籍产生的世界级富豪，尚难望闽籍项背。

如果说山西商帮在清朝产生中国商帮史上最早、最多的一批跨越百年的商人家族，那么另一批跨越百年的华商家族，正将产生于港澳台及侨居海外的以闽粤甬籍为主的华商群体中。当中国再次面临开放之机时，历史向他们发出回乡投资的召唤。

结语

当改革开放逐渐唤起中国商业的活力时,商会组织逐渐抬头,尤其是伴随电视剧《红顶商人胡雪岩》《乔家大院》等的热播,国内掀起一股商帮文化热。浙商研究会引领时代先风,联合中央电视台经济频道,率先高擎起商帮大旗,向各大商帮发出英雄帖,于2006年5月在杭州组织召开首届中国商帮峰会。浙商、苏商、沪商、粤商、闽商、京商、豫商等商帮派员参与,时全国政协副主席、全国工商联主席黄孟复与会。

2008—2011年,中央电视台相继推出《闯关东》《走西口》《下南洋》等电视连续剧,以近代史上人口大迁徙为题材,将区域商帮文化热,吹向中国的大江南北。越来越多的省市开始有意识地引导本土及异地商业组织的成立,这些组织也比以往任何时候都更为活跃,以福建为最。

据不完全统计,截至2009年底,福建在海内外的行业商会组织达到422个,在国内成立省级异地商会38个,居全国第一。到2016年上半年,福建海内外异地商会达1188个,仍居全国第一,比第二名浙江省多了 517 个。福建异地商会的一大特点是异地侨商商会蔚为大观，无论是 2007 年成立于福州的世界福建青年联会，还是泉州、漳州异地商会，莫不如此。

以市县而论，福建南安尤其突出。从 1996 年成立第一个南安异地商会深圳市南安企业协会，到 2016 年 1 月，南安成为全国首个实现国内各个省（市、自治区）异地商会全覆盖的县级市。到同年 8 月，南安异地商会数量增至 67 个，位居全国县级市首位，分布在 9 个国家和地区。

截至 2014 年，地处内陆的河南用 8 年时间，成立异地河南商会 115 个，其中省级异地商会 26 个。这些组织汇聚于 2008 年 1 月成立的河南省豫商联合会旗下，该会会长陈义初曾任郑州市市长、河南省政协副主席，祖籍宁波，祖父曾在沪上经商。

区域商帮的力量最早在温州等地商人身上体现得较为明显，他们在全国各地建立批发市场，形成中国批发市场的温州现象，并在抱团炒煤、炒房、炒棉、炒黄金等方面如出一辙。无奈投机过盛，实业黯淡，比较优势丧失，温商的光环不再。

闽浙向来是中国区域商帮发达之地。当下中国最具商帮气质的当属福建泉州、莆田商人和浙江桐庐商人。他们不拘一格，从一人、一隅起，进而一村一乡起，把某个细分领域做深做透，做向全国。

泉州在服装和运动品牌方面颇为耀眼，培育出劲霸、七匹狼、利郎、九牧王、柒牌、安踏、特步、361°、鸿星尔克、乔丹、匹克、贵人鸟等品牌。

浙江桐商则把持着中国物流业的半壁江山，中国物流业的"四通一达"创始人：申通聂腾飞、圆通喻渭蛟、中通赖梅松、韵达聂腾云、汇通创始人，以及天天快递詹际盛，均是杭州桐庐人（见下表）。

桐庐"四通一达"及天天快递人物图谱

企业名称	创立年份	总部城市	总部城市创办人	创办人祖籍	人物关系
申通快递	1993	上海	聂腾飞	桐庐	1998年聂车祸逝世，公司由他前妻陈小英及她的哥哥陈德军打理
天天快递	1994	杭州—南京	詹际盛	桐庐	2012年被申通奚春阳（聂腾飞去世后詹与陈小英结为夫妻）收购，2016年转手苏宁云商，总部由杭州迁往南京
韵达速递	1999	上海	聂腾云	桐庐	聂腾飞的弟弟
圆通速递	2000	上海	喻渭蛟	桐庐	与在申通做财务的妻子张小娟一同创办，张是陈德军邀请进申通的，两人是同学
中通快递	2002	上海	赖梅松	桐庐	喻渭蛟的发小
汇通快递	2003	杭州	未知	桐庐	后接盘人先后为桐庐人徐建荣和百世物流创始人、宁波人周韶宁。周接盘后，先后更名百世汇通（2010年）、百世快递（2016年）

历史上闽浙地区素来存在民信局，专事书信和物品传递，以及捎寄银钱。改革开放后，中国民营物流业最早出现在浙江。时间定格在1993年，聂腾飞是桐庐物流的开山之人，他从杭州送往上海的报关单中发现生意的门道，报关单往往要求第二天就必须送达，但邮政速递最少需要三天，桐庐人就以此为原点逐渐把一个产业做向全国。依托阿里巴巴电商事业版图的全球延伸，桐庐快递乘风破浪，走向海内外，占据中国快

递业的半壁江山。

最能体现一个区域商帮氛围或冲动的莫过于各省商人大会的召开。改革开放后,最早召开区域商人大会的是闽商,早在2004年闽商就举办首次世界闽商大会,尔后是次年的中国国际徽商大会、2006年的豫商大会、2007年的湘商大会和2008年的粤商大会。2013年后,中国区域商帮大会有起跑之势,苏商、楚商、贵商、杭商、冀商相继聚会。进入2016年后,这种聚会有加速之势,仅两年就有川商、蒙商、深商、赣商四地加入了召开商帮大会的行列(各省商人大会、精神详见附录表22)。

附 录

表1 29家票号在中国七大票号区域中心14城市网点覆盖数量统计[1]

品牌	票号	华中		华北		西南		华南	华东	西北		东北	
		汉口	沙市	北京	天津	重庆	成都	广州	上海	三原	西安	营口	沈阳
一线品牌	日升昌	√	√	√	√	√	√	√	√	√	√	√	√
	蔚泰厚	√	√	√	√	√	√	√	√	√	√	√	√
二线品牌	蔚盛长	√	√	√	√	√	√	√	√	√	√		
	新泰厚	√	√	√	√	√	√	√	√	√	√		
	百川通	√	√	√	√	√	√	√	√	√			
	蔚长厚	√	√	√	√	√	√	√	√	√			
	大德通	√		√	√	√			√			√	√
三线品牌	大德恒	√		√	√	√	√		√			√	√
	蔚丰厚	√	√	√	√	√	√	√	√				
	天成亨	√	√	√	√	√	√	√	√				
	协同庆	√	√	√	√	√	√	√	√				
	谦吉升	√											
	宝丰隆	√		√	√	√	√		√	√			
	永泰庆												√
	三晋源			√	√	√			√				
	志成信	√	√	√			√	√				√	√
	云丰泰	√		√	√		√	√	√	√			

[1] 根据《山西票号史料(增订本)》一书的数据整理。

（续表）

品牌	票号名称	华中 汉口	华中 沙市	华北 北京	华北 天津	西南 重庆	西南 成都	华南 广州	华东 上海	西北 三原	西北 西安	东北 营口	东北 沈阳
四线品牌	协成乾	√		√	√			√				√	√
	存义公	√				√	√	√				√	√
	合盛元	√		√	√			√			√	√	
	松盛长	√		√	√	√	√	√	√		√		
	乾盛亨		√		√	√		√					√
	大德玉	√		√	√								
	长盛川	√		√	√								
	大德玉	√						√				√	√
	大盛川	√		√									
	锦生润			√									√
	日新中	√		√					√		√		
	其德昌	√							√	√			
	大德川			√	√								
	阜康	√		√				√					
	天顺祥	√		√		√	√	√					
	源丰润	√		√				√	√				
	义善源	√		√				√	√		√		

表2 中国票号四大发展周期及代表票号情况表

发展周期	大本营	票号名称	创始东家	创始人籍贯
第一周期（1823—1840年）	平遥	日升昌	李大全	平遥
	平遥	蔚泰厚	侯培余、侯荫昌父子	介休
	平遥	蔚盛长	侯培余、侯荫昌父子	介休
			王培南	平遥
	平遥	新泰厚	侯培余、侯荫昌父子	介休
			赵一第	平遥
	平遥	蔚丰厚	侯培余、侯荫昌父子	介休
	太谷	志成信	沟子村19家	太谷
	祁县	合盛元	郭源逢、张廷将	祁县
	平遥	日新中	日升昌投资	祁县

（续表）

发展周期	大本营	票号名称	创始东家	创始人籍贯
第二周期 （1856—1864年）	平遥	协同庆	王栋	榆次
			东秉文	平遥
	平遥	百川通	渠源潮、渠源浈、渠源洛、渠源淦	祁县
	太谷	协成乾	吴道仲、张堂村、房映宾等	太谷
	祁县	三晋源	渠源浈	祁县
	祁县	存义公	渠源浈、渠晋贤和张祖绳	祁县
	杭州	阜康	胡雪岩	徽州
	平遥	其德昌	冀以和	介休
	平遥	乾盛亨	冀以和	介休
	平遥	蔚长厚	侯家	介休
			毛鸿翙、乔某	平遥
			常氏	浑源
			王某	大同
	平遥	天成亨	侯氏、马辙林	介休
第三周期 （1881—1889年）	重庆—昆明	天顺祥[1]	王炽	弥勒
			万伊年	晋宇
	祁县	大德恒	乔致庸、乔景俨父子	祁县
			秦家	祁县
	上海	源丰润	严信厚、严子均父子	宁波
	祁县	大德通	乔致庸、乔景俨父子	祁县
			秦家	祁县
	祁县	长盛川	渠源潮等	祁县
	太谷	大德玉	常家	榆次
	祁县	大盛川	大盛魁、王伸	太谷
			张廷将	祁县

---

[1] 一说天顺祥由云南人李堪经营，一说天顺祥是由旅渝的山西榆次郝氏家族经营的天顺长等天顺系票号的一部分。山西经济出版社 2002 年 10 月出版的《山西票号史料》（增订本）一书，没有确定天顺祥票号由谁所设及其创设时间，只提及由李堪或王炽所设，具体时间在不同处显示了三个不同的时间，一是 1865 年，一是 1873 年，一是 1875 年前后。在上海总商会历史中，天顺祥是作为南帮汇业的代表出现的，其总部初在重庆，1880 年改到昆明。总部名叫同庆丰，外地分号叫天顺祥。

（续表）

发展周期	大本营	票号名称	创始东家	创始人籍贯
第四周期 （1894年以后）	上海	义善源	李经楚	安徽
			席志前	苏州
	太谷	锦生润	曹师宪	太谷
			常安生	榆次
	平遥	宝丰隆	乔英甫	介休
			许涵度	河北
			赵尔丰	辽阳
	太谷	大德川	常家	榆次

表3 淮系集团创办民用企业表（1872—1894年）[1]

创建年份	企业名称	首任总办	主要产品及用途	备注
1872	轮船招商局	朱其昂	购船承运漕粮及商货	次年改组，唐廷枢为总办，徐润、朱其昂、盛宣怀为会办。由官办到官督商办
1875	直隶磁州煤铁矿	冯焌光	采煤	奉旨首次试办，官办
1876	江西兴国煤矿	盛宣怀	采煤	沈葆桢同办，官办
1876	湖北广济煤矿	盛宣怀	采煤	翁同爵同办，官办
1877	直隶开平矿务局	唐廷枢	煤铁并采	丁寿昌、黎兆棠会办，官督商办
1878	上海机器织布局	龚寿图	纺纱、织布	郑观应会办，后为总办。官督商办
1880	山东峄县煤矿	戴华藻	采煤	
1880	天津中国电报总局	盛宣怀	铺设电缆开通电信	郑观应襄办，后为总办。官督商办

---

[1] 参考翁飞：《淮系集团与中国近代化的起步》和王培：《晚清企业纪事》。前者转引自中国近代史资料丛刊《洋务运动》，孙毓棠、汪敬虞编辑：《中国近代工业史资料》。除上表外，经李鸿章倡导、支持，由淮系成员兴办的，还有徐州利国峄煤矿、山东登州铅矿、平度金矿、淄博铅矿、湖北长乐、鹤峰铜矿、热河建平金矿，以及上海伦章造纸厂、湖北聚昌、盛昌火柴公司等。

（续表）

创建年份	企业名称	首任总办	主要产品及用途	备 注
1881	唐胥铁路	唐廷枢	运开平矿煤铁	
1883	上海源昌五金厂	祝大椿	五金、小机械	招商局入股为主
1884	上海电报总局	盛宣怀	津、沪电信	郑观应、谢家福会办，后郑观应总办。官督商办
1887	津沽铁路	伍廷芳	交通运输	周馥督办
1887	黑龙江漠河金矿	李金镛	采金	李鸿章与荣镗合办
1887	热河四道沟铜矿	朱其诏	采铜	
1887	热河三山铅银矿	朱其诏	采铅、银	
1888	华新纺织新局	龚照瑗	纺织	严信厚协办，官督商办
1891	北洋官铁路局	周兰亭、李树棠	铁路	奕劻与之会奏
1894	华盛纺织总厂	盛宣怀	机器纺织	上海机器织布局重建，商办

表4 甬帮代表家族或人物

籍贯	代表家族或人物
慈溪	乐氏家族（乐显扬、乐达仁）、严信厚、董棣林、周晋镳、秦润卿、童承初、董萃记、冯云濠
镇海	柏墅方家（方介堂、方润斋、方性斋、方椒伯、方液仙）、小港李家（李也亭、李云书）、叶澄衷、虞洽卿、傅筱庵、郑氏十七房、包玉刚、邵逸夫（香港）、包从兴（非洲）、张敏钰（台湾）、傅在源（东京）、张济民、应久行（美国）、俞佐庭、励树雄、金润庠、盛丕华、胡西园
定海	朱葆三、刘鸿生
鄞县	鲍咸昌、秦君安、项松茂、王宽诚、陈廷骅、曹光彪、李惠利、邱德根（香港）、王传麟（台湾）
奉化	王运才

表5 方氏家族创业梯队

梯 队	代表人物	备 注
第一梯队	方亨宁（1772—1840） 方介堂（1783—1846）	方介堂，方氏家族奠基人
第二梯队	方乔扬（方亨宁独子） （1810—1890） 方润斋、方仁荣 （方介堂侄子）	方润斋，首开家族钱庄投资 方润斋，二房；方仁荣，四房；方性斋，七房，出自方建才一脉
第三梯队	方性斋（方润斋七弟） 方黼臣（方润斋儿子） 方芯畴（方性斋长子）	方性斋，方氏家族灵魂人物
第四梯队	方椒伯（方性斋的孙子） （1885—1968） 方季扬（方润斋的孙子） （1884—不详）	方椒伯，两任上海总商会副会长 方季扬，安裕董事长、安康和赓裕第一董事，三家钱庄均经营到1950年 投资侄子方液仙的中国化学工业社，并任董事长
第五梯队	方液仙（方润斋曾孙） （1893—1940） 方稼荪（1895—不详）	方液仙，化工先驱、国货大王，因抗日拒任日伪实业部长被杀害
第六梯队	方善珪（1914—1999） 方善堃（1908—1968）	方善珪，哈佛博士，曾任中国银行董事，中银香港分行副总经理，全国第五、第六届人大代表 方善堃，留学德国博士，上海大丰工业原料、汉光电化总经理，中华化学工业同业公会理事长（1945年），上海市第一、第二届人大代表

表6　上海商业会议公所首届总董及议员籍贯等情况表[1]

职务	姓名	籍贯	官衔	代表行业或企业	投资范围	其他身份
总董	严信厚（筱舫）	浙江慈溪	花翎二品顶戴直隶待用道	四明公所、南帮汇业	源丰润银号、通久源纱厂等	中国通商银行总董，上海商务总局总董等
总董	唐杰臣（荣俊）	广东香山（今中山）		广肇公所（总肇）	上海内地自来水公司、英商怡和纱厂等	怡和洋行买办、上海内地自来水公司总办等
总董	梁钰堂（荣翰）	广东高要	花翎二品顶戴江西补用道	徽帮茶栈业	永泰源茶栈	南洋筹捐彩票局总办
总董	陈润夫（作霖）	江西清江	花翎二品衔候选道	南帮汇业、江西会馆	天顺祥票号、宝善斋、南洋官书局	上海万国红十字会华人董事之一
总董	朱葆三（佩珍）	浙江定海（今舟山）	三品衔候选道	五金洋货业、四明公所	慎裕五金号等	平和洋行买办、中国通商银行总董
总理	严信厚	浙江慈溪				
副总理兼坐办	周晋镳（金箴）	浙江定海（今舟山）	顶戴指分江苏试用道	四明公所	通久源轧花厂等	后进上海电报总局任职
副总理（疑未到任）	毛祖模	江苏太仓	候补道			后任商部通艺司郎中
议员	施子英（则敬）	江苏吴江	候选道	丝业公所（总董）	震昌丝号	中国通商银行总董等
议员	朱葆三	宁波定海				
议员	谢纶辉	浙江余姚	同知衔	北市钱业公所	承裕钱庄（经理）	中国通商银行第二任总经理

---

[1] 徐鼎新、钱小明：《上海总商会史（1902—1929）》，上海，上海社会科学院出版社，1991。

（续表）

职务	姓名	籍贯	官衔	代表行业或企业	投资范围	其他身份
议员	陈润夫（作霖）	江西清江				
议员	梁钰堂	广东香山				
议员	袁咏笙	浙江镇海（今宁波）	花翎四品衔候选同知	茶业公所	永吉茶栈	
议员	苏宝森	浙江鄞县	花翎三品衔候选知府	洋货（布）公所	成记洋货号、恒记钱庄、成丰永金号等	
议员	唐杰臣	广东香山				
议员	王眉伯			汇业公所		
议员	袁子壮	上海				
议员	李云书	浙江镇海				四明银行董事长 民新银行董事长
议员	汪汉溪	浙江温州				《新闻报》总经理
议员	张让三	浙江宁波				宁波教育会会长

表7　1877—1938年买办投资工矿企业情况表

籍贯	买办姓名	所属洋行	投资企业
广东	唐廷枢	怡和洋行	台湾后垅石油矿（1877年）开平矿务局（1878年官督商办） 唐山细棉土厂（1889年官商合办）
	徐润	宝顺洋行	上海同文书局印刷厂（1881年） 热河建平金矿（1892年）景纶电机袜厂（1902年）
	郑观应	宝顺洋行	裕晋纺织厂（1895年）机器织布局（1889年官商合办） 开平煤矿（1878年）官督商办
	唐茂枝	怡和洋行	烟台缫丝局（1881年）
	劳敬修	泰和洋行	南洋兄弟烟草公司（1906年）物华绸厂（1920年） 金陵自来水厂（1907年）中华国民制糖厂（1921年）
江苏	祝大椿	怡和洋行	源昌机器五金厂（1883年）华兴面粉厂（1900年） 源昌碾米厂（1895年）龙章造纸厂（1904年） 源昌丝厂（1904年）怡和源打包厂（1906年） 苏州振兴电灯厂（1908年）无锡永康丝厂（1909年） 公益纱厂（1910年）乾元丝厂（1913年） 惠元面粉厂（1913年）武进振生电灯公司（1913年） 扬州振扬电灯厂（1913年）溧阳电灯厂（1915年） 振华纱厂（1907年）茂新面粉二厂（1916年） 安徽大通振通电灯公司（1919年）华章造纸厂（1927年）
	朱志尧	法商东方汇理银行	大德榨油厂（1897年）同昌榨油厂（1899年） 申大面粉厂（1910年）求新机器轮船厂（1902年） 同昌纱厂（1908年）上海砖瓦厂（1912年）
	顾吉生	茂隆洋行	常州大成纱厂（1930年）嘉丰纱厂（1936年） 安达纱厂（1938年）勤丰染织厂（1927年）
浙江	黄佐卿	公平洋行	公和永丝厂（1881年）新祥丝厂（1892年）
	朱葆三	平和洋行	大有榨油厂（1905年）中兴面粉厂（1905年） 中国唯一毛绒纺织厂（1919年） 同利机器麻袋厂（1905年）广州自来水厂（1906年） 海州赣丰饼油厂（1906年）汉口航济水电厂（1906年） 柳江煤矿公司（1918年）上海绢丝公司（1910年） 华商水泥公司（1920年）舟山电气公司（1920年）

（续表）

籍贯	买办姓名	所属洋行	投资企业
浙江	虞洽卿	鲁麟洋行	新昌榨油厂（1915年）江南造纸厂（1927年） 振清肥皂公司（1910年）光中造纸厂（1936年）
	刘鸿生	开平矿务局上海办事处	柳江煤矿公司（1918年）鸿生火柴厂（1920年） 中华煤球公司（1926年）中华工业厂（1920年） 华商水泥公司（1920年）华丰搪瓷厂（1928年） 章华毛纺厂（1928年）开滦矿务局（1924年） 大中华火柴公司（1930年）
	王一亭	日清洋行	立大面粉厂（1907年）上海内地电灯厂（1907年） 瑞和砖瓦公司（1911年）

表8　席正甫家族、姻亲及东山富家上海内外资任职表

买办姓名	籍贯	任职洋行	充任年份	备注
席嘏卿	苏州东山	麦加利银行（英）	1861	席正甫的哥哥，又名席素煊
沈二园	苏州东山	新沙逊洋行（英）	1872	席正甫的舅舅
席正甫	苏州东山	汇丰银行（英）	1874—1904	汇丰银行第二任买办，又名席素贵
席素荣	苏州东山	有利银行（英） 德丰银行（英） 华俄道胜银行 （法俄清朝合股）	华俄道胜银行 （1903—1907）	席正甫三弟
席素恒	苏州东山	新沙逊洋行	？—1906	席正甫四弟，被过继给沈二园，又名沈吉成
席裕康	苏州东山	麦加利银行 华俄道胜银行 中法工商银行	1879—1907 1907—1915 1915—？	席正甫哥哥的儿子，在席正甫引荐下进入银行业，后继任三叔席素荣之位，1925年创办的中法工商银行首任买办

（续表）

买办姓名	籍贯	任职洋行	充任年份	备注
席裕成	苏州东山	汇丰银行	1904—1922	席正甫长子
席裕光	苏州东山	宝信银行（英）住友银行（日）有利银行	住友首任（1916—1931）有利银行（1931—1938）	席正甫三子。中间曾任户部银行上海分行副经理、大清银行上海分行协理。宝信银行1902年设立
席裕美	苏州东山	台维洋行	—	席正甫四子
席裕奎	苏州东山	汇丰银行住友银行有利银行	1907—1916 1916—1931 1931—1938	席正甫五子，汇丰银行副买办，任买办长达32年。任买办前做过大清银行汉口分行经理
沈子华	苏州东山	新沙逊洋行	1906—？	席正甫四弟的儿子
席德渊	苏州东山	一轮船公司（瑞士）	—	席正甫哥哥儿子的二子
席德溎	苏州东山	信济银行（美）	—	席正甫哥哥儿子的三子，一作副经理
席德浚	苏州东山	汇丰银行	1922—1929	席正甫长子的次子，又名席鹿笙
席德懋	苏州东山	华义银行（意）中央银行中国银行	华义银行（1925—1929）	席正甫三子的长子。长期任职中央银行，做到汇兑局总经理，后中国银行总经理，是中央银行国际货币基金会中国代表。小女儿席梅英嫁给宋子文的弟弟宋子良
席德炳	苏州东山	中孚银行中央造币厂阜丰面粉厂	—	席正甫三子的次子。中孚银行董事长兼总经理、上海中央造币厂厂长、上海阜丰面粉厂总经理

（续表）

买办姓名	籍贯	任职洋行	充任年份	备注
许春荣	浙江湖州	花旗银行 德华银行（德）	德华银行 （1889—1910）	席正甫三子的岳父，生于湖州，原籍宁波，1889年设立的德华银行首任买办，大丰洋货号店主
许品南	浙江湖州	花旗洋行	?—1897	许春荣儿子
许杏泉	浙江湖州	德华银行	1911—1916	许春荣儿子
许葆初	浙江湖州	运通银行（美） 汇丰银行	运通银行 （1922—1937）	许春荣孙子
叶琢堂	浙江鄞县	瑞和洋行 四明银行 中央信托局 中国农业银行	— 1935—? 1934—? 1937—?	席正甫三子的亲家。四明银行和中国农业银行总经理，中央信托局筹备主任、局长
叶明斋	江苏无锡	横滨正金银行（日）	1893—1918	席正甫三弟的女婿，荣氏兄弟振华纱厂初始股东
叶慎斋	江苏无锡	西门子洋行（德）	1914年前后	叶明斋兄弟
王宪臣	苏州东山	中华汇理银行（英） 新沙逊洋行 麦加利银行	中华汇理银行 （1894—1896）	席正甫四弟的女婿，新沙逊洋行副买办
王俊臣	苏州东山	花旗银行	1919—1932	王宪臣胞弟
黄振之	—	华俄道胜银行	1903—1907	席正甫四弟的女婿，副买办
胡寄梅	徽州绩溪	有利银行 华俄道胜银行 华比银行（比）	1889—1894 1897—1901 1902年后	席正甫舅舅沈二园妻子胡氏的侄子

（续表）

买办姓名	籍贯	任职洋行	充任年份	备注
胡笛栏	徽州绩溪	汇丰银行上海虹口办事处	1911—1922	沈二园妻子胡氏的侄子
胡仲华	徽州绩溪	汇丰银行上海虹口办事处	1922—1941	
胡筠籁	徽州绩溪	三菱银行（日）	1917—1931	胡寄梅长子，系首任
胡筠秋	徽州绩溪	华比银行	1945—1949	席正甫哥哥的儿子席裕康的女婿，胡寄梅次子，系首任，南洋烟草公司股东
胡筠庄	徽州绩溪	德华银行	—	胡寄梅四子
叶振民	苏州东山	中法工商银行	1929—？	席正甫哥哥的儿子席裕康的三女婿，接任
宋子良	海南文昌	中国建设银行总经理	1934—？	席正甫三子的长子席德懋的女婿，宋子文的弟弟
严峻叔	苏州东山	礼和洋行 老公茂洋行 谦和洋行	—	—
严怀瑾	苏州东山	公平洋行	—	—
严兰卿	苏州东山	敦裕洋行	1870年前后	严怀瑾儿子，上海九大钱业资本家族苏州的两家之一，与席正甫一起开设著名的协升钱庄
严锡繁	苏州东山	中国商业银行	—	创办者之一
严敬舆	苏州东山	东南植业银行	—	创办者之一
朱蔼堂	苏州东山	开利洋行 百司洋行 基大洋行	—	东山富商
朱少谷	苏州	怡和洋行	1910年前后	—

（续表）

买办姓名	籍贯	任职洋行	充任年份	备注
朱堂	苏州	礼和洋行	1901年前后	—
董桂庭	苏州	庚兴洋行	1880年前后	—
张吉臣	苏州	新沙逊	1890年前后	—
贝润生	苏州	公平洋行	1900年左右	—
吴伟臣	苏州	永兴洋行	1918年后	—
龚子渔	苏州东山	汇丰银行	1930—1937	汇丰银行第五任买办。经胡笛栏介绍进入做席裕成助手、跑楼，及至买办
龚星五	苏州东山	汇丰银行 横滨正金银行	汇丰银行（1937—1941，1945—1949）横滨正金银行（1941—1945）	龚子渔儿子
龚振方	苏州东山	汇丰银行	1949—1950	龚星五侄子

表9 民国苏商代表人物

地 区	代表商人	备 注
苏州	席正甫	汇丰银行上海分行买办、沪上第一买办世家发家人
	陆润庠	状元下海，后再转仕
	陈调甫	中国纯碱工业和涂料工业的奠基人之一，永利碱厂创办者
淮安	周作民	金城银行创办者
镇江	陈光甫	上海商业储蓄银行创办人，曾任上海银行公会会长
	严炳生	大清银行董事长
	谈荔孙	大陆银行创办人
	胡笔江	中南银行总经理、交通银行董事长
	徐国懋	金城银行总经理、上海市金融学会名誉会长
	陆小波	茅麓公司董事长、南京大同面粉厂董事长、京江中学董事长、镇江商会会长、江苏省商会联合会理事长
	严惠宇	大东烟草公司董事长、总经理，华东煤矿公司董事长，四益农产育种场总经理
南通	张謇	状元实业家，大生纱厂创办人，主导南通自治
常州	杨宗濂、杨宗瀚兄弟	无锡第一家近代企业业勤纱厂创办者
无锡	周舜卿	无锡第一家机器缫丝厂裕昌丝厂和中国第一家民营银行信成商业储蓄银行创办者，主导周新镇自治
	祝大椿	买办做得最大的锡商、旧时上海十大民族工商业实业家之首、近代工业投资家、荣氏兄弟的前辈
	荣宗敬、荣德生兄弟	中国面粉大王、纺织大王，荣毅仁家族奠基人
靖江	刘国钧	大成纺织印染股份有限公司创办人，全国人大一至五届人大代表
武进	吴羹梅	中国铅笔工业奠基人，民主建国会发起人之一

表10　晚清民国沪商代表人物

沪商	代表人物及籍贯	生卒年份	备注
本帮	朱其昂（宝山）	1837—1878	轮船招商局首任总办
	朱志尧（青浦）	1863—1955	买办及近代实业创办与投资家
	夏瑞芳（青浦）	1872—1914	商务印书馆创始人之一
	张公权（宝山）	1889—1979	中国银行总经理、国民政府交通部长、中央银行总裁、中央信托局理事长
	吴蕴初（嘉定）	1891—1953	中国氯碱工业创始人、第一个国产味精品牌"佛手"创始人、中国"味精之父"
	胡厥文（嘉定）	1895—1989	新民机器厂创办者，中南区机器工业协会理事长、迁川工厂联合会理事长，上海副市长，全国工商联第一、二、三、四届执委，第五届常委。第一届全国人大代表，第二、三届全国人大常委，第四、五、六全国人大常委会副委员长
	王志莘	1896—1957	新华信托储蓄银行总经理（1931年）、上海证券交易所首任总经理（1946年）、新华物产保险公司董事长、上海银行学会理事长、银钱业业余联谊会理事会主席
生于上海	李平书（苏州）	1854—1927	首倡清末上海地方自治运动，开办或投资华成保险、昆新垦牧、华兴面粉厂，中国通商银行总董，轮船招商局、江苏铁路公司董事
	张逸云（宁波）	1871—1933	沪上酱园业巨子、中国首个味精品牌"佛手"投资人
	穆藕初（苏州）	1876—1943	泰罗科学管理思想引进中国第一人，上海厚生纱厂、郑州豫丰纱厂创办者，中华职业学校校董会主席、上海华商纱布交易所理事长
	严裕棠（苏州）	1880—1958	大隆机器厂创建人、上海"棉铁之父"
	刘鸿生（宁波）	1888—1956	上海火柴、水泥、毛纺业大王，全国人大第一届代表，中国政治协商会议第二届全国委员会委员、中华全国工商业联合会常委

（续表）

沪商	代表人物及籍贯	生卒年份	备注
生于上海	王云五（香山）	1888—1979	商务印书馆总经理，国民政府经济部部长（1946年）、财政部长（1948年），随蒋去台
	宋子文（海南）	1894—1971	四大家族成员，中央银行、中国银行行长，国民政府财政部长、外交部长，中国、中央、交通、农民四银行联合总处理事会副主席
	严庆祥（苏州）	1899—1988	严裕棠长子、严家棉铁主义倡导者

表11　晚清民国在天津经商者的代表人物

来自区域	代表商人	生卒年份	备注
浙江	宁波　王铭槐	1846—1918	顺记天津分号经理（1879年），天津、沈阳两地德商永和洋行买办，华俄道胜银行（1896年）买办
	朱继圣	1894—1972	天津仁立毛纺股份有限公司总经理（1931年），全国人大第一、第二、第三届代表
	湖州　吴鼎昌	1884—1950	北四行储蓄会主任（1922年）、《大公报》社长（1926年），生于四川
徽州婺源[1]	吴调卿	1850—1928	汇丰银行买办（1880年），历任关内外铁路总局督办、中国铁路公司总办（1894年）、北洋铁路总局总办（1896年）、山海关北洋铁路官学堂（西南交通大学前身）第一任总办（1896年）、京师农工商总局督办大臣
广东	佛山　梁炎卿	1852—1938	怡和洋行买办（1890年），兼任英资高林洋行买办（1892年）
	香山　郑翼之	1861—1921	太古洋行买办（1886年），郑观应同父异母五弟

1　当时属安徽，现属江西。

（续表）

来自区域	代表商人	生卒年份	备注
天津	纪锦斋	1846—1927	教庆隆绸布庄、敦庆隆洋布庄、锦隆纱布庄、敦义染厂、北洋纱厂创办人或投东
	李辅臣	？—1910	英商仁记洋行买办（1894年前后）
	宋则久	1867—1956	敦庆隆绸缎庄经理（1899年）、工商研究会会长（1906年）、国外工商图进会天津工务分会总理（1911年）、直隶国货维持会会长（1912年）、天津国货售品所创办人（1913年）
	王郅隆	1888—1923	裕元纱厂（1914年）创办者，《大公报》、金城银行等的投资人，皖派安福系的钱袋子
	边守靖	1885—1956	天津六大纱厂之首恒源纱厂创办人之一，天津第一家实现公私合营的企业
	孙冰如	1896—1966	寿丰面粉经理（1946年）
安徽	周学熙（至德）	1866—1947	创办或总办北洋银圆局、天津官银号（1902年），直隶工艺总局、天津高等工业学堂、北洋工艺学堂、天津铁工厂（1903年），滦州煤矿、天津造币厂、唐山启新洋灰公司（1906年）、京师自来水公司（1908年）、华新纺织公司（1915年）、中国实业银行（1919年）、耀华玻璃（1922年）、华新银行等
	周叔弢（至德）	1891—1984	周学熙的侄子、唐山华新纱厂、天津华新纱厂经理，启新洋灰公司总经理、董事长，天津市副市长（1950年），第一至第五届全国人大常委会委员
	孙多森（寿县）	1867—1919	阜丰面粉创办人（1898年）、中国银行首任总裁（1912年）、中孚银行创始人（1915年），启新洋灰、滦州矿务局等的投资人，其舅父、交通银行首任行长李经楚是李鸿章哥哥李瀚章的儿子

(续表)

来自区域		代表商人	生卒年份	备 注
湖南	湘阴	范旭东	1883—1945	中国化学工业和重工业之父、化工科学研究的先驱，中国第一家现代化工企业久大精盐（1914年）、亚洲第一座纯碱工厂永利碱厂（1917年）、中国第一家专业化工科研机构黄海化学工业研究社（1922年）、中国首座合成氨工厂永利南京铔厂（今中石化南化公司，1935年）创办人
湖南	永顺	李烛尘	1882—1968	永、久、黄团体内迁总负责人（1937年）、天津工业会理事长（1946年）、中华全国工商业联合会筹委会第一副主任委员（1952年）、第一届全国人民代表大会常务委员会委员（1954年）、食品工业部部长（1957年）
山东	莱州	刘锡三	1896—1982	老字号帽庄盛锡福创始人（1911年），东亚草帽业王者，毛泽东、周恩来、刘少奇出访所戴帽子品牌
山东	青州	宋棐卿	1898—1956	东亚毛呢纺织股份有限公司创办人（1932年）
江苏	高邮	雍剑秋	1875—1948	德商礼和及捷成洋行买办，国内最大军火商，经销克虏伯、艾哈德军火
江苏	南京	高星桥	1881—1949	德资井陉煤矿买办，天津最大商场天津劝业场（1928年）创办者
江苏	淮安	谈丹崖	1880—1933	北四行大陆银行（1919年）创办者之一，任董事长兼总经理13年。生于淮安，祖籍无锡
江苏	淮安	周作民	1884—1955	金城银行（1917年）创办者，曾任交通银行芜湖分行行长
江苏	扬州	胡笔江	1881—1938	交通银行北京分行经理（1914年）、中南银行创办人（1921年）、交通银行董事长（1933年）
江苏	苏州	陈调甫	1889—1961	永利碱厂（1917年）、永明漆厂（1928年）创办者，中国纯碱工业和涂料工业的奠基人之一

表12　新中国成立前上海市钱商业同业公会会务负责人调查表[1]

职别	姓名	年龄	籍贯	学历	代表钱庄
理事长	沈日新	44	镇海	中学	存诚钱庄
常务理事	王仰苏	54	无锡	私塾	均泰钱庄
常务理事	朱旭昌	65	镇海	私塾	福利钱庄
常务理事	陆书臣	55	吴县	中学	厥康钱庄
常务理事	王怀廉	52	余姚	中学	聚康兴钱庄
常务理事	徐文卿	57	慈溪	私塾	福源钱庄
常务理事	夏杏芳	56	余姚	私塾	金源钱庄
理事	裴鉴德	30	上虞	中学	同润钱庄
理事	刘召棠	62	上虞	私塾	安裕钱庄
理事	沈浩生	41	余姚	中学	宝丰钱庄
理事	邹　樟	49	鄞县	大学	敦裕钱庄
理事	孙翼青	43	镇海	私塾	微祥钱庄
理事	冯作舟	52	慈溪	大学	鸿祥裕记
理事	程兆荣	41	嘉善	中学	其昌钱庄
理事	赵复初	49	上虞	私塾	五丰钱庄
理事	叶秀纯	62	吴县	私塾	庆大钱庄
理事	丁山桂	48	余姚	中学	其昌钱庄
理事	徐新甫	66	嘉定	私塾	生大和记
理事	景咏眉	64	太仓	私塾	致祥钱庄
理事	应信森	56	鄞县	私塾	安康余钱庄
常务监事	钱远声	60	南通	私塾	均泰钱庄
常务监事	施寿麟	42	无锡	中学	滋康钱庄
监事	沈景梁	61	余姚	私塾	宝丰钱庄
监事	张达甫	71	上海市	私塾	福康钱庄
监事	盛蕃甫	62	慈溪	私塾	赓裕钱庄
监事	陈笠珊	69	上虞	私塾	宝昌钱庄
监事	陈鸿卿	46	上虞	中学	衡通钱庄

---

[1] 资料来源：吴景平、张徐乐：《上海解放初期的钱业公会》，载《华中师范大学学报（人文社会科学版）》，2004年第3期。

表13 晚清民国银行家资历、籍贯等一览表

姓名	生卒年份	籍贯	单位及职务	毕业学校
盛竹书	1860—1927	浙江宁波镇海	上海交通银行行长、浙江兴业银行总经理、上海银行公会会长	秀才
叶景葵	1874—1949	浙江杭州	1915年浙江兴业银行董事长	29岁中进士
宋汉章	1872—1968	浙江余姚	1935年3月中国银行总经理	上海正中书院
陈光甫	1881—1976	江苏镇江	1915年上海储蓄银行总经理，1933年上海银行公会会长	美国宾夕法尼亚大学
钱新之	1885—1958	生于上海，祖籍浙江吴兴	1919年交行上海分行经理。1920年上海银行公会会长，1925年5月四行储蓄会副主任及四行联合准备库主任	神户高等商业学校财经及银行学
胡笔江	1881—1938	江苏扬州	1921年中南银行总经理，1933年交行董事长	私塾
李馥荪	1887—1966	浙江绍兴	1923年浙江实业银行总经理，次年被推荐为董事长	山口高等商业学校银行学
宋子文	1894—1971	生于上海，祖籍海南文昌	1924年中央银行行长，1928年中央银行总裁及理事会主席，1935年中国银行董事长	哈佛大学经济学硕士、哥伦比亚大学博士
徐六新	1890—1938	生于浙江杭州，祖籍浙江余杭	1925年浙江兴业银行常务董事兼总经理	伯明翰大学理学、维多利亚大学商学、巴黎国立政治学院国家财政学
孔祥熙	1880—1967	生于山西太谷，祖籍山东曲阜	1927年历任国民党政府实业部长、财政部长、行政院长、中央银行和中国银行总裁，1933年中央银行总裁	耶鲁大学研究生院

（续表）

姓名	生卒年份	籍贯	单位及职务	毕业学校
吴蕴斋	1886—1962	江苏镇江	上海金城银行经理，1927年上海银行公会会长	早稻田大学商科
张公权	1889—1979	江苏宝山	1928年中国银行总经理	东京庆应大学进修财政学
周作民	1884—1955	江苏淮安	1935年金城银行董事长兼总经理	京都第三高等学校
徐寄庼	1882—1956	浙江永嘉	1944年浙江兴业银行董事长	东京同文书院日语、山口高等商业学院金融
贝祖诒	1892—1982	江苏苏州	1946年中央银行总裁	唐山交通大学
王志莘	1896—1957	上海	1928年江苏省农民银行总经理、1931年新华信托储蓄银行总经理、1946年上海证券交易所首任总经理，上海银行学会理事长、银钱业业余联谊会理事会主席	哥伦比亚大学银行学硕士

表14　近代区域商帮投资金融业一览表

商帮区域	投资银行	代表人物	投资所在区域	投资年份
不详	义和公司保险行	不详	上海	1865
广东	保险招商局	唐景星、徐润	上海	1875
广东	仁和水险公司	唐景星、徐雨之、陈菱南、李积善等	上海	1876
广东	济和水火保险公司	唐景星、徐润	上海	1878
江苏	仁济和水火保险公司	盛宣怀	上海	1886
宁波	华洋人寿保险	周晋镳等	上海	1904
湖州	合众水火保险分公司	湖州巨商庞元济等	上海	1905
宁波	华兴水火保险	朱葆三、傅筱庵、李平书、严信厚、周晋镳、王一亭等	上海	1905

(续表)

商帮区域	投资银行	代表人物	投资所在区域	投资年份
宁波	华通水火保险	王一亭、李云书	上海	1905
宁波	华安水火保险	朱葆三、沈仲礼	上海	1906
江浙	中国通商银行	盛宣怀、李鸿章、王文韶、严信厚、叶澄衷、朱葆三	上海	1897
常州	信成银行	周舜卿、沈缦云	上海	1906
江浙	户部银行（中国银行前身）	户部、席正甫家族、江浙绸缎商等	北京	1905
徽粤等	交通银行	邮传部等	北京—上海（1927年后）	1908
宁波	四明银行	周晋镳、虞洽卿、朱葆三等	上海	1908
江浙（南三行）	浙江兴业银行	浙江铁路公司，杭州丝绸商蒋海筹、蒋抑卮父子	杭州	1907
江浙（南三行）	浙江实业银行	浙江地方政府和商人合资，后上海、汉口部分商办而为实业银行	上海	1910年浙江银行，1923年商办沪汉地区为浙江实业银行
江浙（南三行）	上海商业储蓄银行	庄得之、陈光甫、李馥荪、王晓赉等	上海	1915
豫徽等（北四行）	盐业银行	袁世凯表弟张镇芳等	北京	1915
豫徽等（北四行）	金城银行	安徽督军倪嗣冲、王郅隆等	天津	1917
豫徽等（北四行）	大陆银行	谈荔孙、王桂林、曹心古、张勋、冯国璋、两淮盐商等	天津—上海（1943年8月后）	1919
豫徽等（北四行）	中南银行	南洋侨商黄奕住、史量才等	上海	1921

（续表）

商帮区域	投资银行	代表人物	投资所在区域	投资年份
徽州	中孚银行	孙多森（李瀚章的外孙）、孙多钰（李瀚章的孙女婿）、孙景西（元方）等	天津—上海（1929年后）	1916
宁波	中国垦业银行	俞佐廷、童今吾，后秦润卿、王伯元、李馥荪接办	天津—上海（1929年后）	1926
绍兴	中和银行	宋汉章、谢永标	上海	1931
洞庭	上海纱业银行	席少荪、席季明、叶扶霄	上海	1942
洞庭	中国商业银行	叶扶霄、王毅斋、席季明	上海	1943
江苏	上海面粉交易所	荣宗敬、诸广成（金坛）、徐文彬（常州）等	上海	1919
宁波	上海证券物品交易所	虞洽卿、闻兰亭、盛丕华等	上海	1920
绍兴	上海华商证券交易所	孙铁卿(余姚)、冯仲卿(余姚)、张慰如(嘉兴)、范季美等	上海	1920
江浙	上海杂粮油饼交易所	顾馨一、陈子彝（昆山）、陈煜明等	上海	1921
绍兴	中央信托公司	田祈原、田时霖、宋汉章、王晓籁、胡熙生、谢伯殳、裴云卿、孙铁卿、陈一斋、胡莼芗等	上海	1921
宁波	中易信托公司	朱葆三、俞佐庭	上海	1921

表 15　甬帮投资银行情况表

买办姓名	所属洋行	投资银行
朱葆三	平和洋行	中华商业储蓄银行（1912年）、江南银行（1922年）、济东实业银行（1923年）
虞洽卿	鲁麟洋行	通惠商业银行（1917年）、中国劝业银行（1920年）
刘鸿生	开平矿务局上海办事处	煤业银行（1921年）
朱吟江	怡和洋行	嘉定商业银行（1922年）、通和商业储蓄银行（1925年）
傅筱庵	美兴、长利洋行	济东实业银行（1923年）、中华懋业银行（1920年）

表 16　晚清民国粤人投资影剧院一览表

投资人	开幕年份	地点	影剧院名称	备注
黎民伟	1913	香港	华美影片公司	与美籍俄国人布拉斯基、黎北海合作创办
黎民伟	1921	香港	新世界戏院	香港历史上第一家全部华资院线，与黎北海、黎海山合办
黎民伟	1923	香港	民新影片公司	1926年迁往上海
曾焕堂	1917	上海	上海大戏院	上海华商独资经营影院第一人
郑伯昭	1925	上海	奥迪安大戏院	
郑伯昭	1925	上海	百老汇大戏院	
郑伯昭	1925	上海	新光大戏院	
张志村	1929	上海	好莱坞大戏院	后易名胜利电影院
罗学典、罗明佑	1927	上海	华北电影公司	

（续表）

投资人	开幕年份	地点	影剧院名称	备注
罗明佑、黎民伟	1930	上海	联华影业	与吴性栽、杜宇联合成立，董事长是大名鼎鼎的粤籍何氏买办世家的奠基人何东 股东有香山籍茶商后代唐季珊等
罗学典	1919	香港	开设电影院	
	1925	香港	香港皇后电影院	
	1930	上海	国泰大戏院	与美合资
	1933	上海	大光明影戏院	
何挺然	1926	上海	北京大剧院	建筑、设备水准压倒卡尔登、奥迪安
	1929	上海	南京大剧院	中国第一家放映美国电影的影院
	1934	上海	大上海大戏院	
	1941	上海	美琪大戏院	
蔡楚生、郑君里	1945	上海	昆仑影业	原联华影业员工

表17　晚清民国粤帮侨商开设百货表

时间	公司	地点	开创者	备注
1900年	先施百货	香港	马应彪、蔡昌等	澳大利亚华侨，香山籍。香港第一家华资百货
1907年	永安百货	香港	郭乐、郭泉	澳大利亚华侨，香山籍
1909年	振源公司	汕头	郭仲眉、吴德馨	印尼华侨
1909年	庆发百货	汕头	李景韩	印尼华侨
1911年	南生百货	汕头	李柏桓、李耀泉、李远波、李镜泉	印尼华侨
1912年	大新百货	香港	蔡昌、蔡兴	澳大利亚华侨，香山籍

（续表）

时间	公司	地点	开创者	备注
1917年	上海先施	上海	马应彪	澳大利亚华侨，香山籍
1918年	大新大厦	广州	蔡昌、蔡兴	澳大利亚华侨，香山籍，现广百股份子公司
1918年	永安百货	上海	郭乐、郭泉	澳大利亚华侨，香山籍，华联商厦前身
20世纪20年代	平平百货	汕头	陈焕群	新加坡华侨
1926年	新新百货	上海	刘锡永、李敏周	澳大利亚华侨，香山籍
1936年	大新大厦	上海	蔡昌、蔡兴	澳大利亚华侨，香山籍

表18　北洋政府时期粤商代表人物表

代表商人	籍贯	本土/侨商	备注
方举赞	香山	本土	上海发昌机器厂创办人，近代上海第一家资本主义工业企业
阮霭南、周元泰	香山	本土	上海开林油漆股份有限公司（1915年）创始人，中国第一家油漆制造企业
冼冠生	佛山	本土	冠生园品牌（1915年）创始人
梁崧龄	香山	本土	裕华化学工业（1933年）创始人
冯福田	南海	本土	上海家化前身广生行（1930年）创始人
劳敬修	广州	本土	泰和洋行买办，大用橡皮厂（1931年），入股广东银行、上海先施百货等
郑伯昭	香山	本土	英美烟公司买办，奥迪安（1925年）
陈炳谦	香山	本土	祥茂洋行买办，广肇公所董事、粤侨商业联合会会长
郑介臣	香山	本土	广潮帮领袖、烟土业大亨
何挺然	香山	本土	上海电影院线产业的开拓者（1929—1939年）
冯少山	香山	本土	上海总商会会长（1927年）

（续表）

代表商人	籍贯	本土/侨商	备注
唐季珊	香山	海归本土	唐廷枢族弟唐翘卿的儿子、茶叶富商、联华影业股东、上海市输出业同业公会理事长
蔡楚生	潮汕	本土	中国现实主义电影的奠基人、昆仑影业创始人、中国电影联谊会主席
郑君里	香山	本土	昆仑影业创始人
马玉山、马宝山	香山	侨商	中华制糖厂创办人，上海第一家机器制糖工厂
简照南、简玉阶	佛山	侨商	兄弟烟草公司创始人
马应彪	香山	侨商	先施百货（1917年）
郭乐、郭泉	香山	侨商	永安百货（1918年）、永安纺织（旗下六厂建设区间：1922—1935年）
刘锡永、李敏周	香山	侨商	新新百货（1926年）
蔡昌、蔡兴	香山	侨商	大新大厦（1936年）
郭乐、郭顺	香山	侨商	永安纺织一厂（1922年）、二厂（1925年）、三厂（1928年）、四厂（1929年）、五厂（1931年）、印染厂（1933年）
郑正秋	潮汕	本土	中国编剧第一人、明星影片公司创办人（1922年）
黎民伟	新会	侨商	香港电影之父、联华影业联合发起人（1930年）
罗明佑	番禺	侨商	华北电影创始人、联华影业联合发起人（1930年）

表 19 上海总商会历任会长及籍贯

届数/时间	总理/会长/主席姓名	籍贯	协理/副会长/常务委员姓名	籍贯
第一届 1912年6月	周晋镳	慈溪	贝润生	苏州
			王一亭	湖州
第二届 1914年6月	周晋镳	慈溪	贝润生	苏州
			朱葆三	镇海
第三届 1915年10月	朱葆三	镇海	沈联芳	湖州
第四届 1916年11月	朱葆三	镇海	沈联芳	湖州
第五届 1918年10月	朱葆三	镇海	沈联芳	湖州
第六届 1920年8月	聂云台	湖南	秦润卿	慈溪
第七届 1922年7月	宋汉章	绍兴	方椒伯	镇海
第八届 1924年7月	虞洽卿	慈溪	方椒伯	镇海
第九届 1926年7月	傅筱庵	慈溪	袁履登	宁波
第十届 1927年5月	冯少山	香山	赵晋卿 吴蕴斋 穆藕初 石芝坤 林康侯 陆凤竹	上海 镇江 上海 上海
第十一届 1928年3月	冯少山 林康侯 赵晋卿	香山 上海 上海	陆凤竹 石芝坤 胡熙生 徐寄庼	余姚 宁波

表20　近代中国港澳台及海外侨商投资企业表

行业	年份	企业名称	区域	创办人	备注
纺织	1873	继昌隆缫丝厂	广东南海	陈启沅	安南（今越南），近代中国第一个民族资本经营的机器缫丝厂
	1922	永安纱厂	上海	郭乐	澳大利亚，广东香山籍
铁路及交通	1887	福建省铁路公司	福建	—	1909年修成漳厦铁路，清末福建唯一铁路
	1903	潮汕铁路有限公司	汕头	张煜南兄弟	印尼，1906年修成潮汕铁路
	1904	新宁铁路	广东	陈宜禧	美国，1913年竣工
	1905	通商轮船股份公司	汕头	郑智勇	泰国，福建潮汕籍，运行区间汕头—暹罗
	1905	浙江全省铁路公司	浙江	吴锦堂	日本，参与投资
	1908	宁绍商轮股份公司	上海	吴锦常	日本，参与投资
	1915	汕樟轻便铁路	汕头	杨浚如、萧秋林	南洋华侨
公用事业	1882	华合电报公司	广州	李璇、何献墀	澳大利亚
	1890	台灯公司	广州	黄秉常	美国，坚持10年
	1906	汕头开明电灯公司	汕头	高绳芝	日本，福建潮汕籍
	1906	汕头自来水股份有限公司	汕头	高绳芝	日本，福建潮汕籍
	1908	厦门德律风公司	厦门	林尔嘉	中国台湾，福建厦门最早电报公司
	1923	商办厦门自来水股份公司	厦门	黄奕住	印尼，福建泉州籍
火柴	1879	巧明火柴厂	佛山	卫省轩	旅日，中国第一家火柴厂
	1889	森昌泰火柴厂	重庆	卢干臣等	旅日，重庆第一家近代工业企业，四川第一家民营工厂
	1893	森昌正火柴厂	重庆	卢干臣等	旅日

（续表）

行业	年份	企业名称	区域	创办人	备注
农业及加工	1895	张裕酿酒公司	烟台	张弼士	印尼，广东大埔籍
	1906	琼安垦务有限公司	广东乐会	何麟书	马来西亚，海南琼海籍
	1907	黑龙江汤原县兴东公司	黑龙江	陈国圻	粤籍侨商
	1909	漳泉两属制糖实业公司	福建	郭祯祥	菲律宾
	1910	浙省农业公司	浙江	吴作镆	日本
金融	1897	中国通商银行	上海	张弼士	印尼，参与投资
	1921	国民商业储蓄银行	香港	马应彪、蔡兴等	澳大利亚，广东香山籍
	1921	中南银行	上海	黄奕住	印尼，福建泉州籍，中国最大的侨资金融企业
	1921	日兴银号	厦门	黄奕住	印尼，福建泉州籍
百货	1900	先施百货公司	香港	马应彪、蔡昌等	澳大利亚，福建香山籍，香港第一家华资百货
	1907	永安百货	香港	郭乐、郭泉	澳大利亚，福建香山籍
	1912	大新百货	香港	蔡昌、蔡兴	澳大利亚，福建香山籍
	1917	上海先施	上海	马应彪	澳大利亚，福建香山籍
	1918	大新大厦	广州	蔡昌、蔡兴	澳大利亚，福建香山籍
	1918	永安百货	上海	郭乐、郭泉	澳大利亚，福建香山籍
	1926	新新百货	上海	刘锡永、李敏周	澳大利亚，福建香山籍
	1936	大新大厦	上海	蔡昌、蔡兴	澳大利亚，福建香山籍

（续表）

行业	年份	企业名称	区域	创办人	备注
房地产	1918	黄荣远堂	厦门	黄仲训	安南，福建泉州籍
房地产	1928	如华公司	厦门	王紫如、王其华	缅甸，福建惠安籍
医药	1927	永安堂制药厂	汕头	胡文虎	缅甸，福建龙岩籍

表21　中国港澳台及海外华侨家族表

姓名	国家/地区	祖籍	出生地	生卒年份	备注
陈嘉庚	新加坡/马来西亚	泉州同安	泉州同安	1874—1961	马来西亚橡胶业四大功臣之一、南侨总会主席、教育慈善家、厦门大学创办者
李光前	新加坡	泉州南安	泉州同安	1893—1967	陈嘉庚女婿、华侨银行创办人
邱德拔	新加坡/马来西亚	福建厦门	马来西亚	1919—2004	新加坡前首富、马来亚银行创始人
黄廷芳	新加坡	福建莆田	福建莆田	1929—2010	新加坡首富、远东机构创始人
郭芳枫	新加坡	泉州同安	泉州同安	1913—1994	新加坡丰隆集团创立者、新飞电器控股方
连瀛洲	新加坡	潮汕潮阳	潮汕潮阳	1906—2004	新加坡最大银行大华银行创始人
黄祖耀	新加坡	福建金门	福建金山	1929—	新加坡大华银行集团的董事长、新加坡工商联合总会会长、福建会馆主席
林梧桐	马来西亚	泉州安溪	福建安溪	1918—2007	云顶高原创办人
郭鹤年	马来西亚	福州盖山	柔佛新山	1923—	马来西亚首富、酒店大王、亚洲糖王、嘉里集团董事长、香格里拉之父

（续表）

姓名	国家/地区	祖籍	出生地	生卒年份	备注
陈永栽	菲律宾	泉州晋江	泉州晋江	1934—	东南亚"烟草大王"、菲律宾前华人首富
郑周敏	菲律宾	泉州石狮	泉州石狮	1936—2002	郑氏集团创始人、菲律宾前华人首富
吴奕辉	菲律宾	泉州晋江	泉州晋江	1926—2019	JG顶峰控股公司创始人
郑少坚	菲律宾	泉州永春	泉州永春	1933—	首都银行创始人
施至成	菲律宾	福建晋江	福建晋江	1924—2019	百货大王
林绍良	印尼	福州福清	福州福清	1916—2012	林氏集团创始人
黄奕聪	印尼	福建泉州	福建泉州	1923—2019	金光集团创始人
胡文虎	越南/新加坡	福建永定	缅甸仰光	1882—1954	永安堂创始人、药业大王、报业大王、教育慈善大王、岭南大学及中山大学捐赠者
谢国民	泰国	广东澄海	广东澄海	1939—	正大国际集团董事长
苏旭明	泰国	广东汕头	泰国	1944—	泰国TCC集团创始人
许书标	泰国	海南文昌	海南文昌	1922—2012	红牛饮料创始人
蔡万春	中国台湾	泉州晋江	台湾苗栗	1916—1991	国泰集团创始人
王永庆	中国台湾	泉州安溪	台湾台北	1917—2008	台湾首富、台塑集团创办人、台湾"经营之神"
辜振甫	中国台湾	泉州惠安	台湾彰化	1917—2005	前台湾工商协进会理事长、台湾证券交易所董事长、台湾工业总会理事长、台湾海峡交流基金会董事长、汪辜会谈参与者
蔡万霖	中国台湾	泉州晋江	台湾苗栗	1924—2004	华人首富、台湾国泰建设股份有限公司董事长
蔡万才	中国台湾	泉州晋江	台湾新竹	1929—2014	富邦集团创办人兼总裁
张忠谋	中国台湾	浙江宁波	浙江宁波	1931—	台积电创始人，芯片大王、台湾半导体教父

（续表）

姓名	国家/地区	祖籍	出生地	生卒年份	备注
施振荣	中国台湾	泉州晋江	台湾彰化	1944—	宏碁集团创始人、台湾IT教父、台湾自创品牌协会理事长
郭台铭	中国台湾	山西晋城	台湾台北	1950—	鸿海精密、富士康科技集团创始人
施崇棠	中国台湾	泉州晋江	台湾	1952—	华硕集团董事长
王雪红	中国台湾	泉州安溪	台湾新北	1958—	HTC手机创始人，王永庆女儿
邵逸夫	中国香港	宁波镇海	宁波镇海	1907—2014	邵氏兄弟电影创办人，逸夫图书馆、教学楼捐助者
郭得胜	中国香港	广东香山	澳门	1911—1990	洋杂大王、新鸿基地产创办者
包玉刚	中国香港	宁波镇海	宁波镇海	1918—1991	华人世界船王
霍英东	中国香港	广东番禺	香港	1923—2006	霍英东集团创始人，香港特别行政区筹备委员会副主任委员、世界象棋联合会、香港足球总会、香港中华总商会会长
李嘉诚	中国香港	福建莆田	潮州潮安	1928—	香港首富，长江和记实业、长江实业地产主席，汕头大学、长江商学院资助者
郑裕彤	中国香港	广东顺德	广东顺德	1925—2016	周大福珠宝金行创办人周至元女婿、香港新世界发展创办人兼首任董事会主席
李兆基	中国香港	广东顺德	广东顺德	1928—2019	恒基集团创始人
吕志和	中国香港	广东新会	广东新会	1929—	石矿大王、嘉华国际集团主席

（续表）

姓名	国家/地区	祖籍	出生地	生卒年份	备注
曾宪梓	中国香港	广东梅州	广东梅州	1934—2019	金利来集团创始人、香港中华总商会会长
许荣茂	中国香港	福建石狮	福建石狮	1950—	香港世茂集团董事局主席，第十届全国工商联副主席，中国侨商联合会荣誉会长，上海市福建商会会长
刘銮雄	中国香港	广东潮州	香港	1951—	股神，华人置业、香港崇光、上海九百股东
何鸿燊	中国澳门	广东宝安	香港	1921—2020	博彩大亨、地产商人
严庆龄	中国台湾	江苏苏州	上海	1909—1981	裕隆集团创始人、台湾机械工程学会、工程师学会理事长

表22 各省商人大会、精神一览表

会议名称	首次举办年份	主办单位	商帮精神
世界闽商大会	2004	中华海外联谊会、全国工商联和中共福建省委、省人民政府	善观时变、顺势有为，敢冒风险、爱拼会赢，合群团结、豪侠仗义，恋祖爱乡、回馈桑梓（时福建省委书记孙春兰）
中国国际徽商大会	2005	安徽省人民政府	自强不息、以义取利、崇文重道、心系家国
豫商大会	2006	河南省政协	草根成长、信用为本、行商无疆、传承有脉（河南省豫商联合会会长陈义初）
湘商大会	2007	湖南省人民政府	心忧天下的责任意识、敢为人先的创新精神、经世致用的务实风格、兼容并蓄的开放心态和实事求是的诚信作风（中国商业文化研究会副会长伍继延）

(续表)

会议名称	首次举办年份	主办单位	商帮精神
粤商大会	2008	广东省政府、省政协	改革创新、敢为人先、报国情怀、全球视野（TCL集团董事长李东生）
全球秦商大会	2009	陕西省人民政府	坚韧不拔、恪守诚信、开放包容、敢作敢为
渝商大会	2009	中共重庆市委、重庆市人民政府	重信重义、自强不息（前重庆市委常委、统战部长翁杰明）
世界浙商大会	2011	浙江省工商业联合会、浙江海外联谊会、浙江大学、浙江日报报业集团、浙江广播电视集团等12家单位	坚韧不拔、百折不挠、敢为人先、报国担当、义行天下（前浙江省委书记车俊）坚韧不拔、敢为人先、兴业报国、开放大气、诚信守法、追求卓越（正泰南存辉）
世界晋商大会	2012	中共山西省委、山西省人民政府、全国工商联、中国侨联	开放、诚信、创新（前中共山西省委常委、宣传部部长王清宪）
苏商大会	2013	江苏省苏商发展促进会	厚德、崇文、实业、创新
楚商大会	2013	全国工商联、中国侨联、中共湖北省委、湖北省人民政府	筚路蓝缕的创业精神、抚夷属夏的开放精神、一鸣惊人的创新精神、深固难徙的爱国精神、止戈为武的和合精神
贵商发展大会	2014	贵州省工商联、省政协经济委员会、省文联、贵州日报报业集团、当代贵州期刊传媒集团、贵州广播电视台	诚信为贵、仁义如山
世界杭商大会	2014	杭州市委、杭州市人民政府	艰苦创业、敢为人先、团结合作、爱国爱乡
世界冀商大会	2015	河北省委统战部、河北省工商联	见利思义、以义取利、以利行义、义利相通（河北省冀商文化研究会会长王万华）

（续表）

会议名称	首次举办年份	主办单位	商帮精神
川商返乡发展大会	2016	四川省政府	包容、共享、乐观、大义
蒙商大会	2016	内蒙古自治区工商联、自治区发改委、自治区商务厅等联合主办	讲究诚信、重德重义、敬畏自然、善于创新（亿利资源集团董事长王文彪）厚德尚义、开放包容、诚信守法、开拓创新
中国深商大会	2016	深圳市总商会、深圳市深商联合会、前海国际资本学院	务实，敢为天下先，低调稳健，开放，常怀感恩之心，最有人情味（腾讯马化腾）
世界赣商大会	2017	江西省委、省政府	厚德实干、义利天下（前江西省委书记、省人大常委会主任鹿心社）

后 记

2011年8月本书初版时,我着力于史实的铺陈,希望大家见仁见智,每个人都能从某个侧面得到应有的东西,做出自己的判断,各得其所。所以我力避给出结论,以免偏颇。

在初版的扉页,我写道:爱国是商人最高社会属性的表达,仅以此书献给中国商帮史上那些伟大的商人。有人别有用心,在当时撰写书评,鼓吹"商人无祖国"的观念。在美国以一国之力打击中国企业华为时,想必这种观念的荒谬感立现。

科学有无边界,商人是否应有祖国,这已经无须讨论,这不仅事关一介商人的问题,也事关商人的国家立场和国人最为朴素的感情。过去多年,中国富有耐性、节奏地清理社会各个角落留下来的戾气,这很契合我写作本书时的心境。当下中国大国气象越发显现,时代最为迫切需要解决的远不是物质财富以何种方式积累的问题,而是如何重塑价值观、秩序、规则与边界。

北京大学教授韩毓海是我素未谋面的师长,著有《五百年来谁著史》。本书初版时，我通过一封邮件隔空请来了他的推荐语："《中国商帮600年》是对600年中国商人史的深度调查。它的出版表明，只有自觉着自己的历史，才能产生真正的文化与思想自信，才能真正开始制度的创新。"他的推荐语极具个人叙事风格，主旨也与我内心的想法不谋而合。感谢时代让我们心有灵犀的邂逅。

时豫企五百网创始人孔维国的评论也提供了一种视角，"钱穆的《中国历代政治得失》在政治上提供了大历史观，而这本《中国商帮600年》在商业上提供了大历史观，可供中国商人更好地看清规律、看清趋势、看清自己。"

一本书不需要承载太多的微言大义。作为作者有幸填补空白，将中国商帮历史的起承转合呈现出来，并一版再版得到包括你在内的读者们的认同，已经好比掉进了蜜罐，独坐冷板凳时的那种煎熬也随之烟消云散。

最近三四年，中国商人在诸多维度已然超越中国商帮史上的商人，商人的社会地位也堪称史无前例。最高层重塑政商关系的清晰表述，显示了其作为政治领袖的政治敏锐、抱负、气魄与格局。作为当代企业家尤其是商业领袖，如果不能搭载时代与大势而立，那将是对这个时代的辜负。如果本书的观点能够伴随一批匹配中国国运及具有家国情怀的未来商业领袖出现，那将是最让人欣慰不过的事情。

当然，最后要特别感谢资深出版人、山顶视角创始人王留全，没有他的悉心、用心、专业及尊重，本书的分量将大为逊色，再次修订完成也不知要到猴年马月。

王俞现

2023年2月20日